Hannes Hoffert-Hösl

Der Dachstein

Wanderungen im Dreiländereck Steiermark, Salzburg, Oberösterreich

NATUR PUNKT

Rotpunktverlag.

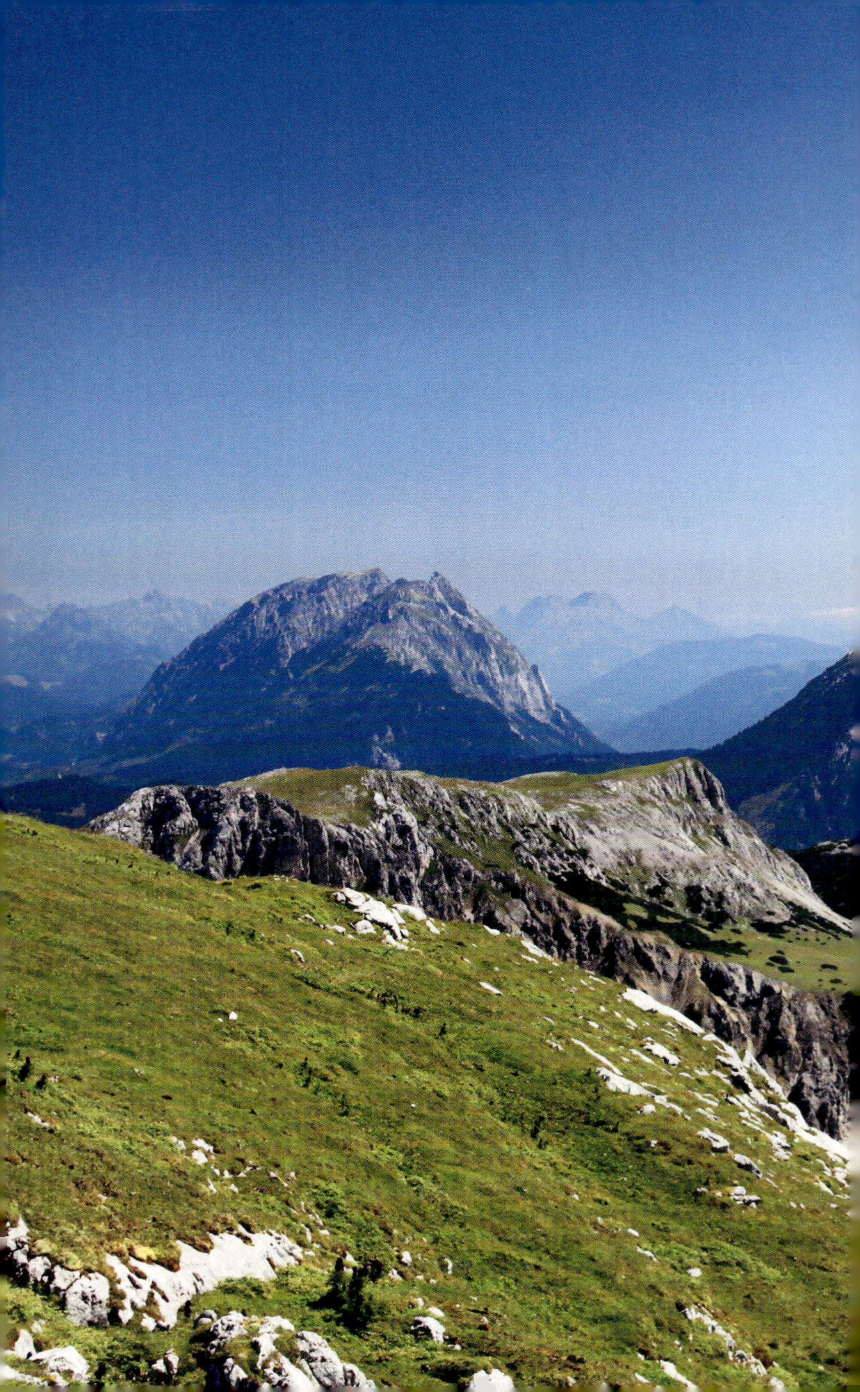

Hannes Hoffert-Hösl

Der Dachstein

Wanderungen im Dreiländereck
Steiermark, Salzburg, Oberösterreich

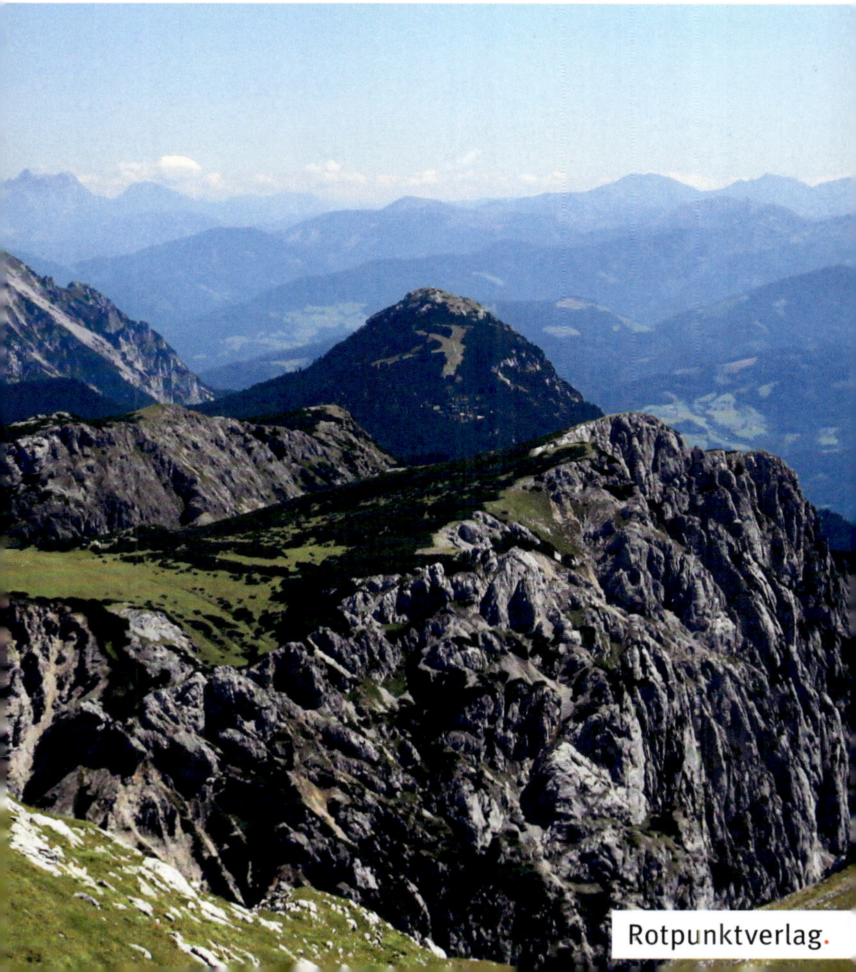

Rotpunktverlag.

Naturpunkt-Fachbeirat
Daniel Anker, Thomas Bachmann, Katharina Conradin,
Lieni Roffler, Dominik Siegrist, Marco Volken

Der Rotpunktverlag wird vom Bundesamt für Kultur mit
einem Strukturbeitrag für die Jahre 2016–2020 unterstützt.

wanderweb.ch
Rotpunkt-Wanderbücher stets aktuel

Für Rückmeldungen, Korrekturen und Hinweise aller Art sind wir dankbar.
Bitte schicken Sie alle festgestellten Veränderungen an:
www.wanderweb.ch/forum oder redaktion@wanderweb.ch.

www.rotpunktverlag.ch

www.wanderweb.ch/dachstein

Umschlagbild: Hannes Hoffert-Hösl

Seite 2/3: Grimming, Kammspitze und Stoderzinken sind drei markante Berge, die das Dachsteingebirge nach Süden abgrenzen und die man von vielen Orten aus sieht (hier vom Sinabell).

Satz: Ulrike Groeger

Kartografie: georaum GmbH, St. Anton an der Jeßnitz

Bildbearbeitung: typopoint GbR, Ostfildern

Druck und Bindung: Friedrich Pustet, Regensburg

ISBN 978-3-85869-781-3

1. Auflage 2018

Vorwort

Ein Buch über den Dachstein zu schreiben, ist eigentlich ein hoffnungsloses Unterfangen. Wo anfangen, wo aufhören? Unzählige Geschichten, Forschungen, Mythen ranken sich um das imposante Bergmassiv im Herzen Österreichs, im Dreiländereck der Bundesländer Steiermark, Saltzburg und Oberösterreich.
Ich hoffe, es ist mir gelungen, immerhin einen guten Überblick über die Themen der Dachsteinregion zu geben. Das vorliegende Buch soll ein Anreiz sein, sich intensiver mit diesem wunderschönen Fleck Erde auseinanderzusetzen. Es soll Begeisterung für ein einzigartiges Zusammenspiel von Kultur- und Naturlandschaften wecken. Für jene, die schon öfters in Ramsau und am Dachstein waren, öffnen sich vielleicht neue Perspektiven. Jene, die den Dachstein noch nicht kennen, sollen gewarnt sein – mich hat die Faszination Dachstein gepackt und nie mehr losgelassen. Am Dachstein geht es aber auch um mehr – nur wenn wir mehr über unsere Umwelt Bescheid wissen, können wir sie unserer Nachwelt sorgfältig übergeben. Dieses Buch soll ein kleiner Baustein dafür sein.

Hannes Hoffert-Hösl, im April 2018

Inhalt

Faszination Dachstein

Der Dachstein ist eines der schönsten, bekanntesten und spektakulärsten Bergmassive Österreichs und der Alpen. Egal von welcher Seite man ihn betrachtet – der Berg ist eine Pracht. Seit Jahrhunderten weckt er Sehnsüchte und zieht die Menschen, Einheimische wie Fremde, in seinen Bann.

Seit 1997 ist das Dachsteinmassiv gemeinsam mit Teilen des benachbarten Salzkammerguts UNESCO-Welterbe – Kulturerbe, wohlgemerkt. Es handle sich um »ein außergewöhnliches Beispiel einer Naturlandschaft von einzigartiger Schönheit und besonderer wissenschaftlicher Bedeutung, die auch Zeugnis von der frühen und kontinuierlichen menschlichen, wirtschaftlichen und kulturellen Tätigkeit ablegt«. So heißt es im Text des UNESCO-Komitees.

Das Dachsteingebiet ist etwa 22 mal 42 Kilometer groß. Der höchste Gipfel ist der Hohe Dachstein, der bis in die 1980er-Jahre noch auf zahlreichen Karten mit 3004 m angegeben war, mittlerweile aber auf 2995 m korrigiert wurde. Immerhin ist der Dachstein hoch genug, um die nördlichsten und östlichsten Gletscher der Alpen zu beherbergen; sie haben die Landschaft des Dachsteins geprägt, doch heute geht es auch ihnen an den Kragen. Die Dachstein-Südwand ist eine der eindrucksvollsten Felswände der Alpen, und unter dem Torstein liegt die längste Klettertour der Ostalpen, der Windlegergrat.

Mit der Abgrenzung des Dachsteingebirges ist es so eine Sache. In der gebräuchlichen Einteilung nach Dr. Josef Moriggl (1924), der auch der Alpenverein folgt, reicht das Gebiet vom Salzburger Lammertal im Westen bis nach Bad Mitterndorf, über den Pass Gschütt, den Gosaubach, dann etwas nördlich versetzt zum Pötschenpass und zur Kainischtraun. Richtung Osten folgt der markante Taleinschnitt der Klachau zur Enns. Nach Süden ist die Enns geologisch genaugenommen bis Mandling die Grenze, dann folgt die Warme Mandling weiter zum St. Martinsbach, und so schließt sich der Kreis nach Lungötz. So gesehen umfasst das Gebiet gut 880 Quadratkilometer und bekannte Gipfel wie die Bischofsmütze, den Plassen, den Sarstein, die Kammspitze, den Stoderzinken und den Grimming. Letzterer steht ungemein wuchtig da und wurde lange für den höchsten Berg der Steiermark gehalten.

Die nordöstlich angrenzende Region nennt sich Salzkammergut – nomen est omen. Das Salzkammergut ist Wiege vieler Traditionen und für manche der schönste Teil Österreichs. Nun gibt es aber ein oberösterreichisches und ein steirisches Salzkammergut, und wenn man das salzburgische dazuzählt, wie es der Tourismus macht, sind es sogar drei. Der steirische Teil beherbergt spektakuläre Seen, pittoreske Ortschaften, ist unter anderem bekannt für den Altausseer Kirtag oder das Narzissenfest und gilt als eine der Hochburgen der österreichischen Tracht. Der oberösterreichische Teil ist reich an Geschichte und Naturschätzen, etwa die Höhlen in Obertraun, der Hallstätter See und die Bergwerke in Hallstatt. Bad Goisern ist nicht nur, aber vor allem bekannt für den Liedermacher Hubert von Goisern, Bad Ischl wiederum ist der Traum aller Kaisertreuen und lebt vom Glanz seiner Vergangenheit. Beiden gemeinsam ist die Geschichte um das Salz.

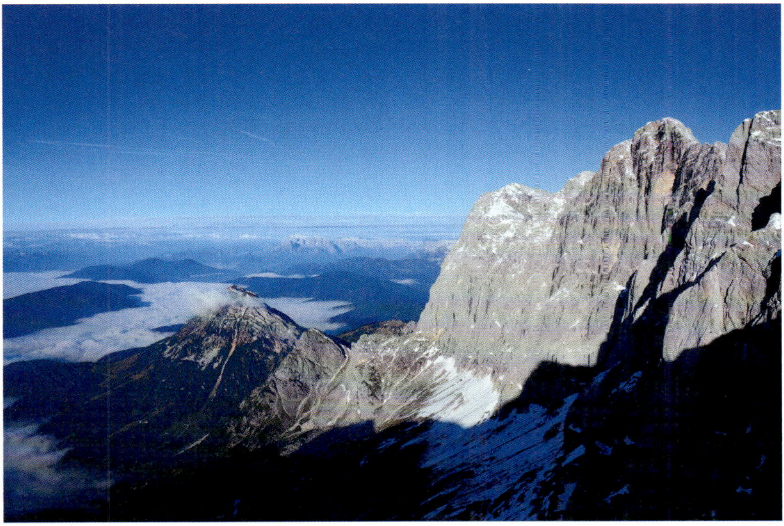

Den besten Überblick hat man vom Hohen Dachstein. Ganz im Hintergrund die Hohen Tauern und das Tennengebrige.

Unmittelbar im Süden des Dachsteins liegen die Gemeinden Filzmoos und Ramsau am Dachstein, dort grenzen die Niederen Tauern und das Ennstal an, als Teil der Tourismusregion Schladming-Dachstein in der Steiermark. Diese beansprucht die berühmten Südwände für sich, samt der Wanderregion südlich der Enns und dem Winter-Hotspot Schladming. Steht man auf einem Gipfel der Südseite, so öffnet sich ein weites Panorama auf Hunderte Gipfel der Niederen Tauern bis hin zu Ankogel, den nördlichen Kalkalpen, der Niederen Hochalmspitze, Großglockner und Wiesbachhorn der Hohen Tauern. Die größeren Hauptorte um den Dachstein sind Radstadt (Salzburg, 4880 Einwohner), Schladming (Steiermark, 6715 Ew.), Gröbming (Verwaltungssitz, Stmk., 2895 Ew.) und Liezen (Hauptstadt des größten Bezirks Österreichs, Stmk., 8181 Ew.) im Süden. Die größten Orte im Norden sind Bad Aussee (Stmk., 4798 Ew.), Bad Goisern (Oö., 7514 Ew.) und Bad Ischl (Oö., 13 995 Ew.). Bezirkshauptort ist weiter im Norden Gmunden (13 272 Ew.).

In westlicher Richtung gibt es keine größeren Städte. Hauptort ist Annaberg, Geburtsort des berühmten Malers Gottfried Kumpf und des Rekordweltcupsiegers Marcel Hirscher. Dachstein-West wirbt mit seinen vielen bewirtschafteten Almen und einem für Salzburger Verhältnisse gemütlichen Skigebiet.

Das Innenleben des Dachsteinmassivs hat es in sich. Die Mammuthöhle ist eine der größten Höhlen Europas und misst vom höchsten zum tiefsten Punkt gigantische 1200 Meter. Spektakulär sind auch die Rieseneishöhle und die geologisch sehr junge

Koppenbrüllerhöhle, die von regelrechten Flüssen durchzogen wird. Überhaupt ist das Phänomen Wasser in all seinen Aggregatszuständen ständiger Begleiter bei Wanderungen am Dachstein. Die Eigenheiten des Karstwassers sind allgegenwärtig, sei es durch spektakuläre Quellaustritte oder aber durch das markante Fehlen von Wasser, was bei den großen Überschreitungen unbedingt zu berücksichtigen ist. Besonders faszinierend sind im Kalk die Seen – stille Paradiese. Aber nicht alles, was sich Dachstein nennt, besteht aus Kalk. Durch die ungemein abgeschiedene Lage der Hochflächen des Dachsteins haben sich dort, auch ohne Nationalpark, riesige, naturnahe Lebensräume erhalten. Auf manchen Wanderungen ist man umgeben von selten gewordenen Zirbenwäldern und begegnet mit etwas Glück allerlei Wildtieren. Die Südseite des Massivs ist entlang der sogenannten Nördlichen Längstalflucht geprägt von einem der größten Wechsel an Gesteinsserien des Alpenkörpers, der eine bunte Vielfalt mit sich bringt und großen Einfluss auf die Landschaftsentwicklung und die Nutzung durch den Menschen hat.

Mensch und Natur haben das Gebiet gegenseitig geprägt. Die Menschheitsgeschichte reicht weit zurück; eine eigene Epoche – die Hallstatt-Zeit in der älteren Eisenzeit – trägt den Namen des Orts am gleichnamigen See. Das dortige Gräberfeld gehört zu den wichtigsten archäologischen Funden weltweit und macht den Ort außer einem Zentrum des Tourismus auch zu einem Zentrum der Wissenschaft. Zahlreiche Gesteinsformationen tragen Namen von Gipfeln oder Felswänden des Gebiets, die geologische und alpinistische Forschung leistete hier Pionierarbeit.

Die Almen des Dachsteins sind vielfältig und haben unterschiedlichste Schicksale: bewirtschaftete, touristische, urige, unfassbar entlegene, aber immer noch bewirtschaftete Almen einerseits, aufgelassene Zeugen vergangener Zeiten andererseits.

Über die Jahrhunderte ist viel über den Dachstein geschrieben worden, jedoch kaum einmal über das gesamte Dachsteinmassiv (abgesehen von wissenschaftlichen Publikationen). Warum, ist leicht erklärt: Einerseits ist es kaum möglich, die gesamte Vielfalt in einem Stück zusammenzufassen; auch dieses Buch kann nicht alle Themen und bei weitem nicht alle Touren abdecken. Andererseits haben der Berg selbst und die umgebenden politischen Grenzen durchaus eine trennende Wirkung; drei österreichische Bundesländer und elf Gemeinden teilen sich das Dachsteinmassiv, mindestens fünf Tourismusverbände heften sich die markanten Gipfel auf die Startseite ihrer Web-Auftritte. Wanderführer beschränken sich in der Regel auf Teilbereiche der Region – so gibt es zahlreiche Werke über die Dachstein-Tauern-Region, die in Wahrheit beide Talseiten des Oberen Ennstals meint und weniger den Dachstein selbst. Das Salzkammergut wiederum kam noch nicht auf die Idee, auch den Südteil des Massivs in seine Beschreibungen mit aufzunehmen. Und Hallstatt ist sowieso Hallstatt.

Dieses Buch beschreibt Themen und Wanderungen über und um das gesamte Bergmassiv verteilt, mit dem Ort Ramsau am Dachstein als zentralem Ausgangspunkt; dort liegt auch der thematische Schwerpunkt. Dies aus mehreren Gründen: Erstens ist Ramsau am Dachstein auch mit öffentlichen Verkehrsmitteln gut zu erreichen, zweitens besitzt Ramsau eine hervorragende touristische Infrastruktur mit

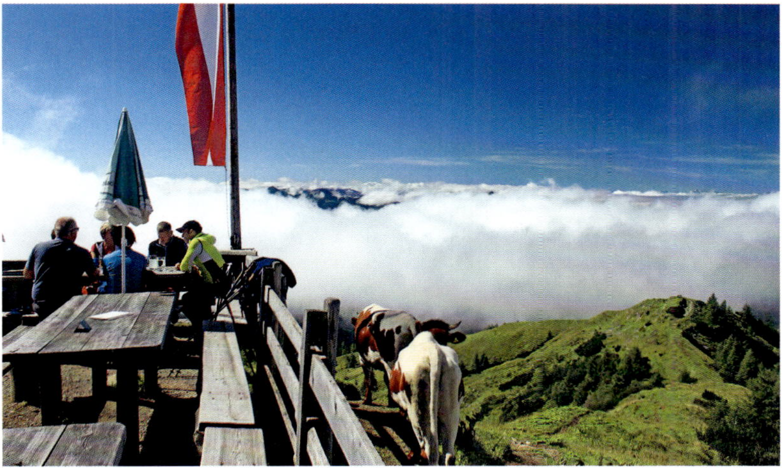

Bergsport, sanfter Tourismus und traditionelle Landwirtschaft gehen in Ramsau am Dachstein Hand in Hand. Hier auf der Südwandhütte, Blick Richtung Süden.

einer Auswahl an Beherbergungen in verschiedenen Preiskategorien, von Privatzimmer bis Viersternehotel. Ramsau ist auch die Gemeinde mit den meisten Nächtigungen im Gebiet, liegt aber in den Statistiken weit hinter den Hotspots der österreichischen Tourismusindustrie; daraus ergibt sich eine gute Mischung aus Intimität und Professionalität. Drittens ist die Ramsau Startpunkt für viele Touren auf das Dachsteinmassiv und den höchsten Gipfel sowie Ausgangspunkt zahlreicher alpinistischer Pionierleistungen. Viertens erleben wir den Gegensatz zwischen Tal und Berg nirgendwo anders so unmittelbar. »Unterwegs auf drei Stockwerken« – so ein Werbespruch des Tourismusverbands, der vollkommen zutrifft. Und schließlich ist Ramsau gleichermaßen im Winter und im Sommer attraktiv und hat zudem eine spannende, vielfältige Geschichte zu erzählen. Jeder kommt hier auf seine Kosten: Es gibt gemütliche, sehr leichte Spaziergänge auf den Hochlagen der Ramsau; recht lange Wanderungen zwischen Ramsau und dem Hochgebirge des Dachsteins mit über 1000 Metern Höhenunterschied, die technisch gut zu bewältigen sind; und schließlich stehen zahlreiche hochalpine Gipfeltouren zur Auswahl. Der Blick von der Türlwand und dem Brandriedl auf die Dachstein-Südwände ist einer der schönsten der gesamten Alpen. Alles in allem ein Standort, um den Dachstein zu erkunden.

So viele Gipfel und Touren es in diesem Dachsteingebiet gibt, so viele Wandervorschläge sind in gedruckter Literatur und im Internet zu finden. Dieses Buch bietet eine Auswahl von insgesamt 17 Routen und 23 Einzeletappen, die dieses Paradies und seine Themen am eindrücklichsten erschließen. Es besteht kein Anspruch auf Vollständigkeit, dafür aber auf Qualität.

Der Mensch am Dachstein

Die ersten Spuren

Wann die ersten Menschen in der Ramsau und um den Dachstein herum sesshaft wurden, lässt sich nicht mit Sicherheit sagen. Ausgedehnte Urwälder bedeckten die Talräume der Traun und Enns. Als gesichert gelten Nachweise menschlicher Siedlungen aus der Jungsteinzeit (etwa um 5000 v. u. Z.) und der Kupferzeit (um 3900 bis 2300 v. u. Z.). In Hallstatt gehen Funde sogar auf 7000 v. u. Z. zurück. Mehrere Steinbeile wurden im oberen Ennstal gefunden, erwähnenswert ist der Fund einer Axt in der Ramsau. Spezialisten gehen davon aus, dass es eine Verbindung von den südlich gelegenen Tälern der Liesing und Palten in das Ennstal und weiter Richtung Westen gab. Die breiten Täler der Enns und der Salzach boten einen weiten Überblick über den Raum, wenngleich die Niederungen unpassierbar waren; unwegsame Sumpflandschaften und reißende Gewässer erstreckten sich über die Täler.

Der Beginn des Ackerbaus im Neolithikum brachte zwar im Ennstal eine Vergrößerung des menschlichen Lebensraums mit sich, es können aber nur wenige Siedlungen wissenschaftlich nachgewiesen werden. Jedenfalls machten die Menschen in der Bronzezeit am Dachstein eine folgenreiche Entdeckung: Salz. Es beeinflusst die Region bis heute! Mit ziemlicher Sicherheit versuchten bereits die ersten Siedler, aus den »versalzten« Quellen, die dem Berg natürlich entspringen, Salz zu gewinnen. Belegt ist ein Bergbaubetrieb ab etwa 1500 v. u. Z. – es ist somit das älteste Salzbergwerk der Welt. Aus dieser Zeit stammen Werkzeuge und auch die vermutlich älteste erhaltene Holzstiege. Weltweit berühmt und mitverantwortlich für den Status als UNESCO-Weltkulturerbe Dachstein ist das Hallstätter Gräberfeld, das man bei Schottergrabungen 1848 durch Zufall entdeckte. Am liebsten hätten die Hallstätter diesen Fund gleich zugeschüttet, doch der damalige Betriebsleiter des Salzbergwerks, Johann Georg Ramsauer, erkannte die Bedeutung dieses sensationellen Funds, der letztlich jener Epoche zwischen 800 und 400 v. u. Z. ihren Namen gab. Salz konserviert alle organischen Stoffe, daher fanden sich hier Felle, Schuhe, Leder und sogar Speisereste, die unter anderen Bedingungen längst abgebaut gewesen wären.

In den Jahrhunderten v. u. Z. nahm die Bevölkerungsdichte im Salzkammergut und im Ennstal zu. Von Hallstatt als Zentrum des damaligen Salzbergbaus aus führten die Handelsrouten Richtung Süden sowohl entlang der Traun als auch über den Dachstein. Die Bedeutung von Salz als Exportgut lässt sich für Historiker anhand der Waren nachvollziehen, die als Gegenwert

Die ältesten menschlichen Spuren stammen aus der Gegend um Hallstatt. Das bekannte Gefäß Kuh mit Kälbchen, 6. Jh. v. u. Z.

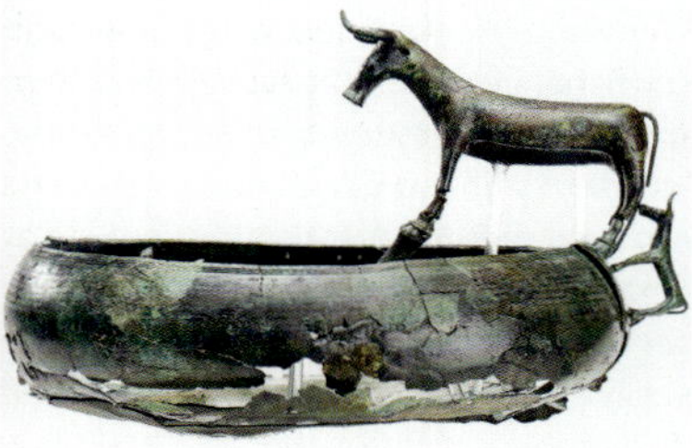

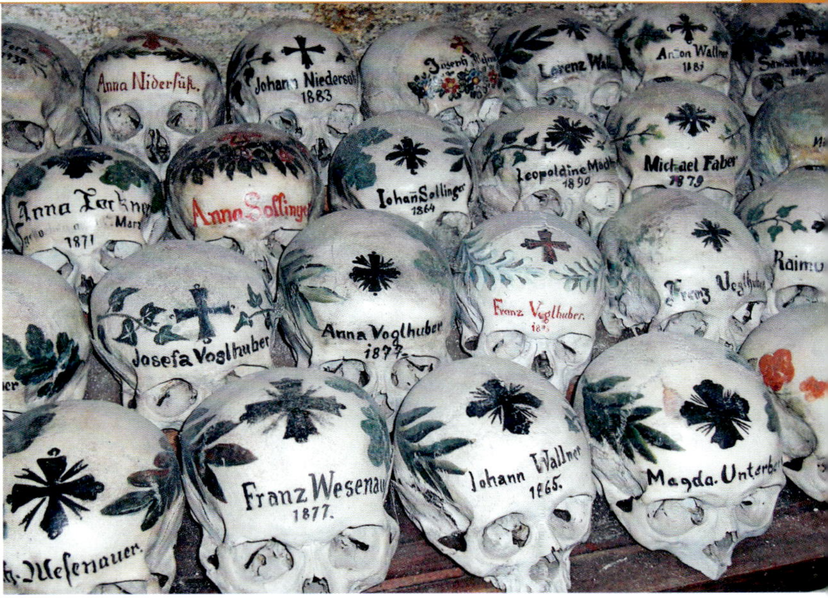

Aus Platzmangel wurden in Hallstatt die Schädel der Toten in ein Beinhaus überführt. So besitzt der Ort die größte Schädelsammlung weltweit.

importiert wurden und zum Teil als Grabbeigaben erhalten blieben. Die Hinweise reichen in den Orient und weit nach Norden. Die Bergleute hatten einen hohen Bedarf an Lebensmitteln, die aus Platz- und Klimagründen lokal nicht mehr produziert werden konnten. Wie die Versorgung genau funktionierte, ist nicht restlos geklärt. Jedenfalls waren schon sehr früh in der Geschichte die Hochflächen des Dachsteins in die Versorgung eingebunden.

Aber nicht nur Salz war Motor für die zeitige Entwicklung der menschlichen Tätigkeiten rund um den Gebirgsstock. Südlich des Dachsteins war der Kupferbergbau von Bedeutung. Im benachbarten Pongau sind mehrere Fundstätten nachgewiesen. Funde im Ennstal sind zwar gering, die geologischen Bedingungen für die Kupfergewinnung aber günstig. Spannend ist, dass Hüttenfundamente am östlichen Dachsteinplateau bereits in die Hallstattzeit datiert wurden; eines befindet sich unterhalb der Südwand des Eselsteins unweit des Guttenberghauses. Diese Überreste lassen zusammen mit zahlreichen Streufunden vermuten, dass der Dachstein während der Bronzezeit eine stark genutzte Region war und nach aller Wahrscheinlichkeit viele Weganlagen, besonders auf den östlichen Hochflächen Am Stein, auf diese Zeit zurückgehen.

Um das Jahr 600 v. u. Z. zogen keltische Stämme ein. Bemerkenswert sind vor allem deren überlieferte Namen und Ortsbezeichnungen. Das Volk der Ennstaler Bergwelt wurde »Taurisker« genannt. Dem Wort liegt das gallische/keltische *twr* (aus-

gesprochen tor) zugrunde, das übersetzt Höhe, Hügel, Berghöhe, Berg, Gebirge bedeutet. Wenngleich Taurisker zum Eigennamen geworden ist, bedeutet es also ursprünglich »Bergvolk«. Etliche Höhenbezeichnungen der österreichischen Alpen tragen den Namen Tauern und Thor: Thörl, Hochtor, Tamischbachturm, Torstein und natürlich die Tauernkette selbst. Eine andere Deutung geht natürlich auf das lateinische Wort *taurus* (Stier) zurück, demnach die »Stierer« oder halt doch Steirer. Diese Taurisker jedenfalls galten für die Schriftsteller des Altertums (Plinius, Cäsar) als »echte Alpensöhne, mit blühend weißen Gesichtern, blauen Augen und langem, buschigem Haar, das sie mit einem Kamm nach hinten banden« (siehe Albert von Muchar, 1844). Im Salzton des Hallstätter Sees wurden zehn verschiedene Sorten von Wollstoff gefunden, die ihnen zuzuschreiben sind, vom gröbsten bis zum feinsten Gewebe. Sie verstanden es frühzeitig, Wolle und Flachs sehr dicht und fest, aber auch fein und weich zu weben, um geeignetes Gewand für Winter und Sommer herzustellen. Ebenso beherrschten sie das Gerben von Lamm-, Ziegen-, Kalb-, Reh- und Gamsfell. Es ist auch anzunehmen, dass zu dieser Zeit in den Schladminger Tauern bereits nach Erz geschürft wurde – zumindest deutet in römischer Literatur die Bezeichnung *Fodinae Tauriscorum* (Erzgruben der Taurisker) für die Schladminger Tauern darauf hin. Auch andere Namen gehen auf die Kelten zurück. Die Enns basiert auf dem Wort *ani*, eine Bezeichnung für eine Ortschaft im Oberlauf des Flusses, das die Römer zu Anesus veränderten. Später wurde daraus Anesis, Enisa und schließlich Enns. Andere keltische Wörter sind heute überall gebräuchlich, treffen aber für das Dachsteingebirge besonders zu: *Car*, das keltische Wort für Gefäß, wurde für die vom Gletscher geschaffenen Gebirgskessel verwendet, ebenso *pyrn* oder *phyrgas* für »hohes Gebirge«. Interessant sind für die Region wichtige Begriffe wie Eisen, *isarnon*, und Gemse, *camox*, und die in der Ramsau so häufig vorkommende Eberesche, *eburo*.
Der zweite Stamm der Kelten sind die Hallauner (oder auch Hallinger, Haller), die auf Bearbeiter der Salzquellen bei Aussee und Hallstatt hinweisen. Im Walisischen bedeutet *halen* heute noch Salz.
Die Römer bezeichneten später alles als *Norikum*, Land im Norden. Diese Stämme bestellten das Land, es entstanden Streusiedlungen, wenige befestigte Städte mit Steinbauten und schließlich eine Gesell-

Die älteste Holzstiege der Welt.

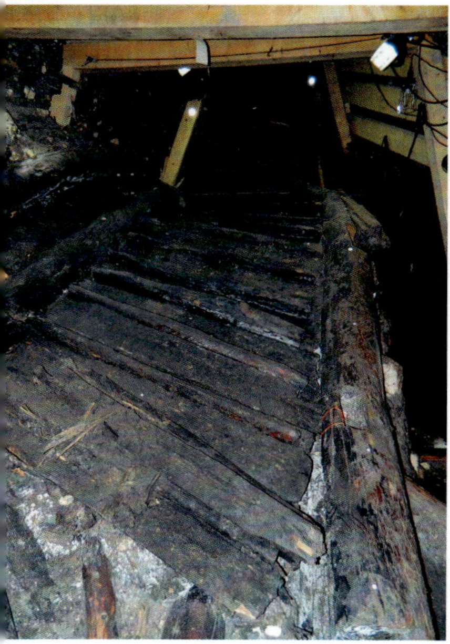

schaft, die sich in verschiedene Stände gliederte. Eine sehr eindrucksvolle Beschreibung dieser Alpenmenschen ist in der *Geschichte des Herzogthumes Steiermark*, Band I, von Albert von Muchar (1844) nachzulesen.

In der Zeit zwischen 30 v. und 14 n. u. Z. wurden die keltischen Alpenvölker durch die Römer unterworfen. Das Interesse der sehr wirtschaftlich veranlagten Römer an den neu gewonnenen Gebieten war hoch; man berichtete über den umfangreichen Handel mit Hornvieh, Häuten und Käse auf den Märkten von Aquileia (im heutigen Friaul). Ebenso wurden die Vorzüge des Alpenhornviehs – der Milchreichtum, die Eignung zur Beweidung steiler Berghöhen und die ausgedehnte Schaf- und Ziegenzucht – hervorgehoben. Die bei der Unterwerfung Norikums leer gewordenen Gehöfte und Ländereien fielen dem römischen Staat zu, ebenso wie Forst- und Weideflächen, und wurden eingewanderten Familien zur Bewirtschaftung zugewiesen. Die Besitzrechte der Noriker wurden aber anerkannt, ihre Besitzungen als erbliches Eigentum übertragen.

Das bestehende Wegnetz bauten die Römer in ihrer bekannten Manier aus: Eine zentrale Achse führte über den Radstädter Tauern, eine weitere über den Rottenmanner Tauern, und dazwischen errichteten sie einen wichtigen Übergang über den Sölkpass (im heutigen Naturpark Sölktäler). Nach Norden bestand schon lange eine Verbindung bei Pürgg über den Steinpass. Man vermutet, dass die Routen im Nahbereich der Salzlagerstätten schwierig zu bewältigen waren, sumpfig, unwegsam und unübersichtlich. Da liegt es nahe, einen Weg im sprichwörtlich Trockenen, einen Weg über »den Stein« zu suchen.

Zeugnisse der Römer um den Dachstein sind, neben den Resten von Straßenanlagen, ein römischer Grabstein in der Kirche von Gröbming oder eine kleine Votivtafel von der Heilbrunner Quelle bei Bad Mitterndorf. Interessant: Man spricht von zahlreichen Funden kleiner Hufeisen bei Aich im Ennstal, bei Mitterndorf, im Ödenseer Torf, auf der Lahnfriedalm und manche sogar in der Nähe des Dachsteingletschers und Am Stein. Man deutete die Funde als Beweis für uralte Saumwege vom Ennstal über das Ahornkar und die Grafenbergalm nach Hallstatt. Die Kelten bezeichneten die Römer als *valha* (Welsche), ein Name, der vermutlich in der Bezeichnung »Walchen« oder »Walcher« in der Region häufig wiederzufinden ist. Reste einer sogenannten Rückzugsburg der Römer fand man im Osten der Ramsau im Ortsteil Rössing beim Haus Burgstaller. Ein kleiner Wanderweg führt auf den ehemals aussichtsreichen Hügel über dem Ennstal. Wissenschaftliche Untersuchungen ergaben, dass diese Höhensiedlung der Römer auf der Krallwand zwischen dem 4. und 5. Jahrhundert mit Mörtel und Steinen errichtet wurde.

Mittelalter bis Neuzeit

Mit dem Niedergang des römischen Weltreichs änderten sich auch im norischen Alpenland die Verhältnisse. Aus den Stürmen der Völkerwanderung sind nicht viele Zeugnisse erhalten. Ein Gräberfeld bei Mitterndorf aus jener Zeit lässt vermuten, dass weiterhin Salzlagerstätten in Betrieb waren, der Bergbau sollte aber für viele Jahrhunderte zu keiner besonderen Konjunktur führen. Gegen Ende des 6. Jahrhunderts war die Besetzung des norischen Alpenlands durch die Slawen beendet. Das Gebiet der Alpenslawen hieß nun Karantanien (Bergland) und gehörte verschiede-

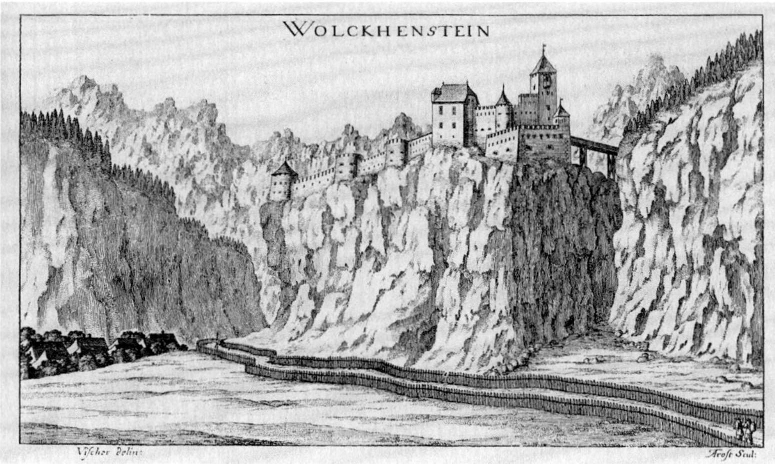

Die größte und wichtigste mittelalterliche Festung stand in der Nähe von Wörschach.

nen Stämmen, unter anderem den Stoderandern im oberen Ennstal. Seit dieser Zeit war das Gebiet um den Mandlingpass richtiges Grenzland – ein Grund, warum das Weltgeschehen meist direkte Auswirkungen auf den Raum um den Dachstein hatte. Den Slawen sind jedenfalls zahlreiche Ortsnamen zu verdanken: Gradenbach, von *gradinu* (Eichwald), Plan-Alpe, von *planina* (Alpe), oder die Almnamen Stainitzen, Finitz, Göseritz oder Sil, die wohl bereits zu Zeiten der Slawen so hießen. Das durch die Römer christianisierte Gebiet wurde mit den Slawen wieder heidnisch.

Um das Jahr 600 drangen von Westen die Bajuwaren aus dem heutigen Land Salzburg ein. Sie zogen über den Mandlingpass in das obere Ennstal und in das Ausseerland. Dem Bestreben der germanischen Durchdringung der Slawen und ihrer Christianisierung kam der Umstand zugute, dass die karantanischen Slawen im Kampf gegen die von Osten andrängenden Awaren um 745 Schutz suchten. Eine heidnische Gegenbewegung wurde von Bayernherzog Tassilo 772 niedergeschlagen, sodass Karantanien mit der Einverleibung Bayerns dem fränkischen Reich zufiel. Nun begann ein reger Tausch- und Kaufhandel durch geistliche und weltliche Grundherren mit allen Teilen des Reichs, und die ersten großangelegten Rodungen in den stark bewaldeten Tälern setzten ein. Als erster bayrisch gegründeter Ort wurde Haus 927 urkundlich erwähnt, inmitten von slawischen Siedlungen. Man begann wieder die Almregion zu nutzen, die zuvor Jahrhunderte brachgelegen hatte.

Binnen zwei Jahrhunderten hatten die bayrischen Grundherren im Ennstal – und da vor allem die geistlichen – das verwilderte Land auf relativ friedlichem Weg in Kulturland verwandelt und die slawische Bevölkerung durch ihre kulturelle Übermacht »germanisiert«. Status quo im 12. Jahrhundert waren ausgebreitete Wäl-

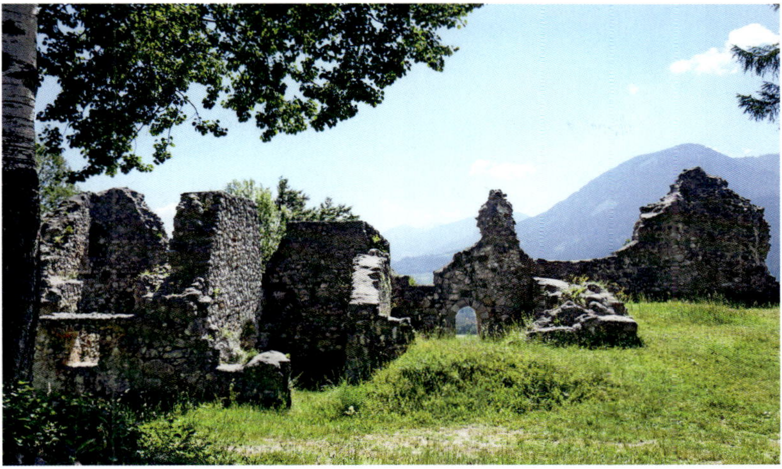

Die Besichtigung der Ruine Wolkenstein lässt sich in Kombination mit der Wörschachklamm zu einer schönen Wanderung kombinieren.

der über einem versumpften Flusstal, an deren Hängen nun vereinzelt kultivierte Inseln lagen. Die Siedlung Haus wurde für die umliegenden slawischen Dörfer wie Schladming und Gröbming und die deutschen Neugründungen Pruckarn (Pruggern), Eich (Aich) und einige mehr der gemeinsame Pfarrort. Neue Wege verbanden die Siedlungen. In jenem 12. Jahrhundert waren die Gebiete Klaus, Ramsau und Kulm im Besitz des Klosters St. Peter zu Salzburg. Der Ausseer Bezirk gehörte zur Pfarre Traunkirchen und somit zur Diözese Passau, politisch war er aber Teil des Herzogtums Steiermark. Ein gebietskörperschaftliches Durcheinander; die Salzburger Hoheitsrechte in der Steiermark waren in der Folgezeit Ursache blutiger Fehden zwischen kirchlichen und weltlichen Obrigkeiten, unter denen das besagte Grenzgebiet sehr zu leiden hatte.

Heftige und langwierige kriegerische Auseinandersetzungen, aber auch Krankheiten und Hungersnot führten zu einer Auswanderungsbewegung, aber auch zum Bau von Burgen und Wehrbauten. Die meisten davon sind vom Erdboden verschwunden, aber mancher Hausname, etwa Burgstall in Ramsau-Rössing, deutet heute noch auf eine solche Anlage hin. Andere wiederum, etwa Ennsburg bei Mandling, Schlößl bei Schladming und vor allem Wolkenstein bei Wörschach, sind immer noch großartige, sehenswerte Ruinen.

Ab 1297 herrschte vorläufig Frieden, was eine kontinuierliche Entwicklung ermöglichte. Der Fortschritt des Hochmittelalters zog ins Land, es bildeten sich sogenannte Schwaigen. Schwaigen waren landesfürstlich untertänige Bauernhöfe an der oberen Grenze des Getreidebaus, die zur ihrer Förderung und Existenzsicherung mit Vieh bestückt wurden, jedoch keinen Ackerbau betrieben. Dafür mussten sie entweder nur Käse (ab 100 Stück Vieh) oder auch Rinderschmalz, Vieh,

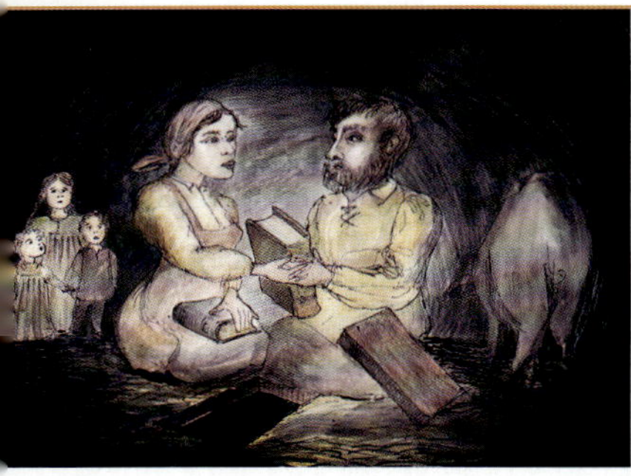

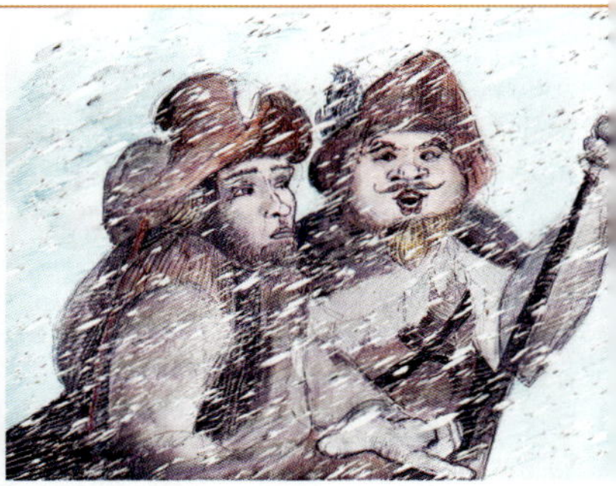

Während der Gegenreformation mussten evangelische Schriften an allen möglichen und unmöglichen Orten versteckt werden. Hier zwei Darstellungen von Geheimprotestanten (links) und Visitatoren (rechts) von Hanna Penatzer, Künstlerin aus Ramsau am Dachstein.

Flachs, Loden oder Felle als Zins zahlen. Erst später erfolgte die Abgeltung in Geld. Die Wirtschaften waren ertragreich, was wohl auch an der Größe der Almgebiete lag. So wurden nach den landesfürstlichen Urbarien (Verzeichnissen) 5510 Stück Zinskäse aus Schladming und 13 000 aus Aussee abgeliefert, wobei ein Käse zwei Pfund Gewicht hatte und ein Viertel Käse mit Brot als Mahlzeit galt. In einer zweiten Phase wurden zur Ergänzung Getreidehöfe in klimatisch und pedologisch günstigeren Zonen angelegt. In Ramsau-Vorberg und Ramsau-Leiten etwa leistete kaum ein Hof Käseabgaben, sie hatten Brot- und Haferdienste zu verrichten.

Ende des 15. Jahrhunderts zogen wieder dunkle Wolken auf, die weniger politischen als vielmehr sozialen Hintergrund hatten. Die ersten Bauernaufstände gegen die weltlichen und geistlichen Herrschaften begannen. Die Klöster waren durch fortwährende Kriegsleistungen gezwungen, ganze Ämter zu verpfänden, wobei die Pfandinhaber – das waren kleinere Grundherren sowie deren Pfleger und Verwalter – aus Gewinnsucht enormen Druck auf die Untertanen ausübten. Gleichzeitig gewann der Bergbau zunehmend an Bedeutung. 1490 erließ Kaiser Friedrich für das Dachsteingebiet ein sogenanntes Generalmandat zur Versorgung der Bergwerksbevölkerung in Hallstatt, Aussee, Schladming, Rottenmann und für den steirischen Erzberg. Weite Landstriche waren einzig dem Zweck gewidmet, Lebensmittel für die Versorgung der Knappen herzustellen; es entstand ein geschützter Markt mit gesichertem Absatz für alle Beteiligten. Das förderte einerseits Stadtgründungen oder -erweiterungen, andererseits blühte der Schwarzhandel und die Unzufriedenheit stieg.

1525 kam es zu einem großen Bauernaufstand, der vorwiegend von religiösen und sozialpolitischen Merkmalen getragen war. Deutlich beschreibt ein Aufruf des Führers der Aufständischen die Situation: »Sollen alle Ringmauern an den Städten [...] niedergebrochen werden und hierfür nimmer Städte, sondern Dörfer sein, damit der Unterschied der Menschen aufhöre und eine Gleichheit im Lande sei.«

Das religiöse Moment war vorherrschend. Die Lehre Luthers und seiner Mitstreiter verbreitete sich, gefördert durch den Zu-

zug sächsischer Bergknappen, zuerst unter den Kreisen des Goldbergbaus in Gastein und Rauris, später auch in Schladming. Die Schlacht um Schladming ist in der Literatur ausführlich beschrieben. Der Aufstand wurde niedergeschlagen, der Ort wurde schwer zerstört und verlor das Stadtrecht, das er erst im Jahr 1925 wiedererlangte. Tatsächlich überlagerten sich zwei Konflikte: die Unzufriedenheit der Bauern und die Ausbreitung der protestantischen Lehre. Luther forderte zwar Bildung für alle und er war gegen den Proporz der Kirche, aber gleichzeitig mahnte er auch die Bauernschaft zu Obrigkeitshörigkeit. Für die Aufstände hatte er wenig Verständnis. Dennoch breitete sich der Protestantismus rasch im gesamten Gebiet aus. Der Abbau der reichlich vorhandenen Bodenschätze zog viele Knappen und hochspezialisierte Arbeiter aus protestantischen Gebieten in die Region, die abgeschiedene Lage der Ortschaften machte es den Gegnern der neuen Lehre in Zeiten der Rekatholisierung besonders schwer, die davongelaufenen Schäfchen wieder unter Kontrolle zu bekommen. Dies prägt die konfessionelle Verteilung in der Region bis heute (siehe Thema Route 1)

Die Geschichte um den Dachstein in den folgenden etwa 250 Jahren wurde von vier Faktoren geprägt: Grundherrschaft, Glaubensstreit, Krankheiten und Handel, letzterer vor allem mit Salz, Eisen und Silber. Es setzte nun eine lange Phase ein, in der sich politisch und sozial wenig veränderte, zu schwer waren die Zeiten: Klimaverschlechterung und die Pest, eingeschleppt durch die Türkenkriege, machten vor allem der Ramsau zu schaffen. Trotz aller Not stand die Rinderzucht in voller Blüte. Der Handel über den Dachstein war in vollem Gange, ebenso der Handel mit Salz und der Schmuggel von verbotenen Schriften in umgekehrter Richtung von Nord nach Süd. Über mühsame Wege, und mit viel Raffinesse wurden Schriften von den Druckereizentren in Deutschland über den Dachstein in die Ramsau und das Ennstal gebracht und dort sorgsam versteckt. Das

Anteil der evangelischen Bevölkerung an der Gesamtbevölkerung in den Gemeinden Österreichs heute. Die Verteilung hat mit Bergbau, Waldarbeit und Auswanderung zu tun.

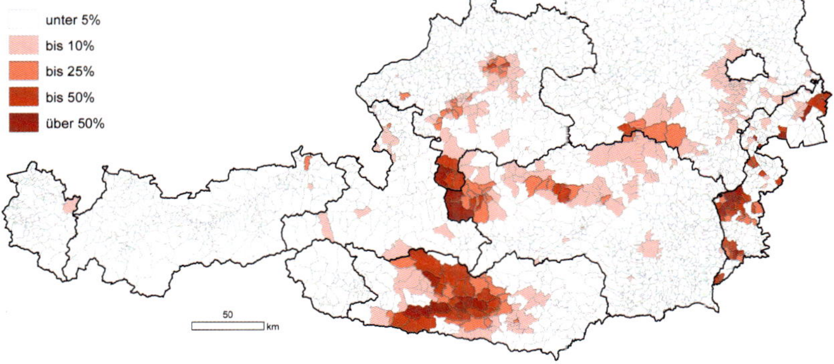

Obere Ennstal und Teile des Salzkammerguts waren für den evangelischen Glauben gewonnen. Heute erinnert der »Weg des Buches«, der von Norden kommend über Gosau, Filzmoos, Ramsau nach Süden führt, an die dramatischen Ereignisse jener Zeit.

Das katholische Lager war alarmiert und rief unter der Leitung des Admonter Abts und des Seckauer Bischofs – der den Beinamen »Ketzerhammer« trug – zur Bekehrung auf. Doch der Zwang, mit dem die Bewohner des Dachsteins rekatholisiert werden sollten, erzeugte vielfach Scheinkatholiken, oder andersrum: Geheimprotestanten, die äußerlich den kirchlichen Verpflichtungen nachkamen, in ihren vier Wänden und in ihrer Geisteshaltung aber dem evangelischen Glauben treu blieben.

Erst unter Maria Theresia wurden die Anstrengungen zur Bekehrung wieder verstärkt und viele Tausende des protestantischen Glaubens überführte Bewohner aus Salzburg, Steiermark und Oberösterreich »transmigriert« und in andere Teile des Reichs, etwa nach Siebenbürgen, ausgesiedelt. Die Tatsache, dass gerade die Ramsauer ihren wahren Glauben tarnten, um der Ausweisung zu entgehen, wurde ihnen bis in jüngere Literatur zum Vorwurf gemacht. Sie drängten ihren Glauben aber niemandem auf und kamen ihren Pflichten nach. Man wusste um das falsche Spiel. Der Abt von Admont hielt im Zuge einer Visitation fest: »Lutherische Personen, Prädikanten und Bücherträger würden sich dort gefahrlos aufhalten. Denn: Halten alle zusammen, sind alle von gutem Verstand, sehr verschlagen, verschwiegen und einig miteinander. Sie antworten einem ins Gesicht, was man hören will, hinterwärts sind sie alle reißende Wölfe, und voller Gift im Disputiern.«

Das Toleranzpatent durch den Sohn Maria Theresias, Joseph II., brachte nicht die umfassende Gleichstellung der Protestanten in Österreich, aber es war der erste Schritt. Es folgten die in Österreich turbulenten Jahre der Franzosenkriege zwischen 1797 und 1815. Das Dachsteingebiet war zwar nicht Kampfgebiet, litt aber dennoch schwer unter den Belastungen durch Kriegssteuern und durchziehende oder stationierte französische Soldaten. Wirtschaftlich war das 18. Jahrhundert noch von intensiven Bergbautätigkeiten geprägt. Während es in den Hohen Tauern um Rauris und Muhr zu einem regelrechen Goldrausch kam, wurde in den Schladminger Tauern vor allem Silber und Kupfer geschürft, das für die Münzprägungen der Habsburger unerhört wertvoll war. Kohlefunde, auch in Ramsau am Dachstein, verliehen den Bergwerken zusätzlich Auftrieb. Nördlich des Dachsteins sorgte die Salzgewinnung dafür, dass das Salzkammergut ein wesentliches Zentrum der habsburgischen Monarchie war – wirtschaftlich, kulturell und gesellschaftlich.

1848 bis heute

Die Landwirtschaft befand sich allmählich im Umbruch. Nach der schrittweisen Aufhebung der Leibeigenschaft seit 1781 wurde mit der Revolution 1848 die Grundherrschaft samt allen damit einhergehenden Abgaben, aber auch Verantwortungen des Grundherrn abgeschafft. An ihre Stelle trat das bis heute gültige System der Bezirke und Gemeinden und entsprechenden Gerichtsbarkeiten. Aus großen bäuerlichen Gemeinschaften mit Knechten und Mägden entstanden zusehends Familienbetriebe. Die Revolution hatte zwar die Bauernbefreiung erzwungen, dem noch herrschenden Absolutismus oblag jedoch

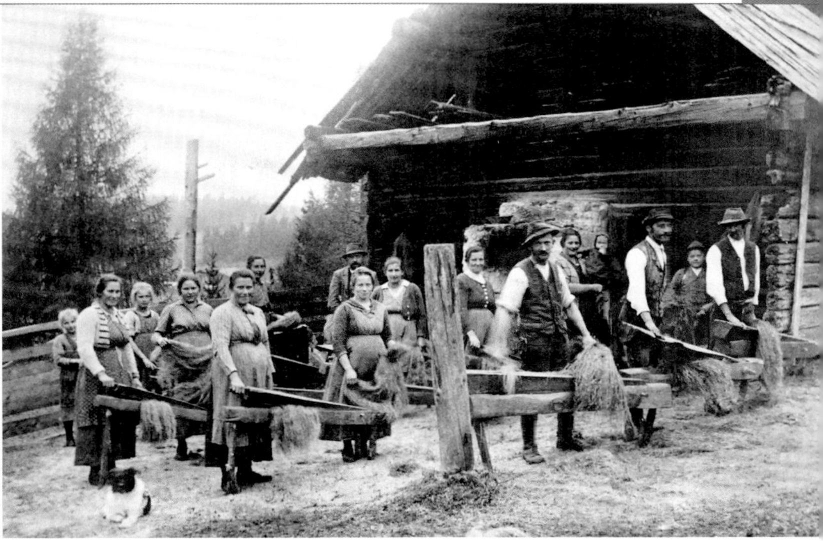

Flachs brecheln: Bis vor rund 50 Jahren war in den Landwirtschaften viel Handarbeit gefragt – auch zahlreiche Nebeneinkünfte sicherten den Bauern ihr Weiterkommen.

die Durchführung der Maßnahmen. In Österreich waren zwei Drittel des zuvor ermittelten Ablösewerts den Grundherren tatsächlich auszubezahlen. Von dieser Summe musste je eine Hälfte vom Staat und von den Bauern aufgebracht werden. Für Bauern des Flachlands, wo hohe Getreideerträge erwirtschaftet wurden, war diese Ablöse nicht drückend, für den ehemaligen Grundbesitzer wiederum war sie mehr als ausreichend. Manche konnten sich dank diesen Zahlungen an größeren industriellen Unternehmungen beteiligen und förderten damit die Industrialisierung.
Die Aufhebung des jahrhundertelangen Abhängigkeitsverhältnisses brachte den Bauern nicht nur Vorteile. Manchen fehlte es an Erfahrung, um die neue Freizügigkeit richtig zu nutzen; gefährlich war die Tendenz zu unüberlegten Verkäufen oder Erbteilungen. Vor allem die Bergbauern standen in einem schweren Existenzkampf. Geldmittel für Investitionen in die Mechanisierung waren nicht vorhanden, ebenso wenig Ressourcen, um Saisonarbeiter zu holen, die ausgewanderte Familienmitglieder, Knechte und Mägde ersetzen konnten. Auch zog das Unteroffizierskorps der Armee die bäuerliche Jugend an. Der aus dem aktiven Militärdienst entlassene »Zertifikatist« wurde bei Einstellung in den Staatsdienst bevorzugt, viele junge Männer aus dem Ennstal und Ausseerland gingen diesen Weg.
So galt das Ennstal Mitte des 19. Jahrhunderts als ausgesprochen armes Tal, ohne besondere Perspektive. Die kalten Klimaverhältnisse bis 1850 führten zu schlechten Getreideernten auf den ohnehin ungünstig gelegenen Flächen, der Milchwirtschaft fehlte es an Absatzmöglichkeiten und der Bergbau war nun vollends zum Erliegen

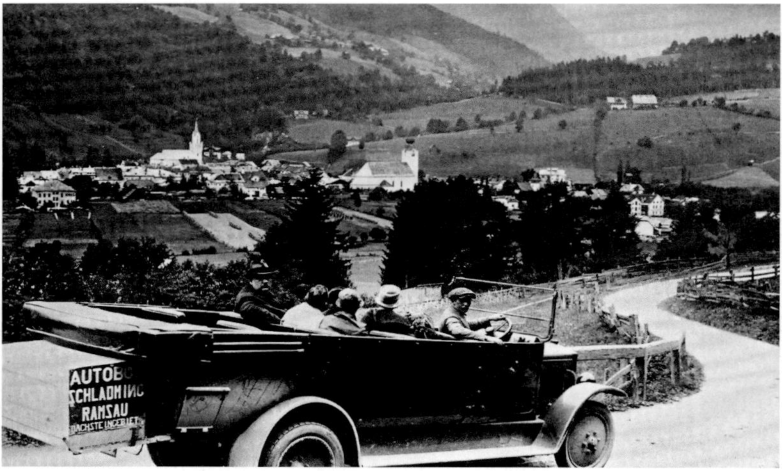

1910 wurde endlich eine brauchbare Verbindung zwischen Schladming und Ramsau fertiggestellt – mit einer Richtungsfahrbahn.

gekommen. Besonders die abgeschiedenen Seitentäler waren von Abwanderung und Verkauf betroffen, da der Handel dort nur schwer aufrechterhalten werden konnte. Zwischen 1869 und 1880 wurden von Großgrundbesitzern und Gewerken des Berg- und Hüttenwesens 849 steirische Bauerngüter erworben. Insgesamt kam es in der Steiermark allein zwischen 1908 und 1912 zu über 1400 Verkäufen von Bauerngütern, in der Obersteiermark meist für Forst- und Jagdzwecke der neuen Reichen.

Einen Hoffnungsschimmer brachte die flussbauliche Regulierung der Enns – Voraussetzung für den Eisenbahnbau. Tatsächlich erfolgte am 6. August 1875 die Eröffnung der Strecke von Selzthal nach Bischofshofen. Die sogenannte Salzkammergutbahn von Steinach/Irdning nach Attnang-Puchheim, zunächst als Schmalspurbahn zwischen dem Traunsee und Hallstätter See für den Salztransport geführt, eröffnete in der Normalspur 1877. Somit war der gesamte Raum sehr zeitig mit der Kaiserin-Elisabeth-Westbahn, später k. u. k. Staatsbahn, Vorläuferin der ÖBB, verbunden – und das der schweren Wirtschaftskrise von 1873 zum Trotz. Dazu kam, dass die Salinen einen gewaltigen Bedarf an Brennstoff zur Feuerung der Sudpfannen hatten, der durch die immer knapper werdenden Waldbestände nicht mehr gedeckt werden konnte. Daher bestand die »Salzkammergutbahn« nicht nur aus der Salzkammergutstrecke bis Attnang-Puchheim, sondern umfasste ebenso die Hausruckbahn (Attnang-Puchheim–Schärding) zu den damals ergiebigen Braunkohleflözen in Thomasroith. Diese Stichbahn ist heute übrigens, wie die gesamte Kohleförderung im Hausruckgebiet, stillgelegt.

Ende des 19. Jahrhunderts konnten Waren nun leichter transportiert werden – und: das zarte Pflänzchen des Tourismus wurde

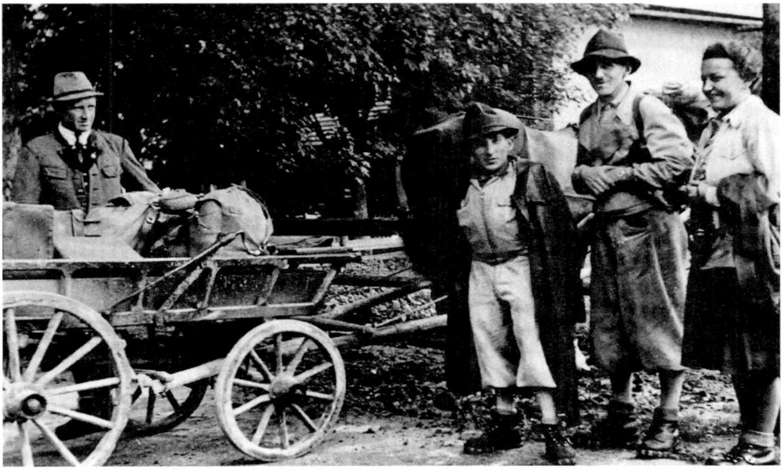

Mit dem Bau der Ennstalbahn 1875 erreichte der Fremdenverkehr die Region. Mit Leiterwagen und Pferd wurden Gäste von Bahnhof Schladming abgeholt.

gesät. Das Herrscherhaus machte es vor, der Sommerfrischetourismus blühte auf. War das Gebirge, vor allem das Dachsteinmassiv, davor als abschreckend und randständig empfunden worden, so diente jetzt die Bergwelt der Oberschicht und mit ihr zahlreichen Künstlern und Wissenschaftlern als Kulisse für ihren Urlaub: Theodor Herzl, Hugo von Hofmannsthal, Arthur Schnitzler und viele andere der Gruppe »Jung Wien« gaben sich in Altaussee ein Stelldichein. Die Besucher schufen nun eine völlig andere Außenansicht auf die Bevölkerung und die Gebirgskulisse. Es kam zu einer ersten Phase von »Erfindung von Tradition«, schon damals wurden zahlreiche Rituale für Besucher inszeniert. Und ein paar verwegene Abenteurer versuchten sich an der Besteigung der Gipfel. Während all dem waren die Lebensverhältnisse für das Bauerntum immer noch hart.

Mit dem Ersten Weltkrieg und der folgenden Wirtschaftskrise besserte sich kurzfristig die Situation für die Bauern, die hohe Inflation ließ die Schulden schmelzen. Die Produktivität insgesamt sank, und notwendige Investitionen flossen in die Auszahlung von Erbansprüchen und Ablösen statt in die Produktion. Der Liberalismus brachte wenig Verständnis für die Nöte der Bauern auf. Höfe in ungünstigen Lagen wurden aufgegeben, die Almwirtschaft erlebte einen großen Dämpfer. Allerdings entdeckte nun die Arbeiterschaft den Tourismus, was neue Möglichkeiten eröffnete. Der Bau der Bezirksstraße von Schladming nach Ramsau wurde 1910 abgeschlossen. Im Interesse der Bewohner, aber vor allem des Fremdenverkehrs hatte man die Errichtung einer Kraftwagenlinie zwischen diesen Gemeinden beschlossen. Der aufkommende Verkehr stellte die schmale Straße allerdings vor organisatorische Herausforderungen, die Berg- und

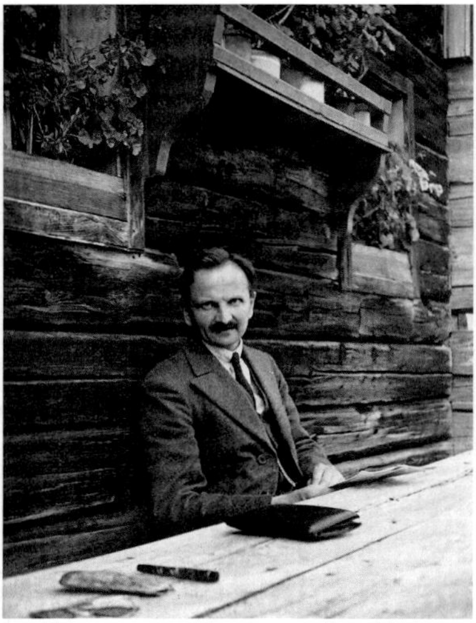

Jakob Ernst Koch, Pfarrer in Ramsau am Dachstein, lehnte sich mit Zivilcourage gegen die Nazis auf.

Talfahrten mussten zeitlich geregelt werden, da nicht genug Platz für Gegenverkehr war. 1923 war sogar der Bau einer Seilbahn vom Bahnhof Schladming bis zur heutigen Busstation Adlerhorst in Ramsau geplant, samt eines noch zu errichtenden Großhotels. Alle weiteren Maßnahmen zur Verbesserung der Infrastruktur konnten allerdings erst nach dem Zweiten Weltkrieg durchgeführt werden.

Die Geschehnisse am Vorabend des Zweiten Weltkriegs waren ungemein vielschichtig und komplex. Die Touristen brachten Hoffnung, anders als in anderen Regionen stieg die Besucherzahl bis 1940 an, in der Landwirtschaft erwartete man die große Mechanisierung, die die Industrie längst erfahren hatte. Das politisch-soziale System jedoch war gespalten. Die besondere Situation der Dachstein-Region ist für das Verständnis ungemein wichtig: Rohstofflieferant, Tourismusmagnet und konfessionelle Sonderstellung. In den 1930er-Jahren war der politische Katholizismus im Aufwind. Staatlich angeordnete Gottesdienste zum Gedenken an den ermordeten Kanzler Dollfuß, ein verpflichtender Weltanschauungsunterricht und die Klärung der Verfassungswürdigkeit der evangelischen Kirche ließen die Wogen hochgehen. Große Teile der evangelischen Kirche wandten sich, da im eigenen Land nicht besonders willkommen, Deutschland und dem Nationalsozialismus zu. Schließlich hatte schon Luther die Juden kritisiert, Gehorsam gelehrt. Der Pfarrer, der zu dieser Zeit die evangelische Gemeinde betreute, war Jakob Ernst Koch. Er war einer der wenigen, die sich entschieden gegen diese Ausrichtung der evangelischen Kirche wandten, und wies auf die Unterdrückung der Kirche in Deutschland hin. Als Abgeordneter im steirischen Landtag wurde er deshalb verfolgt und musste das Land verlassen. Bezeichnend für die konfliktgeladene Zeit war die Geschichte um das Kreuz auf der Scheichenspitze (siehe Thema Route 6).

Nach dem gescheiterten Putschversuch im Juli 1934 verschlechterte sich die Lage der evangelischen Kirche in Österreich. In Ramsau vertiefte sich gegengleich die Kluft zwischen den (evangelischen) Sympathisanten des Nationalsozialismus und dem staatsloyalen Pfarrer Koch. Dann ging alles sehr schnell. Nachdem noch 1937 aus der Region von »politischer Ruhe« berichtet wurde, stimmten bei der Volksabstimmung am 10. April 1938 über den »Anschluss« an das Deutsche Reich 100 Prozent mit Ja. Die Erwartungen und Versprechungen waren gerade in ländlichen Gebieten hoch. Das starre soziale System wurde aufgebrochen und endlich hielt die

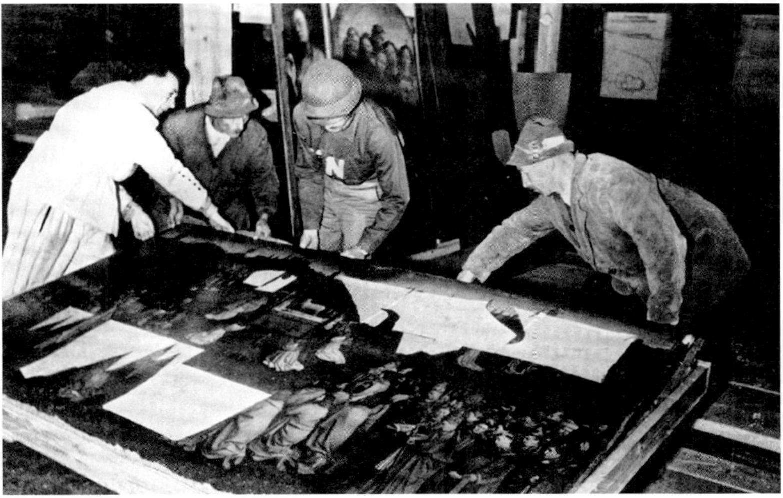

Der Genter Altar der Gebrüder van Eyck aus dem 15. Jahrundert ist eine jener Kostbarkeiten von unschätzbarem Wert, die aus den Fängen der Nazis gerettet werden konnten.

Mechanisierung Einzug; Anträge auf Förderung eines Krupp-Rasenmähers, eines Kartoffelpflugs und eines Vielfachgeräts wurden beispielsweise dem Matthias Erlbacher, vulgo Bacher, bewilligt.

Der Zweite Weltkrieg machte auch vor dem Dachstein nicht halt. Zahlreiche Familien, Frauen und Kinder wurden aus anderen Reichsteilen hierher umgesiedelt; unzählige Männer aus der Region, die mit Begeisterung in den Krieg zogen, kamen nie wieder heim. Am 1. Jänner 1944 waren gut 200 Kriegsgefangene aus dem Osten, Frankreich und England in der Ramsau interniert und arbeiteten in der Landwirtschaft und beim Straßenbau. Das Salzkammergut war ein Treffpunkt der Gauleiter, die dort regelmäßig Ferien machten, selbst Goebbels residierte am Grundlsee. Altaussee war Teil der »Alpenfestung« und 1945 letztes Rückzugsgebiet der höchsten nationalsozialistischen Regierungsstellen. In den Salzbergwerken in Hallstatt und Altaussee wurde in stillgelegten Stollen ein großer Teil der NS-Raubkunst für Hitlers geplantes Museum in Linz versteckt: 6500 Gemälde sowie zahlreiche wertvolle Statuen, Möbel, Waffen, Münzen und Teile von Hitlers Bibliothek. Der Wert wurde nach dem Krieg auf ungefähr 3,5 Milliarden US-Dollar geschätzt. Der Gauleiter und fanatische Nazi August Eidgruber wollte im Angesicht der Niederlage gegen den Befehl Hitlers die Schätze mit acht 500 Kilogramm schweren Fliegerbomben zerstören. Die Salinenmitarbeiter, allen voran Salinenleiter Dr. Emmerich Pöchmüller, selbst bekennender Nazi, konnten die Vernichtung durch einen ausgeklügelten Plan verhindern; die Kunstschätze – darunter eine Madonna von Michelangelo, Gemälde von Rubens und Rembrandt, der Genter

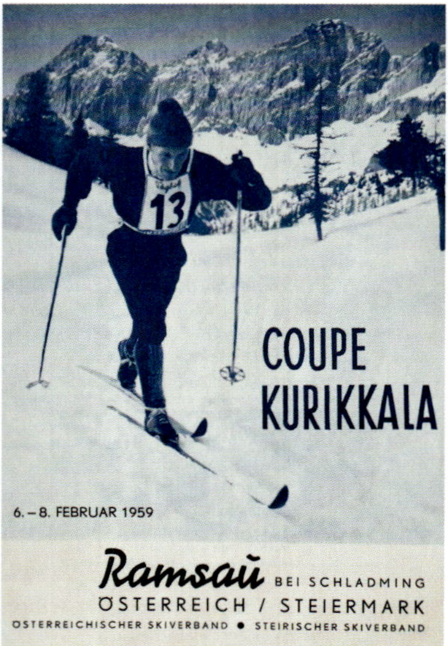

Bald nach dem Krieg war Ramsau am Dachstein wohl wegen seiner besonderen Topografie Zentrum für den nordischen Skisport.

Altar der Brüder van Eyck, Werke von Dürer und Vermeer – wurden gerettet. Der Prozess der Rückgabe dauert bis heute an, manche Schätze gelten als verschollen, so jene 60 Kilogramm Gold des Hauptkriegsverbrechers Ernst Kaltenbrunner. Die Geschichte wurde übrigens verfilmt, mit George Clooney, Matt Damon, Bill Murray und Cate Blanchett in den Hauptrollen, eine weitere Produktion ist im Entstehen.

Der Neubeginn nach dem Krieg gestaltete sich zunächst schwierig. Ablieferungsvorschriften für die Städte wurden streng kontrolliert, sodass der Viehbestand vielerorts bis auf ein Minimum reduziert wurde. Der erhoffte Aufschwung hatte drei Motoren: die Landschaft des Dachsteins als Potenzial für den Tourismus; die Motorisierung und Rationalisierung der Landwirtschaft, die Ressourcen für andere Arbeiten freisetzte, welche meist mit dem Tourismus in direkter Verbindung standen; und schließlich der Fleiß der Menschen, die nun alles dem Aufschwung unterordneten. Allein zwischen 1953 und 1962 stieg die Zahl der Traktoren in Ramsau von 23 auf 109. In Ramsau sank der Anteil der Bevölkerung, die ausschließlich in der Land- und Forstwirtschaft beschäftigt war, von 68 Prozent im Jahr 1934 auf 27 Prozent im Jahr 1971 und 7,2 Prozent 2015. Der Ackerbau war in den ungünstigen Lagen um den Dachstein unrentabel und wurde, da die Selbstversorgerwirtschaft nicht mehr notwendig war, völlig aufgegeben. Selbst auf den guten Lagen der Ramsau sank der Anteil der Ackerflächen von einem Viertel im Jahr 1959 auf nur mehr wenige Hektar heute. Die Anzahl der landwirtschaftlichen Betriebe allerdings – und das ist bemerkenswert – hat sich im bundesweiten und internationalen Vergleich jedoch nur geringfügig von 157 (1950) auf 137 (2010) verringert! Statt Ackerbau sind Fremdenzimmervermietung und Viehwirtschaft in den Vordergrund gerückt, letztere vor allem in Form von Mutterkuhhaltung oder Milchwirtschaft; auch die früher vorherrschende Schafzucht wird wieder forciert. Nicht zu vergessen ist ein besonderes Markenzeichen der Ramsau: die Pferdezucht. Nachdem das Pferd einst als Arbeitstier genutzt worden war und im Zuge der landwirtschaftlichen Revolution an Bedeutung verlor, wird es heute wieder vielfältig eingesetzt – für Pferdeschlittenfahren, in Reitschulen und Stallungen.

Durch das Ennstal – von alters her eine der wichtigsten innerösterreichischen Alpentransportrouten – verlief in der Zeit des Wiederaufbaus von 1950 bis zum Bau der

Tauern- und Phyrnautobahn die gefürchtete »Gastarbeiterroute«, die von südosteuropäischen Arbeitskräften in Deutschland genutzt wurde, um ihre Heimat zu besuchen. Gemeinsam mit dem einsetzenden Tourismusverkehr war das Obere Ennstal auf der gesamten Strecke das Nadelöhr schlechthin und wurde streckenweise als »Massengrab für Autofahrer« bezeichnet – ein Drittel aller Gefahrenstellen der österreichischen Straßen lag damals auf dem Abschnitt zwischen Salzburg und dem Grenzübergang Spielberg im Süden. Trotz dem Bau weiterer Autobahnen ist die Ennstal-Straße überfüllt, wenn auch weniger gefährlich. Zweifellos hätte ein Vollausbau Einfluss auf den Reiz der umgebenden Landschaft und ist deshalb zu verhindern. Die meiste Zeit des Jahres rollt der Verkehr ruhig, vielen 80 km/h-Beschränkungen sei Dank. Manche neuralgischen Stellen wurden bereits verbessert. Vernünftiger wäre ohnehin ein Ausbau des öffentlichen Verkehrs, die Eisenbahn verläuft zum Großteil nur eingleisig.

Heute ist die soziale Struktur um den Dachstein nach wie vor sehr traditionell-bäuerlich, wenngleich mit regionalen Unterschieden: Nördlich des Dachsteins wählt der Bezirk Gmunden infolge der Salzindustrie nach wie vor mehrheitlich sozialdemokratisch, das Ausseer-Land und die Salzburger Gemeinden Filzmoos und Annaberg-Lungötz sind traditionell konservativ orientiert, und Ramsau geht einen anderen Weg und hat eine eigene Liste als führende Partei. Gemeinsam ist den Gemeinden um den Dachstein die Dominanz des Tourismus, der auch anderen Wirtschaftszweigen, allen voran der Landwirtschaft, bewegtes Leben einhaucht.

Die Dachsteinstraße wurde in den 1960er-Jahren fertiggestellt. Das ist im Vergleich zu anderen Alpenstraßen relativ spät.

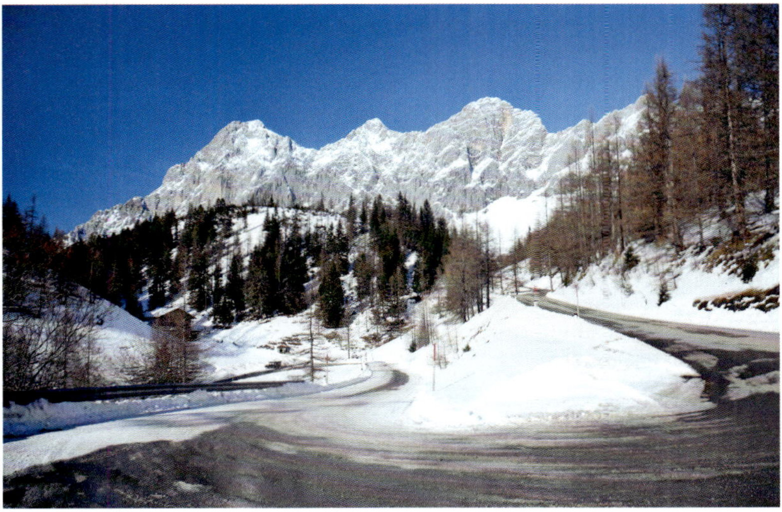

Naturschauspiel Dachstein

Das Dachsteingebirge im Überblick

Der Naturraum um den Dachstein gliedert sich im Wesentlichen in drei Teilbereiche: die Hochzonen um die höchsten Gipfel herum, das weite, plateauartige Gebiet Auf dem Stein und schließlich die Talbereiche rund um den Dachstein, wobei die Südseite um Ramsau am Dachstein eine Sonderstellung einnimmt.

Die *Hochzonen* erreichen durchwegs Gipfelhöhen über 2000 m, häufig über 2500 m. Die höchsten Gipfel sind um den Hauptgipfel gereiht und haben spektakulären, hochalpinen Charakter. Die wichtigsten sind vor allem das berühmte Dreigestirn Hoher Dachstein (2995 m), Mitterspitz (2925 m) und Torstein (2948 m). Weitere markante Gipfel des Dachsteinmassivs sind der Koppenkarstein (2863 m), die Scheichenspitze (2667 m) im Westen, der Hohe Gjaidstein (2794 m) und das Hohe Kreuz (2873 m) nördlich der Hauptgipfel. Wichtige Gipfel des Dachsteingebirges, das den gesamten Gebirgsstock bezeichnet, sind die Große Bischofsmütze (2458 m) und der Große Donnerkogel (2054 m) am Gosaukamm im Westen. Aus dem mächtigen Kalkblock ragen im Norden der Hohe Ochsenkogel (2527 m), der Taubenkogel (2300 m) als Fortsetzung des Gjaidsteinzugs und weiter östlich der Speikberg (2125 m) aus dem unüberschaubaren Gewirr aus Fels, Latschen (Legföhren) und Wald heraus. Richtung Osten und Süden begrenzen drei markante Gipfel das Dachsteingebirge: der Stoderzinken (2048 m), die Kammspitze (2139 m) und der sagenumwobene Grimming (2351 m). Der Zinken (1854 m) und der vom Tourismus eroberte Krippenstein (2108 m) im Norden gehören noch eindeutig zum Dachsteinstock, während der Sarstein (1975 m) und der Plassen (1953 m) von ihm isoliert dastehen. Hinzu kommen weitere ungemein reizvolle Aussichtsgipfel, wie der Däumelkogel beim Krippenstein, Sinabell beim Guttenberghaus, der Kufstein oder der Ochsenkogel und unzählige Klettergipfel wie der Eiskarlspitz oder der legendäre Däumling der Gosaugruppe. Nach Norden, Osten und Nordwesten schließen andere ähnliche, aber wesentlich niedrigere Kalkgebirge an, wodurch sich eine chaotische Tal-Berg-Struktur ergibt. Nach Süden folgt der große Übergang zu den Tauern. Das weite Obere Ennstal bildet mit seiner klaren West-Ost-Ausrichtung die Grenze. An den ungemein steilen Südabfall des Dachsteingebirges schließen dazwischen nur mehr wenige kleinere Gipfel an. Der markanteste ist sicher der Rötelstein (oder auch Rettenstein, 2247 m), da er isoliert steht, weit über der Baumgrenze liegt und eine geologische Sonderstellung einnimmt. Des Weiteren liegt bei Filzmoos der Rossbrand (bekannt für seine Höhenloipe, 1770 m), der »Actiongipfel« Rittisberg (1565 m), der nicht sonderlich markante, aber für die Ramsau so zentrale Kulm (1270 m) und der Sattelberg (1346 m), der einen im Sinne des Wortes ausgezeichneten Kinderlehrpfad beherbergt. Sie sind allesamt bewaldet und geologisch nicht mehr den Nördlichen Kalkalpen zuzurechnen, sondern bereits Teil der Grauwackenzone. Bis auf jene niedrigen südlichen Randgipfel werden alle Höhenbereiche aus unterschiedlichen Kalksorten aufge-

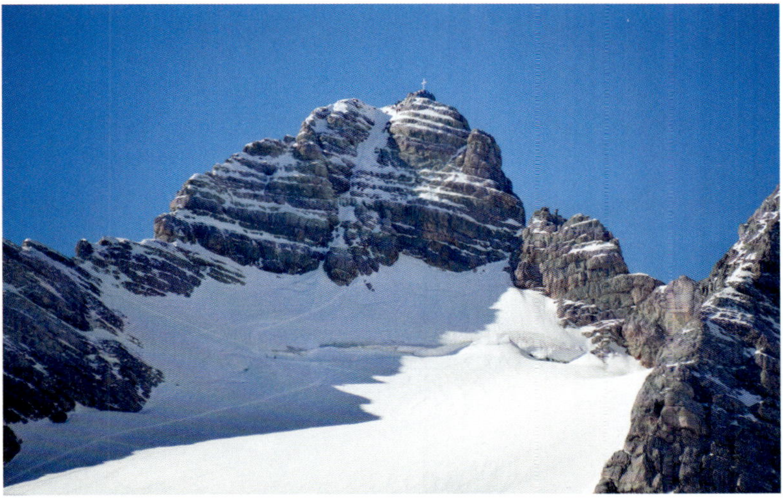

Am Gipfel des Hohen Dachsteins sieht man die Schichtung des Dachsteinkalks besonders gut.

baut und weisen in der Ersteigung einen ungemein vielfältigen Schwierigkeitsgrad auf. Viele sind auf relativ einfachen Wegen zu erreichen, für einige empfehle ich Bergerfahrung oder professionelle Hilfe, und andere sind für den Normalsterblichen unerreichbar. Den höchsten Gipfeln zu Füßen liegen acht Gletscher, die bis auf eine kleine Ausnahme allesamt nach Norden ausgerichtet sind.

Der *Plateaubereich* umfasst weitaus den größten Teil des Dachsteingebirges, der nach allen Seiten steil in die Talbereiche übergeht. Unter Plateau darf man sich aber keinen einheitlichen, ebenen Felskörper vorstellen, sondern einen mehrfach gegliederten und in verschiedene Etagen aufgeteilten Bereich mit ungemein unruhigem Relief. Jeder, der den Dachstein überquert hat, kann ein (Klage-)Lied davon singen. Dies ist für die nördlichen Alpen nicht außergewöhnlich, das Steinerne Meer, Hagen- und Tennengebirge, das Höllengebirge im Norden, vor allem das Tote Gebirge, der Hochschwab, sowie Rax und Schneeberg ganz im Osten zeigen den gleichen Landschaftstypus – wegen der Gletscher und der Höhe der Gipfel ist der Dachstein sicher der eindrucksvollste. Drei natürliche Prozesse führten zu dieser eigenartigen Landschaft. Als die Hebung zum Hochgebirge vor etwa 20 Mio. Jahren auch die Kalkalpinen Gesteine erfasste, geschah dies keinesfalls einheitlich, sondern schubweise. In den Ruhepausen war genug Zeit für das Gebirge, immer wieder durch Erosion abzuflachen, bevor die nächste Hebungsphase ein neues Niveausystem schuf. So wurde der relativ einheitliche Körper aus Dachsteinkalk in mehrere Höhenbereiche untergliedert. Tektonische Bewegungen verstellten die Flächen zusätzlich. Die Tätigkeit der Gletscher schürfte Schwächezonen im Gestein aus: So entstand das

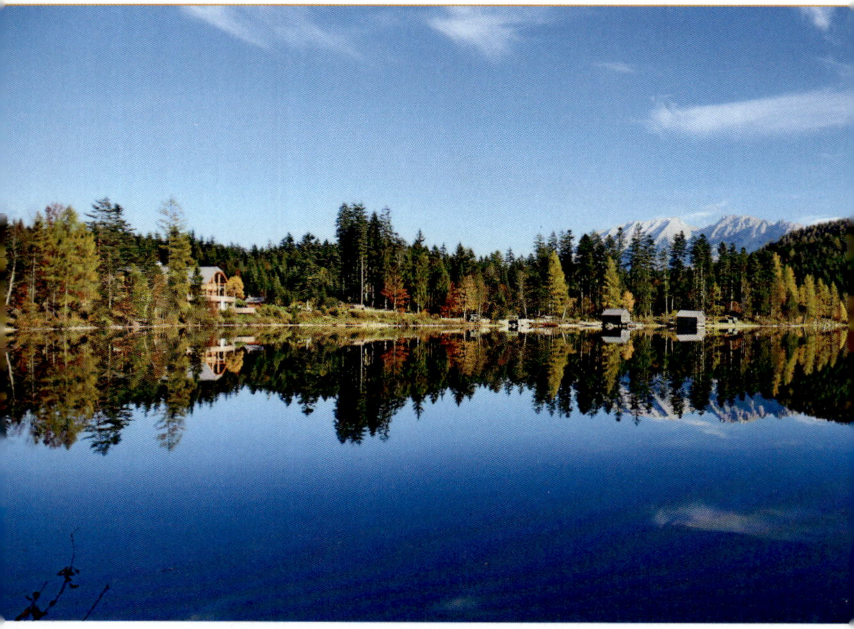

Der Ödensee liegt im Nordosten des Dachsteinmassivs und wird von unterirdischen Quellen gespeist. Das Naturjuwel steht unter Schutz.

breite Tal der Enns mit vielen U-förmigen Seitentälern und spitzte die Gipfel zu markanten Karlingen zu. Das Karstphänomen spielt in der Reliefbildung zweifellos die größte Rolle. Die Dominanz der unterirdischen Entwässerung und das Fehlen von Flüssen auf dem Plateau ließen keine klassischen Täler entstehen, vielmehr blieb der Plateautypus als Großform erhalten. Im Detail ist der Dachsteinstock aber unruhig und in Tausende Dolinen, große Hohlformen, Karstgassen und abflusslose Tälchen untergliedert – ein Merkmal, auf das noch oft hingewiesen wird: Man verliert innerhalb dieses Bereichs bei schlechter Sicht sofort die Orientierung.

Die umgrenzenden *Talbereiche* werden von großen Flusssystemen geprägt, jene der Enns und der Traun sind die wichtigsten für den Dachstein. Die Enns ist mit 254 Kilometern Länge der größte innerösterreichische Fluss, die Traun ist in dieser Rangliste mit 153 Kilometern Zweite, sie münden beide im nördlichen Alpenvorland in die Donau und sind streckenweise intensiv energietechnisch genutzt. Das Obere Ennstal ist genau West–Ost ausgerichtet. Im Norden reihen sich die Nördlichen Kalkalpen an, im Süden mündet erstaunlich regelmäßig ein ums andere Nebental in das Haupttal der Enns. Die »Grasberge« der Niederen Tauern breiten sich gegen Süden aus, die zu den populärsten Wanderdestinationen des Landes zählen und stellenweise sehr überlaufen sind. Der Bereich westlich des Gosau-

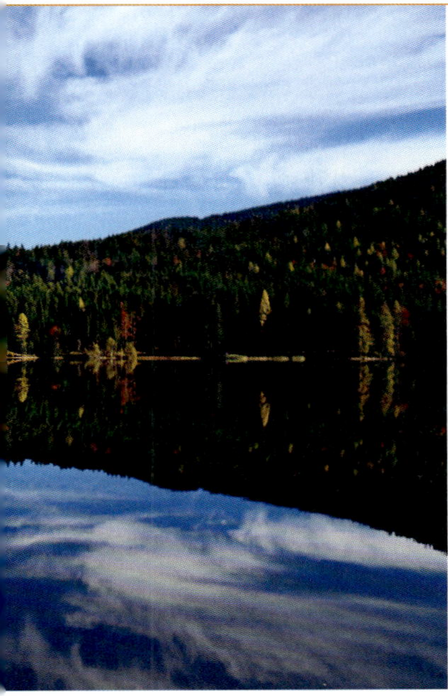

kamms entwässert zur Salzach – wieder eine Dreiteilung des Gebiets. Während die meisten Wasserscheiden entlang der höchsten Gipfel verlaufen, liegt im Becken Bad Mitterndorf eine höchst bemerkenswerte zwischen Enns und Traun. Der Gletscher hat dort einen sanften Übergang zurückgelassen, mit zahlreichen Mooren und wertvollen Bio- und Geotopen.

Die Seen um den Dachstein zählen mit Sicherheit zu den schönsten des Landes. Der fjordartige Hallstättersee, der Altausseer See, Grundlsee und Toplitzsee sind die größten und liegen als sogenannte Karstsacktäler tief in die Gebirge eingebettet. Alle sind, wie auch der Hintere Gosausee und der Ödensee, vom Gletscher ausgeformt worden. Faszinierend sind vor allem die kleinen, ruhigen Seen inmitten des Gebirges – ein Zusammenspiel von völliger Stille, trockenem Fels und glasklaren Seen, wie es etwa beim Ahornsee, Grafenbergesee oder Silberkarsee, aber auch anderen kleineren Stillgewässern der Fall ist. Dort ist der Karstabfluss durch Feinmaterial des Gletschers oder uralte Bodenbildungen verstopft, damit sich das Wasser, das ja reichlich von oben kommt, sammeln kann. Himmlisch sozusagen.

Tropen, Eis und Säure – was das Gebirge auf- und abbaut

Die meisten Gesteine sind Sedimentgesteine, die sich in den großen, tropischen Lagunen des Tethys-Ozeans, der vor 250 Mio. Jahren bis etwa 100 Mio. Jahre Bestand hatte, bildeten. Je nach Position – Uferbereich, Lagune, Riff, oder Übergang zur Tiefsee – und Alter kamen viele verschiedene Ausprägungen an Sedimenten zur Ablagerung. In der Kreidezeit schloss sich der Tethys-Ozean endgültig, die Sedimente wurden zusammengepresst, verfestigt und schoben sich über den Zentralalpenkörper, alles noch unter dem Meeresspiegel. Die Zentralalpen hoben sich zuerst, und im Bereich des Dachsteins gab es noch zahlreiche Meeresbuchten, in denen Riffschutt und Ablagerungen aus den Zentralalpen landeten.

Sofort nach dem Herausheben der nun verfestigten Gesteine zum Hochgebirge setzen Erosion und Verkarstung ein. Wasser in Verbindung mit Kohlenstoff ergibt Kohlensäure, die die Kalke korrodiert und einen bestimmten Formenreichtum entstehen lässt. Die ersten systematischen Begehungen zur Erforschung unternahm Mitte des 19. Jahrhunderts Friedrich Simony (siehe Thema Route 15). Der innere Bau des Dachsteins ist durch eine große Vielfalt an Gesteinen geprägt, die geologische Karte weist 66 verschiedene Einheiten aus. Das mag auf den ersten Blick überraschen, vor allem wenn man den Dachstein überquert. Mengenmäßig dominieren nämlich sogenannte Flachwasserkalke und -dolomite der Mittleren Trias-Zeit – der Dachsteinkalk, was sonst. Die alpenweit gebräuchlichen Bezeichnungen gehen zum großen Teil auf Lokalitäten dieser Gegend zurück, was die Bedeutung des Dachsteins für die Forschung unterstreicht. Da die Geologie an sich sehr kompliziert ist, und am Dachstein speziell, soll hier auf eine grobe Auswahl der wichtigsten Gesteinsformationen hingewiesen werden (von alt nach jung). Entlang der Wanderungen sind manche besonders gut zu erkennen, darauf wird im Text jeweils an geeigneter Stelle hingewiesen.

Schiefer und Phyllite der Grauwackenzone liegen »unterhalb« der Kalksedimente. Sie sind die ältesten Gesteine, die es hier gibt, und passen überhaupt nicht zum Rest des Gebiets. Sie bilden die südliche Grenze beim Rittisberg und Kulm; im Ramsauer Bereich sind sie zum Teil kohleführend.

Das *Haselgebirge,* ein bergmännischer Ausdruck für ein Gemisch aus Tonstein, Gips und Salz, kommt vorwiegend im Norden bei Hallstatt und Altaussee vor. Es sind die ersten Ablagerungen unter heißen Bedingungen in das weite, damals noch flache Tethys-Meer, eine Mischung aus Ablagerungen der Landoberfläche und Verdunstungsgesteinen, sogenannten Evaporiten – mit anderen Worten: Salz und Gips. Sie beinhalten heute die wichtigen alpinen Salzlagerstätten. Während der Gebirgsbildung hatten sie ebenfalls eine wichtige Rolle, da sie sehr formbar sind und richtiggehende Gleitbahnen für die Überschiebung bestimmter Gesteinskörper darstellten. Auf der Südseite des Dachsteins ist das Haselgebirge nur an bestimmten Stellen sichtbar und weniger bedeutend.

Die *Werfener Schichten* sind an einigen Stellen in der Ramsau eindrucksvoll zu erkennen und dienen vor allem als Wasserstauer. Zahlreiche Quellaustritte sind an Vorkommen dieser Gesteinspakete gebunden. Sie werden weniger aus Kalken aufgebaut und sind recht bunt: graue, grüne, rote Sand- und Tonsteine stehen in starkem Kontrast zu den hellen Kalkfelsen im Hintergrund.

Der *Wettersteinkalk* und *-dolomit* baut prominente Gipfel wie die Scheichenspit-

Die Hangbrekzien an den Steinernen Jungfrauen sind besonders spektakulär.

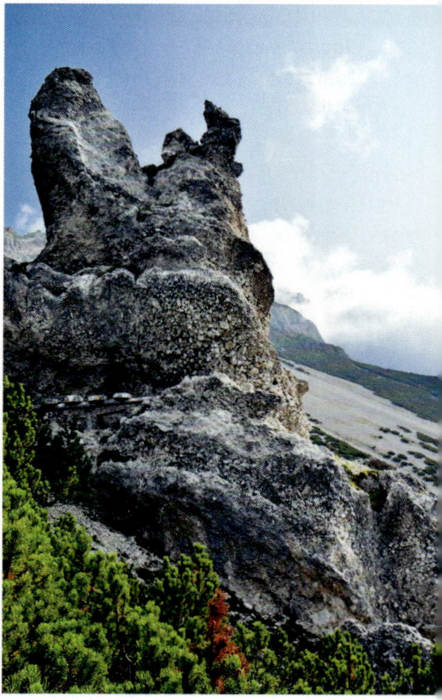

ze auf und ist wesentlich älter als der Dachsteinkalk. Diese mehrere hunderte Meter mächtigen Gesteinspakete liegen unter den Dachsteinkalken und streichen vor allem auf der Südseite des Bergmassivs in mächtigen Schichten aus. Der Übergang ist nördlich des Guttenberghauses wegen dem Durcheinander im Relief unschwer zu erkennen.

Hallstätter Kalke sind für die Wissenschaft wichtige Leitgesteine und zum Teil intensiv rot gefärbt. Leitgesteine deshalb, da sie als sehr fossilreich gelten und am Übergang von Riffbereichen und tieferen Ablagerungsräumen gebildet wurden, zeitgleich mit den Dachsteinkalken. Sie bilden heute die bewaldeten Mittelgebirgsstöcke nördlich des Gebirgsmassivs. Übrigens werden selbst auf der indonesischen Insel Timor Kalke aufgrund der gleichen Fossilienstruktur als Hallstätter Kalk bezeichnet.

Der *Dachsteinkalk* ist zweifellos der Hauptdarsteller des Gebiets. Typisch ist die deutliche »Bankung« im Meterbereich, zurückzuführen auf wechselnden Wasserstand des Meers, da der Ablagerungsraum häufig genau an der Grenze zwischen Meer und trockengefallenem Land lag. Daher sind die Schichten regelmäßig durch geringmächtige Störungen unterbrochen. Man spricht vom Dachstein-Lagunenkalk. Der zweite Typus ist der Dachstein-Riffkalk, der ein massiges Erscheinungsbild aus Korallen und Schwämmen hat, ohne Struktur, wie der Lagunenkalk. Ist man im Gosaukamm unterwegs, sind bei genauerem Hinsehen überall versteinerte Korallenstrukturen zu erkennen. Die gesamte Dachsteindecke hat eine Dicke von 1500 bis 2000 Meter und erfuhr im Zuge der mehrphasig abgelaufenen Gebirgsbildung Verfaltung und ist in verschiedene Blöcke zerstückelt worden. Durch diese klüftige Struktur ist das Gestein für die Verkarstung bestens geeignet. Sie bedingt auch die spezielle hydrologische Situation der unterirdischen Entwässerung, bei der sich in verschiedenen Stockwerken Höhlen herausbilden. Der Dachsteinpionier Friedrich Simony beschrieb das Gestein als Erster und benannte es nach seinem Hauptgipfel.

Hierlatzkalke aus dem Jura sind zwar nicht sehr weit verbreitet, sind aber aufgrund ihrer roten Farbe sehr auffällig. Sie treten auch in Spalten von wenigen Dezimetern als Füllung im Dachsteinkalk auf, wie etwa am Taubenriedel westlich des Eissees.

Der *Plassenkalk* ist ebenfalls ein relativ

Der Rötelstein (Vordergrund) besteht aus relativ jungem Plassenkalk, die Bischofsmütze (Hintergrund) aus Dachstein-Riffkalk.

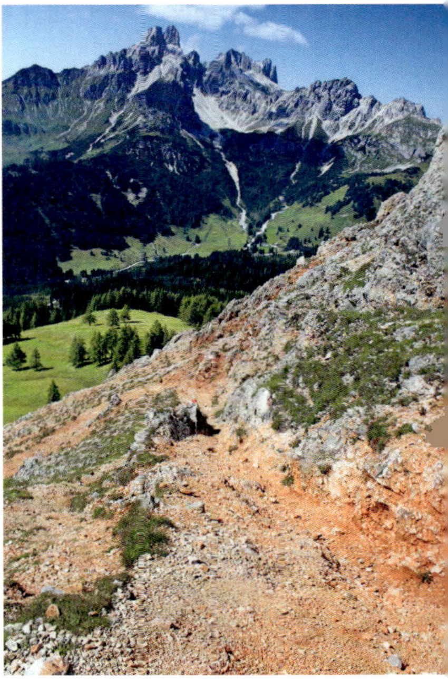

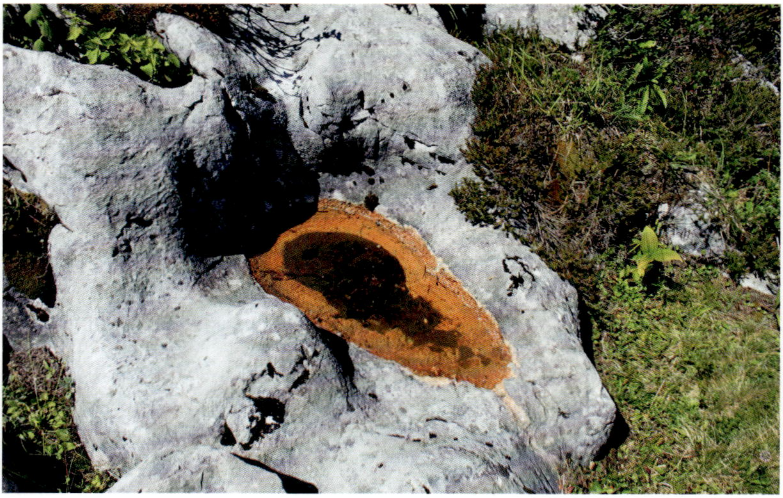

Topfkarre im Dachsteinkalk.

junges Gestein aus dem Jura, den Namen hat er von dem Gipfel nördlich des Dachsteins. Er gilt als einer der reinsten Kalke überhaupt, der daher auch industriell genutzt wird. Bekanntestes Beispiel auf der Südseite ist der Rötelstein.

Besonderes Augenmerk legte die Forschung auf zwei Gesteinsserien »ganz jungen« Datums: Als die zentralen Alpen sich zu heben begannen, ragten die Kalkalpen in der späten Kreidezeit vor 70 Mio. Jahren als ein paar Inselchen aus einem tropischen Meer, à la Karibik. Flüsse lieferten Sand und Schlamm in Buchten mit einem hohen Schnecken- und Korallenvorkommen; auf dem Land bildeten sich tiefe, rote Verwitterungserden. In Gosau sind diese Formationen besonders gut zu erkennen, daher bekam diese Einheit den Namen *Gosauschichten.* Sie kommen in den nördlichen Kalkalpen überall vor und bilden einen wichtigen Zeitmarker für die Zeit zwischen einer ersten und zweiten Hebungsperiode der Alpen.

Viele Jahrmillionen später, aber noch vor der endgültigen Hebung der Kalkalpen zum Hochgebirge, bedeckten weit über 1000 Meter, manchen Quellen zufolge sogar bis 2000 Meter mächtige Flussschotter, so genannte *Augensteine,* die gerade landfest gewordenen Bereiche der nördlichen Kalkalpen. An manchen Stellen sind diese Quarzgerölle, Sande und Verwitterungslehme zu sehen – sie fallen sofort auf als etwas, was hier überhaupt nicht hergehört (siehe Thema Route 12). Im Laufe der Zeit wurden diese Schotter abgetragen und in das Alpenvorland abtransportiert, wo sie heute wichtige Grundwasserspeicher darstellen. Kleinere Mengen wurden in die Höhlensysteme gespült.

Bleiben noch Ablagerungen der jüngeren geologischen Vergangenheit, des Quartärs. Landschaftlich besonders reizvoll ist die verfestigte *Hangbrekzie* an der Dachsteinsüdseite, ein Charakteristikum der Ramsau. Sie muss sich in einer älteren Warmzeit gebildet haben und wurde gleich durch kalkhaltige Wässer verfestigt. Die Erosion hat zum Teil skurrile Formen herausgearbeitet, die in den Steinernen Jungfern oder dem Predigtstuhl schön zu sehen sind.

Alle umrahmenden Tallandschaften sind von jungen Sedimenten aufgefüllt: Gut untersucht sind die *Grundmoränenlandschaften* im Bad Mitterndorfer Becken. An sich werden innerhalb der Alpen vom Gletscher abgelagerte Grundmoränen vom Fluss ausgewaschen. Infolge der speziellen Sattellage erreichte kein großer Fluss das »Hochbecken«. So blieb eine eigentümliche Landschaft mit vielen verschiedenen Lebensräumen erhalten, die es so innerhalb der Alpen sehr selten gibt.

Über einigen wasserstauenden Sedimenten (Werfener Schichten, Gosauschichten) kommt es zur Ausbildung von *Niedermooren* (Ramsau), sehr vereinzelt zu *Hochmooren* (Bad Mitterndorf). Abgesehen vom landschaftlichen Reiz ist erwähnenswert, dass diese Sedimente viel zur Erforschung der jüngeren Erdgeschichte beigetragen haben. In den durchaus tiefen Mooren sind in verschieden tiefen Schichten Pollen der vergangenen Vegetationszusammensetzung konserviert. So konnten Wissenschaftler die Klimaentwicklung der letzten Jahrtausende präzise erforschen.

Der Gletscher schließlich gab der Landschaft den letzten entscheidenden, buchstäblichen Schliff. Unzählige *Kare, U-Täler,*

Der Dachstein trägt noch imposante Gletscher, da er höher als alle umliegenden Gipfel ist und viel Niederschlag erhält.

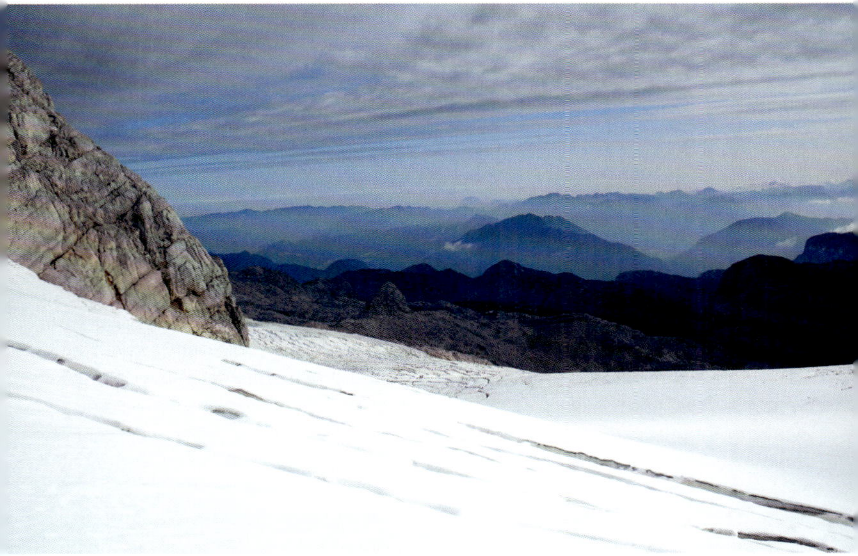

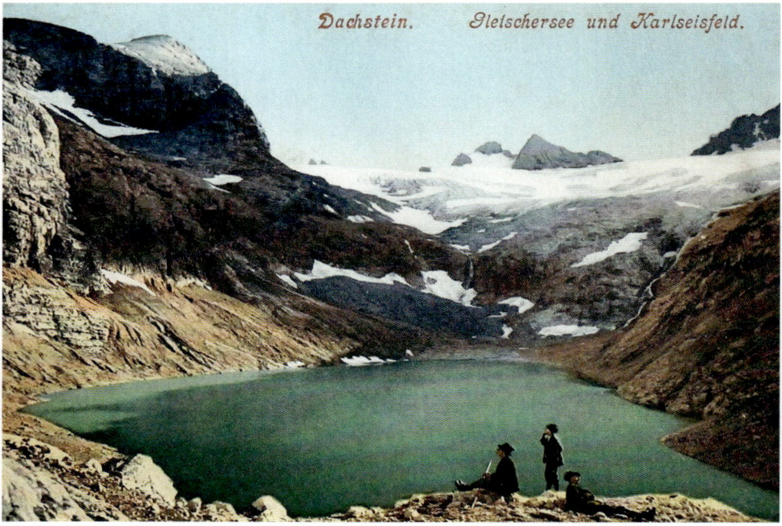

Der Hallstätter Gletscher und der Eissee auf einer Illustration von Friedrich Simony, 1906.

Gletscherschliffe sowie *Seiten-* oder *Endmoränen* der jungen Gletschervorstöße komplettieren das grandiose Bild des Dachsteins.

Klima und Wetter

Die extremen Klimaschwankungen der letzten 2,5 Mio. Jahre haben die gesamten Alpen, und so auch den Dachstein, entscheidend geprägt. In die Zeit des Forscherpioniers Friedrich Simony fällt bis 1850 der letzte markante Vorstoß der Alpengletscher; Simony war der Meinung, man solle sich überlegen, wie man sich vor dem Gletscher schützen könne. In den darauffolgenden Jahrzehnten dokumentierte er jedoch einen raschen Rückzug und die dynamische Entwicklung des Eissees am Zungenende des Hallstätter Gletschers.

Aber der Reihe nach: Während der Eiszeiten war das Enns- und Trauntal mit gewaltigen Gletschereismassen gefüllt. Die Eishöhe reichte über 2000 m Seehöhe, damit ragten nur mehr die allerhöchsten Gipfel aus den Eismassen heraus. Als Teil des großen, alpenweiten Eisstromnetzes floss der Ennsgletscher Richtung Osten, stieß an die Gesäuseberge an, wich nach Süden Richtung Schoberpass aus und mühte sich nördlich in das Becken von Windischgarsten, wo heute sogar Endmoränen aus der Würm-Eiszeit zu finden sind. Der Traungletscher hatte das gesamte Dachsteingebiet und weite Teile des Toten Gebirges als Einzugsgebiet und erreichte sogar den Alpenrand. Bei Bad Ischl teilte er sich in zwei Teile: Ein Strom floss Richtung Attersee, der zweite schürfte den Traunsee aus. An mehreren Stellen war der Ennsgletscher mit jenem des Trauntals in Verbin-

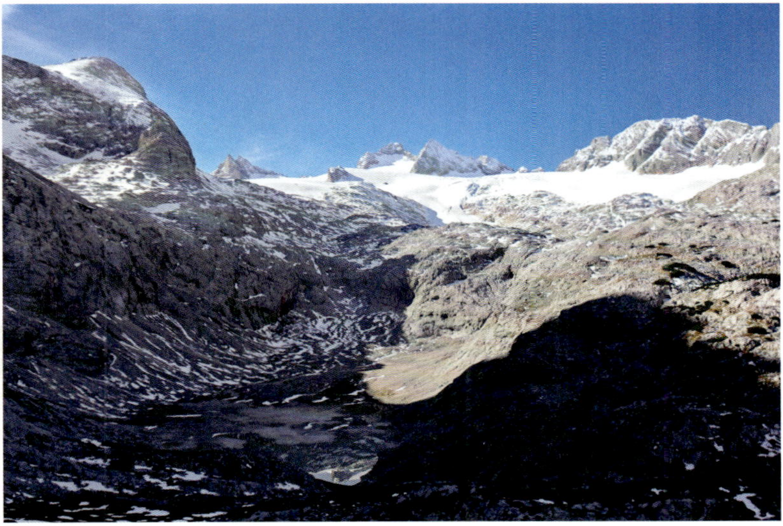

Hier die Situation 2017. Der Gletscher hat sich weit zurückgezogen und der See verlandet zusehends.

dung. Wissenschaftler, allen voran Dirk v. Husen, fanden in den Moränen des Traungletschers am Traunsee kristalline Gerölle, die eindeutig aus den Niederen Tauern stammen müssen.

Vor etwa 15 000 Jahren war es mit der letzten großen Vereisungsphase vorbei; bevor sich die Eismassen endgültig ins Hochgebirge zurückzogen, kam es allerdings zu kleineren markanten Vorstößen. Das Ennstal blieb eisfrei, doch die südlichen Seitentäler sind durch diese Vorstöße deutlich überprägt. Im Einzugsgebiet des ehemaligen Traungletschers lief die Sache etwas anders; die dortigen Plateaugebirge konnten sehr viel Schnee anhäufen, sodass sich die Eismassen sprunghaft ausbreiteten, sobald die Gleichgewichtslinie des Gletschers unter das Niveau des steilen Nordabfalls sank. So erreichte der Gletscher noch einmal Bad Ischl und zweimal das Becken von Bad Goisern sowie das Echerntal bei Hallstatt. Dies belegen markante Endmoränenzüge. Im Echerntal wurde deshalb an dieser Stelle ein Gletscherlehrpfad errichtet.

Vor 10 000 Jahren war endgültig Schluss, die Eismassen erreichten die Talbereiche nicht mehr. Zurück blieben tief ausgeschürfte Täler, markant geschliffene Felsen, unzählige Kare und tiefe Wannen. Manche dieser Wannen sind bereits mit Sedimenten zugeschüttet, andere mit den so charakteristischen Seen aufgefüllt. Es ist eine Frage der Zeit, bis auch sie weite, vermoorte Flächen bilden.

Es folgten weniger markante, aber für die menschliche Entwicklung zum Teil dramatische Klimaschwankungen. Nach dem bronzezeitlichen Klimaoptimum, als die

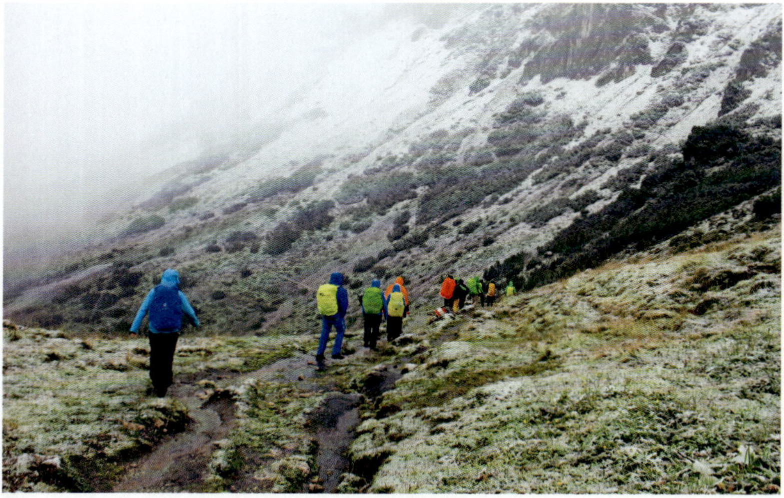

Am Dachstein muss man bei den Hochtouren gut ausgerüstet sein, dort kann es das ganze Jahr über schneien.

Baumgrenze weit über 2000 m lag und der Bergbau eine erste Hochblüte erreichte, sank die Jahresmitteltemperatur im Frühmittelalter um mindestens 2°C und die Baumgrenze gegenüber heute um 200 Meter. Das war wohl der Grund, warum zahlreiche Almflächen nicht mehr bewirtschaftet wurden und sich der Fortschritt verlangsamte. Über die hochmittelalterliche Warmzeit diskutiert die Wissenschaft heftig, manchen Quellen zufolge soll es 4°C wärmer als heute gewesen sein – Gegner dieser Annahmen meinen, die mittelalterliche Warmzeit werde zum Zweck angeführt, die menschgemachte Erwärmung des 20. und 21. Jahrhunderts zu verharmlosen. Jedenfalls breiteten sich am Dachstein an der gesamten Nordabdachung Wälder aus, im oberen Bereich Fichte mit starken Anteilen von Lärche und Zirbe, unterhalb schlossen sich wahrscheinlich tannenreiche Buchenwälder an. Die Kleine Eiszeit ab dem 16. Jahrhundert bis 1850 fällt genau in die Zeit des Geheimprotestantismus, in die Zeit schlechter Ernten und zahlreicher Konflikte. Die Ablagerungen des damals vorrückenden Gletschers sind besonders gut unterhalb der Simonyhütte und vor der Adamekhütte zu sehen. Die große Frage ist nun, was uns die momentane Erwärmung bringt. Die Gletscher am Dachstein weichen dramatisch schnell zurück, die Dachsteinwarte (Seethaler Hütte) hat Probleme mit auftauendem Permafrost, und die Tourismusgebiete sind nun endgültig auf Kunstschnee angewiesen, um die Saison zu retten. Die Ramsau setzt zur Sicherung des Saisonauftakts auf »Snowfarming«, das heißt die Verwendung von Schneedepots aus dem Vorwinter. Der Klimawandel hat direkte Auswirkungen auf den Dachstein. Die Zentralanstalt für Meteorologie und Geophysik hat für die Ramsau Klimasimulationen erstellt; Tage mit Kältestress werden demnach zusehends abnehmen, ebenso die Tage mit Skipotenzial – und es soll feuchter werden, die Tage ohne Niederschlag nehmen im Zeitraum 2025 bis 2050 von 205 auf 143 ab, so die Studie.

Tatsächlich liegt das Gebiet im Nordstau der Alpen, die Gipfelbereiche zählen zu den niederschlagsreichsten des Landes. Vor allem zwischen Juni und Mitte August ist die Gefahr von Gewittern häufig – beachten Sie das bei der Planung von Touren, es kann am Dachstein sehr schnell gehen und regional sehr große Unterschiede geben. Dafür sind herbstliche Nebelsituationen sehr selten, dieser liegt tief unten im Ennstal. In Ramsau ist die sommerliche Hitze wegen der Höhenlage erträglich, die Sonneneinstrahlung am Dachstein allerdings ungemein hoch, auch das ist bei den Touren zu beachten. Der Winter gilt als schneesicher, im Schnitt fallen in Ramsau bis über vier Meter insgesamt. Mehr zum Wanderwetter in den Nützlichen Hinweisen.

Tiere am Dachstein

Die Krux an einem Kapitel über Tiere in einem Wanderführer ist, dass zumeist Tiere beschrieben werden, die man während der Wanderungen gar nicht zu Gesicht bekommt, weil sie sehr scheu oder mittlerweile selten geworden sind. Manche wurden regelrecht ausgerottet. So befahl bereits Joseph II. 1784 die Ausrottung der Wölfe und Bären, um Wälder und Weiden sicher zu machen. Natur ist das, was der Mensch als Natur gelten lässt, und da spielen Wolf, Bär und Luchs, die in den Alpen, so auch am Dachstein, großartige Lebensräume hätten, keine Rolle. Aus der sogenannten Naturlandschaft werden Tiere, die den Menschen in irgendeiner Form schaden, weitgehend verbannt. Andererseits lässt es sich dafür unbeschwert durch die einsamen Gegenden wandern.

Der *Braunbär* zählt zu den streng geschützten Arten nach der europäischen Fauna-Flora-Habitat Richtlinie, die für das Natura-2000-Gebiet Dachstein gilt. Nachdem der Bär im 19. Jahrhundert ausgerottet war, tauchte er in den letzten Jahrzehnten ab und an am Dachstein auf. Im September 1993 machte sich ein Bär im Dachsteingebiet bemerkbar, als er einige Schafe riss und sich an Bienenstöcken bediente. Vermutlich war das der Bär Nurmi, der im Jahr darauf als »Problembär« bei Gußwerk, Steiermark, erlegt wurde. Damals wurden noch nicht routinemäßig DNA-Proben gesammelt, somit war die individuelle Bestimmung weniger abgesichert. Nach einem Wiederansiedlungsprojekt des WWF konnten in den 1990er-Jahren bis zu zwölf Bären gleichzeitig nachgewiesen werden. Im Jahr 2009 gab es mit dem 20-jährigen Djuro und dessen damals achtjährigem Sohn Moritz nur mehr zwei männliche Braunbären im gesamten Gebiet der Zentralalpen. Von Mai 2008 bis April 2009 streifte Moritz durch das Dachsteingebiet und sorgte für einige Aufregung. Im darauffolgenden Frühjahr hat derselbe Bär in drei Wintergattern insgesamt zwölf Stück Rotwild gerissen, darunter sechs Hirsche – nun war die Jägerschaft wirklich alarmiert. Möglich war das aufgrund der außergewöhnlich hohen Schneelage im Gehege. Abseits der ausgetretenen Wechsel versank das Rotwild im Schnee und war für den Bären damit leichte Beute. Danach galt der Bär als verschwunden, tauchte aber in den weiten Wäldern zwischen Ötscher und Hoch-

schwab kurzzeitig auf. Dann verlor sich die Spur, seit 2011 gilt der Bär als verschwunden, keine Tatzenabdrücke im Waldboden, kein Riss, unberührte Futterstellen, kein verräterisches Haar an den sonst bevorzugten Kratzbäumen. Sollte Moritz tatsächlich tot sein, wäre der Braunbär in Österreich zum zweiten Mal ausgestorben.
Im Herbst 2015 hielt sich ein *Wolf* im Dachsteingebiet auf. Ihm fielen auf der Arzbergalm, Schaidlalm, Bachlalm, Neustattalm und in Aich Schafe zum Opfer. Eine Fährte auf der Bachlalm, wo vier Tiere getötet wurden, ließ man extra in der Schweiz analysieren, um Gewissheit zu erhalten: Der Wolf war da! Seither hat sich die Spur verloren.
Hinweise auf den *Luchs* gibt es nicht, allerdings gibt es immer wieder Gerüchte. Man kann von sporadischen Vorkommen durchziehender Einzeltiere ausgehen. Es ist wohl an der Zeit, dass der Mensch seine Beziehung zu gefährdeten Tierarten überdenkt. Was ist es uns wert, dass sie in »unseren« Landschaften unterwegs sind? Erst wurden Biber, Fischotter, Bär, Wolf, Luchs und Bär ausgerottet. Dann werden aufwendige Schutzprojekte durchgeführt, um sorgfältig Lebensräume für unsere Mitbewohner zu gewinnen und etwaige Verluste zu ersetzen, bis sie schließlich wieder offiziell zum Abschuss freigegeben werden, wie es momentan (2017) beim Fischotter der Fall ist.
Während meinen Wanderungen am Dachstein habe ich dennoch viele Mitbewohner des Dachsteins beobachtet. Von der Vogelwelt ist mit Sicherheit der *Steinadler* am beeindruckendsten. Laut Informationen von Ornithologen brütet mindestens ein Steinadlerpaar in den Wänden, mit viel Glück sieht man ihn, den König der Lüfte, wie er mit wenigen Flügelschlägen hoch über den Gipfeln kreist. Wie der Steinadler streng geschützt sind die Hühnervögel, *Steinhuhn, Birkhuhn, Haselhuhn, Auerhuhn*

Bären werden um den Dachstein nur mehr aufgebunden – gesehen hat man sie zuletzt 2009, hier eine Aufnahme von Moritz aus den Niederösterreichischen Kalkalpen.

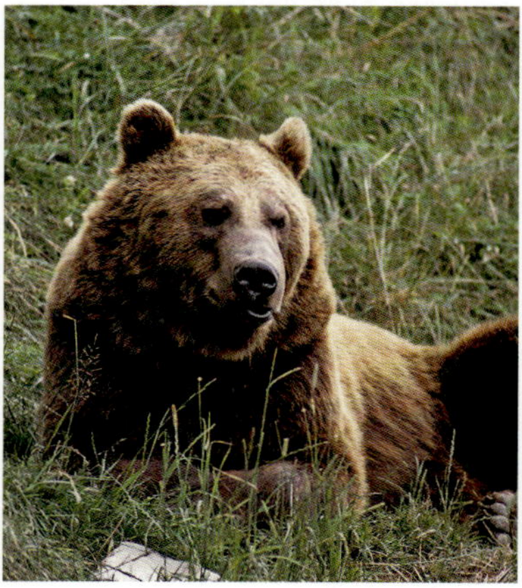

Wer einen Hirsch in freier Wildbahn erlebt hat, merkt, dass Tiere im Gehege kleiner wirken als sie sind.

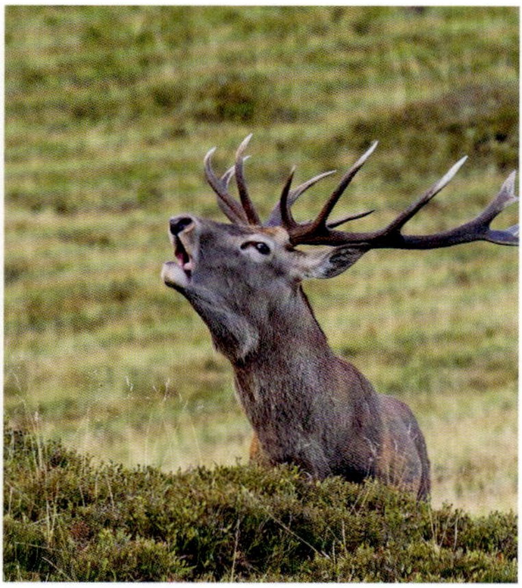

und *Schneehuhn,* die am Dachstein immer noch ausreichend Lebensräume und Verstecke finden. Der Auerhahn zählt zu den faszinierendsten Vögeln des Dachsteinplateaus. Mit seinem mehrstrophigen Balzgesang leitet er den Frühling in den Bergen ein. Aus manchen Gegenden des Alpenraums ist der Vogel vollständig verschwunden. In Deutschland und in der Schweiz gibt es nur noch kleine Restbestände. Negative Auswirkungen haben vor allem die Verdunkelung und Verdichtung der Waldbestände sowie die zunehmende Fragmentierung der Wälder. Der Auerhahn benötigt aufgelockerte und reich strukturierte Altholzwälder mit einer gut entwickelten Zwergstrauchschicht. Die Nahrung besteht im Winter vor allem aus Nadeln, im Sommer gehören Beeren, Blätter und Knospen auf seinen Speiseplan. Küken und Jungvögel benötigen eiweißreichere Nahrung und fressen vor allem Bodeninsekten und Larven. Sie sind nun auch durch das Natura-2000-Netzwerk streng geschützt, wobei es vor allem darum geht, den Lebensraum mit vielen Verstecken und Balzplätzen zu erhalten. An einigen Stellen weisen Hinweistafeln im Gelände auf entsprechende Habitate hin.

Besonders im Herbst ist der *Tannenhäher* ein ständiger Begleiter, der durch sein markantes Krächzen leicht zu bestimmen ist. Ein Flugkünstler ist er nicht gerade, aber ungemein wichtig für den Erhalt der Zirbenwälder am Dachstein. Ihm schmecken die Zirbenzapfen vorzüglich, doch er nimmt den Mund zu voll und verteilt sie dadurch flächenhaft. Oft trifft man *Habichte, Sperber, Buch-* und *Schneefink,* die *Gebirgsstelze,* die *Alpenlerche, Kolkraben* und als unvermeidlichen Gipfelgast und Jausenbettler die *Alpendohle.* Für den Ornithologen ist auf den Almbereichen die *Zitronengirlitze* (Zitronenzeisig) spannend, eine westeuropäische Art, die hier den Ostrand ihres geschlossenen Verbrei-

Steinböcke waren in den Alpen fast ausgestorben. Auch am Dachstein wurden sie mittlerweile erfolgreich ausgewildert.

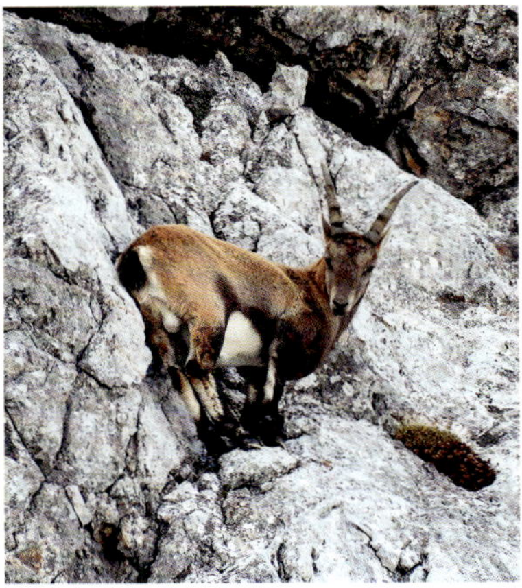

Fällt der erste Schnee, treibt es Gemsen in tiefer gelegene Stockwerke des Dachsteins.

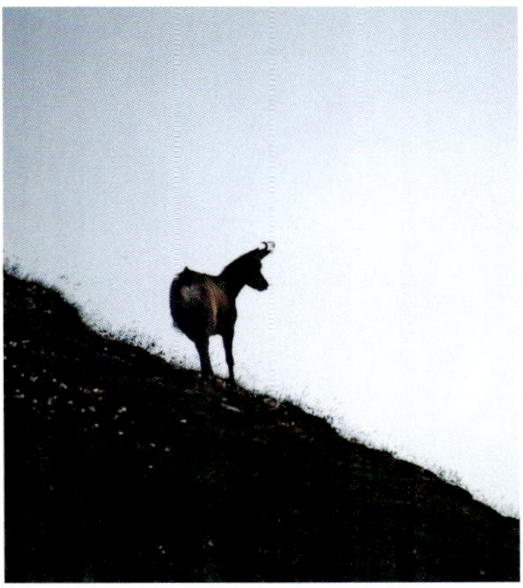

tungsgebiets erreicht und ein typisches Anzeichen für extensive und geschwendete Almen ist.

Die trockenen, im Sommer sehr warmen Felsen sind hervorragendes Revier für die *Kreuzotter,* eine der giftigsten Schlagen des Landes. Sie ist gar nicht so selten und findet am Dachstein ideale Lebensbedingungen. Die wunderschönen Tiere mit dem typischen Muster auf ihrem Rücken sind sehr scheu und flüchten bei Bedrohung sofort. Sie ist leicht mit der ungiftigen Schlingnatter zu verwechseln, ebenfalls ab und zu in trockenen, sonnigen Fels-Laub-Standorten anzutreffen.

An den ersten Schneetagen im Jahr ist die Chance groß, *Gemsen* zu sehen. Sie sind hervorragende Kletterer, und sobald der erste Schnee fällt, stürmen sie entlang der Hänge in tiefere Lagen, wo sie einfacher Nahrung finden. Wenn sie sich bedroht fühlen, stoßen sie ein eigenartiges Geräusch aus, fast wie ein Rabe.

Steinböcke sind für mich die eindrucksvollsten Tiere, die man am Dachstein zu sehen bekommt. Sie ziehen sich in die hohen Bereiche des Gebirges zurück, wo sie unheimlich geschickt die steilen Felswände emporklettern. Wenn man sich ihnen gegen den Wind nähert, kann man ihnen recht nahe kommen. In früheren Zeiten wurde der Steinbock stark mystifiziert, Blut und Haare wurden für medizinische Zwecke verwendet; ein männlicher Steinbock war für einen Jäger eine prächtige Trophäe. Anfang des 19. Jahrhunderts war das majestätische Tier beinahe ausgerottet, gerade einmal hundert Tiere überlebten im italienischen Gran Paradiso, wo sie zum Glück unter Schutz gestellt wurden. 1856 wurde dort aus diesem Grund ein Nationalpark gegründet, der zweitälteste der Alpen. Mittlerweile ist der Bestand alpenweit auf etwa 45 000 Tiere angewachsen, das Resultat erfolgreicher Wiederansiedlungsprojekte – und weil sie hervorragend in jeden

Wenn es in Blättern auf trockenen Standorten raschelt, ist die Kreuzotter nicht weit.

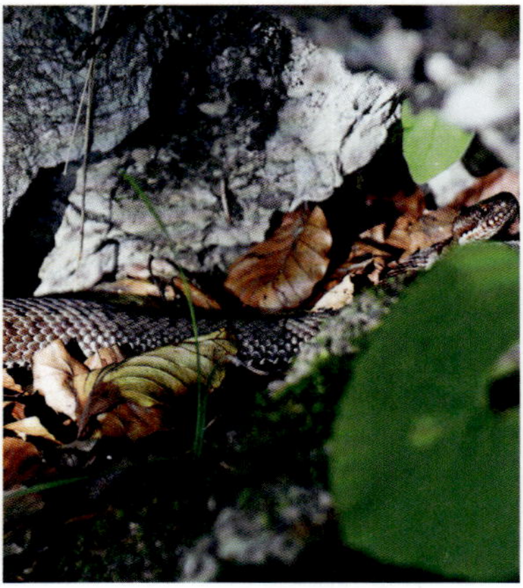

Der Auerhahn gehört zu den streng geschützten Arten am Dachsteingebiet.

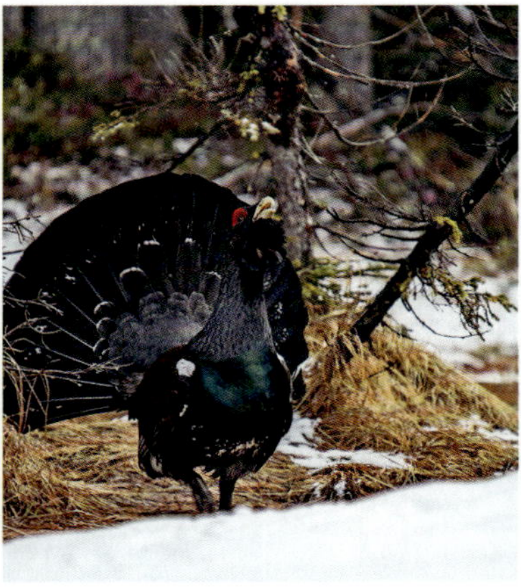

Tourismusprospekt passen, schließlich reißen sie keine Schafe. 4500 davon leben in Österreich, auch am Dachstein wurden und werden die Steinböcke ausgewildert. Alle diese Tiere stammen letzten Endes von jenen Steinböcken des Gran Paradiso ab.

Die Jagd hat, wie bereits dargestellt, lange Tradition – und damals wie heute scheiden sich an ihr die Geister. Bis in das 19. Jahrhundert war das Jagen herrschaftliches Hoheitsrecht und dem König vorbehalten. Man unterschied zwischen der Niederen Jagd, die den Adeligen und Geistlichen vorbehalten war, und der Hohen Jagd (auf Schalenwild) als Privileg der Landesfürsten. Den Untertanen war jegliche Ausübung der Jagd bei strengster Strafe verboten. 1849 wurde das Jagdrecht auf fremdem Grund und Boden aufgehoben und war fortan an das Grundeigentum gebunden. Das Mindestgrundmaß für eine Eigenjagd wurde auf 200 Joch festgelegt, heute in der Regel 200 Hektar.

In jüngerer Zeit wurde die Jagd als Kulturerbe weiterentwickelt. Zahlreiche Schützenvereine, Hegeringe und Jagdhornbläsergruppen haben sich gegründet, und vor allem im Salzkammergut entstand rund um Jagd, Tracht und Fischerei ein reges Gewerbeleben. Die Reviere um den Dachstein sind hinsichtlich Größe und Besitz relativ stabil, ebenso der Wildbestand. In Ramsau sind es meist heimische Jagdgenossenschaften, im Norden dominieren die Jäger der Österreichischen Bundesforste das Geschehen, sie haben die Agenden der kaiserlichen Jagdreviere übernommen. Die Österreichischen Bundesforste (ÖBf) sind der größte Jagdanbieter Österreichs, sie betreuen 8500 Quadratkilometer und 1000 Jagdgebiete. Die Jagd hat nach wie vor etwas sehr Elitäres an sich, und viele Maßnahmen sorgen für Unverständnis in der Bevölkerung und beim Naturschutz. So werden Jagdweiden, oder besser gesagt Abschusswiesen, angelegt,

Alpendohlen haben ein wunderschönes, tiefschwarzes Federkleid und sind gesellige Gipfelgäste.

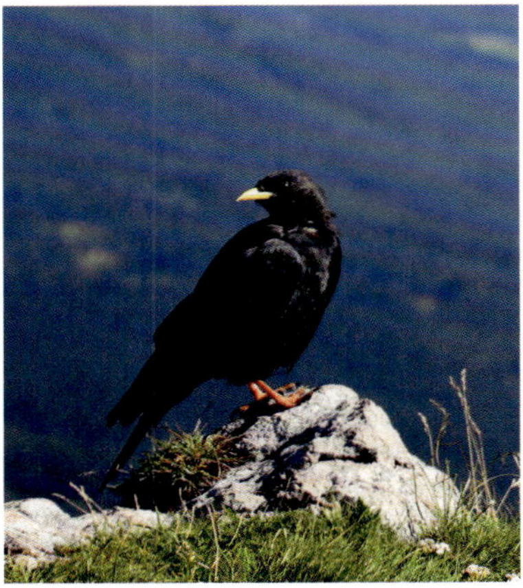

Birkhühner haben hohe Ansprüche an ihren Lebensraum, er muss reich strukturiert sein – was am Dachstein der Fall ist.

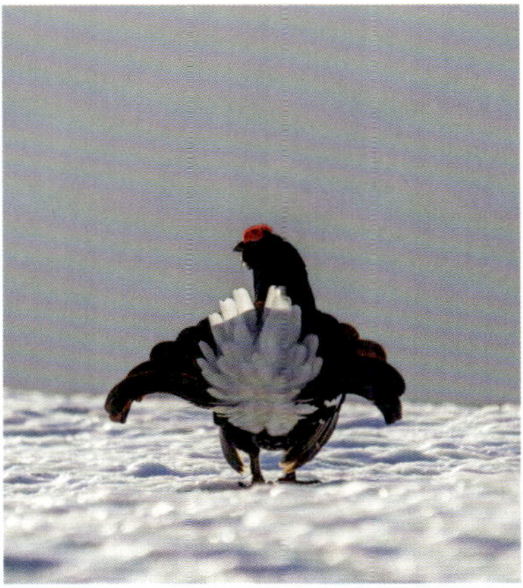

Forststraßen mitfinanziert und das Wanderwegnetz punktuell eingeschränkt. In großen Wildgehegen werden die Tiere über den Winter aufgepäppelt, um dann fit zu sein für den Jagdgast, der sich das Spektakel leisten kann. Die Jagd reguliert allerdings den Wildbestand, ein zu großer Bestand würde den Aufwuchs des Jungwalds gefährden. Immer mehr steht bei Jägern nicht die Trophäenjagd im Vordergrund, sondern das Naturerlebnis – das ist es zweifelsfrei! *Rehe* jedenfalls bekommt man auf den Wanderungen regelmäßig zu sehen, *Rothirsche* in freier Wildbahn dafür weniger – ihr Röhren ist im Herbst aber weithin zu hören. So ein ausgewachsener Hirsch ist in freier Natur ein prächtiger, majestätischer und zugleich furchteinflößender Anblick, besonders während der Balzzeit sollte man auch vorsichtig sein.

Die Wilderei galt den Einheimischen lange Zeit als Kavaliersdelikt. Mag sein, dass es ein Wesenszug der Ramsauer ist, gegen die Obrigkeit mit Durchtriebenheit Widerstand zu leisten – siehe Geheimprotestanten. Eine Portion Abenteuerlust und Prahlerei beim weiblichen Geschlecht und auch materielle Not mögen weitere Gründe sein, dem Gesetz vorsätzlich nicht Folge leisten zu wollen. Der Steiner Irg (siehe Thema Route 5) tat sich in dieser Causa wohl besonders hervor.

Pflanzenparadies Dachstein

Am Dachstein blüht es das ganze Jahr. Besonders bunt ist die Pracht im Frühsommer auf den Wiesen, Almen und Felsen. Die zahlreichen naturnahen und traditionell bewirtschafteten Flächen zeigen die gesamte Vielfalt der Vegetation der nördlichen Kalkalpen.

Spätestens seit dem 18. Jahrhundert, in dem die Waldgrenze wieder steigende Tendenz aufwies, macht sich der Einfluss des Menschen in der starken Zunahme von Fichte und Lärche und der gleichzeitigen Abnahme von Tanne und Buche deutlich bemerkbar. Dass die Buche als Nutzholz bekämpft wurde, ist auf den ersten Blick erstaunlich, da ihr Hartholz doch einen besonders hohen Brennwert besitzt, erklärt sich aber durch die Bergwerkstätigkeit – für die Sudpfannen war Buche ungeeignet. Daher kommt die Buche im Norden nur mehr in schluchtartigen Bereichen vor, wo sie auch streng geschützt ist (Natura-2000-Lebensraum). Im Süden reicht sie da und dort noch bis an die Baumgrenze. Mit der Kohlefeuerung in den Salinen verloren die Forste zunehmend ihre wirtschaftliche Bedeutung, vor allem mit dem Bau der Salzkammergutbahn 1877, wo nun Kohle aus dem Hausruckgebiet herbeigeschafft werden konnte. Ein empfindlicher Holzmangel in den leichter zugänglichen tieferen Hanglagen war dennoch Tatsache. Unter dem Einfluss der Bodenreinertragslehre wurde die Fichte forciert, gleichzeitig wurde die in der Montanstufe natürlich aufkommende Buche weiterhin stark zurückgedrängt.

Alle Agenden des Forstwesens im Salzkammergut wurden der neubegründeten Forst- und Domänenverwaltung Gmunden übertragen, die diese Aufgabe bis zur Übernahme durch die 1926 gegründete Generaldirektion der Österreichischen Bundesforste (ÖBf) innehatte. Ein historisch völlig neues Phänomen prägte die Wälder: Forstwege, oder besser Forststraßenbau. Wildverbisse und Nutzung durch Wanderwege verblassen angesichts des Einflusses dieses völlig neuen Landschaftselements, von dem es in Österreich mittlerweile weit über 120 000 Kilometer – der dreifache Erdumfang – gibt. Gerade

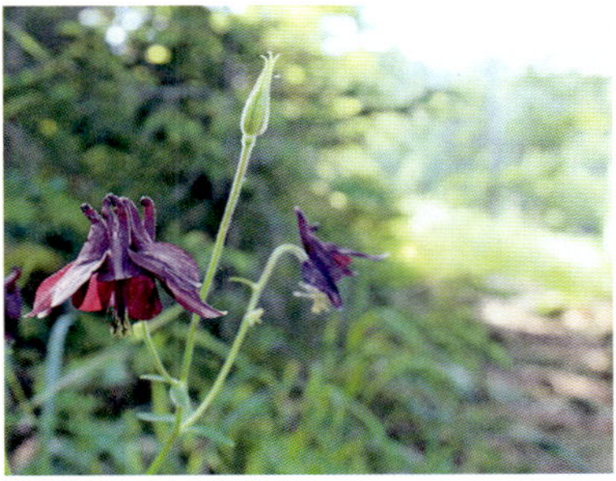

Schwarzviolette Akelei, *Aquilegia atrata*. Blüht nur von Mai bis Juli in trockenen Karbonat-Kiefernwäldern.

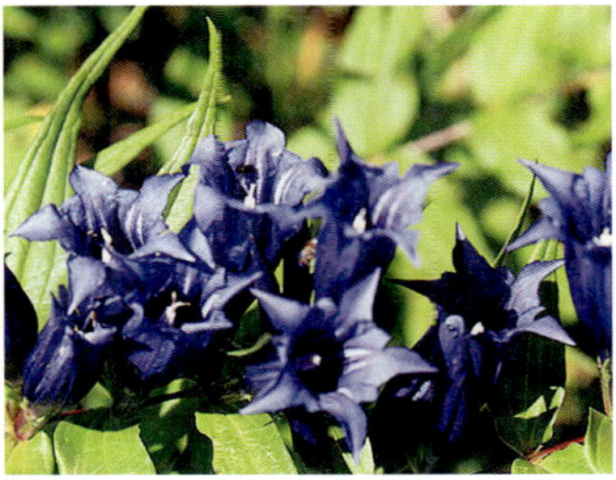

Schwalbenwurz-Enzian, *Gentiana asclepiadea*. Die Wurzel wurde bei Hundebissen gegen Tollwut eingesetzt.

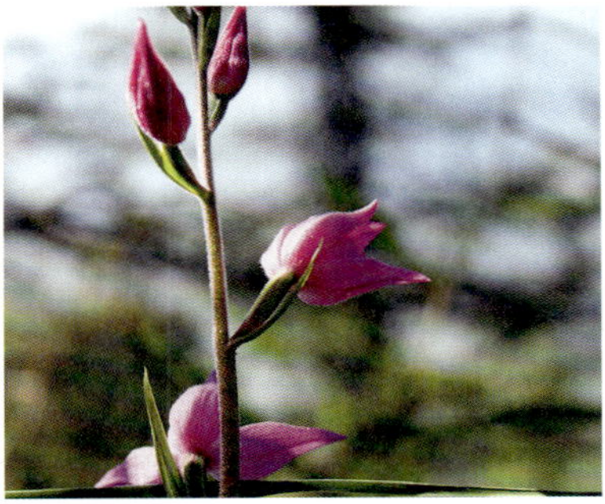

Rotes Waldvöglein *Cephalanthera rubra* – zählt zu den auffälligsten Orchideen.

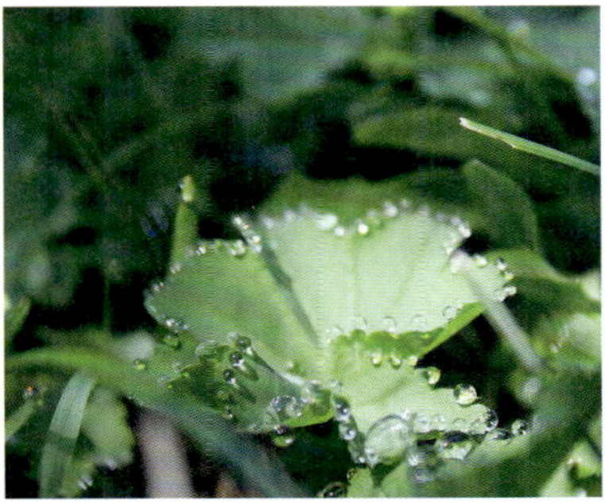

Gewöhnlicher Frauenmantel, *Alchemilla vulgaris agg*. Die Blätter haben eine wasserabweisende Wachsschicht.

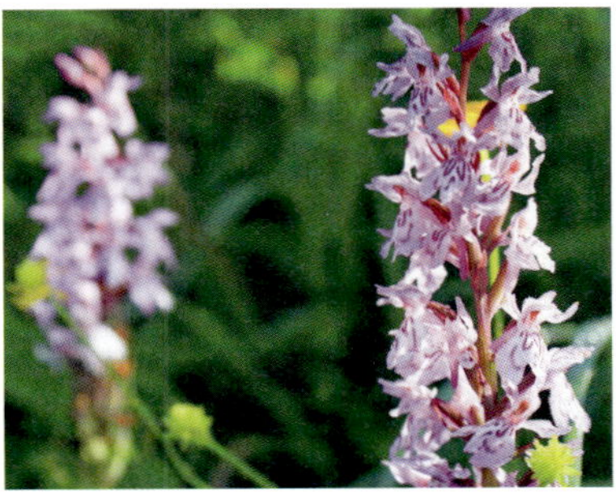

Fuchs' Knabenkraut, *Dactylorhiza fuchsii*. Die Orchidee ist eines der häufigsten heimischen Knabenkräuter, sehr ähnlich dem Gefleckten Knabenkraut.

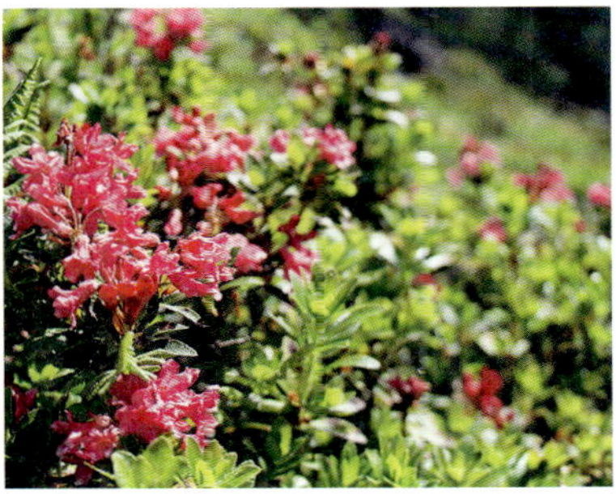

Behaarte Alpenrose, *Rhododendron hirsutum*. Sie ist im Frühsommer aus dem Landschaftsbild nicht wegzudenken.

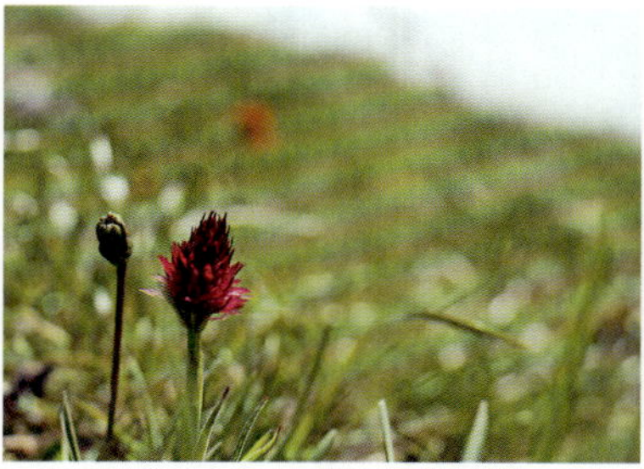

Schwarzes Kohlröschen, *Nigritella nigra agg.* Kräutersammler erkannten die Wirkung zur Befeuerung der Liebe.

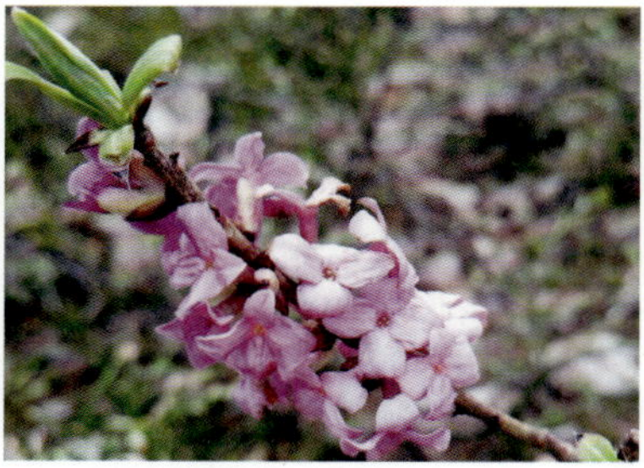

Der Echte Seidelbast, *Daphne mezereum,* blüht zeitig im Frühjahr. Für Erwachsene gelten sieben bis zehn der markanten roten Beeren als tödlich.

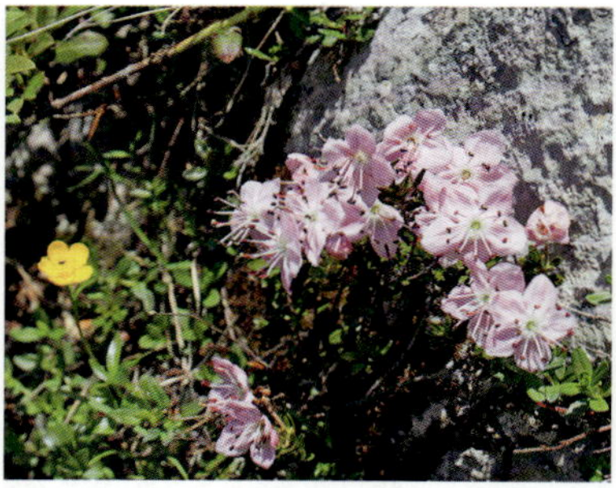

Die Zwergalpenrose *Rhodothamnus chamaecistus,* eine botanische Kostbarkeit, gedeiht ausschließlich in den Ostalpen.

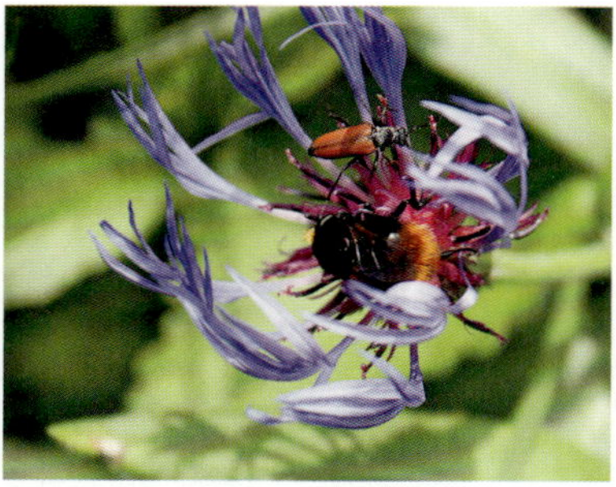

Berg-Flockenblume, *Centaurea montana,* mit Hummel (nektarsaugend) und Käfer (pollenfressend).

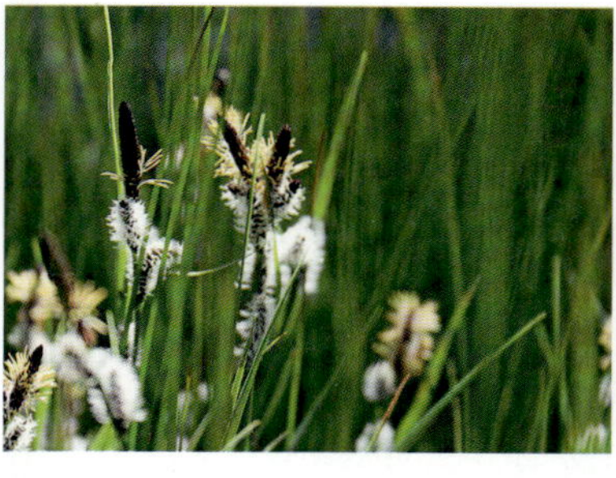

Seggen sind eine vielseitige Pflanzenfamilie und besiedeln sowohl trockene als auch feuchte Standorte.

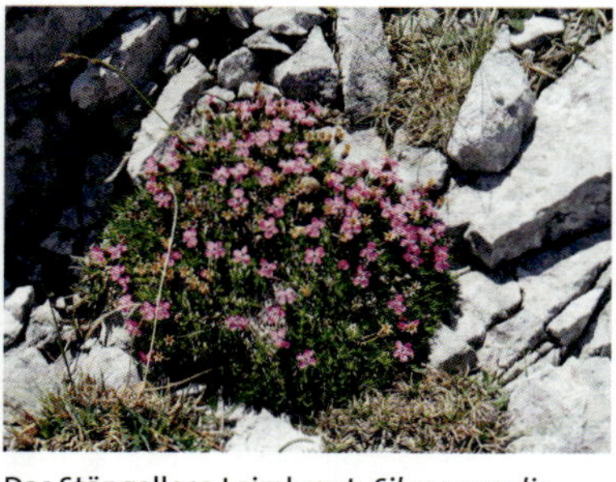

Das Stängellose Leimkraut, *Silene acaulis alpine,* gehört zu den Nelkengewächsen. Mit seinem gedrungenen Wuchs erzeugt es ein eigenes Mikroklima, womit es gut an extreme Bedingungen angepasst ist.

am Dachstein gibt es aber weite Bereiche, die noch nicht erschlossen sind. In entlegenen Ecken konnten sich stolze, zwar sekundäre, *Zirbenbestände* halten. Die Zirbe wächst langsam und ist ein Spezialist für Standorte an der Baumgrenze. Wenn man genau hinsieht, hat jede Zirbe eine andere Gestalt; bei besonders markantem Wachstum spricht man von Krüppelwuchs oder Wetterzirben. Sie werden bis zu zehn Meter hoch und über 1000 Jahre alt. Das herrlich duftende Holz ist als Möbelholz sehr beliebt, das Aroma der noch nicht geöffneten Zapfen wird gern einem Hochprozentigen beigegeben; die Zubereitung ist sehr verschieden – ob gebrannt oder angesetzt, der »Zirberl« ist beliebt und auf jeder Hütte erhältlich.
An Blütenpflanzen hat der Dachstein alles zu bieten. Klassiker wie der Blaue Enzian oder die rosaroten Blüten der Bewimperten Alpenrose im Frühsommer zieren im üppigen Überfluss die Hänge. Berühmt sind freilich die Narzissenwiesen, deren Blüte im Ausseerland traditionell mit dem Narzissenfest begangen wird. Es gibt so viele Pflanzenbestimmungsbücher, dass für Liebhaber darauf verwiesen wird. Um die Pracht schmackhaft zu machen, stellen wir hier einen kleinen Teil gängiger Wegbegleiter vor.

Silberwurz, *Dryas octopetala*, und Clusius-Enzian, *Gentiana clusii*, vor traumhafter Kulisse im Lusertal.

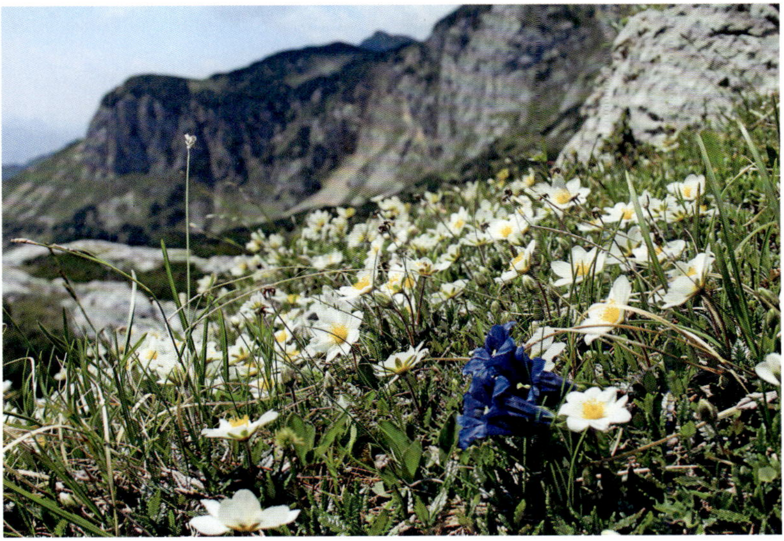

Wandern am Dachstein

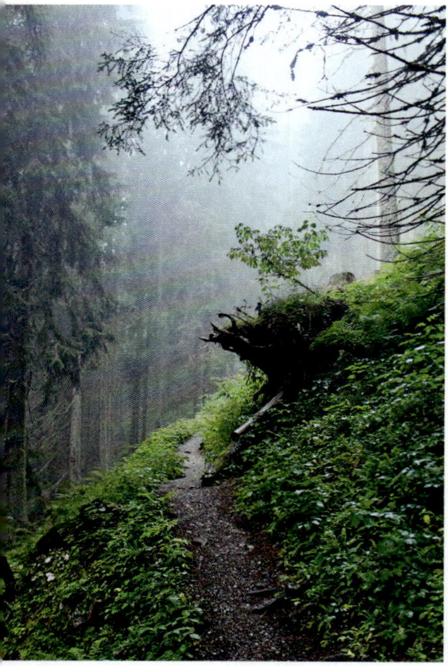

Wege am Dachstein haben etwas Märchenhaftes …

Wanderungen am Dachstein zeichnen sich durch ihre besondere Vielfalt aus – in ihrer Länge, Schwierigkeit und im Erleben unterschiedlichster Landschaftsräume. Alle Wanderungen bieten Naturerlebnisse der Extraklasse und tolle Aussichten. Die hier ausgesuchten Wanderungen erschließen den Dachstein besonders typisch, inhaltsreich und sind in drei, eigentlich vier Kapitel unterteilt, die sich in ihrer Schwierigkeit deutlich unterscheiden.

Wanderungen in der Ramsau sind allesamt sehr einfach und deshalb zum Einstieg, für Kinder, Genusswanderer oder ältere Personen besonders geeignet. Hier kann man vor allem die Kulturlandschaft mit all ihren Themen erleben, die Gastfreundschaft der Ramsauer erkunden und die Eigenheiten dieser besonderen Ortschaft erfahren.

Der zweite Abschnitt handelt von *Wegen zwischen Berg und Tal.* Alpinistisch weisen die Wanderungen kaum Schwierigkeiten auf, jedoch sind bei allen anstrengende Anstiege zu überwinden und führen hinauf ins Hochgebirge. Das ist bei der Planung der Wanderungen in puncto Wetter und Ausrüstung unbedingt zu berücksichtigen. Ich empfehle bei allen Touren, zeitig aufzubrechen oder gleich eine Übernachtung einzuplanen – zu bewältigen sind alle vorgeschlagenen Touren jedoch an einem Tag. Trotz ihres ähnlichen Profils tragen alle einen unterschiedlichen Charakter und zählen für mich zu den schönsten und beeindruckendsten Bergerlebnissen der Alpenwelt.

Das dritte Kapitel führt den Wanderer in das schier unendliche Gebiet der *Hochflächen des Dachsteins.* Es beschreibt drei große Überschreitungen des Gebirgsstocks und die Umrundung des Gosaukamms. Aus technischer Sicht stellen sie allesamt keinerlei Anforderungen, aber es sind ungemein lange Wanderungen, zudem summieren sich im Karst unbemerkt die Höhenmeter schnell. Warum ich sie hier aufnehme und empfehle? Sie dringen in das Herz der Region vor und sind für sich ein Bergerlebnis der besonderen Art – eine stabile Wetterlage vorausgesetzt. Zusätzlich wird ein Rundweg im Nahbereich des Dachsteins beschrieben, der in fünf Tagen, mit vier bis fünf Übernachtungen, in einer weiten Runde das Plateau erkundet. Folgendes ist dabei grundsätzlich zu beachten: Die Einzeletappen sind ohne weiteres an einem Tag zu bewältigen, aber sie führen in die hochalpine Karstlandschaft. Manche Stellen bewältigt man mit Seilen und Trittbügeln, eine gewisse Bergerfahrung ist daher notwendig. Man wandert meistens recht einsam, und da es nur wenige Hütten auf dem Dachstein gibt, wird eine Reservierung empfohlen. Die Runde ist »logisch« angelegt und eine der wenigen Hüttenwanderungen in dieser Form in den Alpen. Umso erstaunlicher ist es, dass kein ähnlicher Hype herrscht wie um den Karnischen Höhenweg, wo die Hütten regelmäßig überlastet sind. Das ist vermutlich der Tatsache der Dreiteilung des Dachsteins in drei Bundesländer und der entsprechenden Nicht-Zusammenarbeit der Tourismusverbände zu verdanken. In jüngster Zeit wird in einschlägigen Internetforen der Rundweg allerdings schon als »Klassiker« angepriesen. Gefährlich wird die Runde bei Schlechtwetter! Es gibt auch eine »erweiterte« Rundtour um den Dachstein, aus sieben bis acht Tagestouren, die keine besonderen alpinistischen Schwierigkeiten aufweist und zu den Fernwanderungen gezählt werden kann. Die meisten Teilabschnitte sind hier beschrieben.

Fehlt noch der Hohe Dachstein, seine Majestät selbst. Um die Südwände gibt es viele legendäre Geschichten, der Westgipfel Torstein ist eine unglaublich imposante Felsgestalt, und die Gletscher verleihen den Gipfeln einen besonderen Kranz. Zwar gilt er als »leichter« Klettergipfel, verlangt aber den Umgang mit Steigeisen, Helm, Pickel, Seil und Gurt. Zudem führt seine Überschreitung über Gletscher. Wollen Sie sich dieses Bergerlebnis nicht entgehen lassen, so empfehle ich unbedingt einen Bergführer und eine Rundtour über den Westgrat und die Windlegerscharte. Sie ist wesentlich schwieriger als alle anderen Touren in diesem Buch – aber auch, ex aequo mit allen anderen Wanderungen, die schönste.

… und sind häufig aussichtsreich und einsam.

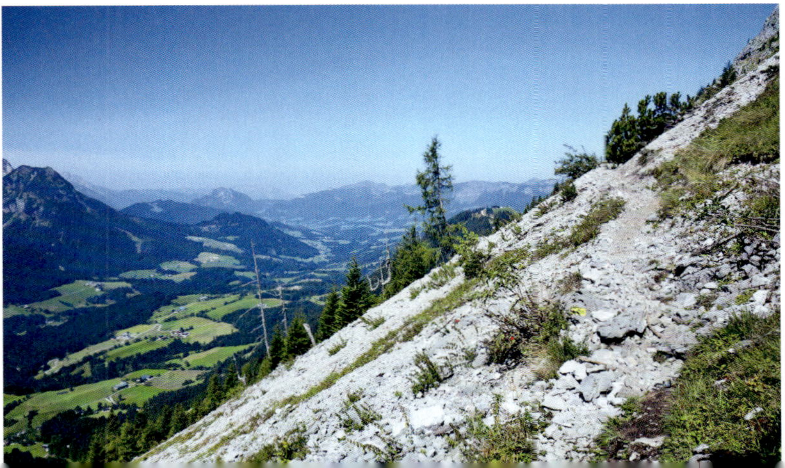

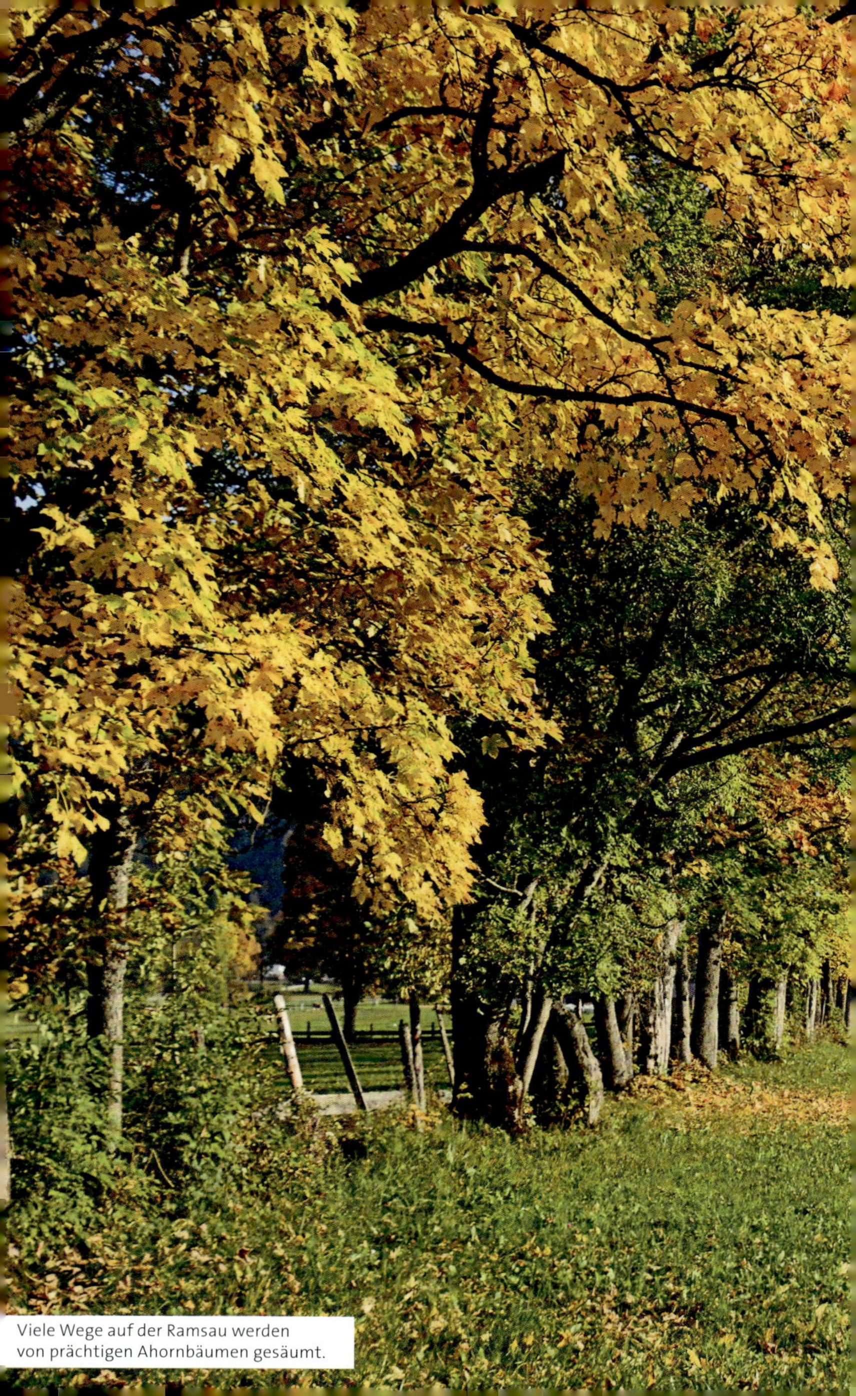

Viele Wege auf der Ramsau werden
von prächtigen Ahornbäumen gesäumt.

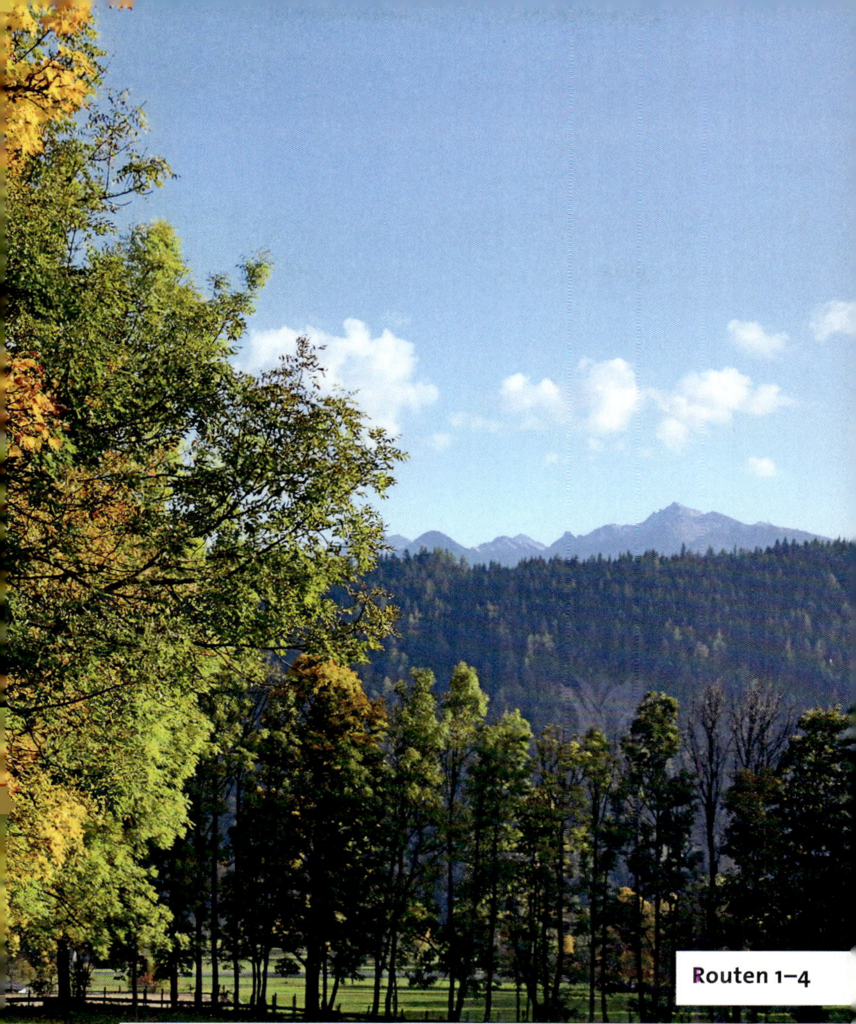

Routen 1–4

Auf dem Hochplateau der Ramsau

Im Unterschied zu anderen Talorten zeichnet sich Ramsau am Dachstein durch einige Vorzüge aus, die nicht viele Gebiete in den Alpen besitzen. Erstens ist es gar kein richtiger Talort, das eigentliche Tal der Enns liegt rund 500 Höhenmeter tiefer in Schladming, wo auch die überregionalen Verkehrsverbindungen verlaufen. Von lautem Durchgangsverkehr ist der Ort verschont, im Winter queren sogar Loipen auf Teppichmatten samt Warnampel die Hauptverkehrslinien. Die Wanderungen sind weder schwierig noch lang, aber sie sind aussichtsreich und erschließen eine Fülle jener Besonderheiten, die Ramsau am Dachstein so speziell machen.

Route 1

Der »Toleranzweg«

Auf den Spuren der Geschichte der evangelischen Ramsau

Direkt vom Ortszentrum Ramsau führt ein schmaler, überraschenderweise wenig begangener Weg zu einem ehemals geheimen Treffpunkt der Protestanten. Auf dem Predigtstuhl angelangt, überblickt man hervorragend die Ramsau.

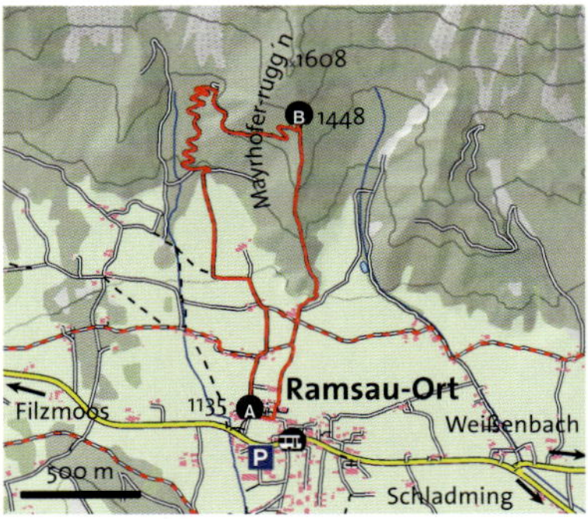

Charakter: Mäßig steile Waldwanderung zu einem tollen Aussichtspunkt hoch über der Ramsau. Schwierigkeit: T2–T3.

Beste Jahreszeit: Mitte April, nach der Schneeschmelze, bis November, vor dem ersten Schneefall.

Verkehrsmittel: Der Bus der Ramsauer Verkehrsbetriebe führt von Schladming in die Ramsau zum Ausgangspunkt.

Route und Wanderzeiten

Ramsau-Ort–Predigtstuhl	2 h
Predigtstuhl–Ramsau-Ort	1 h 30
Total	**3 h 30**
Höhendifferenz	↗ 400 m ↘ 400 m
Distanz	4,5 km

Sehenswertes

- A Evangelische Kirche in Ramsau
- B Predigtstuhl

Die evangelische Kirche in Ramsau am Dachstein wurde 1895 fertiggestellt und ist heute Zentrum und Wahrzeichen der Ortschaft.

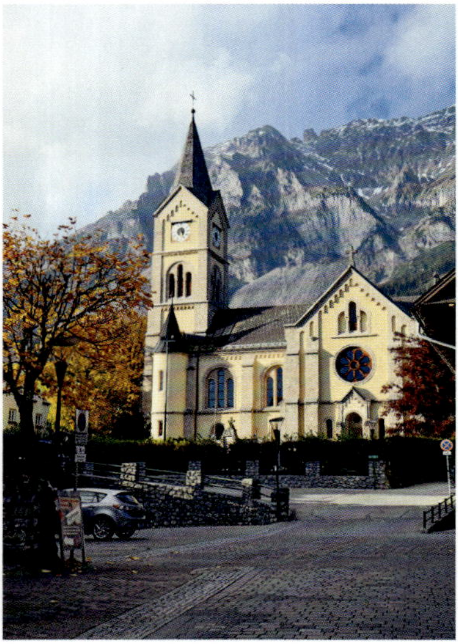

Besonderes: Das Heimatmuseum »Zeitroas« in Ramsau am Dachstein informiert über die besondere Geschichte der Gemeinde und erklärt viel über Tradition und Brauchtum. Jährlich finden zu verschiedenen Themen Sonderausstellungen statt.

Variante: Der Weg kann in Kombination mit dem Ramsauer Panoramaweg auf eine Tageswanderung mit lohnenden Einkehrmöglichkeiten ausgedehnt werden.

Übernachten, Gasthäuser: Entlang der Route auf den Predigtstuhl gibt es keine Gasthäuser. In der Ramsau finden sich aber zahlreiche Unterkünfte und Einkehrmöglichkeiten (siehe Nützliche Hinweise).

Literatur: Karl Dinges, *Geschichte der evangelischen Ramsau am Dachstein*, Ramsau 1976.

1991 wurde ein kleiner, schlichter Lehrpfad errichtet, der die evangelische Glaubensgeschichte in Ramsau am Dachstein erzählt und einige wichtige Orte der Glaubensgeschichte verbindet. Ein steiler Aufstieg führt dabei zum Predigtstuhl, dem ehemaligen Treffpunkt der evangelischen Bevölkerung der Ramsau. Wir beginnen direkt bei der Bushaltestelle, in der Nähe des Hotels Matschner, und gehen ein paar Schritte Richtung Dachstein bergauf, zunächst am Heimatmuseum Zeitroas und am Kirchenwirt Pehab vorbei, dann links und erreichen das Bethaus. Dort biegen wir rechts zur Kirche hinauf, die sofort erreicht ist. Die beiden Gebäude bilden gemeinsam mit dem Gemeindehaus das Zentrum des Orts und weisen eine bewegte Geschichte auf (siehe Thema).

Am Predigtstuhl wird die Geschichte der Geheimprotestanten wieder lebendig.

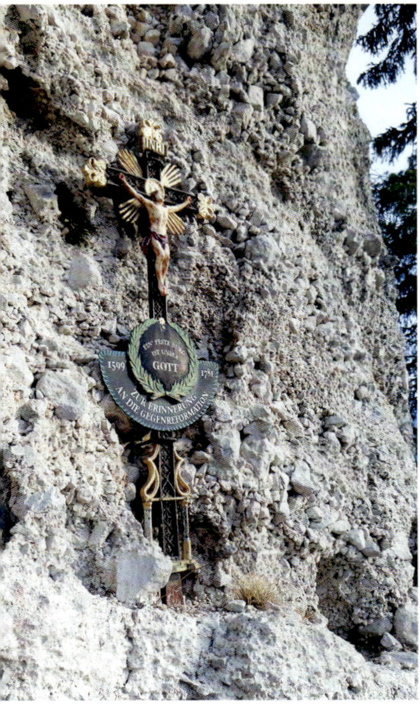

Der Weg führt nach Norden weiter, einer der zahlreichen prächtigen Ahornbaumreihen entlang, vorbei über die Wiesen, die im Winter als flache Piste des Klanglifts, früher Eiskarlift, dienen. Nach wenigen Minuten erreichen wir eine schön gelegene Landwirtschaft, den »Mayerhofer« oder »Moarhofer«. Die Geschichte des Moarhofers ist gut dokumentiert, das Haus spielte in Politik und Kirche der Ramsau eine wichtige Rolle. Es war lange in salzburgischem Besitz und wohl daher als Verwaltungsmittelpunkt mit zahlreichen Höfen in der Umgebung personell verbunden. 1782 hielt Samuel Hirschmann, geboren in Crailsheim, in der Moarhofer Scheune, wo ein paar Bänke zusammengestellt wurden, den ersten evangelischen Gottesdienst ab. Eine Inschrift in einem Balken erinnert heute noch an diese Geschichte.

Der weitere Weg ist nicht sofort zu finden, er ist nicht mit den grauen oder gelben Standardschildern markiert, sondern durch kleine violette Hinweistafeln. Steil geht es in den Wald hinauf, und mit einem Mal finden wir uns in einer anderen Welt wieder. Die offene Landschaft der Ramsau wird für einige Zeit verlassen, und schon werden wir daran erinnert, dass wir im Hochgebirge unterwegs sind. Nach gut 0 h 45 kommen wir zu einer Weggabelung, die wir uns für den Rückweg merken. Um das Ziel zu erreichen, geht es vorerst steil bergauf. Bald lichtet sich der – zugegeben monotone – Fichtenwald, und der Predigtstuhl ist erreicht. Die Rodungsinsel nimmt dem Platz ein wenig von seiner Schönheit, man muss ihn sich inmitten des Waldes

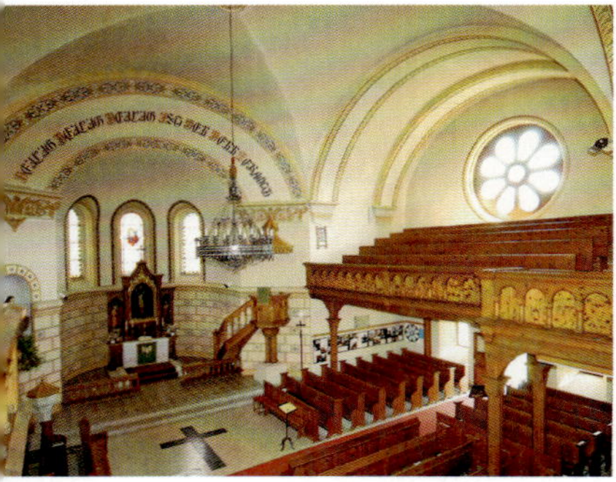

Die evangelische Kirche sollte nach Wunsch der Ramsauer allen Bewohnern Platz bieten.

vorstellen, als Versteck, das nicht einzusehen ist. So muss es gewesen sein, als sich hier, das ist historisch belegt, zahlreiche Protestanten trafen, um gemeinsam aus der deutschsprachigen Bibel zu lesen, zu beten und zu singen; auch der Flurname belegt diese Geschichte. In unserem Rücken der Schutz des gesamten Dachsteinmassivs, vor uns ausgebreitet liegt Ramsau – der Platz ist versteckt, aber dennoch mit gutem Überblick über mögliche Verfolger.

Es dauert eine Zeit, bis man sich von diesem Platz lösen kann. Wir folgen dem Weg, den wir heraufgekommen sind, bis zum besagten Abzweiger und gehen dann hangparallel nach Westen. Der Weg mündet in eine Forststraße, die in einigen Kehren zurück zu den Flächen der Ramsau führt. Es lohnt sich, die Runde nach Westen oder Osten auszudehnen und einen Einkehrschwung, zum Beispiel in der Gruberstube, einzuplanen. Wer sich besonders für die Kirchengeschichte interessiert, besucht das Heimatmuseum, wo auch entsprechende Literatur zu finden ist.

Hangbrekzie baut die Steinfiguren des Predigtstuhls auf – er diente als Versteck für Geheimprotestanten, die sich hier trafen, um aus evangelischem Schrifttum zu lesen.

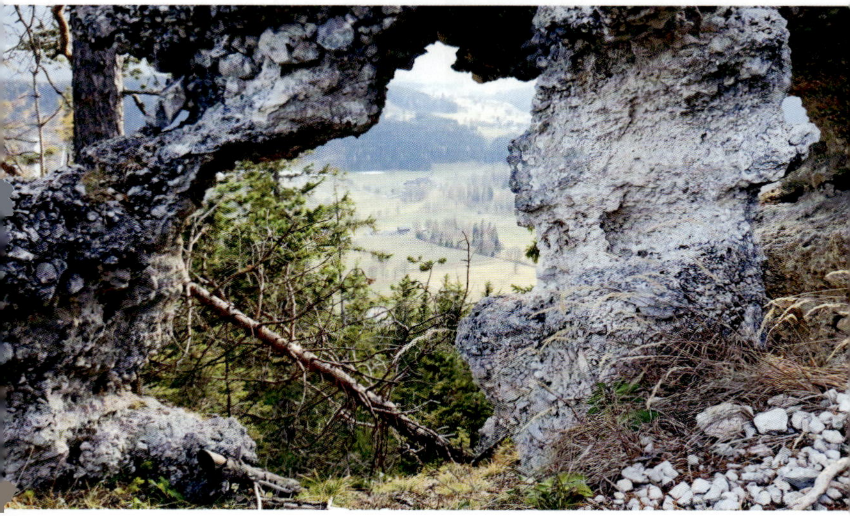

Ramsau am Dachstein

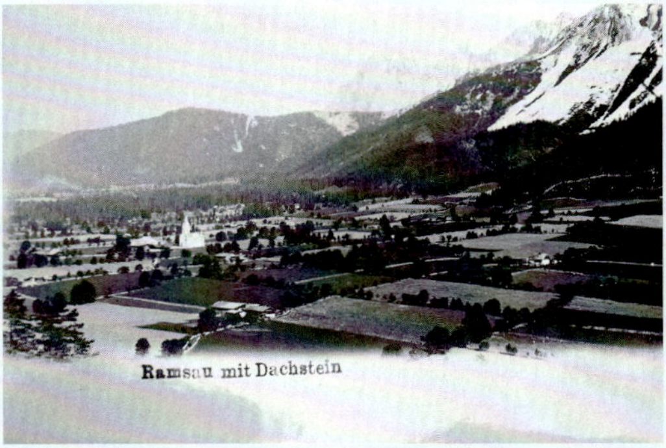

Das weite »Tal« der Ramsau war lange Zeit spärlich besiedelt. Die Struktur der Felder ist bis heute erhalten.

Hochplateau ist für die Ramsau der falsche Ausdruck – hoch stimmt, aber Plateau nicht. Es sind verschiedene morphologische Einheiten, die zusammen eine vielfach gegliederte, abwechslungsreiche Landschaft bilden. Als nach dem Abschmelzen der Gletscher viel Lockermaterial den Weg vom Dachstein ins Tal suchte, standen die Höhenzüge von Rittisberg, Kulm und Sattelberg im Weg und so staute sich Material auf. Von den Dachsteinsüdwänden laufen mächtige Schuttkegel Richtung Kulm aus. Dort finden wir vielfach vermoorte Bereiche, die unter Naturschutz stehen. Auf der Südseite wiederum lagerte die Enns mächtige Sedimentpakete an den Grauwacken-Bergen ab. Ramsau-Vorberg und Ramsau-Leiten liegen genaugenommen auf einer riesigen Flussterrasse. Diese flach geneigten Hänge auf einigermaßen gründigen Boden eigneten sich sehr zeitig sogar für den Ackerbau und es entstand die kennzeichnende Form der Streusiedlung. Die gut 2800 Einwohner, Tendenz steigend, verteilen sich weit verstreut auf die Ortsteile Hirzegg, Schildlehen, Vorberg, Leiten, Kulm, Ramsau und Rössing.

Der Ortsname ist in den Alpen weit verbreitet, allein in Österreich gibt es 20 Nennungen. Die Wortherkunft ist dafür unklar – entweder es deutet auf das mittelhochdeutsche ram, den Schafbock, hin, oder es ist eine Bezeichnung für lauchartige Gewächse, beides ist aber etymologisch nicht geklärt. Bis vor 70 Jahren hatte die Gemeinde zudem keinen klassischen Ortskern. Die katholische Kirche wurde im 12. Jahrhundert im Ortsteil Kulm errichtet, dort öffnete das erste Gasthaus, auch die Post war bis vor kurzem nahe der Kirche angesiedelt. Kleine, verwinkelte Ortsgassen fehlen dort jedoch. Nachdem es Protestanten nach 1848 gestattet war, Gotteshäuser zu bauen (mehr dazu siehe Thema Route 1), war man sich zunächst uneinig, wo die evangelische Kirche gebaut werden sollte. Jeder Ortsteil hatte Argumente für sich, die Entscheidung fiel letztlich auf den geografischen Mittelpunkt. Mit der Einweihung der evangelischen Kirche 1895 entwickelte sich langsam ein Zentrum. Das Gemeindehaus wurde errichtet, das Ortszentrum neugestaltet, Bank, Tankstelle, Kaufhaus, neues Schulgebäude und Hallenbad folgten. Ein richtiges Zentrum, wie man es aus anderen Alpensiedlungen kennt, gibt es dennoch nicht, jedoch öffnen in letzter Zeit interessante Lokale und Geschäfte. Vor allem aber gibt es zahlreiche typische Höfe, schön mit Herz- und Tulpenmuster verzierte Balkone, »Gangl« genannt, alte Stuben und traditionell angeordnete Hausensembles. In einigen Gastwirtschaften, dem Friener, dem Halser oder der Gruberstube, kann man die typische Raumaufteilung noch erkennen. Am besten lassen sich die Eigenheiten bei ausgedehnten Wanderungen erkunden.

(Geheim-)Protestantismus in Ramsau am Dachstein

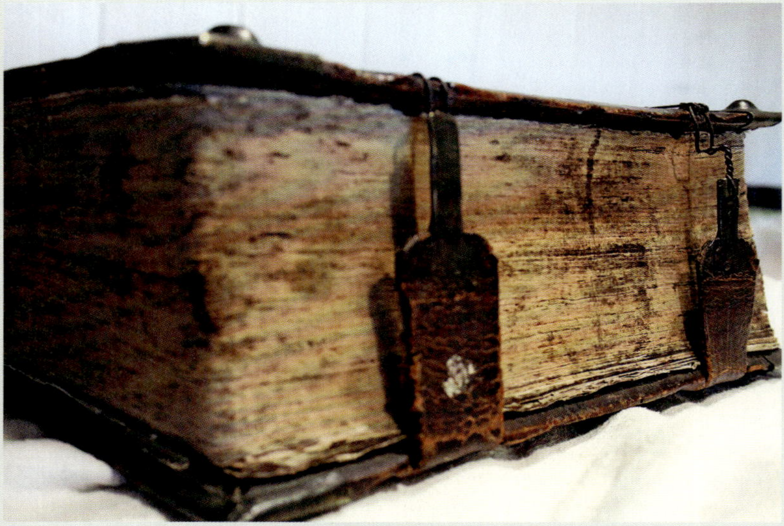

In einigen Häusern sind uralte religiöse Schriftstücke erhalten, auch Bibeln aus dem 16. Jahrhundert.

Die Lehre Luthers verbreitete sich verblüffend schnell in den entlegenen Gebirgsregionen Österreichs. Der Buchdruck war von Beginn an Katalysator – im 16. Jahrhundert machte der Druck der Schriften Luthers fast ein Drittel der gesamten Auflage deutscher Buchdrucke aus. Bereits wenige Wochen nach dem Auftreten Luthers vor dem Wormser Reichstag 1521 war dieses Ereignis in der Steiermark bekannt. Bücher und Flugschriften fanden reißenden Absatz, und es waren neben Kaufleuten vor allem Bergknappen, die die Botschaft der Reformation und ihre Schriften in Buckelkörben auf entlegenen Wegen durch die Alpen brachten. Sie kamen zum großen Teil aus Sachsen und arbeiteten in Silber- und Kupferbergwerken bei Schladming. Bis 1528 breitete sich die Reformation, ausgehend von den oberen Gesellschaftsschichten, in ganz Österreich aus.

Ab 1599 aber wurde die Bevölkerung des gesamten Ennstals unter der Leitung des Admonter Abts mit voller Wucht rekatholisiert. Emigration, Mission und Deportation – so lauten die Maßnahmen des absolutistischen Staates gegen Akatholiken vor allem unter Maria Theresia und im Territorium des Erzbischofs von Salzburg.

Die größte erzwungene Auswanderung war wohl jene der über 15 000 Bauern und 4000 »Unangesessenen« – so nannte man Knechte, Mägde, Tagelöhner – aus dem Pongau. Auf Einladung des Königs von Preußen wanderten viele nach Ostpreußen, aber auch nach Holland und Amerika aus. Danach standen 1800 Bauernhäuser leer. Als sich 1733 rund 270 Familien aus dem Salzkammergut als Evangelische bekannten, schlug die oberösterreichische Reformkommission vor, diese Protestanten in jene habsburgischen Länder zu übersiedeln, in denen das evangelische Bekenntnis geduldet war. Die Irrgläubigen, und somit Gesetzwidrigen, konnte man innerhalb des eigenen Territoriums beliebig aussiedeln. Der erste Transport mit 263 Personen verließ am 9. Juli 1734 zu Schiff Linz und gelangte nach siebenwöchiger Fahrt auf Donau und Theiß nach Siebenbürgen.

Ab 1750 setzte unter Maria Theresia ein verschärfter Kampf gegen den evangelischen Bücherbesitz ein. Auch nach Ramsau am Dachstein kamen Visitatoren. Belohnungen für Denunziationen wurden eingeführt und es warteten hohe Strafen für alle, die protestantisches Schrifttum einschleppten, verkauften oder in ihrem Besitz hatten: Man berichtet, dass für jedes gefundene Buch ein Stück Rindvieh herzugeben war. Oder es drohten eine Stunde am Pranger, zwei Jahre Zuchthaus oder – wenn man gar nicht einsichtig war – die Transmigration nach Siebenbürgen. Die Büchervernichtung traf die Evangelischen schwer – in der Steiermark wurden an die 50 000 Schriften vernichtet. Trotzdem hielt sich der Glaube in Oberösterreich, in der Obersteiermark und in Oberkärnten. Der Geheimprotestantismus wurde durch die Siedlungsform in den Alpen wesentlich begünstigt. Gehöfte in Streulagen, weitab von der katholischen Pfarrkirche, boten die Möglichkeit zu religiösen Versammlungen in einer Hausgemeinschaft. Ein wesentlicher Faktor war die Pflege des evangelischen Schrifttums, des evangelischen Liedguts und des evangelischen Katechismus innerhalb der Familie – dadurch wurde das Bekenntnis bei den zukünftigen Generationen sowie die Kenntnis des Lesens gewährleistet. Die Eltern übernahmen die Rolle des Pfarrers, Seelsorgers, Gelehrten und Aufklärers in einer Person. Heuschober, Höhlen, hohle Bäume, Mauerspalten, Doppelböden im Stall, mit eingebauten Fallen, sogar fließende Gewässer und Misthaufen dienten als Verstecke der Literatur! Der Schmuggel von Bibeln, Gesangbüchern, Katechismen durch Bücherträger, Bauernburschen und Handwerker führte zur Ergänzung des evangelischen

Nur selten werden diese Schätze ausgepackt. Man weiß um ihren historischen Wert.

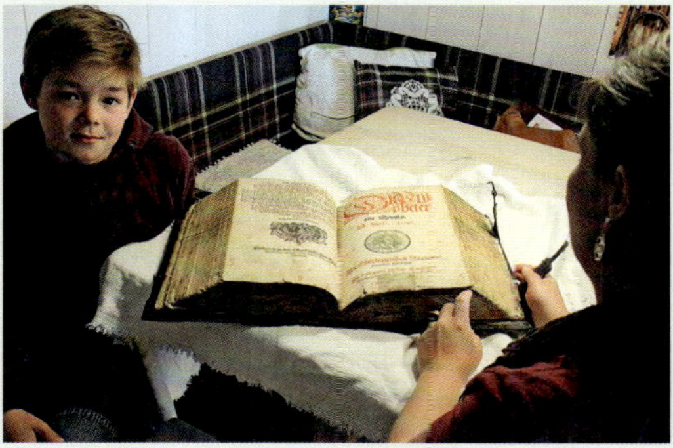

Bücherschatzes – und das, obwohl die Bevölkerung zum Teil überfallsartig visitiert wurde. Freilich gab es Fälle, in denen sich Personen wegen des Besitzes akatholischen Schrifttums vor der Obrigkeit verantworten mussten. Der Fortbestand wurde auch durch äußere Umstände begünstigt: Einerseits war der Pfarrsprengel der katholischen Pfarre Haus sehr groß, die Höfe lagen weit zerstreut. Daher waren die Kontrollen mühsam und es gab kaum seelsorgliche Betreuung. Zudem waren die katholischen Pfarrer schlecht bezahlt und auf die Gaben der Bauern angewiesen. Und sie wussten, dass die Ramsauer ohnehin zusammenhielten. Eine Flasche Schnaps soll so manchen Kompromiss zwischen katholischen Pfarrern, Visitatoren und »Häretikern« ermöglicht haben.

Also hielten viele ungebrochen an der evangelischen Lehre fest, bis zum denkwürdigen 13. Oktober 1781, dem Tag, da Kaiser Joseph II. das Toleranzpatent erließ. Nun konnten sich die Ramsauer Bauern wieder offen zu ihrem Glauben bekennen und aus allen Verstecken die Bibeln, Gebets-, Andachts- und Gesangsbücher herausholen – und ein eigenes Gotteshaus bauen. Bis zur vollständigen Gleichstellung dauerte es allerdings noch bis 1960.

Das ehemalige Bethaus in Ramsau am Dachstein, wo sich heute immer noch das Pfarrhaus befindet, zählt zu den ersten offiziellen Kirchengebäuden der Steiermark. Dem Bau ging eine lange Geschichte voraus, die mit dem Toleranzpatent von 1781 begann. Es konnten sich 100 Familien oder 500 Einzelpersonen zu einer Pfarrgemeinde zusammenschließen und ein Bethaus bauen, freilich ohne Turm, Kirchenfenster und Glocke, der Eingang durfte nicht straßenseitig angelegt sein. Dem Provisorium in der Mayrhofer Scheune folgte eine Diskussion, wo der neue Standort eines Bethauses sein sollte. Nachdem sich die Ramsauer nicht einigen konnten, entschied sich 1783 das Kreisamt Judenburg für den Standort in der Mitte der Gemeinde. Jakob Prugger, dem das Pehabgut gehörte, stellte den Baugrund unter der Bedingung zur Verfügung, dass ihm die Gasthauskonzession eingeräumt wurde. Nach nur dreimonatiger Bauzeit war das Bethaus fertig. Im Obergeschoß war der Pfarrsaal, darunter Pfarrer- und Lehrerwohnung sowie die Kanzlei. Bis 1790 wurden im heutigen Österreich 56 solche Bethäuser errichtet, die Hälfte von ihnen existiert heute noch, zwei dienen nach wie vor als Gotteshäuser, in Arriach und Watschig bei Hermagor, beide in Kärnten.

Wenige Schritte vom Bethaus steht die große, stolze evangelische Kirche. Nachdem ab 1848 evangelische Kirchen errichtet werden durften, stellten die Ramsauer erstmals 1871 im Gemeinderat einen Antrag auf Neubau. Mit der Planung beauftragte die Gemeinde den Nürnberger Architekten Hans Kieser. Wieder stellte der Besitzer des Pehabguts unentgeltlich den Baugrund zur Verfügung. Zur Finanzierung des Kirchenbaus machten sich die damaligen Presbyter auf den Weg nach Augsburg und baten beim Gustav-Adolf-Werk um Unterstützung. Auf die Frage, wie groß die Kirche werden solle, antworteten die Ramsauer: »Mia send 1300 Leit und es soitn schon oi Plotz hobm.« In dieser Dimension wurde das Vorhaben dann doch nicht bewilligt, etwa die Hälfte ist es geworden. 1888 wurde endlich der Grundstein gelegt. Der Bau war mit zahlreichen Hindernissen verbunden: Der Boden, auf dem die Kirche zu stehen kommen sollte, ist angeschwemmtes Lockermaterial, und so musste man tief graben, um auf festen

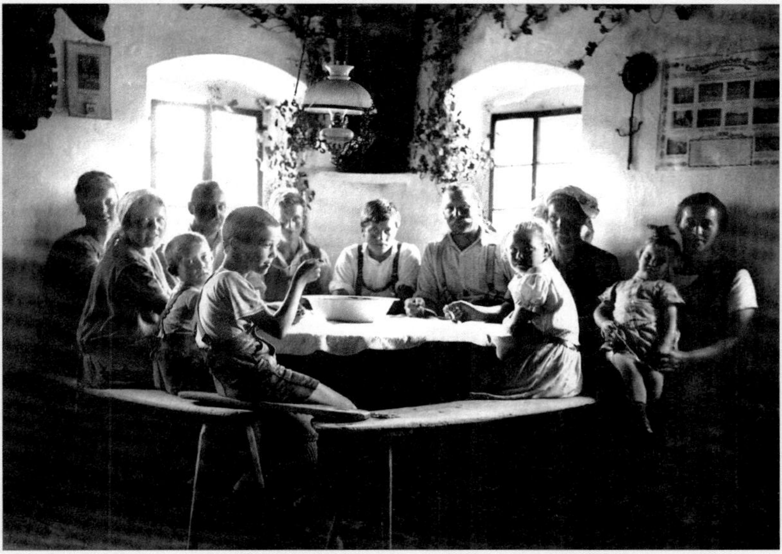

Hausandachten und heimliche Bibelkreise hielten den Glauben am Leben.

Grund zu stoßen. Der Kirchturm steht auf neun Meter langen Pfeilern, die mit Eisenschuhen versehen waren und bei Tag und Nacht in die Erde gerammt wurden – und das mit den Mitteln der damaligen Zeit. Auch die Bausteine, versteinerter Hangschutt, die in der Nähe des heutigen Jungfernsteigs gewonnen wurden, waren nicht so zahlreich vorhanden wie angenommen. Letzen Endes stiegen die Kosten und es wurde eine zweite und dritte Bausteuer notwendig. Das Gewölbe über dem Altarraum stürzte ein und musste neu gebaut werden. Alles Material, Zement und Lebensmittel für die Arbeiter mussten auf dem steilen Ochsenkarrenweg von Schladming mühsam heraufgekarrt werden. Und es gab Wirbel wegen der Finanzen. Zahlreiche Verträge waren mündlich geregelt und nicht nachvollziehbar, der verantwortliche Pfarrer Carl Hilpert ging schließlich aus eigenen Stücken.

Am 11. August 1895 nahmen die Gemeinde und der neue Pfarrer Jungmayr Abschied vom alten Bethaus, das immerhin 112 Jahre lang das Gotteshaus der Gemeinde war. Vier Tage später war es soweit: Erstmals erklangen die drei großen Bochumer Gussstahlglocken, die über Haus und Weißenbach in die Ramsau transportiert wurden. Es muss ein sehr emotionales Ereignis gewesen sein. Die 1300-Seelen-Gemeinde Ramsau erbaut innerhalb von sieben Jahren eine Kirche mit 750 Sitzplätzen.

Route 2

Unterwegs auf dem Panoramaweg

Die Reize der Kulturlandschaft Ramsau entdecken
Der Weg erschließt alles, was die Ramsau ausmacht: Wege, gesäumt von Ahorn- und Vogelbeerbäumen, aussichtsreiche Bänke, alte Bauernhäuser, Brunnen, zahlreiche urgemütliche Einkehrmöglichkeiten und vor allem viele Geschichten.

Charakter: Sehr einfache Wanderung und ein schöner Winterwanderweg. Der Weg lässt sich auch in zwei Runden, Ost und West, aufteilen. Schwierigkeit: T1–T2.

Beste Jahreszeit: Zu jeder Jahreszeit.

Verkehrsmittel: Der Bus der Ramsauer Verkehrsbetriebe erschließt das gesamte Gebiet. So kann der Weg beliebig kombiniert werden.

Übernachten, Gasthäuser: Zahlreiche Quartiere in der Ramsau.

- Waldschenke, +43 3687 81993, www.waldschenke-ramsau.at, Mi Ruhetag. Mit der Übernahme durch Matschnersohn Albert und Michaela ist das gemütliche Gasthaus wieder ein sehr empfehlenswerter Treffpunkt. Interessant: Das Bauernhaus ist 300 Jahre alt – stand aber in Salzburg, wurde dort abgetragen und 1978 nach Ramsau übersiedelt, wo es Familie Knaus (Matschner) wieder aufgebaut hat.
- Gruberstube, +43 3687 81759, www.gruberhof-ramsau.at. Eine Legende, sehr ursprünglich.
- Café Walcher, +43 3687 81781, www.cafe-restaurant-walcher.at; Mo–So, 10–21 Uhr. Gute Küche, tolle Mehlspeisen.
- Fischverkauf bei Josef und Doris Simonlehner, Stiererhof, Ramsau, +43 3687 81920, www.stiererhof.at

Literatur: Günter Cerwinka, *Ramsau am Dachstein. Bauern, Berge, Bibel,* Ramsau 1999.

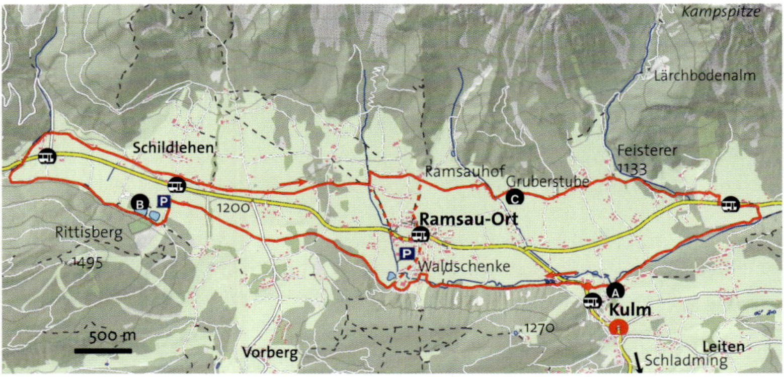

Route und Wanderzeiten

Ramsau-Kulm–Rittisberg	1 h 45
Rittisberg–Ramsau-Kulm	2 h 30
Total	**4 h 15**
Höhendifferenz	↗ 200 m ↘ 200 m,
Distanz	16 km

Sehenswertes

- A Katholische Kirche in Ramsau-Kulm
- B Erlebnis Rittisberg
- C Gruberstube

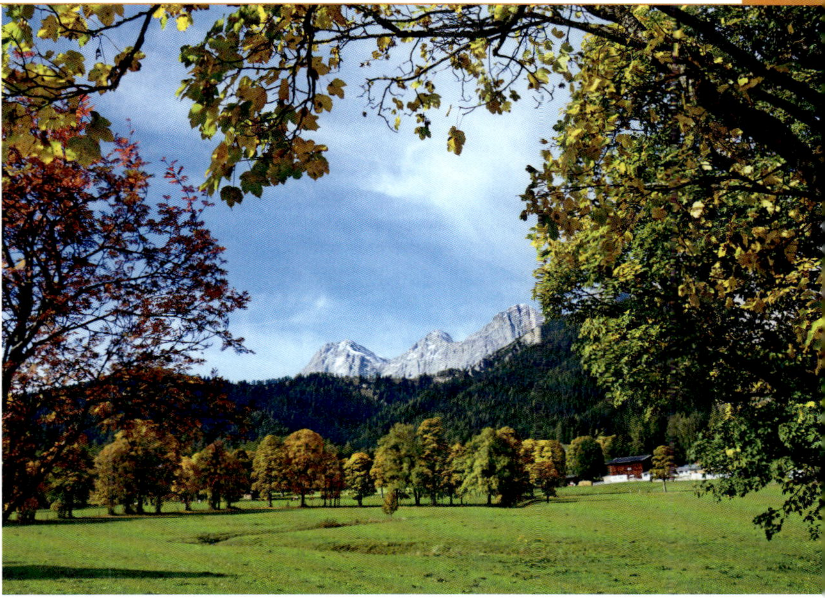

Ahornbaumreihen, Wiesen, die kleinteilige Landschaft und natürlich der Dachstein prägen das Bild von Ramsau am Dachstein.

Einer der populärsten Wanderwege, Sommer wie Winter, ist der lange Weg über den nördlichen Bereich der Ramsau; er bietet wunderschöne Aussichten, Einkehrmöglichkeiten und erschließt eine Unmenge an interessanten Themen. Da es ein Rundweg ist, kann er von beliebigen Ausgangspunkten gestartet und auch in zwei Runden geteilt werden. Von der »Dramaturgie« her ist ein Start für die gesamte Schleife in Ramsau-Kulm geeignet, da es der tiefste Punkt ist. Es ist ein Spaziergang, kein alpines Erlebnis, und lässt viel Raum für eigene Gedanken.

Von der Kirche Ramsau Kulm zweigt etwa 200 Meter nach der Straße in Richtung Westen bei der Wagnerei, Schistube Tritscher, der Philosophenweg ab, der nun am bergseitigen Ufer des Ramsaubachs zunächst an Fischteichen entlangführt. Diesen Fisch gibt es zu kaufen, die Familie Simonlehner züchtet seit 1963 Forellen, Saiblinge und Lachsforellen. Nicht zu glauben, dass es so einen versteckten Weg in der offenen Weite der Ramsau gibt – im Wald, am Bach entlang, mit geringen Anstiegen, dafür einigen Ruhebänken, abwechselnd schattig und sonnig. Entlang des Wegs fallen viele vernässte Bereiche auf. Diese sind dem Schnittpunkt verschiedener geologischer Einheiten zu verdanken, im Untergrund liegen wasserstauende Schichten, die kleine Hochmoore entstehen ließen. Einige von ihnen stehen unter Naturschutz und sind sogar Natura-2000-Gebiet. Nach etwa 0 h 45 erreichen wir Ramsau-Ort. Immer wieder imponiert der Blick auf das Dachsteinmassiv. Auf dem Weg zum Langlaufzentrum (siehe Kasten), gleich bei der Schanze,

Ein Langlauf-Märchen

Die Sprunganlage und das Langlaufzentrum wurden anlässlich der 42. Nordischen Ski-Weltmeisterschaft 1999 errichtet. Im Juni 1994 kam nach Volksentscheid endlich der Zuschlag und dringende Investitionen konnten getätigt werden, die den Platz an der Spitze der Zentren des nordischen Skisports sichern sollen. Zur Generalprobe 1998 kamen bereits 40 000 Zuschauer, die Vorfreude war groß. Die Geschichte zeigt deutlich das Nahverhältnis der Region zum nordischen Sport; sportlich war Österreich dennoch im Langlauf ein ähnlicher Exot wie Finnland im Abfahrtslauf. Im Februar 1999 war es soweit, Bundespräsident Klestil eröffnete, und Prominenz aus vielen Ländern sorgte dafür, dass für zehn Tage die Scheinwerfer auf die sonst ruhige Gemeinde gerichtet waren. Letzten Endes sollte die Weltmeisterschaft zumindest in Österreich in die Sportgeschichte eingehen. Es kam der 26. Februar 1999. 45 000 Zuschauer entlang der Strecke verfolgten das 4x10-Kilometer-Staffelrennen der Herren, die Königsdisziplin. Der Gastgebernation wurden durchaus Chancen auf Edelmetall eingeräumt. Der Startläufer Markus Gandler begann stark und brachte Österreich in Führung. Alois Stadlober, heute beruflich in Ramsau tätig, baute die Führung sogar aus und übergab an Michail Botwinow. In einer dramatischen Szene stürzte der bei einer Abfahrt, ein Stock brach. Der unantastbare Vorsprung schmolz auf zehn Sekunden. Schlussläufer Christian Hofmann brachte in einem dramatischen Sprint 0,2 Sekunden Vorsprung auf den norwegischen Star Alsgaard ins Ziel. Um eine halbe Skilänge wurde der haushohe Favorit geschlagen, die Nation stand kopf. Ganz Österreich war im Langlauffieber und die Sieger wurden damals gefeiert wie Alpinstars. Der Ablauf des ganzen Rennens ist bis heute ebenso unvergessen wie die erste Aussage des Trainers der Österreicher, Walter Mayer, nach dem Gewinn von Staffel-Gold (»Jetzt san's Weltmeister, die Trotteln.«). Jedes Jahr finden nun in Ramsau Weltcuprennen statt, und an die WM-Wettkämpfe erinnern zahlreiche Schautafeln um das Sportzentrum herum. Ramsau hat sich als »Holmenkollen« Mitteleuropas etabliert – so zumindest der Wunsch der Organisatoren.

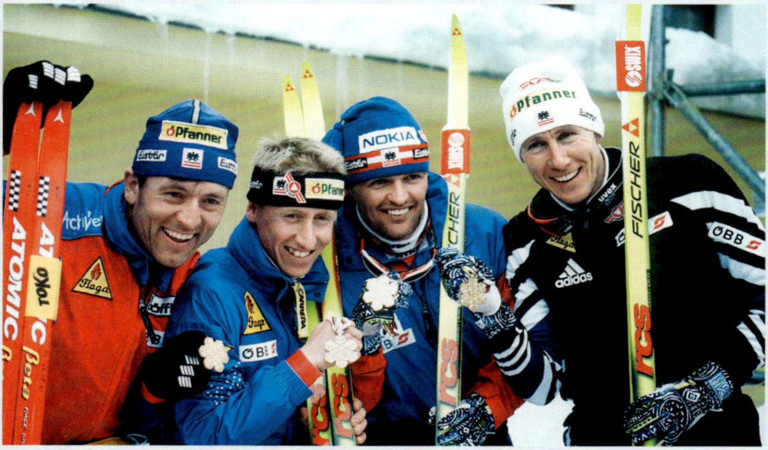

Erstmals sorgten nicht Skistars, sondern Langläufer für Freudentaumel im Lande.

weichen wir einem eigenartigen Hügel aus. Hier wird seit 2013 Snowfarming betrieben. Etwa 5000 Kubikmeter Schnee, oder 500 LKW-Ladungen, werden im Hoch- und Spätwinter angehäuft, wenn es sein muss auch künstlich produziert, und mit Hackschnitzeln abgedeckt. Schutz vor der Sonneneinstrahlung bietet zusätzlich eine weiße Schutzfolie. So bleiben bis zu 80 Prozent des Schneevolumens über den Sommer erhalten. Die Lagerung von Schnee und Eis ist nicht neu und wurde im 18. Jahrhundert vor der Elektrifizierung in den Alpen häufig genutzt. In eigenen Kellern wurde Eis eingelagert, um so Lebensmittel länger haltbar zu machen oder gekühltes Bier auszuschenken. Noch bevor der erste Neuschnee fällt, oder bei zu geringer Schneedecke, kann dank Snowfarming zumindest eine 10 Kilometer lange Loipe und die Sprungschanze präpariert werden. Daher trifft sich bereits im November hier die Elite des nordischen Skisports zu Testzwecken und macht im Dezember der Weltcup der Nordischen Kombinierer hier Station.

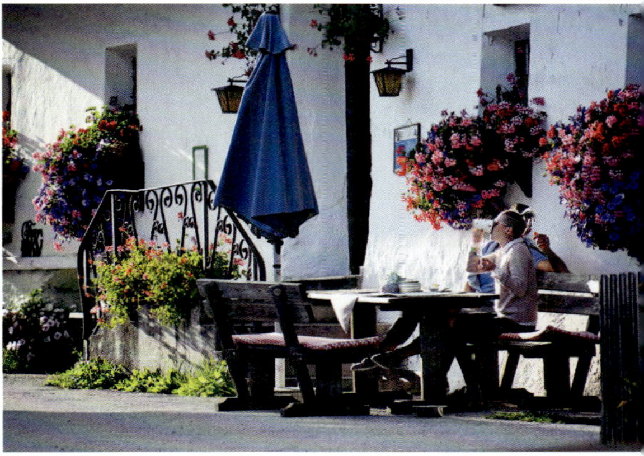

Die Gruberstube liegt direkt am Wanderweg und bietet hausgemachte Köstlichkeiten an.

Nach der Waldschenke, einer empfehlenswerten Einkehrmöglichkeit, wendet sich nun der Steig zunächst links am Waldrand entlang (Rundweg Nr. 1) und steigt dann in einer leichten Rechtskurve bis auf die Höhe der Sprungschanze. Von dort hat man eine tolle Aussicht auf das weite Gebiet der Ramsau und die Gipfel des Dachsteins. Es geht etwas bergab weiter dem Waldrand entlang und wir erreichen nach dem Minzelhof den Ederhof, zwei der zahlreichen Höfe, die in der Ramsau Pferde züchten. Ein breiter Weg führt uns zum »Kreitseilfeld«, dann über die Vorbergstraße, die zur Bundesstraße hinabführt, hinweg, weiter über Wiesen, vorbei an Bauerngehöften bis zu einem Waldgürtel. Wir queren eine weitere Straße und erreichen auf einem Pfad am Waldrand entlang das Rittisberg-Liftstüberl Ramsau Beach. Auf der Rückseite vorbei führt nun der Tannenweg am Abhang des Rittisbergs. Der Rittisberg ist sowas wie das Abenteuerland des Dachsteins und fast schon eine kleine Welt für sich, Sommer und Winter. Hier kann man zelten, es gibt einen kleinen Badesee, Ramsau Beach versteht sich, einen schönen Beachvolleyballplatz, ein Riesentrampolin, einen Segway-»Ralleyparcour«, von Weitem ist die obligatorische Sommerrodelbahn, nein, der Rittisberg Coaster zu erkennen, für den ein gutes Stück Wald geopfert wurde. Man kann

Allein unter Ketzern

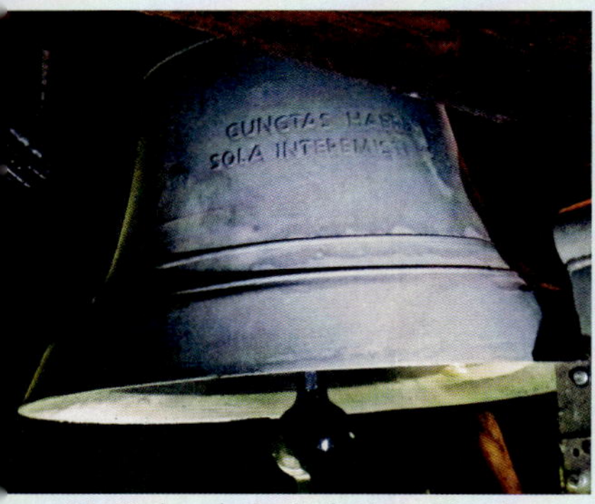

Die Kirchenglocke der katholischen Kirche in Ramsau-Kulm war Ausgangspunkt von Unstimmigkeiten unter den Kirchen.

Der Patron der Kirche in Ramsau-Kulm ist der Heilige Rupert, der im 8. Jahrhundert lebte und im Salzburger Dom beigesetzt ist. Das soll auch die enge Bindung und den Einfluss der katholischen Kirche zum Stift St. Peter in Salzburg erklären. Die katholische Pfarrkirche wurde im 12. Jahrhundert erbaut und im Laufe der Zeit verändert. Lange Zeit war sie eine Filialkirche der heutigen Pfarrkirche in Haus im Ennstal, die dort vor allem in Zeiten der Gegenreformation die Fäden zog. Das Gesamtgebäude gliedert sich in das romanische Kirchenschiff und in den Chorraum, der 1444 nicht entlang der Längsachse des Kirchenschiffs, sondern geneigt angebaut wurde. Der Hochaltar stammt aus dem 18. Jahrhundert. Für Kunstliebhaber interessant ist das Innere des Kirchengebäudes. Es ist mit wertvollen Fresken aus dem 13. und dem 15. Jahrhundert ausgestattet, wobei das älteste Gemälde tatsächlich aus dem 12. Jahrhundert stammt und sich an der Nordwand des Kirchenschiffs befindet. Es stellt das Jüngste Gericht dar. Eine besondere Geschichte erzählt die Kirchenglocke. Die beiden Pfarrherren der Ramsau mussten sich während des Zweiten Weltkriegs zusammenraufen, hatten sie doch jeder für sich mit Kirchenaustritten zu kämpfen. Doch beide waren noch weit von Ökumene entfernt. Der katholische Pfarrer verschärfte nach dem Krieg die Abgrenzung gegen die Evangelischen. Im Jahre 1949 erhielt die Kulmkirche zwei neue Glocken, die alten waren während des Kriegs abgeliefert worden. Auf die tiefere von beiden ließ der Pfarrer die Inschrift *Cunctas haereses sola interemisti 1948* anbringen. Auf Deutsch: »Du allein hast alle Irrlehren überwunden«. Auch wenn der Pfarrer auf einen alten Marienhymnus verwies, nach dem die Mutter Gottes die Häresien überwunden habe, so war die Absicht klar. Anders übersetzt, könnte man es nämlich deuten als: »Allein unter Ketzern«. In einem Zeitungsartikel »Die Glocken von Ramsau« wurde dem Pfarrer mangelnde ökumenische Gesinnung vorgeworfen. Diese »Häretikerglocke« läutet heute noch die vollen Stunden vom Turm der Kulmkirche. Heute verkündet sie den längst geschlossenen Frieden zwischen den Konfessionen in Ramsau am Dachstein.

einen »Forest Park« durchsteigen, Bogenschießen üben, Elektro-Motocross fahren und das Rittisberg-Bauerngolf ausprobieren. Am Berg wurde zuletzt ein großer Abenteuerspielplatz errichtet, der Märchenweg ist nicht zu vergessen, Barfußparcour inklusive. Sehen wir es positiv: Je mehr Wirbel auf diesem kleinen Fleck herrscht, umso ruhiger und ursprünglicher ist es dafür in den meisten Teilen der Ramsau. Man könnte meinen, Rittisberg, Hunerkogel und Krippenstein wurden geopfert, um den Rest Paradies sein zu lassen. Im Winter geht es etwas ruhiger zu, die Umrundung des Bergs ist auf Langlaufskiern Herausforderung, aber auch Wintergenuss pur. Rund um den Berg liegen einige schöne Almen, die angebotenen Köstlichkeiten sind stets hausgemacht und haben zum Teil für Kenner schon Kultstatus.

Unsere große Ramsau-Umrundung führt nun in abwechslungsreichen Wegabschnitten am Waldrand weiter bis zu einer kleinen Wildfütterung im Wald. Hier gabelt sich der Tannenweg. Geradeaus geht es weiter zum Auwirt und zur Dachsteinruhe, rechts führt der geschotterte Weg weiter bis zu der weithin sichtbaren Mautstelle der Dachsteinstraße. Auf freiem Gelände macht nun der Panoramaweg seinem Namen alle Ehre. Der breite Wanderweg durchquert einen für die Ramsau besonders typischen Abschnitt: weite Wiesen- und Weideflächen, auf der unterschiedlichste, zum Teil seltene Tierrassen weiden, Ahornbaumreihen und zahlreiche schöne Bauernhäuser, Glöshof, Walcherhof, Zirbenhof, Ferchtlhof und Grahhof, weiter durch einen offenen Lärchenwald zum Lärchenhof, Knollhof, bis der Mayrhofer erreicht ist. Der denkmalgeschützte Grahhof ist eines der ältesten Bauernhäuser der Ramsau überhaupt und hat alle Merkmale eines klassischen Hofs – anders als der Ramsauhof (siehe Thema), den wir nachher erreichen.

Weiter geht es eben Richtung Osten über die Wiese des Klanglifts. Von hier ist der Blick auf Ramsau-Ort, die Kirche, den Kulm und die Tauern besonders schön. Bei einem kleinen Gatter erreichen wir jenen Ramsauhof, der eine bemerkenswerte Geschichte aufweist.

Wir erreichen mühelos eine asphaltierte Straße, dort rechts bergab, vorbei am Sporthof Austria, und gleich wieder links über eine kleine Brücke zur Gruberstube. Sie ist ebenfalls ein Kleinod der Ramsau, eine Wohltat für das Auge, und versorgt uns mit hausgemachten Spezialitäten. Im 15. Jahrhundert wurde der Gruberhof erstmals erwähnt, das Gebäude dürfte eine noch längere Geschichte haben und ist nachweislich seither im gleichen Familienbesitz. An der Architektur wurde nichts verändert, sie ist wieder bezeichnend für einen Ramsauer Hof – samt Glocke auf dem Dach, die die Knechte und Mägde draußen auf den Feldern zum Essen in die Stube rief.

Es folgt eine keine Siedlung, dann wieder an prächtigen alten Ahornbäumen vorbei, bis nach einer Wiesenfläche das Bio-Hotel Feisterer auftaucht, in dessen Nähe übrigens das ehemalige Haus des Komponisten Gottfried von Einem liegt. Von der Anhöhe beim Feisterer überblickt man sehr schön die Streusiedlung Ramsau-Kulm und im Hintergrund erheben sich unzählige Gipfel der Niederen Tauern. Vom Alpenhof führt der Weg nun beim Haus Maria links vorbei und dann auf abwechslungsreichem Weg durch den Wald leicht bergab. Nach einer Linksabzweigung überqueren wir einen glasklaren Bach und gehen weiter bis auf die Straße, die zum Kalcher führt. Jetzt folgen wir, wieder an pittoresken Höfen vorbei, rechts dem Weg zur Hauptstraße nach Rössing. Nach Überqueren der Straße steuern wir direkt die Nordhänge des Sattelbergs an. Nach der Brücke über den Ramsaubach nehmen wir den Sattelberg-Rundweg rechts, in westliche Richtung, und schließen die Runde bei der Kirche in Ramsau-Kulm (siehe Kasten) ab.

Der traditionelle Ramsauer Hof und der Ramsauhof

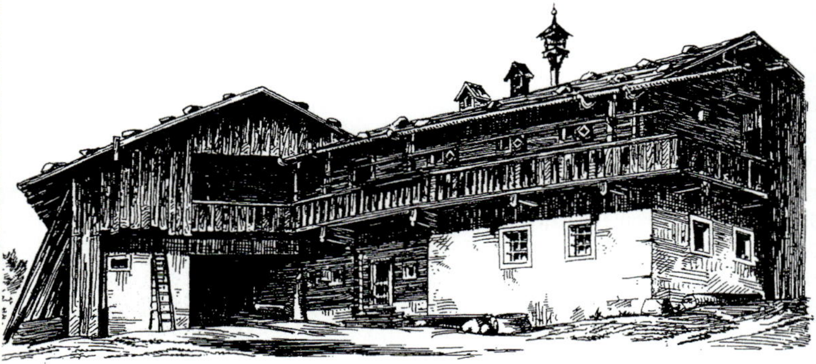

Ansicht eines Ramsauer Bauernhauses von 1923. Eingang von Süden, der Balkon im ersten Stock führt direkt zur Scheune, die im Westen errichtet wurde, um den Hof vor Wind zu schützen.

Der Haupteingang eines traditionellen Ramsauer Hofs erfolgt von Süden, zum nordseitigen Eingang verläuft der Flur, der das Haus zweiteilt. Rechts davon liegt eine Wohnstube, dahinter die große Küche. Links befindet sich die große Stube mit Kachelofen, der vom Vorhaus beheizt wird. Dahinter lag die Speis, die Vorratskammer, und manchmal eine Gerätekammer. Heute liegt dort meist die Frühstücks- oder Essstube für Gäste, die geräumige Küche ist Rückzugsort für die Hausleute. Das Obergeschoss erreicht man über eine knarrende Holztreppe, wo sich früher Zimmer für die Knechte und Mägde befanden, mit einem Loch im Fußboden, damit Wärme vom Erdgeschoss aufsteigen konnte. Über dem Kachelofen lag das Kinderzimmer und über der kühleren Speis die Mehlkammer, wo weitere Lebensmittel aufbewahrt wurden. Vom Balkon gelangte man direkt zur Scheune und zum Stall, die seitlich anschließen und dem Hauptgebäude Schutz vor der westlichen Wetterseite geben. Dem Gast ist das heute nur recht, kann man doch im Winter windgeschützt auf den Terrassen Sonne und Aussicht genießen. Die Balkongeländer sind traditionell mit Herz- und Tulpenform reichlich verziert. Drei Gebäude dieser Art – der »Burgstaller« in Rössing, der »Angerer« im Osten der Ramsau und der Grahhof beim heutigen Landhaus »Sunseitn« – sind sogar denkmalgeschützt, diese ursprüngliche Hausform ist aber oft zu sichten; achten Sie einmal darauf.

Der Ramsauhof ist ein anderes Thema. Er besteht aus zwei Gebäuden, das eine im modern-klassischen Stil, das andere eine alte Villa. Sie wurde im »Schweizer Stil« aus Holz 1889 fertiggestellt und war die erste Gästepension der Ramsau: 20 Zimmer, eine Veranda, ein Balkon in jeder Etage – und sogar ein Wannenbad! Oft wird berichtet – jedoch ist es nicht wirklich erwiesen –, dass der deutsche Dichter Theodor Fontane den schönen Bau für seine Geliebte, Gräfin Doris von Reichart, errichten ließ. Gesichert ist, dass die Gräfin den Besitz an ihre Freundin, Rosina Kramer, ihres Zeichens Enkelin des Wiener Stadtarztes, verkaufte. Sie und ihre Schwestern Hermine und Auguste waren für damalige Zeiten sehr gebildet, sprachen Englisch, Französisch und Latein und gehörten zur Wiener Gesellschaft. Sie führten das Haus als Pension und begrüßten als Gäste zahlreiche Wiener Akademiker. 1893 erschien der erste Werbeprospekt, 1912 erhielt das Haus auch das erste Telefon, ein Kurbelgerät mit der Nummer 1. Berühmte Persönlichkeiten gaben sich hier die Klinke in die Hand. So weilte im Sommer 1911 der Sohn von Peter Rosegger auf Hochzeitsreise im Ramsauhof. Hugo von Hofmannsthal kam bei einer Wanderung vorbei und fragte um ein Zimmer – aber es war alles belegt. Er fragte, ob nicht doch noch irgendwo ein Kammerl frei sei, und so wurde ihm die Dachkammer gezeigt. »Da bleibe ich«, meinte er und schrieb hier bis tief in die Nacht bei Kerzenschein an seinem »Turm«.

Die letzte der Schwestern Kramer verstarb 1952. Die Tochter von Auguste, Erika Protiwenski, war Volksschullehrerin und bis 1963 Besitzerin des Hauses, bis sie es an Robert Simonlehner, vulgo Feisterer, verkaufte. Bis heute ist die Familie rund um Robert Simonlehner jun. im Betrieb tätig, sie haben das alte Haus renoviert und das Anwesen erweitert. Sie betreiben auch das Hotel Feisterer, und das zu 100 Prozent biologisch (mehr dazu in Route 3).

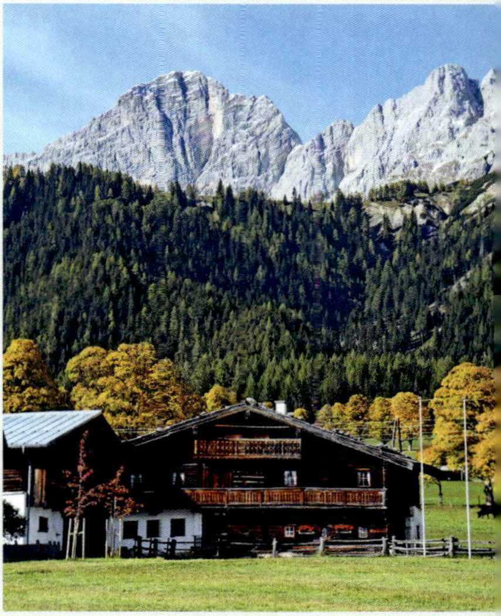

Der Grahhof, eines der ältesten Bauernhäuser der Ramsau, beherbergte einst auch das Heimatmuseum.

Illustre Gäste entspannten sich im ausgehenden 19. Jahrhundert auf der Veranda des Ramsauhofs.

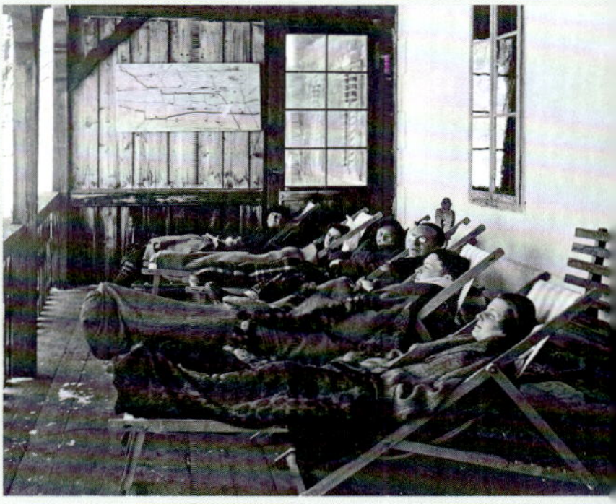

Route 3

Einmal rund um den Kulm

Wenig begangene Wege auf der Südseite der Ramsau
Eine alte Burgruine, jede Menge Pferde, eine gepflegte Kulturlandschaft und die Ramsauer Bioniere kann man auf der gemütlichen Rundwanderung auf einsamen Wegen erleben.

Charakter: Sehr einfache Wanderung. Wie alle Wege auf der Ramsau ist der Kulm-Rundwanderweg auch im Winter bezaubernd. Wem die Wanderung zu kurz ist, der kann sie mit einer Runde in Ramsau-Leiten verlängern. Schwierigkeit: T1–T2.

Beste Jahreszeit: Zu jeder Jahreszeit.

Verkehrsmittel: Der Bus der Ramsauer Verkehrsbetriebe erschließt das gesamte Gebiet. So kann der Weg beliebig kombiniert werden.

Übernachten, Gasthäuser: Zahlreiche Einkehrmöglichkeiten entlang des Wegs.
Tipp: Die Frienerstub'n südlich des Kulmbergs, Georg und Claudia Berger, +43 3687 81835, info@frienerhof.at.

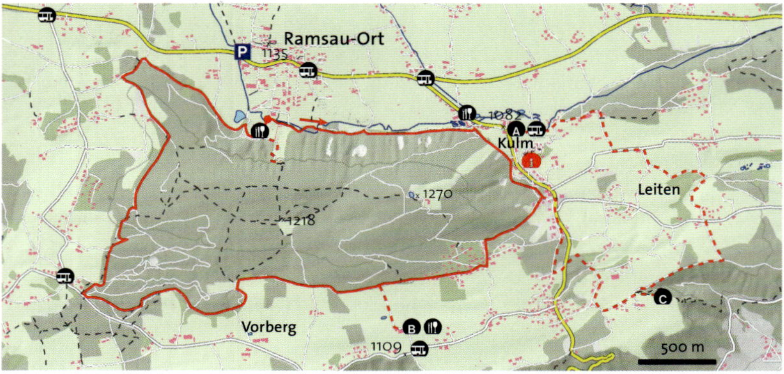

Route und Wanderzeiten

Ramsau-Ort–Frienerstub'n	1 h 30
Frienerstub'n–Ramsau-Ort	2 h
Total	**3 h 30**
Höhendifferenz	↗ 200 m ↘ 200 m, 10,5 km

Sehenswertes

- A Katholische Kirche in Ramsau Kulm
- B Frienerstub'n
- C Ruine Katzenstein

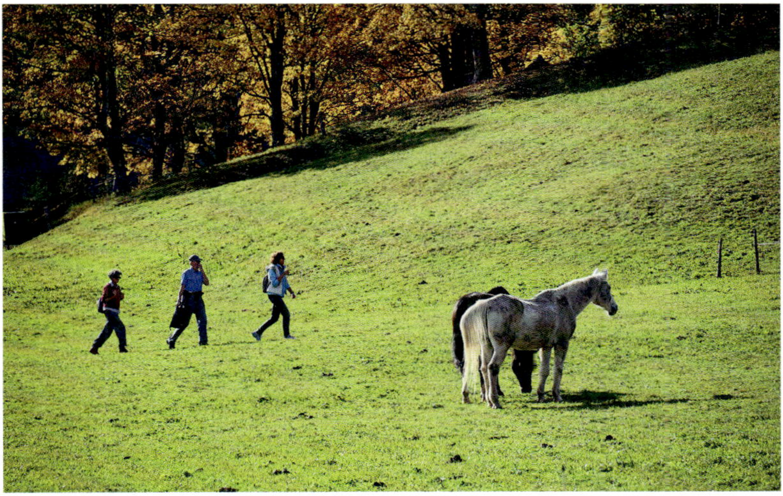

Pferde und Wandersleute gehören genauso zur Ramsau wie der Kulmberg und die Bioniere.

Der Kulmberg ist von zahlreichen Wegen durchzogen – dementsprechend kann die Tour variiert werden. Ich schlage vor, wir beginnen in Ramsau-Ort bei der Waldschenke. Ein Abstecher hoch hinauf zur Sprungschanze lohnt sich, bei entsprechendem Wetter kann man von hier aus Postkartenfotos machen. Dort führt der Weg weiter zum Kulm-Höhenweg, der mit wunderbaren Aussichten gesegnet ist. Den Höhenweg empfehle ich, im Winter mit Schneeschuhen in Angriff zu nehmen. Für unsere Kulmrunde wählen wir den Weg nach Osten, dem noch jungen Ramsaubach entlang. Nach etwa 0 h 30 ist Kulm erreicht. Bei den Fischteichen folgen wir einem schmalen Pfad nach rechts, hinter dem Ortsteil vorbei. Es geht kurz bergauf, bis eine kleine Siedlung mit zahlreichen Neubauten zu durchwandern ist (siehe Thema). Östlich von uns liegt der Ortsteil Ramsau-Leiten, der ebenfalls mit einem schönen Wanderweg erschlossen ist. Dort liegt einer der zahlreichen Pferdebetriebe, der Reiterhof Brandstätter, Tötlhof, wie er hier genannt wird. Den Pferdefans wird praktisch alles geboten, was deren Herz begehrt: Reiten, Dressurreiten, Vielseitigkeit und Springreiten, ebenso Unterricht mit Ponys und Kutschenfahrten (siehe Nützliche Hinweise).

Wenige Meter vom Brandstätter liegt die Ruine Katzenstein, versteckt im Wald, ein schöner, heimlicher Platz (siehe Kasten). Der Weiterweg um den Kulm führt schön angelegt am Waldrand entlang, mit freiem Blick auf die Niederen Tauern. Links, etwas weiter unterhalb liegen zwei schöne, markante Höfe, der »Schlapfer« und der »Friener«, wo im Winter direkt die Loipe vorbeiführt. Die Frienerstub'n sind ein besonderer Platz und Anziehungspunkt der Ramsau, einer dieser traditionellen Ramsauer Höfe. Claudia und Georg

Ruine Katzenstein

Von der Burg ist wenig erhalten, dafür sind wir ungewöhnlich gut über ihre Geschichte informiert. Sie wurde um 1278 von Gefolgsleuten des Salzburger Fürsterzbischofs errichtet, auf steirisch (habsburgischem) Gebiet – Streit war programmiert, der auf allerhöchster Ebene ausgetragen wurde. Zwischen dem Salzburger Fürsterzbischof und Herzog Albrecht, seines Zeichens Landesfürst der Steiermark, gab es heftige Auseinandersetzungen. Als Schiedsrichter fungierte König Rudolf von Habsburg, Vater von Albrecht. Dieser übertrug bis zur Klärung der Situation die Burg im Jahr 1286 treuhänderisch dem Bischof von Seckau. Es kam zum offenen Krieg, der Salzburger Erzbischof fiel im Ennstal ein, eroberte die Burg zurück und – zerstörte sie. 1290 wurde der Salzburger Erzbischof gezwungen, die Burg wiederaufzubauen und an Herzog Albrecht zu übergeben. Schlussendlich kam nach 20 Jahren Streit ein fauler Kompromiss zustande, der das Ende der Burg bedeutete: Statteneck, der ursprüngliche Name, fiel endgültig an die Goldegger, es sollte dort aber keine Burg mehr errichtet werden. Damit kann das Jahr 1298 als das endgültige Ende der Burg angesehen werden. Die Familie Katzpeck erhielt im 16. Jahrhundert den Bereich um die Ruine zur Bewirtschaftung – daher der Name Katzenstein.

Die Ruine Katzenstein liegt etwas versteckt im Wald.

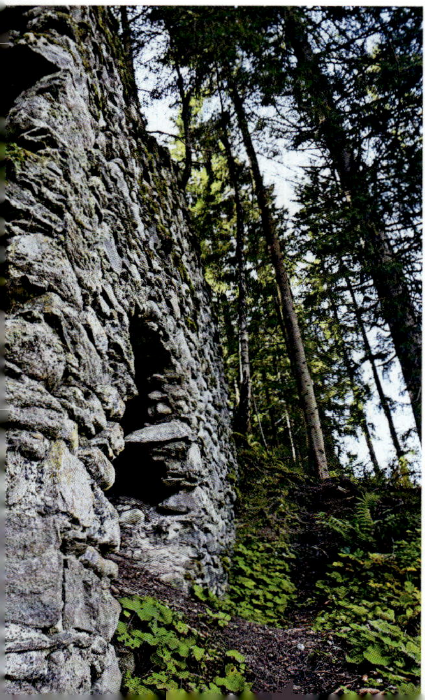

Berger bewirtschaften den Hof, der 1345 erstmals erwähnt wurde, auf eine besondere Weise, denn Georg ist Obmann der Ramsauer Bioniere (siehe Thema).

Wir folgen den Markierungen und wandern direkt am Waldrand bis zur Vorbergstraße. Nun geht es bergauf – und wir stehen plötzlich mitten im Wald vor einer asphaltierten, schmalen Straße mit sehr steilen Kurven. Das ist mit sechs Kilometern Österreichs längste Skirollerstrecke, die das Sportbüro Ramsau betreibt, Biathlon-Übungsplatz inklusive. Nach 0 h 20 haben wir den höchsten Punkt der Wanderung erreicht. Wir halten uns links und bald öffnet sich das tolle Panorama der Südwände. Ein kurzes Straßenstück endet nach dem Hotel Herold, seit 2017 ebenfalls Bionier, wo der Höhenwanderweg in den Rundwanderweg einmündet. Bald verlassen wir die Straße in einen hübschen Hohlweg und erreichen beim Ederhof wieder die zentrale Achse der Ramsau. Dem Weg am Waldrand folgen wir, bis wir den Ausgangspunkt wieder erreichen.

Bioniere hier, Zweitwohnsitz da

Die Ramsau stellt sich aktiv zwei wichtigen und ebenso heftig diskutierten aktuellen Herausforderungen: Ernährung und Wohnen, oder anders gesagt: der Wegfall heimischer Produkte aus der Nahrungskette und der Ausverkauf von Wohnraum an wohlhabende Zweitwohnsitzler.

Die Bioniere sind ein Zusammenschluss eines Teils der Ramsauer Bio-Bauern, Gastronomen und Kaufleute, die es sich zum Ziel gesetzt haben, den gesamten Betrieb biologisch zu bewirtschaften. Das Besondere dabei ist, dass die zwölf Mitglieder allesamt Tourismusbetriebe sind und die Gastronomie und die Beherbergung ebenfalls lückenlos 100 Prozent Bio sein muss – so die selbst auferlegten Vereinsstatuten. Entstanden ist die »Bewegung« anlässlich der nordischen Ski-WM 1999, wo sich Bio-Anbieter aus der ganzen Steiermark zu einem Markt zusammengeschlossen hatten, um im Zielbereich Athleten und Besucher zu versorgen. Es gab danach längere Überlegungen, wie man die Bio-Pionierregion weiterentwickeln könne. Im Vordergrund stand und steht bis heute der Gedanke, wie das Erbe der Eltern verantwortungsvoll an die Kinder weitergegeben kann. Nicht alle Biobetriebe sind heute Teil der Bioniere, die Kriterien sind streng, weil es eben auch den Beherbergungsbetrieb und die Gastronomie betrifft. Fast wäre das Konzept an einem kleinen, aber nicht unwesentlichen Detail gescheitert: Es war schwierig, einen Bäcker zu finden, der tagtäglich frische Backwaren produziert, denn der Gast schraubt seine Ansprüche ja nicht synchron zurück. Doch eine Lösung wurde gefunden: Der Bruder von Regina Stocker, Leitenmüllerhof, Bionierin, war Fenstervertreter, aber gelernter Bäcker. Er wurde überredet, in seinen ursprünglichen Beruf wieder einzusteigen – aber nur wenn er 100 Prozent bio garantieren könne. Mittlerweile hat er einen Angestellten und guten Absatz. Die Bioniere sehen ihr Handeln als selbstverständlich und ganzheitlich. Sozial verträglicher Einkauf, umweltgerechte Energie- und Abfallwirtschaft sind für sie genauso wichtig wie Ernährungsbewusstsein bis ins Detail. Weltfremd sind sie deshalb nicht, einfach beharrlich – eben Ramsauer. Damit es eine Bevölkerung gibt, die heimische Bioprodukte kauft, sollten auch genug Leute hier wohnen – und zwar das ganze Jahr. An drei Standorten ist in der Ramsau die Erschließung von Grundstücken besonders markant: Hier in Kulm, in Ramsau Vorberg und in Rössing. Schön, wenn die Gemeinde eine dynamische Bevölkerungsentwicklung vorweisen kann, denkt sich der Bürgermeister, würde nicht

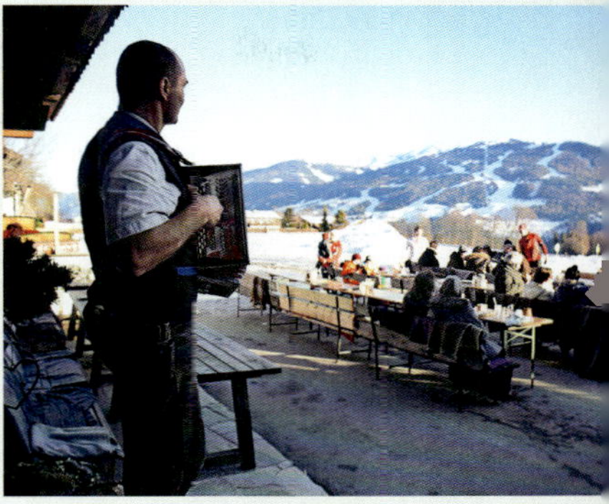

Die Frienerstub'n sind nicht nur eine tolle Einkehrmöglichkeit, sondern auch zu hundert Prozent bio.

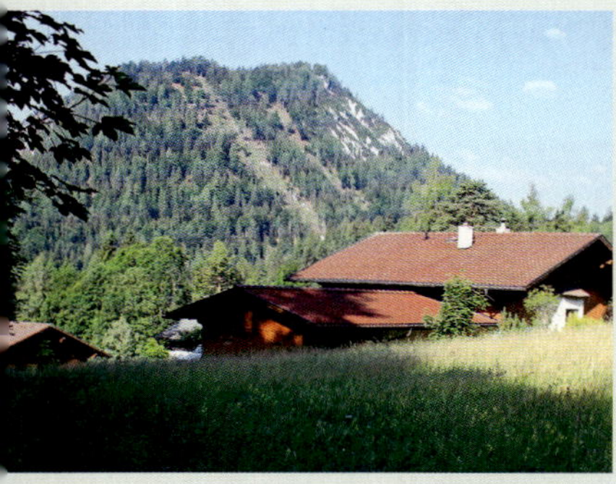

Ramsau am Dachstein hat drei neue Wohngebiete. Hier auf dem Weg zum Kufstein im Ortsteil Rössing.

die Problematik des Zweitwohnsitzes irritieren. Um den Dachstein bekennt sich die Bevölkerung zum Tourismus, es zieht aber unweigerlich finanziell potente In- und Ausländer an, die Grundstücke als Hauptwohnsitz erwerben und als Zweitwohnsitz nutzen. Während man in Abwanderungsgemeinden in anderen Teilen der Alpen über Zweitwohnsitzler froh wäre, ist hier das Gegenteil der Fall. Sie entziehen Gemeindebewohnern gefragte Baugrundstücke und treiben vor allem die Grundstückspreise in die Höhe. Von extremen Preisentwicklungen wie beispielsweise in Zell am See, der Stadt Salzburg, am oberösterreichischen Attersee oder im tirolerischen Kitzbühel ist die Region zwar verschont – 4000 Euro pro Quadratmeter Wohnraum machen dort Baugrund für die einheimische Bevölkerung unerreichbar –, hier in Ramsau soll es jedoch gar nicht erst so weit kommen. Hinzu kommt: Geld in Form von Ertragsanteilen des Bundes erhalten die Kommunen nur für hauptgemeldete Einwohner. Für einen Zweitwohnsitz stellt die Gemeinde zwar mancherlei Dienstleistungen bereit (Wasser, Müllabfuhr und Kanalisation), für weitere kommunale Leistungen, wie Straßenerhaltung, öffentlichen Verkehr, Kindergärten und Pflichtschulen, Kultur und Sport bekommen die Gemeinden für diese Einwohner aber nichts. Um den Ausverkauf der Grundstücke einzuschränken, hat der Landtag eine Novelle zum steiermärkischen Grundverkehrsgesetz beschlossen, die es 99 steirischen Gemeinden, darunter Ramsau, ermöglicht, die Errichtung von Zweitwohnsitzen zu untersagen. Sie haben die Möglichkeit, im Flächenwidmungsplan Bauland als »Beschränkungszonen« auszuweisen. Ferienwohnsitze sind nur mehr im gekennzeichneten Ferienwohngebiet möglich. Aber wie kontrolliert man, ob die jeweilige Nutzung auch den Gesetzen entspricht? Nach einer Novellierung des Gesetzes 2015 haben Gemeinden nun Zugriff auf bestimmte Daten und können Einblick in Strom- und Wasserverbrauch oder Postwurf eines Haushalts nehmen. Es ist ein enormer Aufwand, der geführt werden muss, um eine Prüfung der Zweitwohnsitze durchzuführen. Die Gemeinde Ramsau weist alle Wohnungssuchenden explizit darauf hin, dass eine »falsche Nutzung« strafrechtlich verfolgt wird, gleiches gilt für Bauherren von Neubauten. Die Kontrolle wird von der Gemeinde sehr ernst genommen.

Route 4

Hinauf zu den Almen der Türlwand

Der Einstieg in die Faszination Dachstein
Der Klassiker unter den Wanderungen in der Ramsau eröffnet die ganze Pracht des Dachsteins und ist der Übergang vom Spaziergang zum alpinen Hochgebirgserlebnis. Drei verschiedene Varianten in drei Schwierigkeitsklassen stehen dabei zur Auswahl.

Sehenswertes

- A Almflächen und -hütten entlang der Wege
- B Dachstein-Südwände
- C Steinerne Jungfrauen

Route und Wanderzeiten

Ramsau-Ort–Brandalm	1 h 30
Brandalm–Türlwand–Südwandhütte	1 h 30
Südwandhütte–Neustattalm–Glösalm	1 h 30
Glösalm–Walcheralm–Ramsau-Ort	1 h 30
Total	**6 h**
Höhendifferenz	↗ 1020 m ↘ 1020 m
Distanz	18,5 km

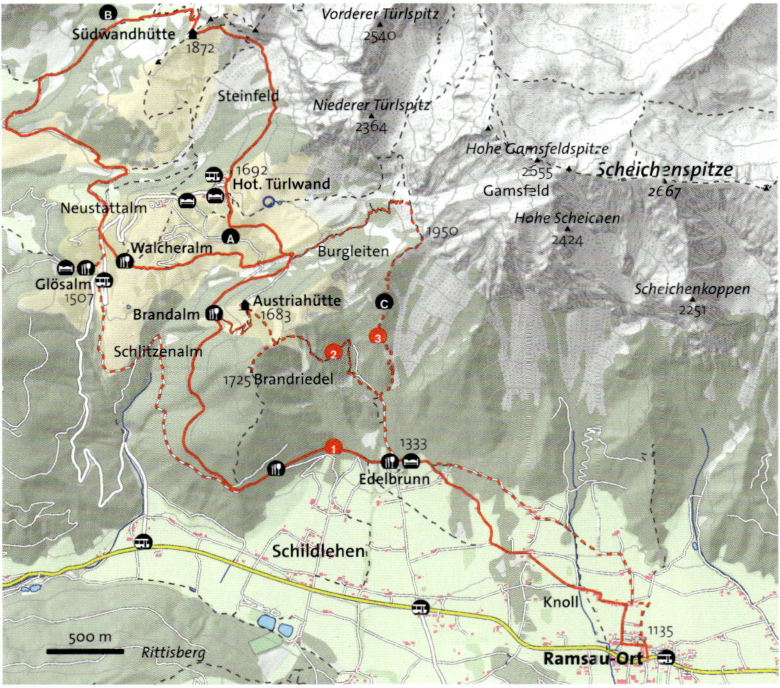

Charakter: Je nach Variante unterschiedlich anstrengende Wanderung. Der Weg führt von der sanften Landschaft der Ramsau nahe an die legendären Südwände heran. Die Wanderung kann bequem mit dem Bus kombiniert werden, der bis zur Talstation der Dachstein-Seilbahn führt. Schwierigkeit: T2–T4.

Beste Jahreszeit: Ende Mai bis Anfang November. Im Winter ist der Weg von Ramsau über das Dachsteinhaus bis zur Türlwand auch für Fußgänger präpariert.

Verkehrsmittel: Der Bus der Ramsauer Verkehrsbetriebe zur Türlwand hält bei der Glösalm, mit dem die Runde abgekürzt werden kann. Busfahrplan unter www.rvb.at/de/busreisen/fahrplan-linie.html.

Varianten (jeweils ab Gasthaus Edelbrunn):
1. Breiter Normalweg (Nr. 615) über das Dachsteinhaus zur Brandalm.
2. Über den Brandriedel (1725 m) und den Rosegger-Steig (671) aufsteigen (2 h), von dort zur Austriahütte und zur Türlwand absteigen (0 h 30). Schwierigkeit: T2–T3.
3. Über den Jungfernsteig bis zum Eingang in das Edelgrieß aufsteigen (1953 m), dann steil hinab, bis zu den Almflächen und der Türlwand (2 h 30 bis 3h). Schwierigkeit: T3–T4.

Besonderes: Das Alpinmuseum in der Austriahütte zeigt immer wieder sehenswerte Sonderausstellungen. Die Dauerausstellung zur Erschließungsgeschichte des Dachsteins wartet mit informativen, seltenen Exponaten auf. Sie wird momentan neugestaltet. Danach kann man sich auf gepflegtes Essen und Trinken (und Schlafen) in der Hütte freuen.

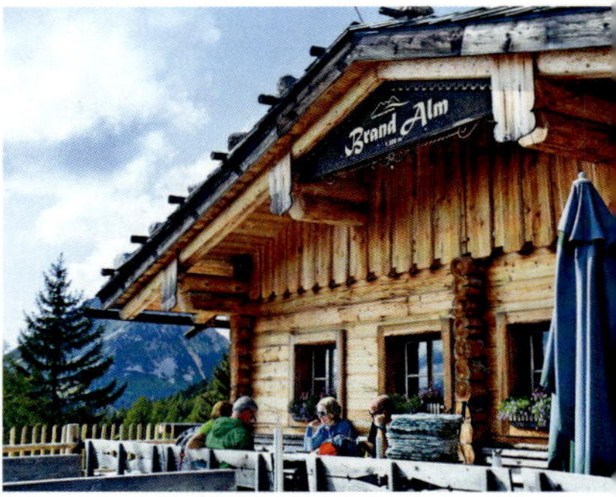

Die Brandalm liegt aussichtsreich am Weg zur Dachstein-Südwand.

Übernachten, Gasthäuser:
- Austriahütte (1638 m), +43 676 7063836, www.austriahuette.at; Mitte Mai bis Ende Oktober durchgehend geöffnet, dazu an Weihnachten, Ostern und an den Aprilwochenenden; 33 Betten, 26 Matratzenlager; Alpinmuseum.
- Südwandhütte (1910 m), +43 3687 81509, www.alpenbad-ramsau.at; Ende Mai bis Anfang November geöffnet, Nächtigung mit telefonischer Voranmeldung, Winter geschlossen; 18 Betten, 42 Matratzenlager.
- Glösalm (1510 m), +43 3687 81242, www.gloesalm.at; Winter und Sommer geöffnet; 3 Ferienwohnungen, direkt an der Dachsteinstraße mit Bushaltestelle.
- Brandalm (1558 m), +43 3687 81224, www.brandhof.com; bewirtschaftet Mitte Mai bis Ende Oktober und Mitte Dezember bis eine Woche nach Ostern; luxuriöse Alm-Appartements als Ferienwohnungen.
- Walcheralm (1575 m), +43 3687 81243, www.walcherhof.at; Sommer und Winter bewirtschaftet; Almkäserei, Käseverkostung.
- Dachsteinhaus (1390 m), +43 3687 81277, dachsteinhaus@hotmail.com.

Die Tagesziele, die Türlwand und die Dachstein-Südwände, wären mit dem Bus über die Dachsteinstraße leicht zu erreichen. Auch könnte man das Gasthaus Edelbrunn entlang des Wegs als Ausgangspunkt nehmen, um die Almregion der Ramsau zu erobern. Jedoch erschließt sich die Faszination der Wanderung am besten, wenn die Eroberung von Ramsau-Ort begonnen wird.

Von Ramsau-Ort bis zum Gasthaus Edelbrunn gibt es zwei bestens ausgeschilderte Wegvarianten, die für den Hin- und Rückweg variiert werden können. Für die südliche, untere Variante wandern wir vom Friedhof bei der Kirche ein kurzes Stück Straße bergan und dann links zum Knollhof. Die Hinweise Richtung Brandalm oder 5-Hütten-Weg weisen den weiteren Weg. Die zweite, obere Variante führt zunächst zum Mayrhofer beim Klanglift, dann einen kleinen Güterweg ein kurzes Stück weiter bergauf, danach weiter Richtung Westen. Beide Varianten treffen vor dem Gasthaus Edelbrunn zusammen und führen uns auf wunderbaren Wegen durch die unverkennbare Landschaft der Ramsau. Eine besondere Geschichte verbirgt sich hinter den alten Zäunen, von denen leider nur mehr wenige stehen: die Ramsauer Kreuz- oder Girschtenzäune, ein Kulturgut. Den Bau hat Hans Schrempf genau beschrieben: Man braucht kein einziges Stück Metall, dafür sechs verschiedene Stecken aus Lärchenholz und Girschten, aus Fichtenholz. In kunstvoller Arbeit entsteht ein sehr dichtes Geflecht. Die sogenannten Spannstecken sind beim originalen Ramsauer Zaun etwas länger, vermutlich zum Anfassen, um leichter über den Zaun steigen zu können. Die benachbarten Filzmooser, die bei ihren Zaunbauten keine längeren Spannstecken verwendeten, sollen die längeren Spannstecken so gedeutet haben: »Die Lutherischen Ramsauer haben eben Hörndln (Hörner), das sieht man schon am Zaun.«

Entlang des Wegs begegnen wir vielen verschiedenen Nutztieren. Neben Pferdezucht hat die Schafzucht lange Tradition, aber auch verschiedene Schweine- und Rinderrassen werden gehalten. Der Weg teilt sich beim Gasthaus Edelbrunn in die erwähnten drei Varianten. Die **Aufstiegsvariante 1** ist ein breiter, einfacher Weg Richtung Brandalm, der vielfältig genutzt wird: zum Biken, Nordic-Walken oder mit-

Der Jungfernsteig ist die steile, dafür sehr abwechslungsreiche Variante auf dem Weg zur Türlwand.

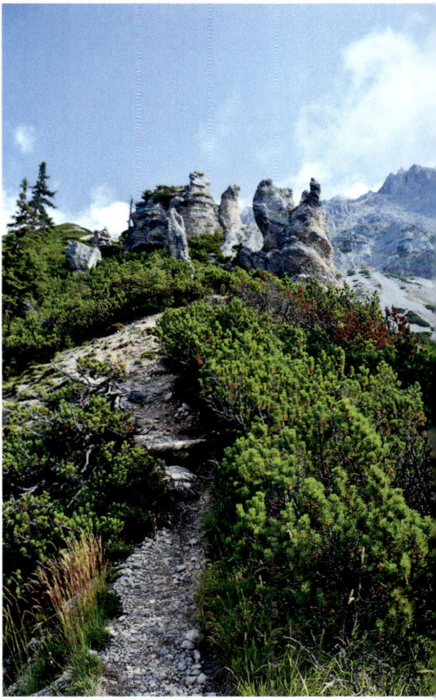

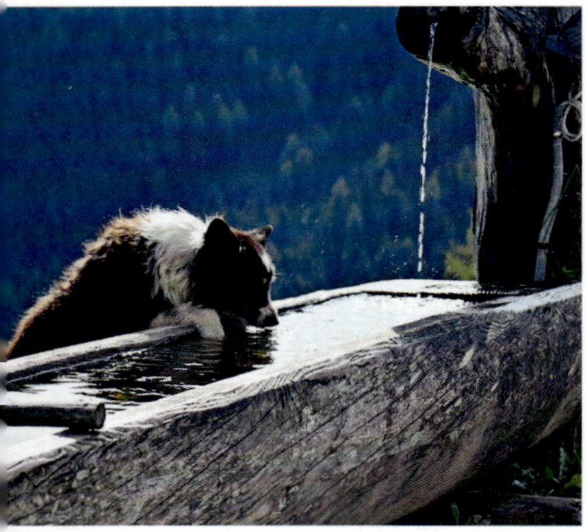

Auch dank der Geologie hat kein Lebewesen an der Südseite des Dachsteins Wassernot.

Die Austriahütte bietet Unterkunft, Köstlichkeiten, ein Alpinmuseum und war früher wichtigster Stützpunkt bei einer Tour auf den Dachstein.

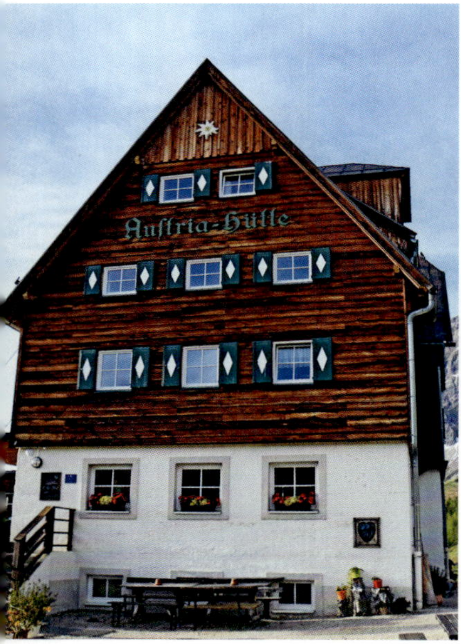

unter Reiten; im Winter ist er für Wanderer, Ski- und Rodelfahrer sowie ambitionierte Langläufer präpariert. Vor uns liegt der Ortsteil Schildlehen, einst eine der salzburgischen Besitzungen auf steirischem Boden und bis ins letzte Jahrhundert für seine Vielzahl an Mühlen bekannt. Entlang des Wegs, nach dem Dachsteinhaus, gibt es einen wunderbaren Aussichtspunkt, der uns die Flurstruktur in diesem Ortsteil besonders schön präsentiert. Die Ahornbäume sind aus Schutz vor dem Westwind in frühen Zeiten an den Grundgrenzen stehen gelassen worden.

Nach einer markanten Rechtskurve haben wir auf einmal freien Blick auf die Südwände, kurz vor der Brandalm – auch wer diesen Blick schon oft erlebt hat, bekommt doch jedes Mal wieder Gänsehaut, was vermutlich daran liegt, dass wir während der letzten eineinhalb Stunden das Massiv nicht erblicken konnten, ihm aber unbemerkt näher gekommen sind. Gleich darauf ist die gemütliche Brandalm samt komfortablem Bergchalet erreicht, sommers wie winters ein beliebtes Ziel. Gleich daneben wurde eine kleine Kapelle für verunglückte Bergsteiger errichtet, rechts oben thront die Austriahütte.

Der 5-Hütten-Weg führt weiter durch das offene, mit Lärchen bewachsene Gelände der Ramsauer Almen. Entlang des Wegs fällt das bunte, blättrige, lehmige Gestein auf, das mit Sicherheit kein Kalkstein ist, sondern den Werfener Schichten zuzurechnen ist. Diese Ton- und Sandsteine liegen unter 1000 Meter dicken Kalken des Dachsteins und stauen das Wasser, das vorher in den Höhlen und Klüften verschwand. In dieser Höhenlage, zwischen 1500 m und 1700 m, finden sich daher entlang der gesamten Südseite des Gebirges zahlreiche Quellaustritte und feuchte

Flächen. Der Weg nimmt nun die Varianten 2 und 3 auf und mündet unterhalb vom Gasthof Hunerkogel in die Dachsteinstraße, gleich neben der Talstation der Gletscherbahn. Direkt beim Gebäude der Seilbahn führt rechts der Weg Nr. 6 und 615 hinauf zum Kar der Schwadering, wo meist ein Wasserfall über die Felswand stürzt und bis in den Sommer hinein noch ein Schneefeld gequert werden muss. Der Dachstein ist nun zum Greifen nahe und die Südwände schießen steil empor. Danach gibt es die Möglichkeit, den Weg abzukürzen und gleich Richtung Glösalm über das Steinfeld abzuzweigen. Nach etwa 0 h 45 ab der Talstation erreichen wir den schönen Steinbau der Südwandhütte. Die Lage und die Aussicht sind einmalig.

Auf der anderen Seite der Hütte folgen wir zunächst dem Pernerweg absteigend Richtung Südwände, zweigen dann aber gleich links steil ab Richtung Maralm und Glösalm. Die zahlreichen Hinweisschilder sind etwas verwirrend, wirklich verlaufen kann man sich aber nicht. Bald erreichen wir den wunderschönen Lärchenwald des Maralmbodens, ein besonderer Ort: Ein romantischer Bach durchzieht das Gelände, eine naturnahe Parklandschaft, immer wieder mit großartigem Blick zu den Südwänden. Die Maralm gibt es heute nicht mehr, wahrscheinlich war dieser Standort zu stark von Naturkatastrophen gefährdet. Wir folgen dem breiten Weg Nr. 671 leicht bergauf zur Neustattalm (oder Neustadlalm), die nach weiteren 0 h 30 erreicht ist.

Ramsau am Dachstein. Die Ahornbäume tragen ihr Herbstkleid, und in den Niederen Tauern liegt schon Schnee.

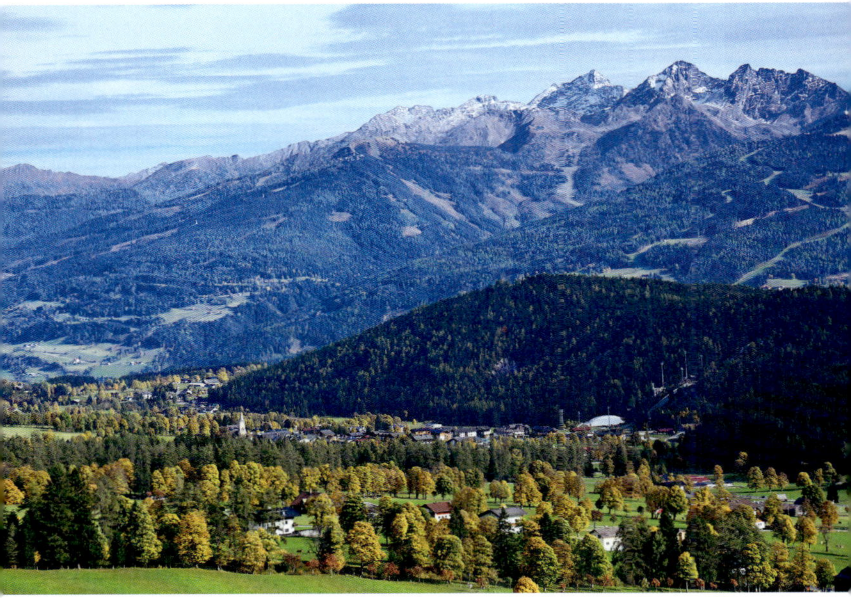

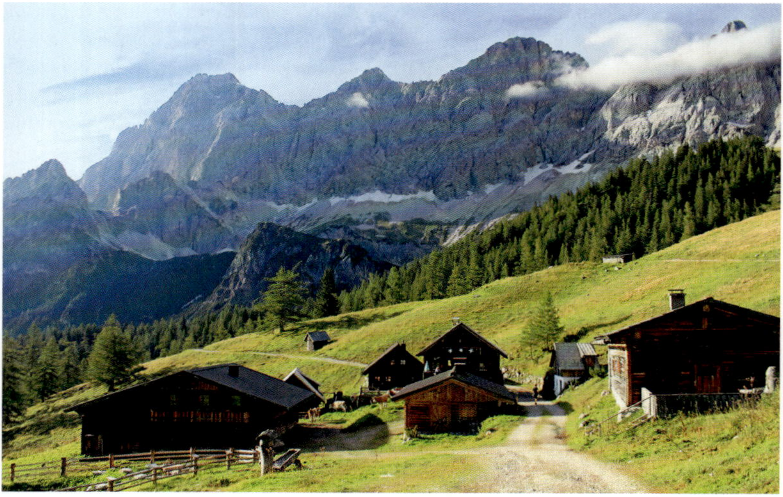

Der Klassiker unter den Dachstein-Ansichten: Die pittoreske Neustattalm.

Die Zivilisation in Form der Dachsteinstraße hat uns zurück. Für den weiteren Weg gibt es wieder zwei Möglichkeiten: entweder zur Walcheralm (Hinweisschildern folgen), quer über Almen und kleine Skipisten zurück zur Brandalm und auf bekanntem Weg zurück. Oder wir wählen den Weg über die Glösalm, ein kurzes Stück die Straße entlang, und zweigen bei der Kehre zur entlegenen Schlitzenalm ab. Dort tauchen wir in einen monotonen, aber heimeligen Fichtenwald ein, überqueren ein Bachbett und folgen der Forststraße mühelos, bis der Weg uns kurz vorm Dachsteinhaus (0 h 30) wieder zurück zum Knotenpunkt Gasthaus Edelbrunn führt.

Die **Aufstiegsvariante 2** führt über einen wunderbaren schmalen Waldweg, vorbei an einigen Felsgebilden und alten Fichten hinauf zum Brandriedel. Der Weg wurde Peter-Rosegger-Steig getauft, da der steirische Dichter (1843–1918) hier gegangen sein soll. Einige seiner Verse begleiten den Weg. Das letzte Stück führt über eine steile Leiter, bis die Almflächen erreicht sind. Der Brandriedel selbst wurde von dem Poeten »Betschemel am Altar Dachstein« genannt – zu Recht. Nach wenigen Minuten ist die Austriahütte erreicht. Sie war nach der Simonyhütte, die 1877 gebaut wurde, die zweite Schutzhütte auf dem Dachstein, 1880 feierlich eröffnet. Im Jahr zuvor hatte die Sektion Austria des Deutschen und Österreichischen Alpenvereins für 200 Gulden den Baugrund unterhalb des Brandriedels erworben (Gegenwert heute etwa 2400 Euro). Ursprünglich war die Hütte zentraler Ausgangspunkt für eine Besteigung des Dachsteins oder für eine Abenteuertour in das furchteinflößende Gebirge. Die Lage ist einzigartig. Die Wucht der Felswände, der Kontrast zur Harmonie der Almen und die weite Aussicht nach Süden suchen ihresgleichen.

Heute ist der herrliche Bau in seinem ursprünglichen Zustand erhalten, engagiert bewirtschaftet und beherbergt ein kleines Alpinmuseum.

Variante 3 ist die längste und steilste Aufstiegsmöglichkeit hinauf zu den Ramsauer Almen. Ab dem Gasthaus Edelbrunn führt der Weg zuerst an Lawinenschutzhügeln vorbei. Nach der Abzweigung des Rosegger-Steigs lässt der Weg nicht mehr nach. Er ist nicht ausgesetzt, aber steil. Bald erreichen wir die Gebilde der Steinernen Jungfrauen, die die Erosion aus den eiszeitlichen Brekzien heraus geformt hat. Sobald man die imposanten Figuren erreicht hat, wird der Blick hinunter auf die weiten Flächen der Ramsau immer eindrucksvoller. Als Belohnung wartet am Ende des Wegs ein Aussichtsbankerl. Für den Rückweg gehen wir zuerst den Steig am Fels entlang Richtung Edelgrieß, folgen aber bald den Hinweisschildern hinab zur Türlwand, Brandalm und Austriahütte, wo wir den 5-Hütten-Weg wieder aufnehmen.

Alle beschriebenen Wege sind beliebig kombinierbar und können mit dem Bus abgekürzt werden. Die »große Tour«, Variante 3 (Jungfernsteig, Südwandhütte, Maralm, Neustattalm, Brandalm und zurück), ist gut an einem Tag zu schaffen – außer man bleibt an jeder der ausgesprochen schönen und gastfreundlich bewirtschafteten Almen hängen. Dann empfehle ich, eine Nacht im Himmel auf Erden zu verbringen.

Die Dachstein-Südwandhütte ist Ausgangspunkt zahlreicher hochalpiner Touren.

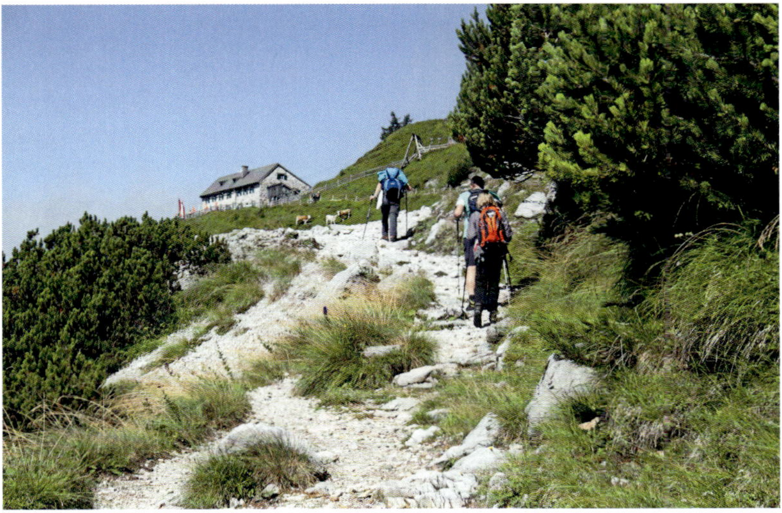

Die Erschließung des Dachsteins – Fluch oder Segen?

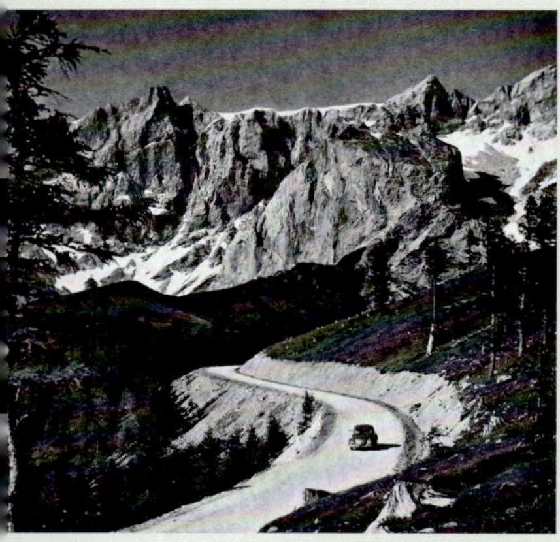

Mit dem Bau der Dachsteinstraße wurden die Ramsauer Almen touristisch erschlossen …

Während in anderen Tourismusgebieten bereits in der Zwischenkriegszeit Straßen und Luftseilbahnen zur Erschließung gebaut wurden, setzte das Phänomen Massentourismus am Dachstein erst lange nach dem Zweiten Weltkrieg ein. 1951 wurde die Krippensteinbahn zur Schönbergalm und zur Eishöhle auf der Nordseite eröffnet. Auf der Südseite wurde 1961 die Dachsteinstraße zur Türlwandhütte fertiggestellt, als Voraussetzung für den Bau der damals umstrittenen Dachstein-Südwandbahn. Ein Teil des Gipfels des Hunerkogels musste mit über drei Tonnen Sprengstoff abgetragen werden, der so von 2694 m auf 2687 m schrumpfte. Nach drei Jahren Bauzeit wurde die freischwebende Seilbahn eröffnet und die bis dahin unberührte Eislandschaft jedermann zugänglich gemacht – ein Spekulationsgeschäft von Gemeinde und Investoren. In wenigen Minuten lassen sich die 995 Höhenmeter zurücklegen, was bereits in den 1970er-Jahren an die 200 000 Personen jährlich nutzten. 2013 erhielt die Bahn übrigens neue Gondeln, eine davon ist die weltweit erste mit Balkon, der elf Personen auf dem Dach ein atemberaubendes Freilufterlebnis beschert. Für den Sommerskilauf wurden auf dem Schladminger Gletscher zusätzlich drei Liftanlagen gebaut. Von Beginn an stand das Projekt im Kreuzfeuer der Kritik des Naturschutzes. Der Bau erfolgte mit Dieselmotoren (Strom erreichte den Hunerkogel noch nicht), Gletschertaxis fuhren lange Zeit mit Touristen über das ewige Eis, begleitet von Öl- und Dieselgeruch. In den frühen 1980er-Jahren drohte der Hallstätter See ökologisch zu kippen, die Dachsteinquellen waren mit Kolibakterien verseucht. Hallstatt bezieht sein Trinkwasser vorwiegend vom Waldbach, und Sporenuntersuchungen bestätigten bereits 1958 den direkten Zusammenhang des Wassers, das beim Schladminger Gletscher versickert und nach einigen Tagen beim Waldbachursprung wieder zum Vorschein kommt. Für mehrere Monate wurde ein Fischereiverbot verhängt, und für die Bevölkerung war das Wasser ungenießbar. 1990 liefen 60 Liter Dieseltreibstoff aus und verschmutzten das Karstwasser, mit der Folge, dass ein Teil der Bevölkerung im Norden mit Wasser aus Löschfahrzeugen versorgt werden musste. 2006 verlor ein Hubschrauber im Wildkar neben der Simonyhütte 700 Liter

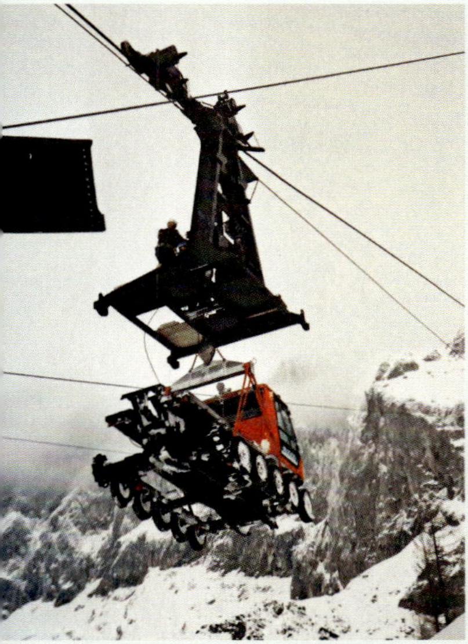

... und mit der Dachsteinseilbahn war es für die Gletscher mit der Ruhe vorbei.

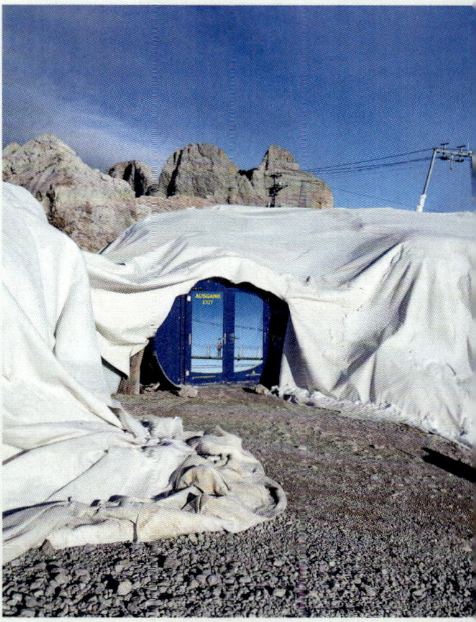

Der Eispalast muss mit Planen geschützt werden, damit er das Attribut Eis auch die nächsten Jahre behält.

Heizöl, womit ebenfalls der Waldbach belastet wurde.
Auf der anderen Seite zählt der Dachstein zu den am besten untersuchten Gebirgen, man weiß seit langem um die Sensibilität des Lebensraums, weshalb der Dachstein Natura-2000-Gebiet, UNESCO-Weltkulturerbe und Naturschutzgebiet ist. Mit diesen Labels wird auch seitens der Betreiber kräftig die Werbetrommel gerührt – und trotzdem wurden neue Liftstützen errichtet, ein Skywalk gebaut und im abschmelzenden Schladminger Gletscher ein Eispalast gebaut, der mit Thermomatten und Kühlaggregaten am Leben gehalten wird. Moränenmaterial wird bewegt, um eine trendgerechte Snowboardstrecke zu errichten. Für viele gipfelte die »Übererschließung« des Dachsteins 2010, als ein vier Tonnen schwerer Stein aus China mit einem Lastenhubschrauber direkt auf dem Dachsteingipfel »installiert« wurde (siehe Thema Route 17). Aber ja – viele Bergsteiger, Naturverbundene und Kletterer benutzen ebenfalls die Seilbahnen, ebenso Profisportler und Menschen, die sonst nie in den Genuss des sagenhaften Bergerlebnisses kommen könnten; es bleibt zu hoffen, dass von den Hunderttausenden, die jährlich mit Sandalen und Stöckelschuhen unterwegs sind, einige mit dem Virus Dachstein angesteckt werden und ihn in seiner ganzen Pracht und Intimität, die es überall unmittelbar außerhalb der zwei Hotspots Hunerkogel und Krippenstein gibt, erleben und vor allem bewahren wollen.

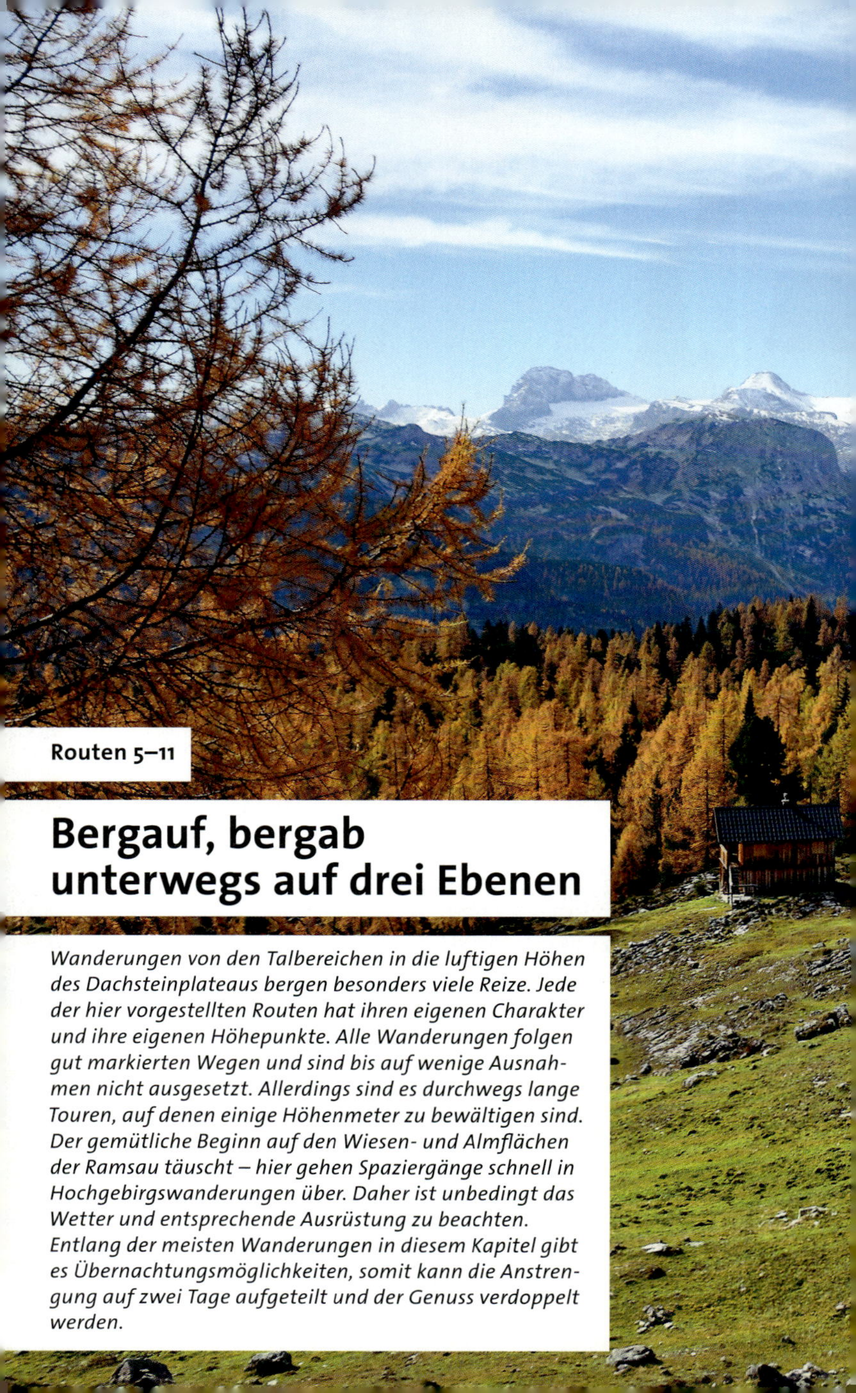

Routen 5–11

Bergauf, bergab unterwegs auf drei Ebenen

Wanderungen von den Talbereichen in die luftigen Höhen des Dachsteinplateaus bergen besonders viele Reize. Jede der hier vorgestellten Routen hat ihren eigenen Charakter und ihre eigenen Höhepunkte. Alle Wanderungen folgen gut markierten Wegen und sind bis auf wenige Ausnahmen nicht ausgesetzt. Allerdings sind es durchwegs lange Touren, auf denen einige Höhenmeter zu bewältigen sind. Der gemütliche Beginn auf den Wiesen- und Almflächen der Ramsau täuscht – hier gehen Spaziergänge schnell in Hochgebirgswanderungen über. Daher ist unbedingt das Wetter und entsprechende Ausrüstung zu beachten. Entlang der meisten Wanderungen in diesem Kapitel gibt es Übernachtungsmöglichkeiten, somit kann die Anstrengung auf zwei Tage aufgeteilt und der Genuss verdoppelt werden.

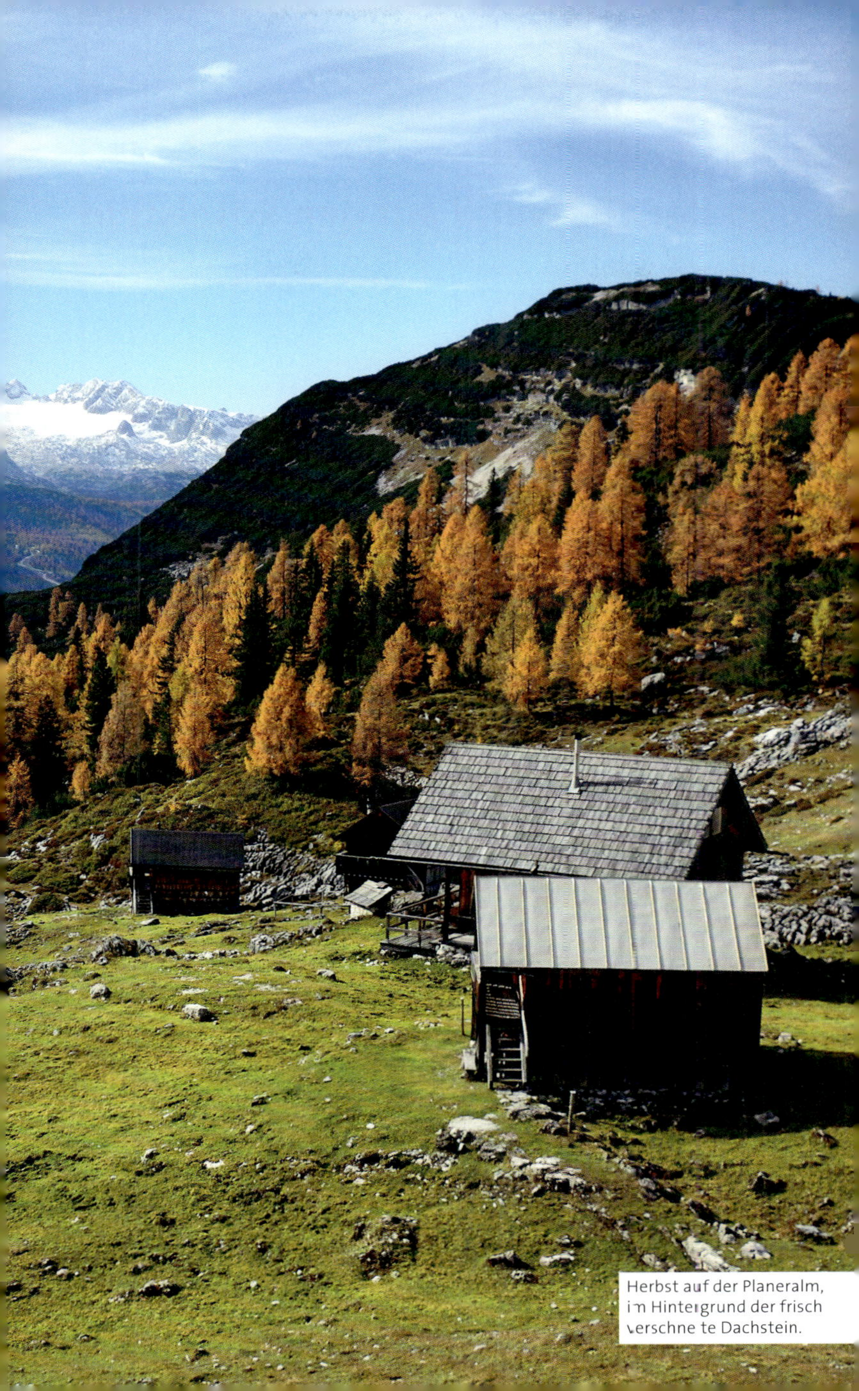

Herbst auf der Planeralm, im Hintergrund der frisch verschneite Dachstein.

Route 5

Von der Türlwand auf den Rötelstein

Aussichtskanzel vor den Südwänden
Ein Weg unmittelbar unter den Südwänden des Dachsteins, die Durchsteigung des »Tors«, ein ungemein aussichtsreicher Gipfel und lohnende Einkehrmöglichkeiten machen die lange Wanderung zu einem Erlebnis der Sonderklasse.

Charakter: Eine recht lange Wanderung, mit einigen anstrengenden Anstiegen und einem Gipfel gespickt, der Trittsicherheit und Bergerfahrung verlangt. Alle Wege sind ausgezeichnet markiert, aber hochalpin. Ein kleiner Haken an der Wanderung ist, dass es zwischen den Ramsauer Almen und der Hofpürglhütte keine Übernachtungsmöglichkeit gibt. Will man nur auf den Rötelsteingipfel, so empfiehlt sich eher eine Wanderung mit Start in Filzmoos, dafür gibt es einige Almen und Varianten. Schwierigkeit: T3–T5.

Route und Wanderzeiten

Türlwand–Südwandhütte–Tor	2 h
Tor–Sulzenhals	0 h 45
Sulzenhals–Rötelstein	1 h 30
Rötelstein–Bachlalm–Maralm–Glösalm	2 h 30
Total	**6 h 45**
Höhendifferenz	↗ 1300 m ↘ 1100 m
Distanz	15,5 km

Sehenswertes

- A Torstein
- B Gipfel des Rötelsteins
- C »Schnittlauchboden«

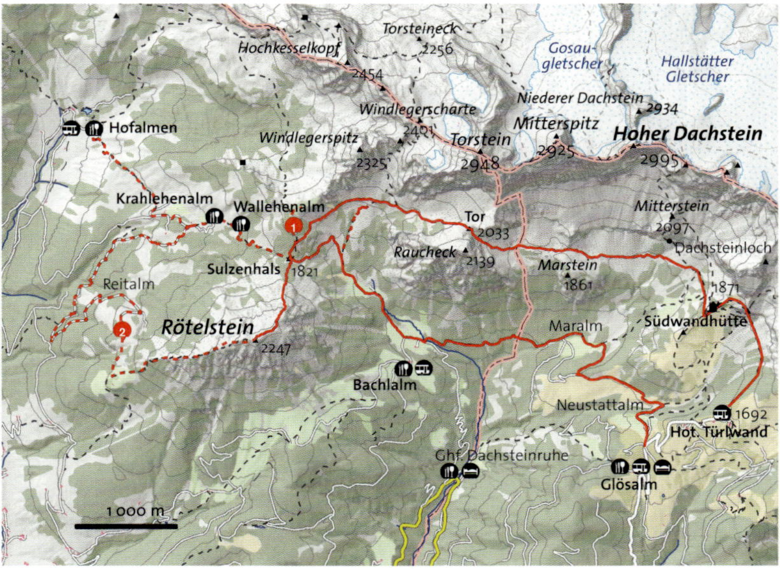

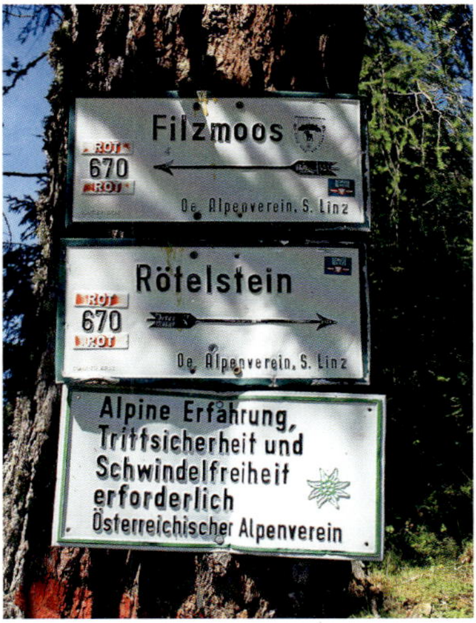

Der Weg auf den Rötelstein ist bestens markiert, doch die Warnung ist an wenigen Stellen durchaus berechtigt.

Beste Jahreszeit: Juni bis September, bei entsprechenden Wetterverhältnissen bis Ende Oktober.

Verkehrsmittel: Bus der Ramsauer Verkehrsbetriebe bis Ausgangspunkt Türlwand. Für den Rückweg empfiehlt sich die Station Glösalm. Ein Shuttlebus verkehrt während der Saison regelmäßig zwischen der Bachlalm und der Haltestelle Dachsteinruhe, wo uns Bus oder Taxi wieder in die Ramsau bringen.

Varianten:

1. Wem der Rötelstein zu heftig erscheint, der kann auf den gegenüberliegenden Predigtstuhl wandern (1 h weniger, T2).
2. Wer gerne ausgiebig wandert, der nimmt vom Rötelstein nicht den gleichen Weg zurück, sondern steigt auf der Südseite ins Salzburgische ab. Eine lange Schleife führt zu zwei bewirtschafteten Almen, von denen ich die obere für einen Einkehrschwung empfehle (2 bis 2 h 30 mehr, T3–T5, eine Stelle im Schwierigkeitsgrad I ist zu überwinden).
3. Die Route kann auf zwei Wanderungen aufgeteilt werden: Eine Wanderung durch das Tor von der Türlwand ausgehend und über die Maralm zurück (etwa 6 h Gehzeit). Und eine auf den Rötelstein, mit Start und Ziel bei den Hofalmen nördlich von Filzmoos, oder bei der Bachlalm, die beide von Shuttlebussen bedient werden (ebenfalls etwa 6 h Gehzeit).

Besonderes: 360° Panorama auf dem Rötelstein – für manche der schönste Blick auf das Dachsteinmassiv.

Übernachten, Gasthäuser:

- Dachstein-Südwandhütte (1910 m), +43 3687 81509 (Hütte), +43 3687 81819 (Tal), www.alpenbad-ramsau.at; Ende Mai bis Anfang November geöffnet; 18 Betten, 42 Matratzenlager.
- Bachlalm (1490 m), +43 664 1139319, www.bachlalm.at; Anfang Juni bis Mitte Oktober geöffnet; keine Übernachtungsmöglichkeit; Shuttleservice zum Gasthof Dachsteinruhe.
- Glösalm (15[illegible]0 m), +43 3687 81242, www.gloesalm.at; Winter und Sommer geöffnet; 3 Ferienwohnungen.
- Krahlehenhütte, +43 664 5332146, www.bauernhof-krahlehen.at.
- Tipp: Wallehenhütte, +43 664 9105392, babsi.rettenwender@gmail.com. Hausgemachtes Brot und Butter, sehr zu empfehlen.

Auf der Dachstein-Südwandhütte herrscht Hochgebirgsflair.

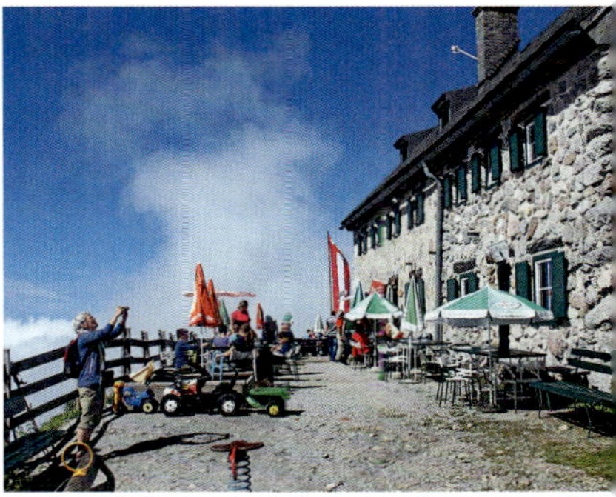

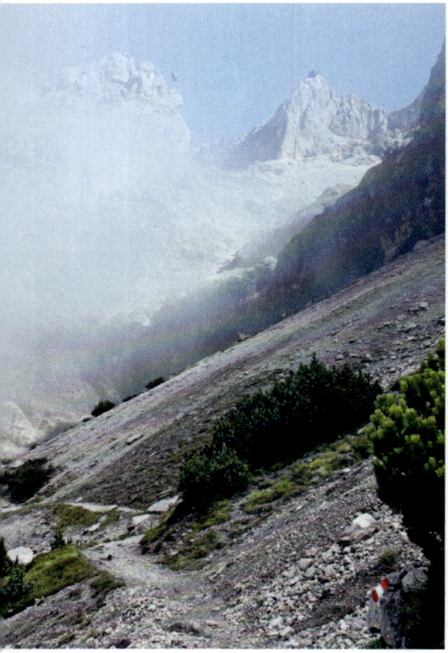

Am Anfang der Tour ist man auf Tuchfühlung mit den Südwänden.

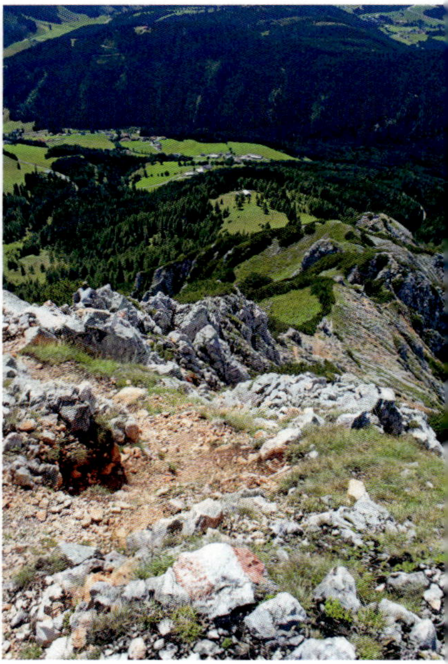

Nach dem Gipfel des Rötelsteins geht es rasant bergab. Auffallend ist die rote Färbung des Kalks – Rost.

Die erste der Tal-Berg-Wanderungen schließt an die in Route 4 beschriebene 5-Hütten-Tour an und beginnt bei der Talstation der Seilbahn, Türlwand (1692 m). Der Begriff Türlwand wird gemeinhin für den ganzen Bereich um die Talstation der Seilbahn verwendet. Rechts von der Bergstation führt der Weg an den steilen Abhängen der Südwände bis zur Südwandhütte. Auf der Westseite der Hütte steigen wir steil bergab. Am Wegrand fallen wieder dünnblättrige Gesteine auf – so nah am Dachstein, und immer noch kein Kalk! Der ganze Riedl (Hügel) der Südwandhütte besteht aus wasserstauenden Werfener Schichten, die immer wieder in Bewegung sind und regelmäßig für kleine Wegänderungen sorgen. Das Dreigestirn liegt in seiner ganzen Pracht vor uns. Unterhalb der Südwände schließt ein schuttbedeckter Bereich an, darunter folgen wieder Felsbänder – diese sind aus Wettersteinkalk, wesentlich älter als der Gipfelaufbau. Wir sehen den Marstein (1861 m), einen kleinen Vorgipfel, der wiederum aus noch älterem Guttensteiner Kalk und Dolomit besteht. Somit liegt der Großteil der Gesteine der nördlichen Kalkalpen wie im Bilderbuch vor uns. Zu erkennen ist auch der weitere Wegverlauf – los geht es Richtung Sulzenhals, Tor und Bachlalm.

Unterwegs deuten immer wieder Hinweisschilder auf Klettersteige hin, allein in Ramsau am Dachstein gibt es aktuell 20, ein Eldorado für Klettersteiggeher. Genaugenommen gilt Ramsau als die Wiege der Klettersteige, da 1843 am Hohen Dachstein die ersten künstlichen Steighilfen fertiggestellt wurden – mit Handhaken, Eisenstiften, eingemeißelten Tritten und Seilversicherungen. Bekannt und berüchtigt ist der Steig »Superferrata«, der auf den Dachsteingipfel führt und mit 6,2 Kilometern Länge und 1800 Höhenmetern als einer der längsten Klettersteige der Alpen gilt. Während der nächsten Minute wechselt ständig die Perspektive, schnell haben wir über dem steinigen Pfad die kleine Scharte am Marstein erreicht. Vor uns bauen sich das Raucheck (2139 m) und der mächtige Torstein (2948 m) auf. Das Tor trägt seinen Namen zurecht; links und rechts ragen die Felsgebilde empor. Jetzt geht es zur Sache. Wir steigen über Geröllfelder bergab. Das feine Material am Boden verrät uns, dass wir in einem Gletschergebiet sind, viel Lockermaterial ist hier in Bewegung. Vorbei an einigen Moränenwällen erreichen wir den Aufstieg zum Tor. Dieser ist zwar nie ausgesetzt, aber fürchterlich anstrengend – zwei Schritte geht man vor, einen rutscht man zurück. Kleine Murgänge verändern ständig den Wegverlauf – ein guter Rhythmus ist gefragt, dann sind diese 250 Höhenmeter im Nu bewältigt. Lassen wir uns einfach vom Blick auf die Südwände hypnotisieren. Unbemerkt haben wir am Beginn des Anstiegs zum Tor die historisch so wichtige Bundesländergrenze zwischen Steiermark und Salzburg überschritten. Am Tor ange-

Auf der Wallehenalm sorgt man dafür, dass den Gästen nicht kalt wird.

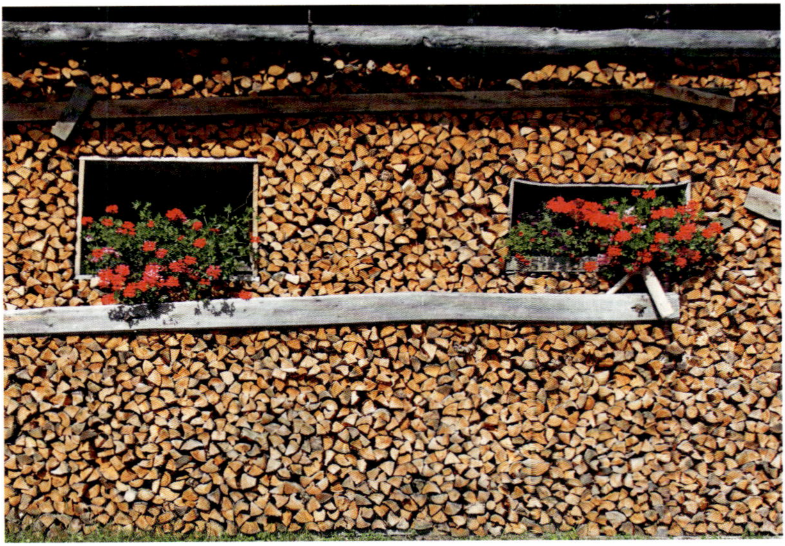

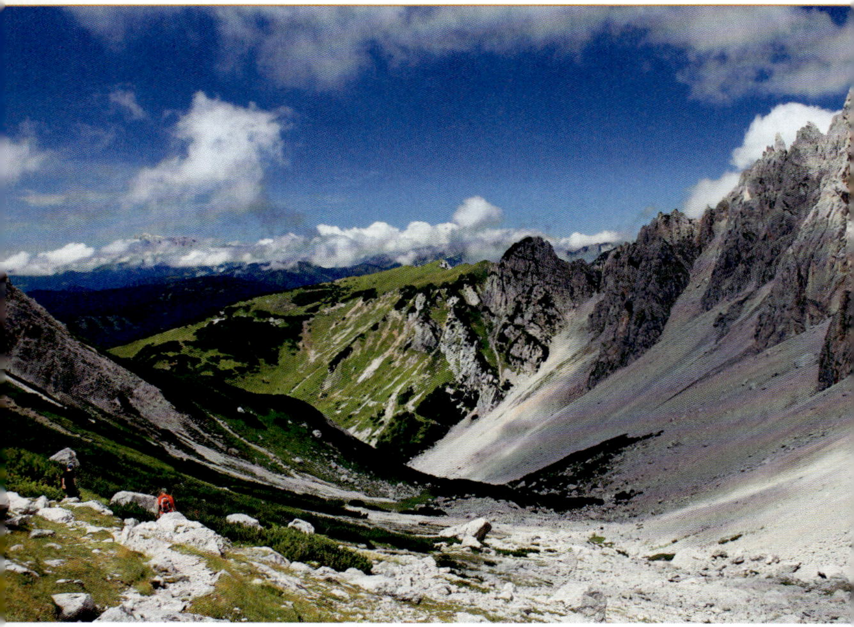

Nach dem steilen Anstieg zum Tor wartet ein angenehmer Weg durch das Rauchkar zum Sulzenhals.

kommen, ist Zeit für eine Rast, knapp 2 h 30 sind vergangen. Die Sicht nach Westen öffnet sich, der Torstein, aus Dachstein-Riffkalk, wächst direkt über uns heraus. Bequem wandern wir in das Rauchkar weiter und erreichen eine Abzweigung, die in die berühmte Windlegerscharte führt. Wir folgen immer weiter den Hinweisschildern zum Sulzenhals, der vom Tor nach etwa 0 h 45 erreicht ist. Hinter uns liegt etwas unscheinbar der Windlegergrat. Kletterer erreichen über ihn den Gipfel des Torsteins in Schwierigkeiten von IV bis maximal V. Der Grat gilt als eine der längsten alpinen Klettertouren der Ostalpen: 1920 erstmals begangen, 52 Seillängen, 1000 Höhenmeter, 2100 Klettermeter. Insider meinen, er fasziniere weniger die Sportkletterer als vielmehr die Rock'n'Roller unter den Alpinisten. Für die gesamte Durchsteigung werden etwa 10 Stunden gerechnet, ohne Zustieg und Abstieg, bei großem Sicherungsaufwand und Wegsuchen entsprechend mehr.

Wenige Minuten vor dem Sulzenhals zweigt der Weg auf den Sulzenschneid ab. Am höchsten Punkt, dem Predigtstuhl, ist ein schönes Gipfelkreuz errichtet. Von dort führt der Weg weiter zur Hofpürglhütte und bildet die Verbindung zu Wanderungen um den Gosaukamm (siehe Route 16). Wir wandern zum Sattel des Sulzenhalses weiter. Die Hinweisschilder bestätigen, dass der Aufstieg zum Rötelstein nun beschwerlich wird. Auffallend ist der rote, lehmige Boden – genau: Werfener Schichten. Richtung Rötelstein geht es erst durch Latschen mäßig, bald über unangenehm zu bewältigendes Geröll steil bergauf. Die leichte Kraxelei im Geröll ist bald vorbei, das Gelände lehnt sich zurück und wir erreichen nach gut 1 h 30 den grasbewachsenen Gipfelaufbau (2247 m) – überraschend flach nach diesem Aufstieg. Auf dem Plateau liegen überall eigenartige kristalline Schotter herum, Augensteine (siehe Thema Route 12), und trotz Gipfel fühlt man sich nicht ganz oben, in Anbetracht der benachbarten Bergriesen, die zum Greifen nahe scheinen – für manche der schönste Dachsteinblick. Die Sicht ist in alle Richtungen frei, Niedere Tauern, Bischofsmütze, Torstein, die Almen der Ramsau, im Hintergrund Großglockner, Wiesbachhorn und die Gletscher der Hohen Tauern. Noch einmal Geologie muss sein: Der Rötelstein selbst besteht aus sehr jungem, ungemein reinem Kalkgestein aus der Jurazeit. Sein Zwilling, der Plassen (1953 m), liegt nördlich des Dachsteins und ist für dieses Gestein namensgebend. Im Tal liegt die kleine Ortschaft Filzmoos, inmitten der sanften Berge der Grauwackenzone. Es gibt für den weiteren Weg zwei Möglichkeiten: wieder zurück auf gleichem Weg oder die Überschreitung.

Eine Überschreitung und somit ein Abstieg über den Südwestgrat des Rötelsteins, lässt die Wanderung zu einer langen Tagestour ausarten, die sich aber allemal lohnt. Vorsicht ist auf den ersten 0 h 30 geboten! Der weitere Weg ist an einer Stelle etwas ausgesetzt und erfordert dort Trittsicherheit und Schwindelfreiheit. Nach dem rasanten Abstieg auf den Wiesen der Ahorneggalm heißt es aufmerksam der spärlichen Beschilderung Richtung Reitalm nach Norden folgen. Der

Der Gipfel des Rötelsteins bietet eine herrliche Aussicht auf den Torstein und in alle Himmelsrichtungen.

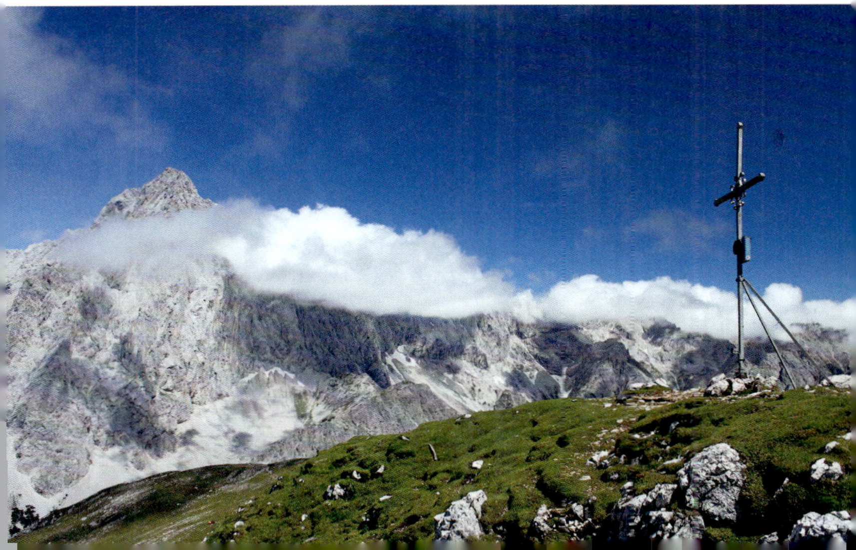

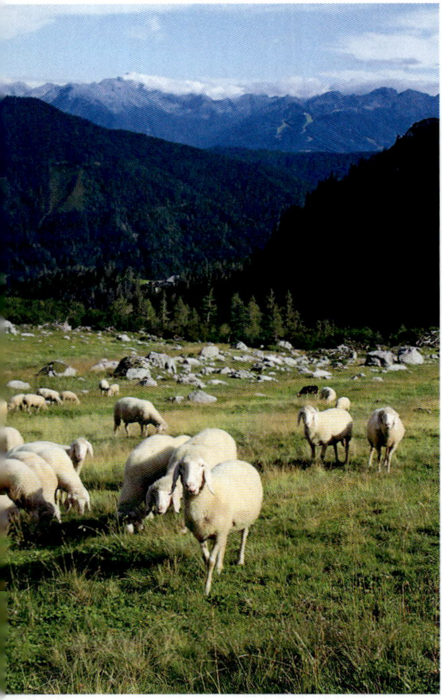

Über den Schnittlauchboden erreicht man die schön gelegene Bachlalm.

Weg mündet in eine Forststraße, und wer die Karte studiert, erkennt, dass nun leider ein Umweg auf dem Plan steht, da per Verbot kein direkter Weg zur Wallehenhütte führt. Also geht es neben dem Bach rasch bergab zur ausgesprochen schön gelegenen Reitalm, direkt vor der Bischofsmütze – ein schönes Fotomotiv. Unterhalb verläuft die Forststraße für den weiteren Weg. Nach einem Bach steigt der Weg kontinuierlich an, und rechts weisen Hinweisschilder den Weg zum Sulzenhals. Über weites Almgelände, an ursprünglichen Almbehausungen vorbei, geht es bergauf, bis endlich die Krahlehenhütte und die urigere Wallehenhütte erreicht ist. Vorsicht – hier bleibt man leicht hängen. Von hier sind es etwa 0 h 45 zurück zum Sulzenhals, am Ende über auffallend tonige, nasse Erde.

Für den Rückweg wandern wir auf breitem Weg bergab Richtung Bachlalm, über den malerischen Schnittlauchboden. Das Raucheck links vor uns wird mit abnehmender Höhe immer größer und schroffer. Wir folgen dem Bachverlauf und erreichen nach einem Gatter bald die Schaidalm und die Almflächen der Bachlalm, die Alm mit den Murmeltieren. Diese sind hier nicht unbedingt heimisch, in den 1970er-Jahren wurden sie angesiedelt. Heute wirbt die Bachlalm mit den Nagern, die ihre Scheu vor dem Menschen manchmal vergessen und sich, erwünscht oder nicht, streicheln lassen. Man könnte die Tour hier enden lassen – von der Bachlalm führt ein Shuttlebus zur Busstation Dachsteinruhe. Wer zu Fuß weiter möchte – die alpinistischen Schwierigkeiten sind bewältigt – nimmt den genussvollen Forstweg durch den Brandwald, bis die Bäche der Maralm erreicht sind. Die lange, ereignisreiche Runde ist vollendet, wenn wir bei der Dachsteinstraße wieder in die Zivilisation zurückkehren (müssen). Von dort kann man entweder mit dem Bus wieder ins Tal, oder es lockt ein abendlicher Abstecher in die Brandalm oder auf die Austriahütte.

Dachstein-Südwand – Sehnsucht, Schicksale, Triumphe

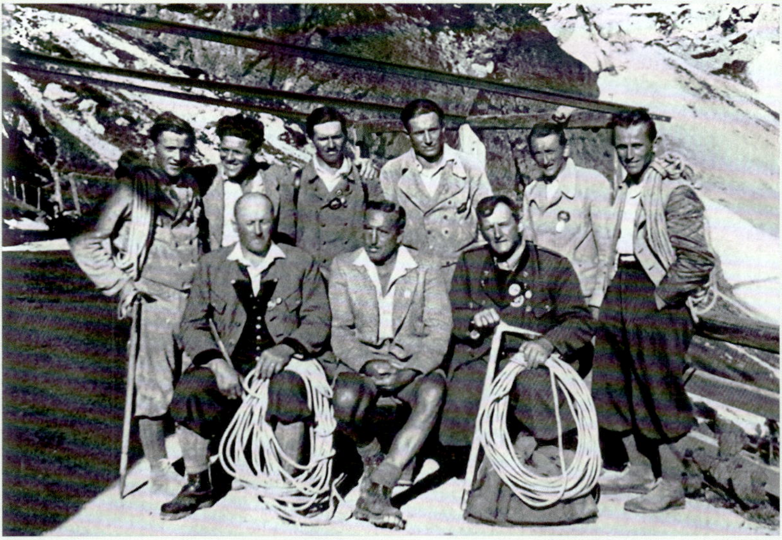

Bergführergeneration der 1930er-Jahre auf der Dachstein-Südwandhütte. Vorne die Legenden Franz Steiner, Eduard Pichl und Georg Steiner.

Montblanc und Großglockner waren längst bezwungen, als im frühen 19. Jahrhundert erstmals versucht wurde, den Dachstein zu erklimmen. 1812 unternahm Erzherzog Karl den ersten Versuch, den Dachstein von Norden zu besteigen – der untere Teil des Hallstätter Gletschers erhielt daher seinen Namen, Karlseisfeld. Sein Bruder, Erzherzog Johann, der »Steirische Prinz«, war Erstbesteiger der Hochwildstelle der Niederen Tauern; seiner Initiative ist auch die Erstbegehung des Torsteins zu verdanken, der lange Zeit als höchster Gipfel des Gebirges galt. 1819 erreichte der kaiserliche Jäger Jakob Buchsteiner vom Gosaugletscher aus erstmals den Gipfel. Die ersten Torsteinbegehungen fanden viel Beachtung, die Erstbezwingung des Dachsteins hingegen kaum. Seit der neuen Vermessung 1822 stand fest, welcher Gipfel der höchste ist. Ausgerechnet ein Filzmooser, Peter Gappmayer, wurde vom Grazer Professor Carl Thurnwieser als Sponsor angespornt, 1832 den Hohen Dachstein über den Gosaugletscher und Westgrat erstmals zu besteigen. Jener Professor galt als der erste Tourist in der Region und blickte selbst

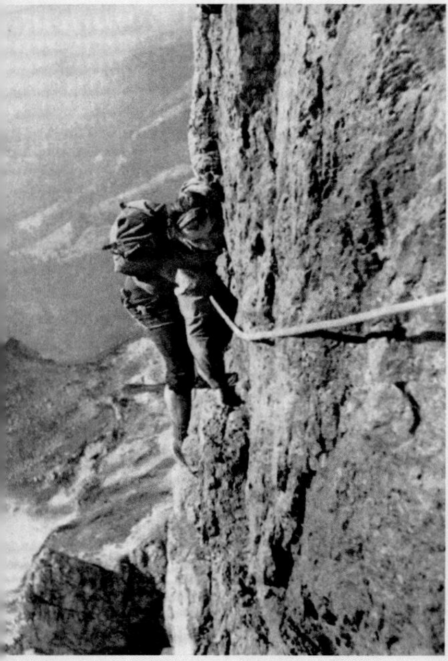

Das Salzburger Band am Steinerweg ist eine der zahlreichen Schlüsselstellen in freier Kletterei.

1834 vom Hauptgipfel in das umliegende Gipfelmeer. Friedrich Simony schaffte 1842 die erst sechste Besteigung, aber als Erster über die sogenannte Randkluft von Norden. Und er übernachtete im Winter zwei Nächte auf dem Dachstein, was ihm die Erkenntnis einbrachte, dass man deshalb nicht notwendigerweise erfrieren müsse.

Der Dachstein galt von Süden zwischen Windleger- und Feisterscharte lange Zeit als unbezwingbar. Der »Hallstätter Normalweg« von Norden war 1871 wegen seines weit geöffneten Bergschrunds keine Option. Daher plante der Grazer Professor Johann Frischauf einen Durchstieg von Süden, noch bevor der heute gängigste Steig über die »Schulter« errichtet wurde. Die erste Ramsauer Bergführergeneration, die Herren Knaus, Steiner und Schrempf, inspizierten die Wand in seinem Auftrag und gingen dabei nicht zimperlich mit dem Berg um. Um den sogenannten Seilwurfriss unterhalb des Westgrats zu erreichen, schreckten sie auch vor Sprengungen nicht zurück. 1889 gelang die erste Durchkletterung der Südwand bis zur Oberen Windlucke, westlich des Gipfels. Die erste Bezwingung der Südwand des Hohen Dachsteins wurde erst zwölf Jahre später, 1901, von Eduard Pichl vollzogen, allerdings nicht in der Falllinie des Gipfels, sondern zur Ostgratschulter – womit die Sehnsucht immer noch nicht gestillt war.

Jede berühmte Wand hat ihre Helden, deren Namen untrennbar mit dem Berg verbunden sind. Die Dachsteinsüdwand hat die Steiner-Brüder. 1909 haben Georg »Irg« und Franz Steiner einen Mythos geschaffen, indem sie das Unmögliche möglich machten. Ihr Vater Hans Steiner war bereits Bergführer der ersten Stunde in Ramsau und hatte mit dem ebenso legendären Johann Schrempf, dem »Auhäusler«, bereits 1880 den Weg zur Oberen Windlucke gesucht; dort stiegen die Brüder ein. Sie nahmen eine Stange mit, mit der presste Franz an der Schlüsselstelle, heute Steinerband genannt, den vorgestiegenen Irg gegen die Wand, bis dieser fortsetzen konnte. Nur fünf Stunden dauerte die »Lösung des Wandproblems«. Heute teilt der Weg an schönen Wochenenden der Hauptsaison das Schicksal vieler Modetouren, etliche Seilschaften durchsteigen täglich die Wand. Als Schlüsselstelle gilt ein Überhang (IV+); die andere Stelle, das

Steinerband, ist bereits »vernagelt«. Seit den ersten Gehversuchen fanden hunderte Touristen, aber auch Bergführer, hier ihr Schicksal. Bis heute ist die Bergrettung fast täglich im Einsatz; die häufigsten Gründe sind Selbstüberschätzung, das Missachten von alpinen Gefahren und das Ignorieren von Wetterlagen.

Der Steinerweg erfuhr bald Varianten und noch direktere Wege. Aber die Brüder, allen voran Irg, wurden zur Legende. Als Wilderer hat er tausend Gemsen geschossen und mindestens hundert Kinder gezeugt. Tagsüber bestieg er Berge, nächtens die Sennerinnen. Ein abgedroschener Spruch begleitet die Geschichten über ihn: »Griaß di, Vater«, riefen sie ihm zu, worauf er antwortete: »Von wöllener bistn du?«. Der damalige Forstmeister aus Gosau gab den Befehl aus: »Wer ihn im Wald antrifft – sofort ohne Anruf erschießen!« Noch als 50-Jähriger durchstieg er neue Routen, vor allem um den Däumling im Gosaukamm, der als der schwierigste Gipfel im Dachsteinmassiv gilt, er war aber auch im ganzen Alpenraum als Bergführer unterwegs. Für seine Einsätze bei der Bergrettung erhielt er das Grüne Kreuz. Jahre bevor Bubi Bradl den 100-Meter-Rekord im Skisprung erreichte, plante er die Errichtung einer Großschanze auf der Zwieselalm. Er experimentierte mit Steighilfen für Ski und entdeckte das Prinzip des Schuppenski. Anekdoten sind reichlich dokumentiert. Im Ersten Weltkrieg beging er Fahnenflucht: »Im Kriag, da schiassns jo auf Leit«, soll er gesagt haben. In Wahrheit lag es wohl eher daran, dass er nicht in die Dolomiten, sondern in die serbische Ebene versetzt werden sollte; das war dem Bergmenschen nicht recht. Also versteckte er sich jahrelang im Dachsteingebirge und überlebte den Krieg. Im Alter von

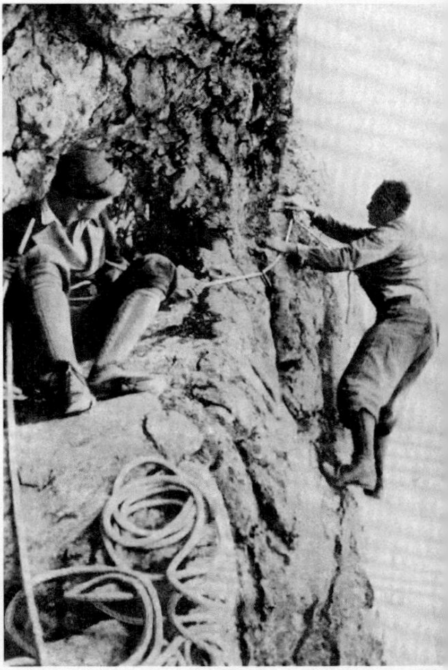

Die Überwindung des Steinerbands galt als Pionierleistung des alpinen Kletterns.

achtzig Jahren erkrankte er leicht. In der Meinung, er müsse sterben, stieg er auf die »Aussicht«, seinen Lieblingsberg, schaufelte ein Grab und legte sich hinein. Nach zwei Tagen begann es leider zu regnen, da stand er auf, schüttelte sich und ging wieder heim. Als er 1972 tatsächlich starb, wurde er in der neuen Leichenhalle von Gosau aufgebahrt, ehe er in einer Nacht- und Nebelaktion von Ramsauern gekidnappt und in Ramsau würdevoll beerdigt wurde

Route 6

Scheichenspitze

Der legendäre Hausberg der Ramsau
Die Besteigung der Scheichenspitze lässt sich zu einer wundervollen Rundtour ausweiten. Die Aussicht vom Gipfel ist großartig, der Weg dorthin trotz dessen Größe und Exponiertheit relativ einfach zu bewältigen.

Sehenswertes
- A Edelgrießkar
- B Karstlandschaft
- C Scheichenspitze

Route und Wanderzeiten

Türlwand–Edelgrieß–Scheichenspitze	4 h
Scheichenspitze–Guttenberghaus	2 h
Guttenberghaus–Ramsau	2 h
Total	**8 h**
Höhendifferenz	↗ 1300 m ↘ 1950 m
Distanz	16,5 km

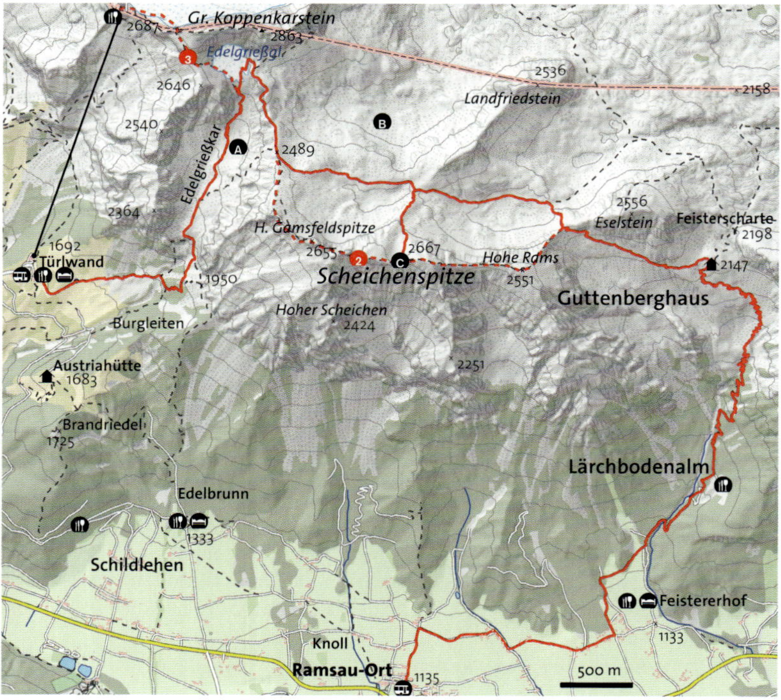

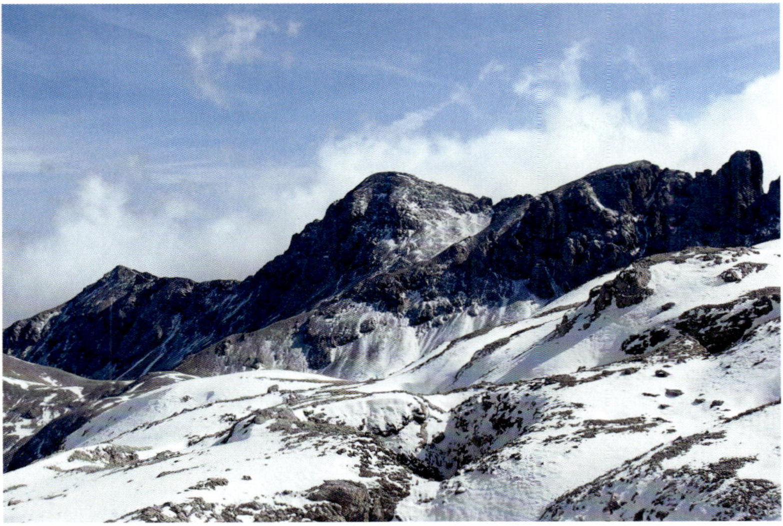

Felslandschaft auf dem Weg zur Scheichenspitze.

Charakter: Hochalpine Tour unmittelbar oberhalb des Tals der Ramsau. Bis auf zwei drahtseilversicherte Stellen birgt die Wanderung bei guter Wetterlage keine allzu großen technischen Schwierigkeiten, die komplette Runde ist jedoch ausgiebig. Bergerfahrung und Trittsicherheit, mitunter auch Schwindelfreiheit sind Voraussetzung. Die rund 1600 Höhenmeter von der Ramsau auf den Gipfel können mit dem Bus erheblich verkürzt werden. Immerhin verspricht das Guttenberghaus Stärkung für den rasanten Abstieg. Schwierigkeit: T3–T4.

Beste Jahreszeit: Juli bis September, bei entsprechenden Wetterverhältnissen bis Ende Oktober.

Verkehrsmittel: Bus von Schladming/Ramsau direkt zum Ausgangspunkt Türlwand.

Varianten:

1. Die kürzeste Variante ist Rückweg gleich Aufstiegsweg (insgesamt etwa 6 h Gehzeit)
2. Die Scheichenspitze lässt sich über den bekannten, relativ einfachen Ramsauer Klettersteig überschreiten (siehe Variantenbeschreibung im Text).
3. Über die Austriascharte und den Rosmariestollen zum Hunerkogel; diese Runde bietet Schwindelfreien eine tolle Aussicht auf das Spektakel um den Dachsteingipfel.

Übernachten, Gasthäuser:

- Guttenberghaus (2146 m), +43 664 3022956, www.guttenberghaus.at; Anfang Juni bis Anfang Oktober geöffnet; 23 Betten, 53 Matratzenlager, Winterraum (Schlüssel ist bei Familie Perhab in Ramsau abzuholen, einfach unter der Telefonnummer nachfragen, wo man sich auch nach der Schneesituation erkundigen kann).

Die Tour auf die Scheichenspitze (2667 m) gilt als Klassiker unter den Bergwanderungen am Dachstein. Am schönsten ist eine Rundtour. Ob man von West nach Ost oder umgekehrt geht, ist einerlei, erstaunlich ist, dass der Weg trotz der »zentralen« Lage keinesfalls überlaufen ist. Einige Höhenmeter erspart man sich mit dem Bus zur Türlwand. Ein Zustieg in das Edelgrießkar von Ramsau ist über den Jungfernsteig oder den Brandriedel möglich, bedeutet aber knapp 2 h und 500 Höhenmeter mehr im Aufstieg. Der Jungfernsteig steuert direkt auf das Edelgrieß zu, vom Brandriedel steigt man am besten zur Austriahütte ab und folgt den Markierungen. Empfehlenswert ist es genauso, am Vortag zum Guttenberghaus oder zur Austriahütte aufzusteigen, zu übernachten und zeitig in der Früh den Gipfel in Angriff zu nehmen. Hoch über dem Ennstal aufzuwachen, ist etwas ganz Besonderes.

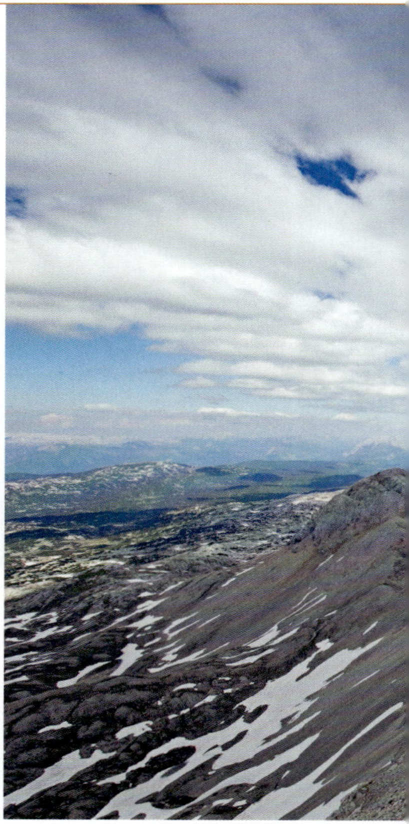

Starten wir den Weg von der Busendstation, führt ein einfacher Weg – die zentrale Wanderachse der Ramsau sozusagen – leicht bergab in Richtung Brandalm. Wir queren einen meist trockenen Bachlauf (man kann sich fragen, wie die dermaßen großen Felsblöcke hierher transportiert wurden) und erreichen gleich danach eine schön hergerichtete Almhütte. Bei der Weggabelung zweigen wir entscheidend nach links ab; nun lässt die Steilheit nicht mehr nach. Es bauen sich die mächtigen Wettersteinkalkwände der Türlspitzen und der Hohen Gamsfeldspitze auf. Zugegeben, der Weg bis zu den Felspartien beim Einstieg in das Edelgrießkar ist etwas mühsam, aber nach rund 350 Höhenmetern vorbei.

Mit dem Beginn des sagenhaft schönen, vom Gletscher geformten Hochtals steigt man in eine andere Welt ein. 500 Meter ragen auf beiden Seiten Felswände wie eine riesige Arena empor, die Steilheit der Wände wird im unteren Bereich von Schuttmassen erstickt. Flott geht es weiter und nach wenigen Minuten zweigt eine Variante steil nach Osten zur Edelgrießscharte auf. Wer den Rückweg zurück zur Türlwand nimmt, dem sei dieser Abzweig als Variante empfohlen, wobei der Weg wegen des Gerölls unangenehm rutschig und im oberen Bereich steil und

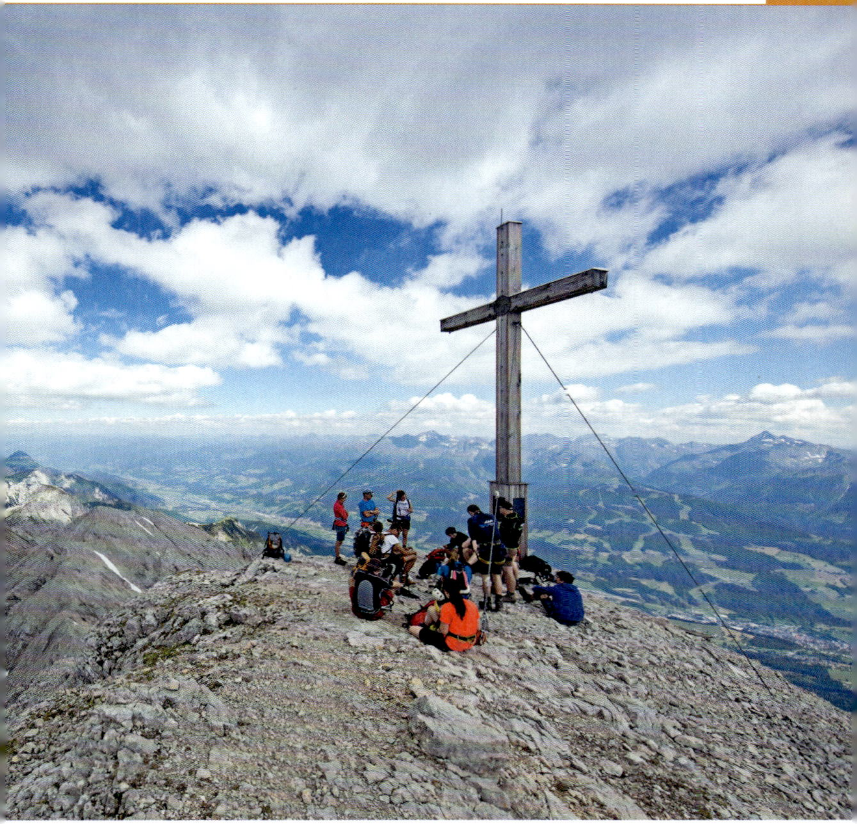

Die Scheichenspitze ist ein großartiger Aussichtsberg, der Weg dorthin ist einmalig, und das Kreuz erzählt eine bewegte Geschichte.

felsig ist. Mir gefällt der Weg geradeaus besser, er führt in den imposanten Talschluss. Bald gewinnen wir wieder an Höhe, es folgt ein kurzes Wegstück, das mit Eisenbügeln und Drahtseilen gesichert ist – nicht ausgesetzt, aber besonders bei Eis oder Schneelage problematisch, dann sind Steigeisen notwendig. Bei guten Bedingungen im Sommer stellt diese Passage kein Problem dar. Wir erreichen den Edelgrieß-Gletscher, den einzigen Gletscher auf steirischem Boden. Wo ist der Gletscher?, werden Sie sich fragen. Er ist von den acht Gletschern am Dachstein der einzige nordexponierte und der, dessen oberes Ende am tiefsten gelegen ist. Von Schutt bedeckt, ist er kaum mehr zu erkennen, doch am Felsrand blitzt mitunter das blanke Eis heraus. Vorsicht ist daher geboten. Links zweigt ein Weg zur Austriascharte ab, der weiter zum Hunerkogel und zur Seilbahn führt. An sich sehr loh-

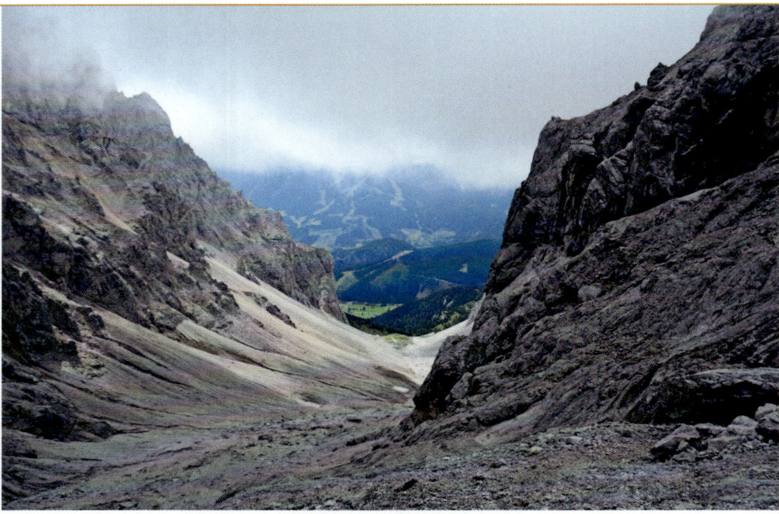

Das imposante Edelgrießkar auf dem Weg zur Scheichenspitze.

nend, da die Aussicht auf der Austriascharte bemerkenswert und der Weg durch den Rosmarie-Stollen spektakulär ist. Die Absicherung des Steigs ist leider dürftig und der Weg sehr schwer zu finden (ich habe letztes Mal eine Stunde gesucht). Nach dem Rosmarie-Stollen ist der Blick frei auf die Nordseite der Felswände – und von dort geht es über eine spektakuläre Leiter senkrecht hinab auf den Schladminger Gletscher (siehe Route 16).

Wir halten uns rechts und folgen den Spuren Richtung Edelgrießscharte. Der Koppenkarstein (2863 m), eine wuchtige Felsgestalt, baut sich vor uns auf. Er wird von Kletterern intensiv genutzt, und das österreichische Bundesheer betreibt hier aufwendig eine von vier Netzfunkstellen, die erstaunlich versteckt liegt. Vor uns liegt das weite Koppenkar, der Blick öffnet sich nach Osten. Es geht kurz am Grat entlang bis zu einem Wegweiser – sagenhaft schön ist die Landschaft. Die Abzweigung ist durchaus bemerkenswert. Nach Süden führt der Ramsauer Klettersteig, der als einfach gilt und nicht weniger als drei Kilometer ununterbrochen am Grat entlang führt. Der Normalweg führt von der Edelgrießscharte in ein Gemisch aus Gletscherablagerungen und Dolinen hinab bis zu einer Abzweigung, wo der Anstieg zum Gipfel beginnt, ein »Schnapper«, wie man hierzulande sagt. Ich lasse an dieser Abzweigung meistens meinen Rucksack stehen, es sei denn, das Wetter ist so schön und ruhig, dass man auf dem Gipfel das Jausenbrot genießen möchte. Die 250 Höhenmeter sind gut zu gehen, kurz vor dem Gipfelaufbau muss man kurz die Hände zu Hilfe nehmen, aber nach höchstens 0 h 45 ist der Gipfel erreicht. Dieser Platz ist einmalig: Wir befinden uns hoch über der Ramsau, Richtung Süden erheben sich unzählbar viele Gipfel der Niederen Tauern, im Osten markieren Stoderzinken, Kammspitze und Grimming den Südrand des Dachsteingebirges, im Hintergrund zeichnen sich allerhand Berggipfel der Kalkalpen bis zum Gesäuse ab, im Norden die »Hochfläche« des Dachsteins. Der Hohe Dachstein Richtung Nordwest geht inmitten der nahen Felsriesen fast unter. Ganz im Westen liegt das Tennengebirge und im Hintergrund die Hohen Tauern. Um das Gipfelkreuz rankt sich eine besondere Geschichte (siehe Thema).

Sobald wir uns endlich von diesem Panorama losreißen können, kehren wir auf gleichem Weg zurück zur Weggabelung und durchwandern den höheren Teil des vom Gletscher deutlich überprägten Landfriedtals. An der tiefsten Stelle (2282 m) mündet ein Zustieg von Nordost in unseren Weg Nr. 618 und es geht noch einmal bergauf zur Gruberscharte (2364 m). Ab hier führt der Weg nur noch bergab; zum Guttenberghaus sind es wenige, angenehme Minuten. Die Hütte ist eine »richtige« Berghütte, mit Wirt, entsprechender Einrichtung, Hausregeln und einer interessanten Geschichte (mehr dazu siehe Route 7). Eine Übernachtung hier ist wahrlich kein Fehler, und da es ansonsten in der Höhe weit und breit keinen Unterschlupf gibt, empfehle ich, vorher anzurufen und zu reservieren. Der Hüttenwirt ist auf den ersten Blick vielleicht etwas knurrig, aber ein sehr guter Gastgeber.

Der Abstieg hat es in sich. Es gibt keinerlei alpinistische Schwierigkeiten zu bewältigen, aber bis in die Ramsau sind es vor allem für die Knie knackige 1000 Höhenmeter bergab. Am Ende einer Almfläche schließt eine Ebene an, auf der allerhand Namen mit Steinen gelegt wurden. Hier hat einst ein kleiner Gletscher eine kleine Mulde herausgearbeitet, die nun aufgefüllt ist. Eine Bank lädt an diesem idyllischen Ort zu Recht zum Verweilen ein. Danach taucht der Weg steil in die Latschen-Region ein, bis wir die Hinweistafel zur Lärchenbodenalm nicht übersehen können. Sie ist besonders schön gelegen; wenn die Zeit es erlaubt, sollte man den Abstecher machen und hier unbedingt noch einkehren. Wir folgen dem Weg hinunter in die Ramsau. Die prächtigen Ahornbäume, die uns dort erwarten, untermalen den perfekten Abschluss einer wunderbaren Tour.

Die Lärchenbodenalm, wo mitunter musiziert wird, liegt idyllisch mitten im Wald und lohnt einen Besuch.

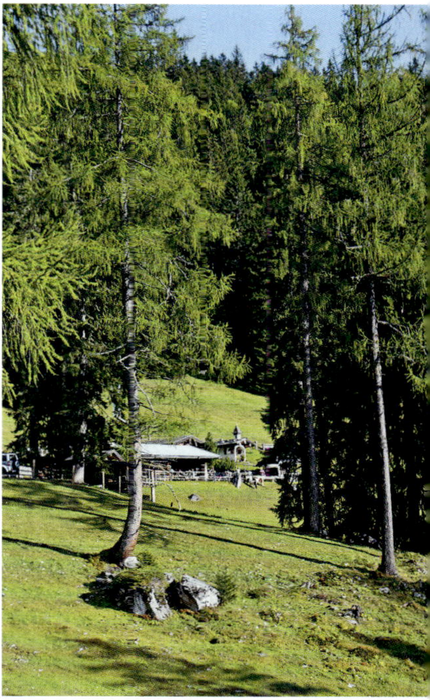

Das Kreuz der Scheichenspitze und die Zivilcourage von Pfarrer Koch

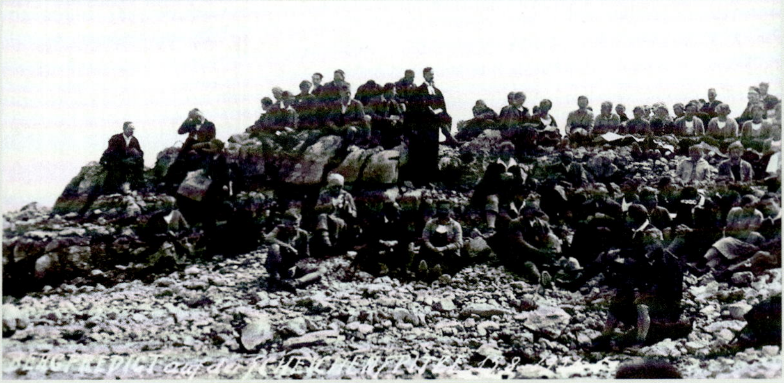

Am Vorabend des politischen Umsturzes in den 1930er-Jahren hielt Pfarrer Jakob Ernst Koch eine bewegende Bergpredigt …

Nach dem Ende des Ersten Weltkriegs war die Stimmung im Land sehr angespannt. In Ramsau am Dachstein wurde die Lage durch die besondere konfessionelle Situation verschärft. Bezeichnend ist die Geschichte über die Errichtung des Gipfelkreuzes auf *dem* Berg der Ramsau, der Scheichenspitze. Der katholische Burschenverein Edelweiß in Schladming suchte 1930 um die Erlaubnis an, just auf diesem Gipfel ein Kreuz zu errichten, das an die im Dachsteingebiet verunglückten Touristen erinnern sollte. Der stellvertretende Ramsauer Bürgermeister Karl Schrempf erteilte in aller Form die Bewilligung. Alles wurde vorbereitet, das Material zum Guttenberghaus transportiert, die feierliche Eröffnung war für den 17. August geplant. Vier Tage vor diesem Datum erhielt der Burschenverein ein Schreiben: »Der Gemeinderat teilt mit […], die Bewilligung zurückzunehmen. Aus Ihrem Ansuchen ging nicht hervor […], dass Ihr Vorhaben mit solcher Aufmachung (Festmesse, Feuerwerk usw.) durchgeführt werden soll. Der Gemeinderat erblickt darin eine Störung des religiösen Friedens. Die evangelischen Bauern haben die Leiden ihrer Ahnen in den Glaubenskämpfen nicht vergessen.« Ein solches Kreuz in genau jener Gemeinde aufzustellen, wo so viele in das Gebirge flüchten mussten, käme einer Provokation gleich. Die Burschenschaftler schlugen daraufhin eine gemeinsame Errichtung durch Gemeinde und Verein vor. Doch das Ansuchen wurde erneut durch den Gemeinderat abgelehnt: »Im Wirtschaftlichen und Politischen wollen wir friedlich und gemeinsam wirken, in religiösen Angelegenheiten dies nicht möglich ist. Wir sind sämtliche Protestanten und protestieren gegen solche Eingriffe in unsere Gemeinde. Wenn ein Kreuz auf dem Gipfel dieses Berges errichtet werden soll, so wird dies die Kirchengemeinde Ramsau besorgen.« Ein Skandal für beide Seiten – eine katholische Eroberung auf einer Bergspitze einer evangelischen Gemeinde. Schließlich wurde das Kreuz auf dem Kufstein im Hauser Pfarrgebiet errichtet. Ein Jahr später, just am 15. August 1931 (gilt als ältestes katholisches Marienfest), erhielt die Scheichenspitze aber doch noch ein Kreuz. Das schwere, neun Meter hohe Gipfelkreuz wurde anlässlich des 150. Jahrestages des Toleranzpatents aufgestellt. Der evangelische Pfarrer Jakob Ernst Koch hielt dazu eine bewegende Predigt, sowohl unten im Landfriedtal wie auch oben auf der Scheichenspitze: »Torheit dünkt es manchem zu sein, sich für ein einfaches Kreuz so zu mühen, ja sein Leben zu wagen. Wer mitgetragen [...] hat, der weiß, es war eine schier übermenschliche Arbeit. Es war uns eine Ehre, die Last zu tragen. Jeder von uns ist ein Kreuzträger. Bekenner wie einst braucht unsere Kirche, gerade in dieser Zeit des Abfalls [...]. Dazu gehört Mut und Liebe.«

Jakob Ernst Koch wurde durch sein Engagement im Ständestaat zum Außenseiter seiner Kirche; er erkannte im Nationalsozialismus die antichristliche Einstellung und legte ein klares Bekenntnis zum damaligen Kanzler und später ermordeten Dollfuß ab. Bis 1938 saß er sogar im Steirischen Landtag. Viele Protestanten begrüßten den Anschluss an Hitlerdeutschland. Der Pfarrer aber wurde mit Gauverbot belegt, auf der Flucht vor der Gestapo versteckten ihn Ramsauer Bauern auf einer Salzburger Alm. Er fand Zuflucht in Württemberg, und auch dort leistete er Hilfe und versteckte eine Jüdin im Pfarrhaus. Bei Kriegsende trat er vermittelnd den Franzosen entgegen, setzte sich als Schutzschild auf einen französischen Panzer. Das Angebot, als Bürgermeister in die Politik zu wechseln, lehnte er entschieden ab. Seine Berufung sah er als Seelsorger und Hirte. Nach dem Krieg fand er seine Wirkungsstätte im steirischen Peggau. Er wird mit dem berühmten Satz zitiert: »Zivilcourage birgt auch immer die Last in sich, nicht verstanden zu werden.« 1965 erfüllte er sich einen Wunsch und bereiste Israel, wo er – schon schwerkrank – einen Baum pflanzte.

... zur Kreuzweihe auf der Scheichenspitze.

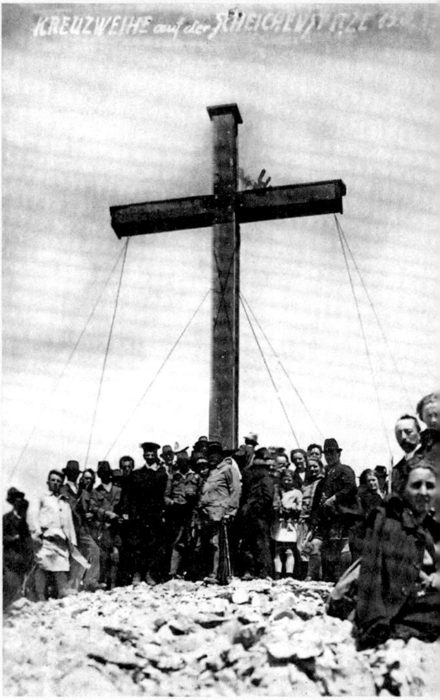

Route 7

Die Königstour

Durch die Silberkarklamm auf den Stein zum Guttenberghaus

Eine enge Klamm, glasklares Wasser, zwei schöne Berghütten, ein rasanter Aufstieg in eine andere Höhenstufe, ein märchenhafter Bergsee und ein leichter Aussichtsgipfel machen diese Runde zu einer abwechslungsreichen Angelegenheit. Es lohnt sich auch ein Halbtagesausflug zur Silberkarhütte und zurück.

Route und Wanderzeiten

Parkplatz Alte Mühle–Silberkarhütte	1h30
Silberkarhütte–Guttenberghaus (mit Sinabell)	4h30
Guttenberghaus–Lärchenbodenalm–Parkplatz Alte Mühle	2h
Total	**8h**
Höhendifferenz	↗ 1250 m ↘ 1250 m
Distanz	14,5 km

Sehenswertes

- A Silberkarklamm
- B Hölltalsee (Silberkarsee)
- C Aussicht vom Sinabell

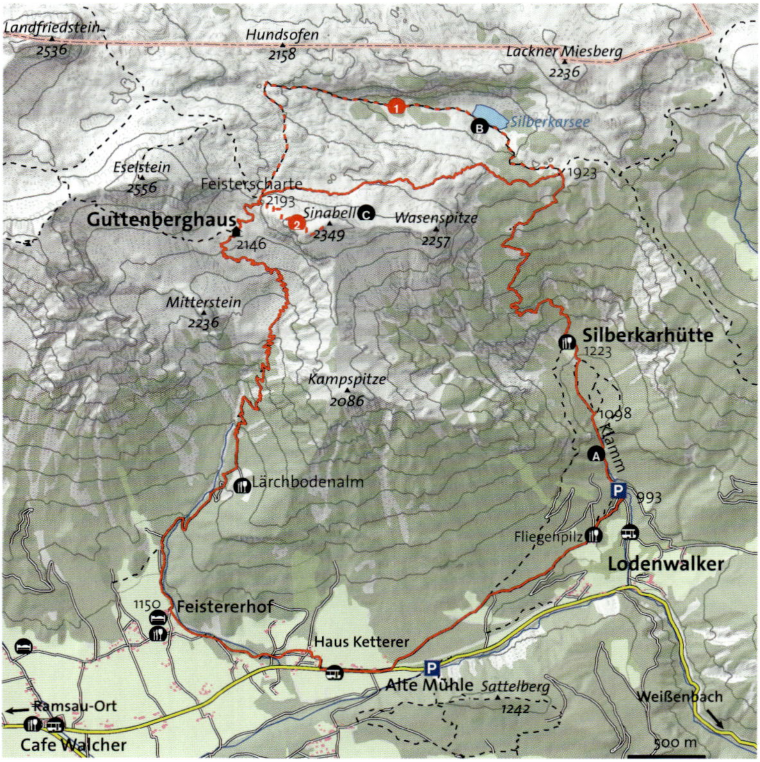

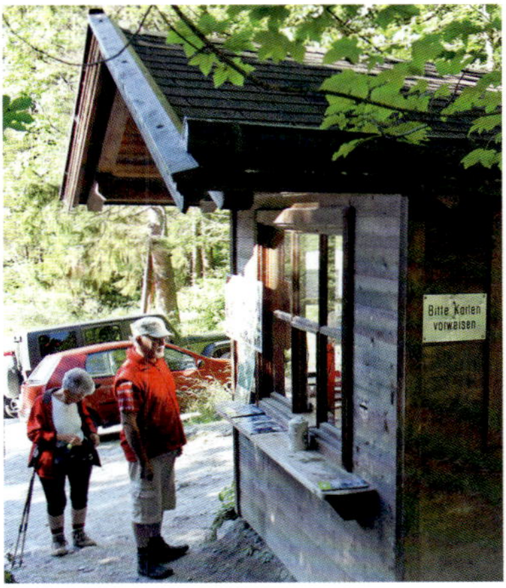

Vor der Silberkarklamm ist ein kleiner Eintritt zu zahlen – es lohnt sich.

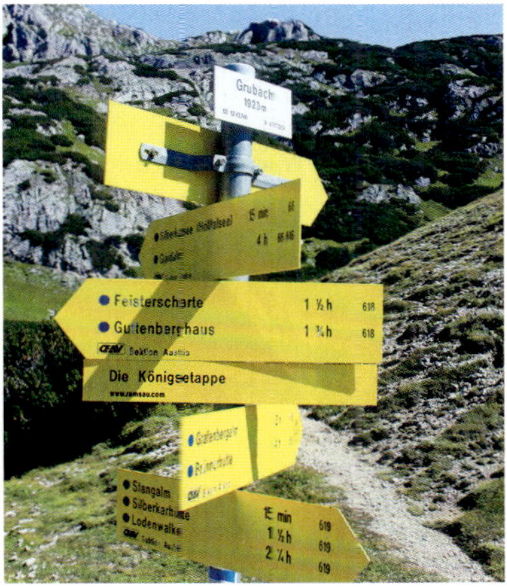

Unbedingt stets eine Wanderkarte mitnehmen! Sonst könnte bei einigen Abzweigern die Entscheidung schwer fallen.

Charakter: Abwechslungsreiche Bergwanderung ohne gröbere alpinistische Schwierigkeiten. An einer Stelle sind die Hände zu benutzen, aber der Weg ist nirgends ausgesetzt. Der Aufstieg auf die Hochfläche ist allerdings kräfteraubend, insgesamt sind über 1000 Höhenmeter zu überwinden, und die Länge von über 14 Kilometern ist nicht zu unterschätzen. Herausragend ist die Vielfalt der Eindrücke. Schwierigkeit: T3–T4.

Beste Jahreszeit: Juni bis September, bei entsprechenden Wetterverhältnissen bis Ende Oktober.

Verkehrsmittel: Die Linien 962 und 964 fahren von Filzmoos/Dachsteinstraße/Ramsau-Ort bis zur Abzweigung Feisterer und Silberkarklamm. Bike&Hike-Standort am Eingang zur Silberkarklamm.

Varianten:

1. Absteigen zum Silberkarsee (Hölltalsee).
2. Abstecher auf den Sinabell (2344 m), sehr empfehlenswert.

Unterwegs passiert man zwar etliche zentrale Wegkreuzungen, weitere Varianten bieten sich jedoch nicht unbedingt an, da die Tour in sich sehr stimmig ist.

Besonderes: Der Weg zum Silberkar beeindruckt mit einer über einen schmalen Holzweg erschlossenen Klamm und einer ausgesprochen schön gelegenen, bewirtschafteten Almhütte.

Übernachten, Gasthäuser:

- Silberkarhütte (1223 m), +43 3687 81377, office@bacherhof.at, bacherhof.at; Anfang/Mitte Mai bis Ende Oktober geöffnet; regionale biologische Speisen, keine Übernachtungsmöglichkeit.
- Guttenberghaus (2146 m), +43 664 3022956, www.guttenberghaus.at; Anfang Juni bis Anfang Oktober geöffnet; 23 Betten, 53 Matratzenlager, Winterraum (Schlüssel ist bei Familie Perhab in Ramsau abzuholen).

Die Route gilt unter Kennern als Königsrunde, da sie viele landschaftliche Highlights miteinander verbindet: eine Klamm, einen blitzblauen Bergsee und schöne, bewirtschaftete Hütten. Hinzu kommt die Möglichkeit, einen wunderschönen Aussichtsgipfel leicht zu erklimmen. Nimmt man den Umweg über den Hölltalsee auch noch in Angriff, wird der Tag bei normalem Tempo aber doch recht lange und man sollte eine Übernachtung auf dem Guttenberghaus einplanen.

Verschiedene Startpunkte sind möglich. Beim Eingang zur Silberkarklamm gibt es einen Parkplatz, für die Kombination Bike&Hike ist ein schmucker Fahrradständer

Gleich zu Beginn der Wanderung wartet mit der Silberkarklamm das erste von etlichen Naturschauspielen.

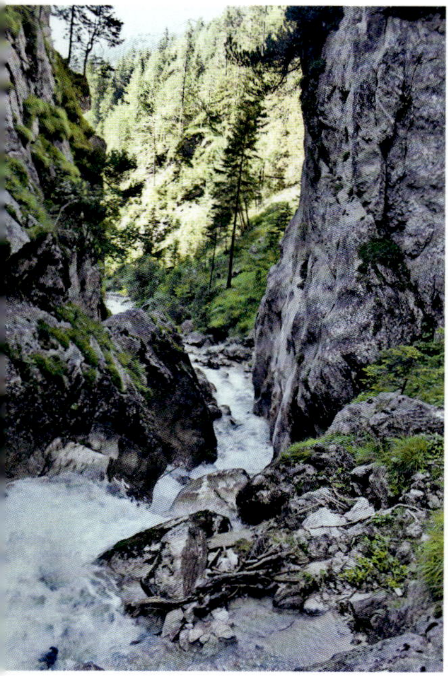

eigens aufgestellt, und auch die Busstation ist nicht allzu weit entfernt. Die Klamm und Almhütte eignen sich hervorragend für einen Halbtagesausflug mit Kindern, in dem Fall ist der Start dort am günstigsten. Steht die gesamte Runde auf dem Programm, so empfiehlt sich ein Ausgangspunkt auf der Hochfläche der Ramsau, z. B. die Busstation Feisterer oder der Parkplatz bei der Alten Mühle, da der Abstieg sich auf diese Weise nicht in die Länge zieht. Von der Mühle geht es kurz nach Westen, bis die entsprechenden Hinweisschilder einem den Weg zur Klamm nach Osten zeigen. Vorbei am malerischen, einsamen Haus Reitbauer, zweigt bald der Höhenweg zur Silberkarhütte ab. Geradeaus erreicht man nach 2 Kilometern die Jausenstation Fliegenpilz, die mit allerlei buntem Spielgerät auf Kinder vorbereitet ist. Am Eingang zur Klamm ist ein kleiner Obolus für die Erhaltung der Wege zu entrichten (Stand 2017: 3,50 Euro, für Kinder günstiger). Der Klammsteig wurde 1928 errichtet und seither mehrmals schwer beschädigt. Die Klamm zählt vielleicht nicht zu den spektakulärsten oder längsten dieser Art, doch besonders im Frühjahr, wenn von allen Seiten Wasserfälle herabströmen, ist eine Durchwanderung regelrecht berauschend. An den steilen, vom Wasser ausgehöhlten Wänden sind einige interessante Klettersteige eingerichtet. Bald ist die weite ehemalige Almfläche erreicht; mittlerweile holt sich die Natur das Gebiet zurück, nur im Umkreis der Hütte grasen noch ein paar Pferde. Zur Hütte führen zwei Wege; der linke ist breiter, der rechte etwas einsamer. Tatsächlich wurde im Silberkar seit dem 15. Jahrhundert Silber abgebaut, als Unterkünfte dienten einfache Behausungen aus Baumrinden. 1928, mit der Errichtung des Klammsteigs, wurde die alte Almhütte in eine Schutzhütte umgebaut. Das Zimmerholz stammt aus dem Wald im Kar und auch der Maurerkalk wurde an Ort und Stelle gebrannt, wo der letzte Kalkofen der Umgebung in Betrieb war. Heute wird die Hütte liebevoll von der Familie Erlbacher vom Bacherhof in Ramsau-Lehen als Privatbesitz betreut und mit eigenen biologischen, zum Teil ausgefallenen Köstlichkeiten versorgt. Auch die Klamm wird übrigens von den Erlbachers betreut.

Entscheidet man sich für die große Runde und nicht für den Abstieg und den Vormittagsausflug zurück über den Höhenweg, dann heißt es für die nächsten mindestens 1 h 30 stetiges, schweißtreibendes Bergauf. In einem Schwung warten 700 tolle Höhenmeter. Der Hang ist südexponiert, im Sommer knallt die Sonne in das Latschen-Dickicht hinein. Der Weg ist unterhaltsam, gesäumt von Felsbauten aus Wettersteindolomit, und immer wieder ergeben sich imposante Tiefenblicke in das Kar und zu den gegenüberliegenden Niederen Tauern. Wenn man schon den Eindruck hat, es nimmt überhaupt kein Ende, folgt auf 1700 m Höhe ein Lichtblick: eine Bank und Mauerreste der alten Stangalm. Der Triumph ist nicht mehr weit, nach wenigen Minuten passiert der Weg die neue Stangalm, wo noch ein paar Schafe

Der Silberkarsee, oder Hölltalsee, ist Teil einer unfassbar eindrucksvoller Szenerie. Er hat keinen oberirdischen Abfluss und liegt tief unten, umgeben von Hunderte von Meter hohen Felswänden.

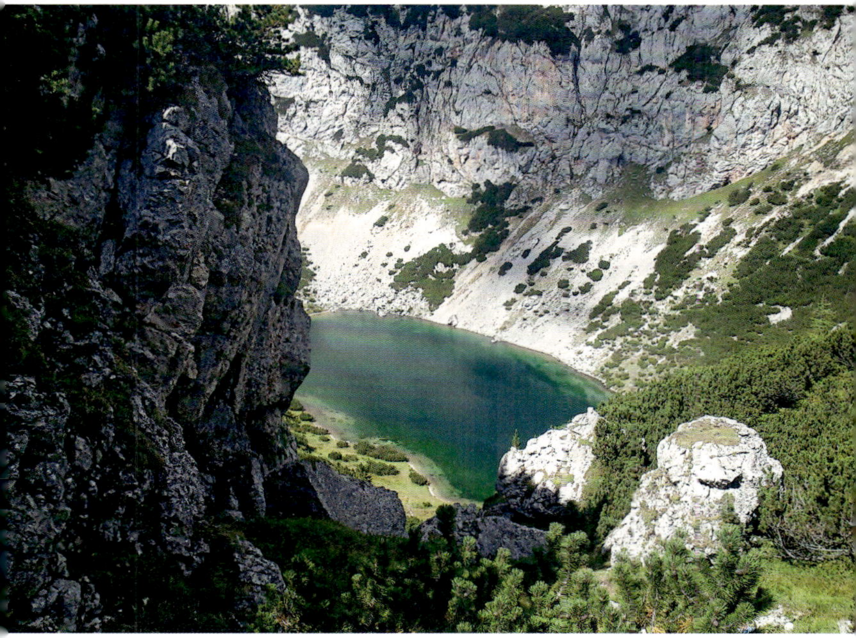

gehalten werden, und endlich ist der markante Wegweiser »Grubach« (1923 m) unterhalb des plumpen Lackner Miesbergs (2232 m) erreicht. Pause. Unschwer ist dieser Punkt als Wegedrehkreuz zu erkennen, die Hinweise deuten in alle Himmelsrichtungen. Hier zweigt der Übergang zur Grafenbergalm ab, nach Norden geht es über einen schlecht markierten Weg zur Gjaidalm (4 h), innerhalb von 0 h 15 ist der See erreicht. Der Weg durch das Hölltal zur Feisterscharte nimmt insgesamt 0 h 30 mehr Zeit in Anspruch. Wir bleiben »oben«, entlang des Wegs Nr. 618 Richtung Feisterscharte und Guttenberghaus. Nun nehmen wir für gut 1 h 30 Kontakt mit der Karstlandschaft Am Stein auf. Nach wenigen Metern liegt zu unseren Füßen endlich

Guttenberghaus

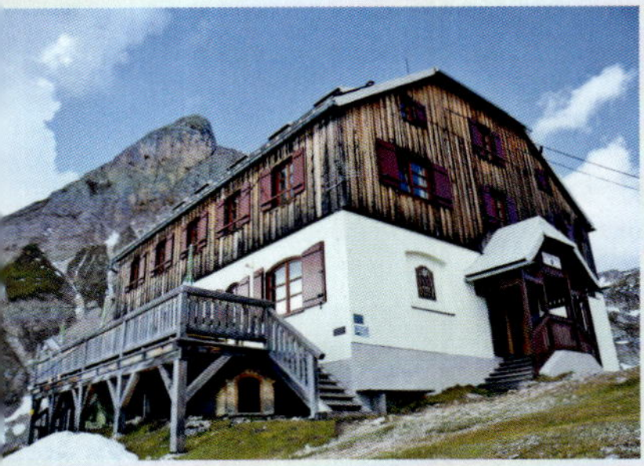

Das Guttenberghaus – einer der wenigen alpinen Knotenpunkte am Dachstein.

Das Guttenberghaus, höchstgelegene Alpenvereinshütte mit Übernachtungsmöglichkeit der Steiermark, wurde in den Jahren 1912 bis 1914 unter denkbar schlechten Witterungsbedingungen erbaut, weshalb sich der Bau erheblich verzögerte. Eine eigene, mit Pferden betriebene Materialseilbahn wurde von der heutigen Lärchenbodenalm bis zum Tiefenkar unterhalb der Hütte errichtet. Die Anlage des heutigen Zugangs, der Anton-Baum-Weg, war Voraussetzung für den Bau. Die Hütte sollte zunächst Feisterkarhütte heißen, wurde dann aber nach dem ersten Vorsitzenden der Alpenvereinssektion Austria benannt und war das letzte große Bauwerk jener Sektion in der Monarchie, nach der Simonyhütte (1879), der Austriahütte (1880) und der Adamekhütte (1908). Am 26. Juli 1914 wurde sie mit 200 Festgästen eröffnet – am Tag, an dem die Nachricht vom Ausbruch des Ersten Weltkriegs die Runde machte. In dem über 100-jährigen Bestehen der Hütte hatte sie nur fünf Pächter. Selbst »Irg« Steiner (siehe Thema Route 5) versuchte sich an einer Winterbewirtschaftung. Legendär war seine Meinung, Lawinen aufhalten zu können. Mit dem Rettungsschlitten fuhr er in einer Schusslinie von der Hütte ins Tal ab, um mit den Kufen die Lawinen »anzunageln«. »Zehn Minuten han i obi braucht«, erzählte er stolz nach der rasanten Überwindung von 1000 Höhenmetern. Über Jahre wurde die Hütte von Heinrich Harrer, Toni Sailer und Anderl Heckmair besucht. Seit 1967 kümmert sich Familie Perhab mit vollem Einsatz um die Bewartung. Seither wurde die Hütte immer weiter modernisiert, 1979 eine Wasserversorgungsanlage errichtet, wo das Wasser, das vom Eselstein abrinnt, aufgefangen wird. Bis dahin musste in regenarmen Zeiten das Wasser 850 Höhenmeter bergauf zur Hütte gebracht werden. 1980 wurde endlich die Materialseilbahn fertiggestellt, die Versorgung mit Tragetieren hatte somit ein Ende. Heute ist die Hütte mit dem Umweltsiegel ausgezeichnet. Das einmalige an dieser Schutzhütte ist, dass sie seit ihrer Errichtung keine baulichen Veränderungen erfuhr. Und natürlich ist auch Günter Perhab, Hüttenwirt, einmalig. Die Chancen stehen gut, dass seine Söhne das Erbe weiterführen.

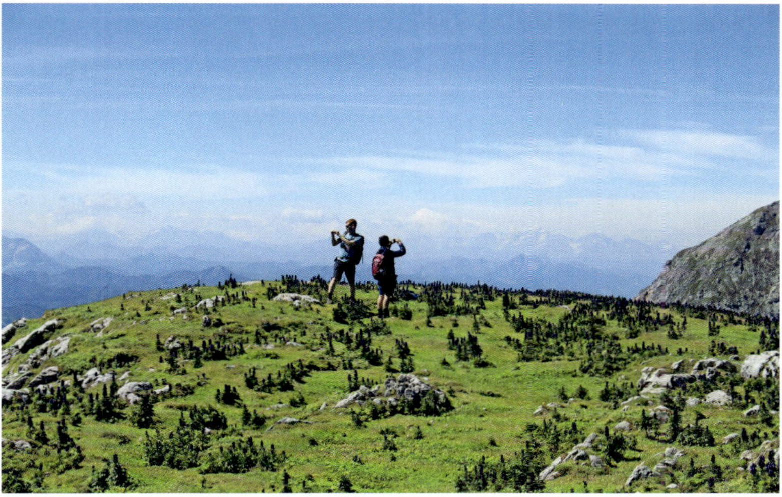

Egal, in welche Richtung man fotografiert (oder ist es ein Selfie?), es ist immer ein tolles Motiv auf dem Sinabell.

der berühmte Dachsteinkalk! Es geht nach wie vor bergauf, nun anders, felsiger; an der einen oder anderen Stelle werden die Schritte größer und der Blick weiter. Dann, tief rechts unten, liegt er, der Hölltalsee, oder auch Silberkarsee genannt, ein Traum, nur ganz kurz ist er vom Weg aus zu sehen. Der Blick zurück fällt auf runde Schutthügel, die sich gar nicht in die schroffe Landschaft einfügen. Schuld ist der Gletscher, der die Kuppen zugerundet und kleine Moränenwälle zurückgelassen hat. Das ewige Spiel von Frieren und Auftauen, hat dort, am Übergang von Relief- und Gesteinsübergängen, Rasenmuster geformt.

Die Beine werden nun wieder leicht, der Blick öffnet sich immer mehr nach Norden, das Panorama ist großartig. Bei dem zweiten, sehr markanten Wegekreuz Feisterscharte angekommen, kann man den Rucksack liegen lassen und vielleicht nur die Kamera mitnehmen. Wieder verstreut sich der Weg in alle Richtungen, zum Hunerkogel und Dachstein, zur Gjaidalm, zum Guttenberghaus (siehe Kasten) – oder zu einem lohnenden Abstecher nach oben, so erschöpft man auch sein mag: In einer halben Stunde ist der Sinabell (2344 m), märchenhafter Name, ohne Wegmarkierung erreicht. Für das Gipfelplateau der Superlative muss jeder selbst die Worte finden. Im Sommer ist der Boden voll von Blauem Eisenhut. Zurück bei der Scharte, ist es nicht mehr weit zum Guttenberghaus (0 h 15). Der Rückweg zum Ausgangspunkt ist der gleiche wie bei Route 6, nur zweigt man vor dem Feisterer Richtung Lodenwalke, Königsetappe und Silberkarklamm ab und erreicht nach knappen 2 h von der Hütte den Ausgangspunkt.

Der Lodenwalker

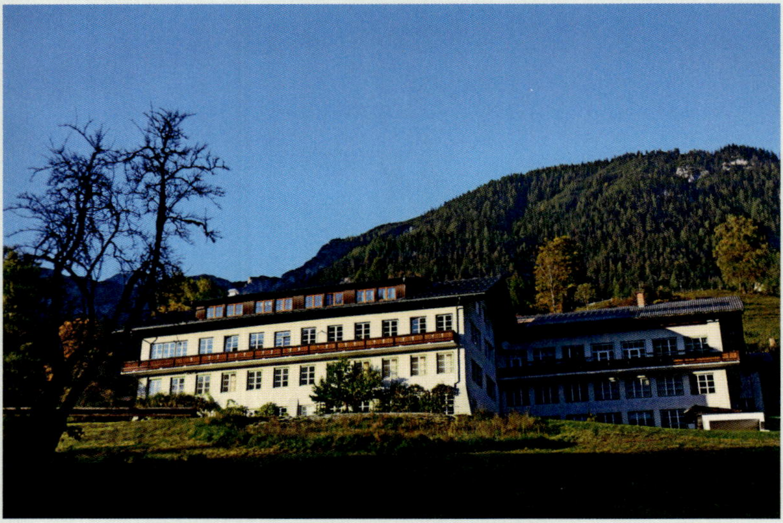

Das Fabrikhaus des Lodenwalkers liegt im Ortsteil Rössing, in der Nähe der Silberkarklamm.

Im Ortsteil Rössing, direkt an der Auffahrt zur Ramsau und in der Nähe der Silberkarklamm, befindet sich die Heimat des Schladminger Lodens. Der älteste Gewerbebetrieb der Steiermark wurde bereits 1434 erstmals urkundlich erwähnt. In einer Anmerkung aus dem Admonter Urbar ist die Rede von »Loden, der in der Gegend in vorzüglicher Güte erzeugt wird«. Aus dem Urbar geht hervor, dass bei Besitzwechsel die Lodenwalke immer wieder in die Hände einheimischer Bauern gelangte. Kurze Anmerkungen lassen oft erahnen, welch harten Kampf diese Menschen mit den Naturgewalten zu bestehen hatten; so wurden 1608 die Gebäude an das andere Ufer des Wildbachs verlegt, nachdem sie vorher schon dreimal dem Hochwasser zum Opfer gefallen waren. Die erste maschinelle Spinnerei richtete Johann Walcher 1860 ein. Sein Sohn Zacharias kaufte aus Deutschland die ersten mechanischen Webstühle und die ersten Handstrickmaschinen und erfand das Walken der dicken Schafwollsocken, die dadurch besonders warm, weich und zugleich fest werden. Nach dem Tod von Zacharias Walcher erbten die Kinder von Susanne, Walchertochter, und Johann Steiner die Lodenwalke. Von ihnen wurde schließlich der Jüngste, Richard Steiner, mit 23 Jahren Alleininhaber. Viele Jahre trug er die Verantwortung für das Erbe der Väter. Die Hartnäckigkeit und der Fleiß sollte sich bezahlt machen. Als 1938 neuerlich ein Hochwasser schwere Schäden an Gebäuden, Maschinen und Vorräten anrichtete, wurde der erste Neubau in etwas höherer, geschützter Lage errichtet. Die alten Werkstätten bestehen zum Teil noch heute und sollen auch so lange wie möglich erhalten bleiben, als Zeugen der Vergangenheit. Grundlegende Verbesserungen an den Spinnerei-, Weberei-, Färberei- und Veredlungsmaschinen folgten. Heute sorgt günstiger Strom aus zwei werkseigenen Wasserkraftanlagen für Antrieb und Beheizung des Betriebs – eine Hauptstütze für dessen Wirtschaftlichkeit. In der Lodenwalke werden nicht nur grobe Lodenstoffe, sondern vor allem auch feine Stoffe in großer Auswahl für Anzüge, Kostüme und Mäntel erzeugt, von der rohen Schafwolle bis zum fertigen Stück. Ein Stück Schladminger Perlloden misst vor dem Walken 100 Quadratmeter, danach 42 Quadratmeter. Der Loden schrumpft also auf weniger als die Hälfte zusammen und gewinnt dabei die doppelte Dicke. Daraus erklärt sich die außerordentliche große Festigkeit und Lebensdauer dieses Stoffs. Mit etwas Glück sieht man vor dem Gebäude unter dem länglichen Holzdach die Pracht hängen – ja, dafür ist diese Konstruktion gedacht. Gewalkt wird zum Teil noch heute nach einem alten Verfahren, ähnlich wie vor über 500 Jahren. Bis heute ist der Betrieb in Familienbesitz, deren Geschicke seit 2006 Jörg Steiner mit neuem Geist und alter Tradition lenkt. Über den Vorgang der Herstellung informiert man sich am besten vor Ort, wo es die schönen Stücke zu bestaunen und natürlich auch zu kaufen gibt. Und zum Abschluss winkt die gemütliche Gaststätte.

Schau- und Verkaufsraum:
Mo–Fr 8–18 Uhr, Sa 8–13 Uhr;
Gaststätte: Mo–Fr 9–17 Uhr, Sa 9–13 Uhr;
beides an Sonn- und Feiertagen geschlossen.

Wollverarbeitung beim Lodenwalker.

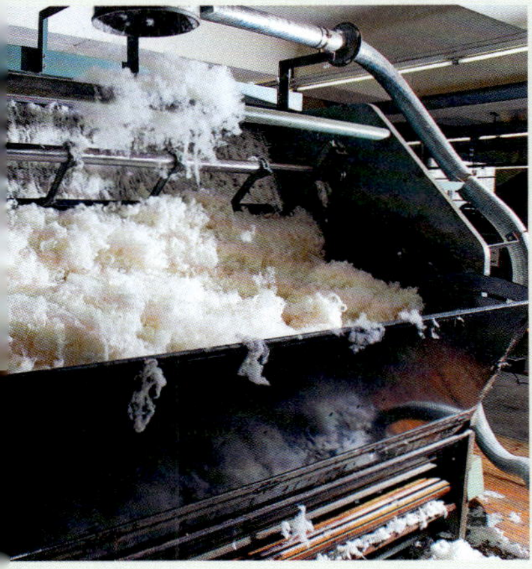

Lange bevor »Clean Clothes« in Mode kamen, folgte der Lodenwalker diesen Prinzipien.

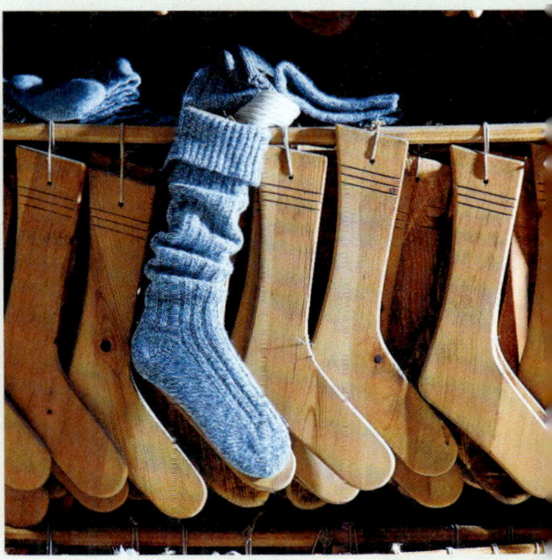

Route 8

Über den Kufstein

Paradies im Schatten der großen Gipfel
Östlich der Hauptgipfel erstreckt sich das plateauartige Felsgebirge Am Stein. An deren Südende liegt der Kufstein (2049 m), der Ziel für zwei wunderbare Wanderungen ist: einmal über zwei zauberhafte Seen und einmal über ein menschenleeres Hochtal.

Sehenswertes

- A Rundblick vom Kufstein
- B Grafenbergalm
- C Einsame Luseralm

Route und Wanderzeiten

Burgstaller–Kufstein	3 h
Kufstein–Grafenbergalm	1 h
Grafenbergalm–Abzweigung Luserkar	2 h
Abzweigung Luserkar–Burgstaller	1 h 30
Total	**7 h 30**
Höhendifferenz	↗ 1450 m ↘ 1450 m
Distanz	16 km

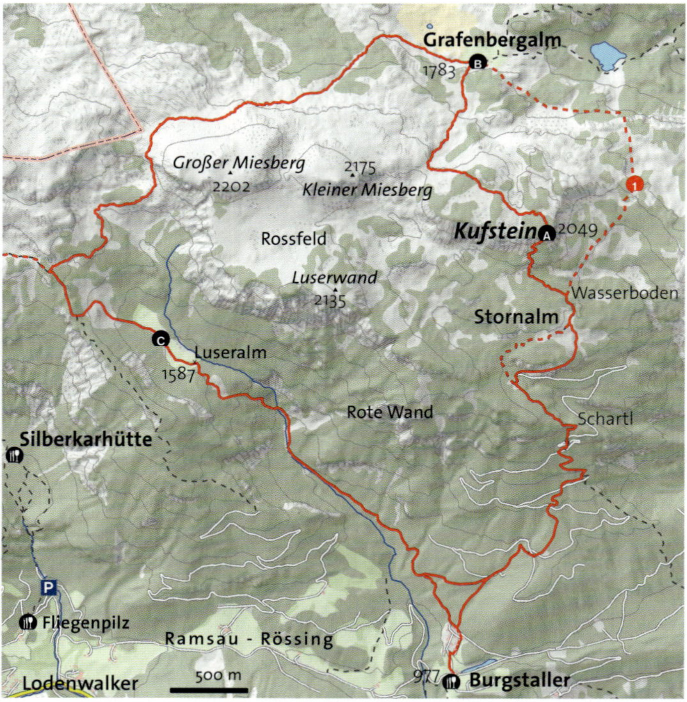

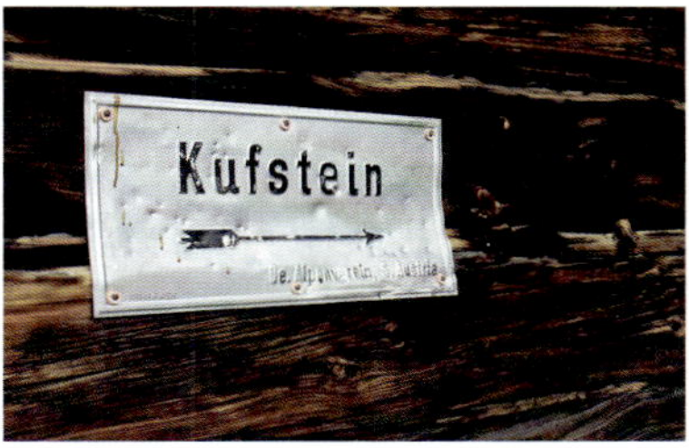

Auf der Stornalm deutet alles Richtung Kufstein.

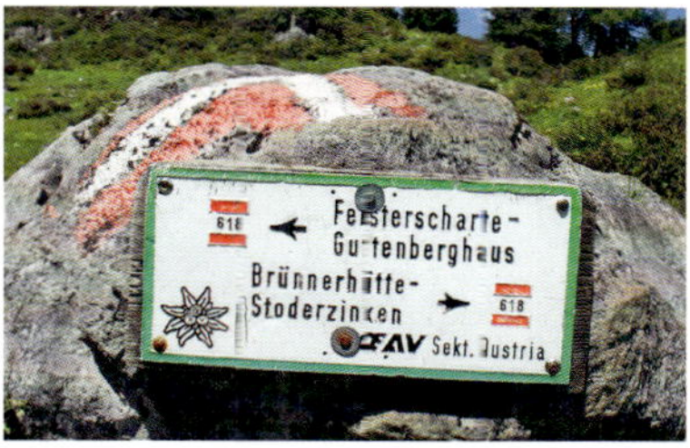

Nach der Grafenbergalm folgen wir dem Weg zum Guttenberghaus.

Charakter: Der Bereich zwischen Lodenwalke und Weißenbach bei Haus liegt im Schatten anderer Ausflugsziele. Es gibt daher nur ein Minimum an touristischer Infrastruktur – dafür ist man auf den gut markierten Wegen meist allein unterwegs. Wie jede Tour dieses Kapitels ist auch diese anstrengend, lang, dafür jedoch ungemein vielfältig. Wichtig: Es ist eine »trockene« Tour – erst gegen Ende der Wanderung liegt eine Quelle am Weg. Keine Übernachtungsmöglichkeit unterwegs. Schwierigkeit: T3–T4.

Beste Jahreszeit: Im Juni beeindruckt besonders die Blumenpracht, im Herbst das Gelb der Lärchen.

Verkehrsmittel: Leider ist der Ausgangspunkt Burgstaller mit den öffentlichen Verkehrsmitteln nicht zu erreichen. Entweder Sie nehmen einen Taxidienst in Anspruch oder Sie erreichen den hier vorgeschlagenen Ausgangspunkt per Bike&Hike.

Varianten:

1. Vom Kufstein zur Grafenbergalm und als Rundtour wieder zurück (7 h insgesamt).
2. Vom Kufstein auf gleichem Weg zurück (5 h insgesamt).

Besonderes: Die Einsamkeit, die Blütenpracht im Frühjahr und die Aussicht vom Kufstein. Unterhalb des Burgstallerhofs befinden sich Reste einer alten römischen Rückzugsfestung und der schöne Luserwasserfall.

Übernachten, Gasthäuser:

- Burgstaller, Familie Steiner, +43 3687 81402. Das Anwesen war vor 2016 eine Pension mit Wildtiergehege und Jausenstation. Zurück blieb der denkmalgeschützte Hof. Getränke und Kleinigkeiten werden nach wie vor (Stand 2017) angeboten.
- Grafenbergalm (1783 m), nicht offiziell bewirtschaftet, der Senner Bodo Hell bietet, wenn er da ist, Getränke an.

Bitte beachten Sie, dass es im Verlauf der Route nur zu Beginn und ganz am Ende des Wegs eine kleine Wasserquelle gibt.

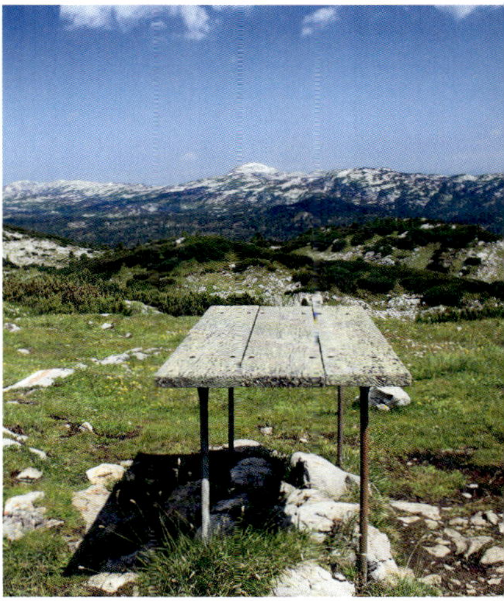

Es ist angerichtet auf dem Gipfel des Kufsteins. Erstmals öffnet sich der Blick nach Norden.

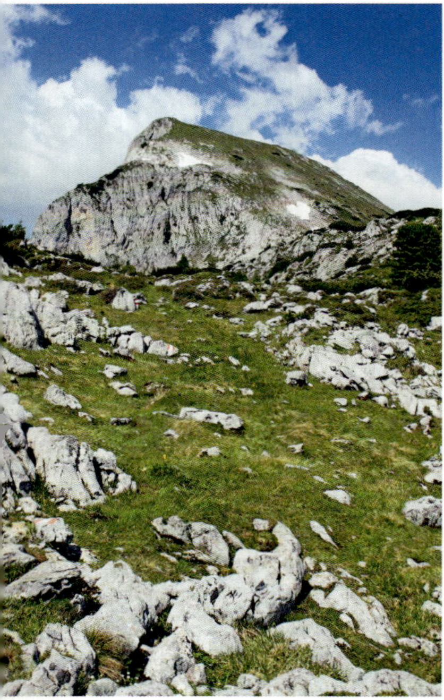

Der Miesberg erscheint von hier als markanter Gipfel.

Die Runde, so wie sie hier beschrieben wird, wird nicht oft begangen, ist aber bei Einheimischen beliebt. Der Gipfel birgt keinerlei Schwierigkeiten und bietet eine ausgesprochen umfassende Aussicht. Zur Sommersonnenwende entzündet die heimische Jugend hier oben ein Feuer.

Es empfiehlt sich, zeitig aufzubrechen; die Tour ist lang, bietet unterwegs keine Übernachtungsmöglichkeit und doch viele Möglichkeiten zu verweilen. Wir starten beim geschichtsträchtigen Hof Burgstaller. Noch 2016 sah hier die Szenerie völlig anders aus. Es gab ein Gasthaus, eine Frühstückspension und ein Wildgehege – heute ist alles weg, abgerissen, eingeebnet. Aus mehreren Gründen war ein Überleben im Schatten der Tourismusgiganten nicht mehr möglich. Übrig blieb das denkmalgeschützte, pittoreske Bauernhaus. Durch das Hausensemble hindurch geht es ein kurzes Stück auf Asphalt bergauf, dann über ein Wiesenstück eine neue Siedlung entlang – eines der Erschließungsgebiete der Ramsau (siehe Thema Route 4). Der Weg ist gut markiert, führt erst links auf eine Forststraße, dann bei einer Weggabelung rechts in den Wald hinein Richtung Kufstein. Hier trifft der Rückweg vom Nachmittag auf den Hinweg. Bei einer Forststraße aufgepasst, da heißt es dem Pfad folgen und die Wegweiser beachten. Der schmale Weg führt durch den Wald und an einer Blumenpracht vorbei, zügig, aber noch angenehm bergauf. Wacholder, Akelei, Knabenkraut, Waldvöglein, Glocken-, Flockenblumen, alles da. Unser Weg mit der Nr. 667 führt am Viertelbründl vorbei – ein schönes Hinweisschild und eine der letzten Möglichkeiten, Wasser aufzufüllen. Rasch gewinnen wir an Höhe, gehen kurz eine Forststraße entlang, dann wieder in den Wald hinein, wo nach einiger Zeit ein schönes Aussichtsbankerl erreicht ist, von Rosen umgeben, im Antlitz der Gsengwand. Dort schlägt der Weg eine andere Richtung ein und verändert auf einmal seinen Charakter, es wird endlich flacher, der monotone Fichtenwald hört auf und an seine Stelle tritt bald ein offener Lärchenwald, eine Pracht! Der Wald öffnet sich und eine Almfläche ist erreicht. Das ist zwar noch nicht die Stornalm, weit ist es aber nicht mehr. Zwei Varianten werden angeboten, es ist egal, ich entscheide mich für den rechts verlaufenden Felsensteig; falls der direkte Rückweg eingeplant ist, kann man ja hier variieren. Etwas ausgesetzt, aber nie gefährlich, ist von der Abzweigung nach knapp einer halben Stunde die Stornalm erreicht. Von weitem grüßt das Gipfelkreuz. Das will man sehen, wenn man in den Bergen unterwegs ist – Hütten aus altem, dunklem Holz, Almfrieden, Blumenmeer, die ersten knorrigen Zirben tauchen auf und freie Sicht auf die Niederen Tauern.

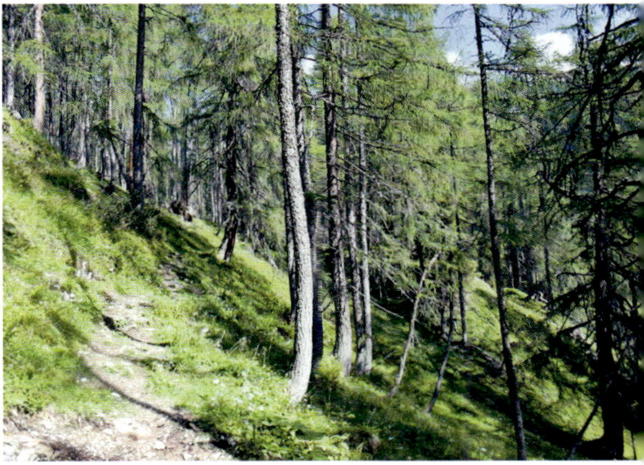

Der offene Lärchenwald nach dem Schartl ist ein Traum.

Gleich oberhalb der Alm teilt sich der Weg: rechts führt die »Umgehung« des Gipfels auf leichtem Weg zur Grafenbergalm und findet dort Anschluss an weitere Wegvarianten. Sie sollten sich aber die Aussicht vom Gipfel nicht entgehen lassen, also links Richtung Kufstein, der in nicht ganz einer Stunde erreicht ist. Der andere Weg ist für den Rückweg eine schöne Variante. Auf geht es, zunächst entlang eines wenig ausgetretenen Pfads durch den Lärchenwald, der sich im Herbst in eine gelb-orange Farbenpracht verwandelt. An einem Baum ein Hinweisschild: »Haltet die Berge sauber! Lasst keine Abfälle zurück!« Eine Selbstverständlichkeit, der ich mich aber ausdrücklich anschließen möchte. Welch wunderbarer Weg, vorbei an kleinen Niedermoorflächen (Wasserboden, eine verstopfte, aufgefüllte Doline) mit unzähligen Blütenpflanzen.

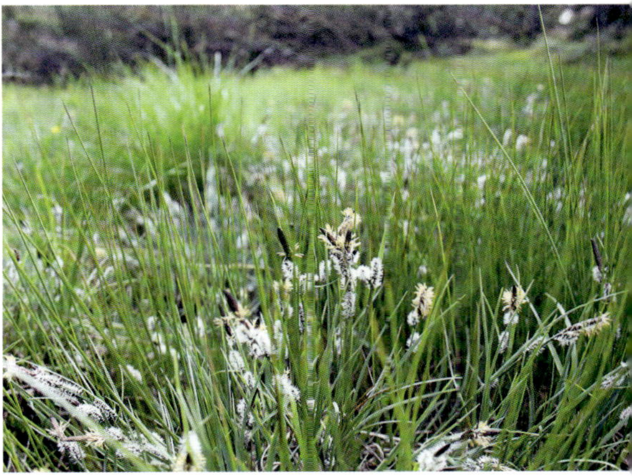

Der Wasserboden auf dem Weg zum Kufstein, ein ökologisches Kleinod, beherbergt einen vielfältigen Lebensraum.

Der Kufstein hat einen Vorteil: Er gehört nicht zu den Gipfeln, die man schon von Weitem sieht und die doch nicht näherkommen wollen – er ist nach einem kleinen Steilstück ganz plötzlich da. Das Gipfelkreuz hätte eigentlich auf der Scheichenspitze aufgestellt werden sollen

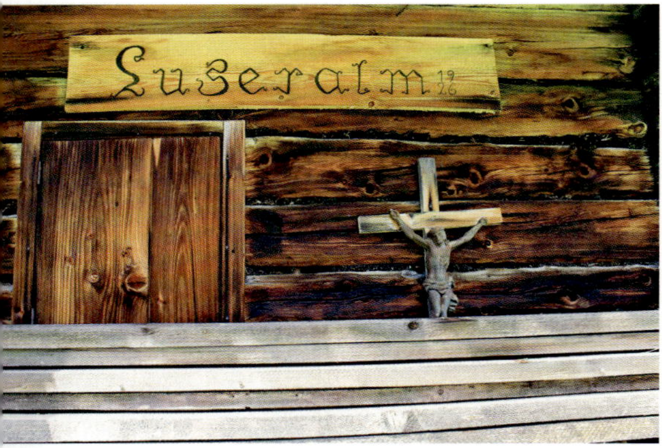

Die Luseralm, ein einsamer Ort.

(siehe Thema Route 6). 1969 zerstörte ein Unwetter das Kreuz, 1970 wurde das neue eingeweiht.

Am Gipfel angekommen, treten wir in eine andere Welt ein. Nach Norden öffnet sich das beinahe unendliche Dachsteinplateau, im Osten das von hier besonders markante Dreigestirn Stoderzinken, Kammspitze und Grimming, im Süden das Meer von Gipfeln der dunklen »Grasberge«, wie die aus kristallinem Gestein aufgebauten Niederen Tauern genannt werden. Und nach Westen, hinter der etwas höheren Luserwand, erscheinen die Kalkriesen des Dachsteins fast unnahbar. Wir überschreiten nun den plumpen Berg, die Blumenpracht erreicht unterwegs ihren Höhepunkt, Enzian, Silberwurz, Alpenmannsschild, Alpenrosen zieren den Weg. Es geht zur Grafenbergalm bergab. Auffallend sind zwei Landschaftsmerkmale: der wunderbare Zirbenwald, der auf den hohen Bereichen Am Stein schön erhalten ist, oder besser gesagt: sich wieder entwickelt hat, und seltsame Schotter entlang des Wegs, die gar nicht in den umgebenden Kalk passen – Augensteine (mehr dazu siehe Route 12). Der Kufstein war früher ein Riffbereich, der über den Miesberg und Hundsofen bis zum Landfriedstein reichte und im Gosaukamm seine Fortsetzung fand. Dahinter befand sich eine riesige Lagune, die heute die weiten Ablagerungen des Dachsteinplateaus darstellen. Das ist deshalb interessant, da wir nun in der etwas tiefer gelegenen Grafenbergalm in einen Bereich aus älterem Wettersteindolomit (wie im Landfriedtal unter der Scheichenspitze) eintreten, der die sanften Formen verantwortet. Die Geologie bestimmt in diesem Fall stark die Gestalt der Landschaftseinheiten.

Die Grafenbergalm ist nicht nur ein wichtiger Wegeknotenpunkt, sondern sie kann auch auf eine tausendjährige Geschichte zurückblicken, die bis heute besonders ist. Wenn er nicht gerade zu seinen Tieren unterwegs ist, trifft man den Hirten Bodo Hell, der gerne ein Getränk oder seinen selbstgemachten Ziegenkäse anbietet. Bodo ist ein Unikat. Seit 40 Jahren wacht er über mehr als 100 Rinder, im Winterhalbjahr lebt er in Wien. Und: Er ist mehrfach preisgekrönter Schriftsteller. Sein vielseitiges, avantgardistisches Werk umfasst neben Texten auch Fotografien, Filme, Hörspiele, Musikalben und Theaterstücke. Das Leben auf der Alm erdet den Naturliebhaber und -kenner und dient ihm als Inspiration.

Nun aber weiter, wir haben nicht mal die Hälfte der Weglänge geschafft, wohl aber mehr als die Hälfte der Zeit. Es gibt hier die

Möglichkeit, entweder zu den Seen abzusteigen, oder nach Osten Richtung Stoderzinken zu wandern (Route 9). Wir nehmen den Weg Nr. 618 zur Feisterscharte nach Westen. Nach einem Hinweisschild an einem Stein gehen wir durch den Zirbenwald wieder bergauf und befinden uns nun im Dachsteinkalk, was uns bald gut ausgeprägte Karrenformen verraten. Die Landschaft wird nun schroffer, bald ist die Waldgrenze erreicht, was für eine Vielfalt an Eindrücken! Immer wieder ändert sich durch den Wegverlauf und die wechselnde Geologie die Perspektive. Wir erreichen sprechende Flurnamen wie In der Pfann, Kühbichl oder das Senfkar und kommen den Kalkriesen immer näher. Nun bergab ins Sonntagkar, wo wir vor uns die einsame Luseralm erblicken, links ragen tollkühn die Luserwände empor, rechts der Luserriedel. Einmal geht es noch kurz bergan, bis zu einem markanten Wegweiser. Wir folgen dem Hinweis zur Luseralm, 2 h 30 sind es von hier noch zum Burgstaller, vielleicht etwas weniger. Der Weg ist in keiner Karte als markiert eingezeichnet (ist er auch nicht), aber es finden sich ausreichend Hinweise; kein Problem ihm zu folgen. Herrlich einsam ist der ebene »Lackboden«. Habe ich schon das Blumenmeer im Frühjahr erwähnt? »Luseralm, 1926«, heißt es auf einer Hütte, bevor es sehr steil auf einem wunderbaren Weg bergab geht, zum Wasserlauf des Luserbachs und endlich auch zu einer Quelle. Es folgt nun ein bequemes »Ausgehen« über eine Forststraße, bis die neue Siedlung oberhalb des Burgstallers erreicht ist. Die Freude über ein Getränk bei der alten Burgstallerin ist groß.

Der Ortsteil Ramsau-Rössing liegt abseits des Trubels, genauso wie die Wanderung durch das Lusertal.

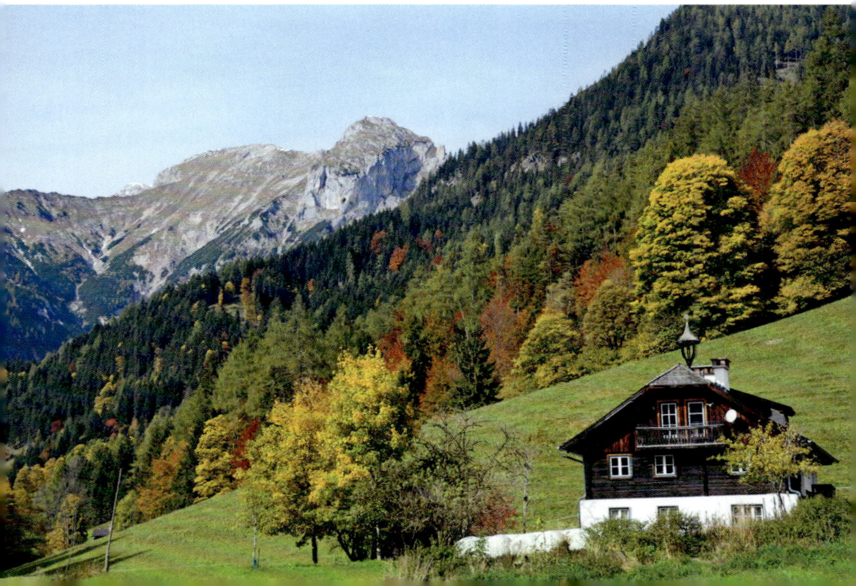

Der Burgstaller

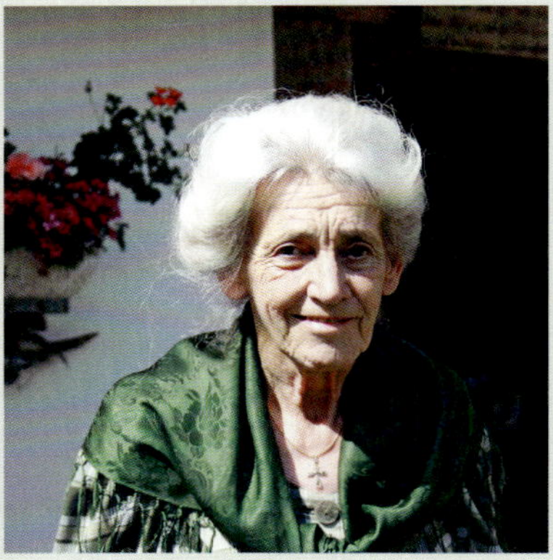

Die Burgstallerin kann einiges erzählen und blickt auf eine wechselvolle Geschichte ihres Hauses zurück.

Die Schrift hatte für die Bewahrung des protestantischen Glaubens große Bedeutung. Der Besitz solcher Bücher galt in Zeiten der Gegenreformation als besonders verwerflich und wurde streng bestraft, nicht selten mit Landesverweis. Wurden Bücher gefunden, wurden sie vernichtet. Eine der vielen bewegenden Geschichten zu dieser Zeit fand beim Burgstaller in Ramsau-Rössing statt. Der Handwerker Johann Städler aus dem Fritztal (benachbartes Pongau) war einst beim Burgstaller als Maurer tätig. Als er 1751 im Sterben lag, nahm ihm Simon Thaddäus Kern, Pfarrer in Altenmarkt, seine letzte Beichte ab und berichtete danach seinem benachbarten katholischen Kollegen in Haus: »Andächtig vorhero aber meinen Herrn Cooperatori [Verbündeten] motu propero [aus eigenem Willen] folgende Denunziation gethan: Nämblich er als ein Maurer habe bey den Bauern zu Burgstall in der Rinzing [Rössing] ein Kästl einmauern müssen mit einem verborgenen Behältnis, in welchen lutherische Bücher zu finden seind.« Es wurde Anzeige erstattet und eine überraschende Hausdurchsuchung brachte aus dieser Mauer 15 Bücher zutage. Eine Unbedenklichkeitsnotiz in den Büchern, womit diese erlaubt gewesen wären, war noch dazu gefälscht. Der Burgstaller und ein Bruder am benachbarten Gerhardslehen wurden mehrfach verhört. Der Burgstaller wollte sich auf die Ablegung des Glaubensverhörs nicht einlassen, »weil man da schwören muss«. Als man ihm erklärte, dass er das Land werde räumen müssen, bekannte er: »Seis in Gottes Namen!« Er könne nicht anders. Er hätte das Interesse an solchen Büchern schon im Elternhaus gewonnen und verweigerte das katholische Glaubensbekenntnis. Warum er die Bücher verstecke, wenn doch das Wort Gottes darin stehe, wollte man wissen. Er gab zur Antwort: »Heimlich Hirschen schießen und das Gottes Wort heimlich haben, ist gleich ...«, gemeint ist, beides sei gerechter Aufstand gegen die Obrigkeit. Die Frau des Gerharter sagte beim Verhör: »Emigrieren würde ihr freilich sauer vorkommen, aber, wenn man sie bei ihrem Glauben nit lasset, müßte es halt sein, daß sie fortgingen.« Die ganze Familie mit Ausnahme der Kinder wurde im Juli 1753 nach Iklad, Ungarn, transmigriert. »... daß wir alle selig werden, sowohl catolisch als lutherisch«, fügte die Gerharterin hinzu. Die Kinder wurden, wie in solchen Fällen üblich, bei katholischen Familien untergebracht, um sie zu rekatholisieren – was letzten Endes meist misslang.

Route 9

Über das Gradental und die Seen zur Grafenbergalm

Romantische Wanderung am Rand des Dachsteinplateaus

Wie jede dieser Bergauf-Bergab-Wanderungen, spart auch diese nicht mit landschaftlichen Reizen – dieses Mal sind es ungemein schön gelegene natürliche Seen, die man während der Wanderung aus verschiedenen Blickwinkeln erleben kann.

Sehenswertes

- A Ahornsee und Grafenbergsee
- B Wanderung durch den Brandner Urwald

Route und Wanderzeiten

Kneippstation (Parkplatz)–Grafenbergalm	4 h
Grafenbergalm–Stoderzinken–Steinerhaus	4 h
Steinerhaus–Kneippstation	2 h 30
Total	**10 h 30**
Höhendifferenz	↗ 1950 m ↘ 1950 m
Distanz	26 km

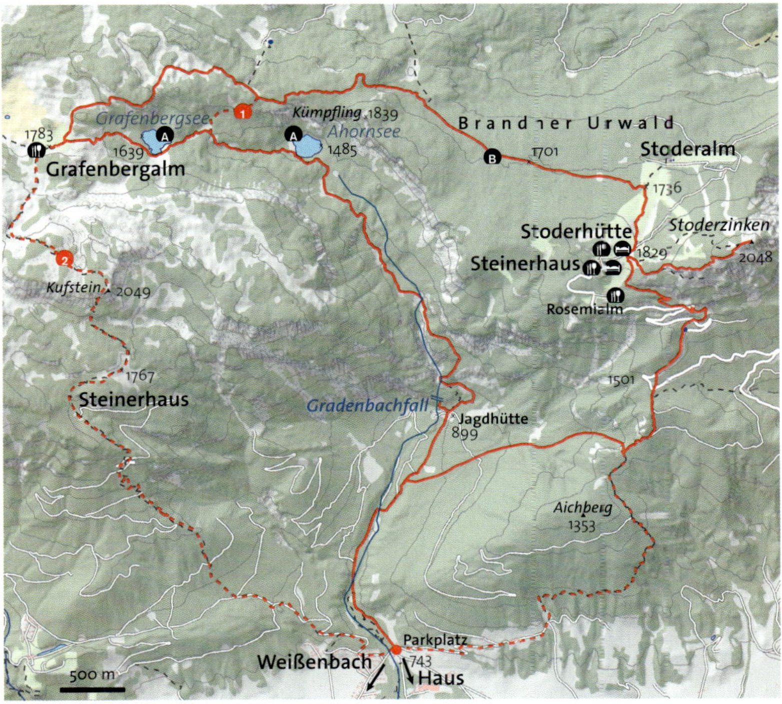

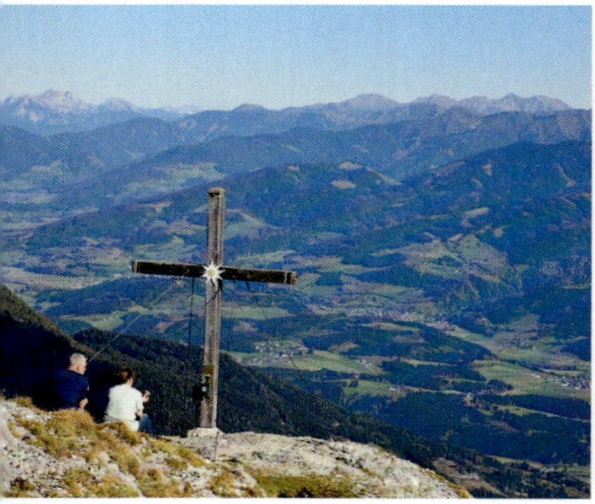

Die Aussicht vom Stoderzinken ist leicht zu erobern und Balsam für die Seele.

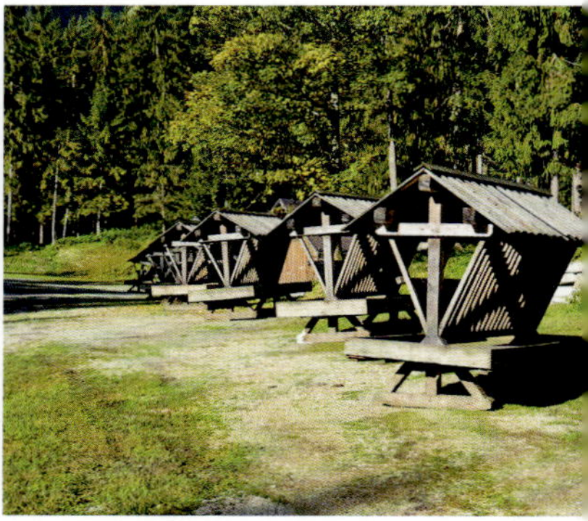

Großzügige Wildfütterung am Ende des Gradentals. Die Jagd hat in der Region hohen Stellenwert.

Charakter: Unschwierige Wanderung, die Höhenmeter summieren sich zwar, es ist allerdings nie unangenehm steil. Die gesamte Tour über den Stoderzinken dauert gut 11 h, weshalb eine Übernachtung am Stoderzinken empfohlen wird. Schwierigkeit: T3.

Beste Jahreszeit: Anfang Juni bis September, bei entsprechenden Wetterverhältnissen bis Ende Oktober.

Verkehrsmittel: Die öffentliche Anbindung dieser Gegend ist etwas dürftig – vielleicht mit ein Grund, warum die Route wenig begangen wird. Nach Weißenbach führt von Schladming und Haus ein Bus sehr zeitig direkt zum Ausgangspunkt der Wanderung, allerdings nur wochentags. Ansonsten empfehle ich hier ein Wandertaxi oder Bike&Hike. Vom Bahnhof Haus, der regelmäßig Anschlüsse an den Fernverkehr bietet, sind es zum Startpunkt 1,5 km.

Varianten:

1. Zwischen Ahornsee und Grafenbergsee kann die Route zum Stoderzinken abgekürzt werden (Zeitersparnis etwa 2 h).
2. Bei der Grafenbergalm können wir den Rückweg über den Kufstein oder um selben herum wählen. Gut an einem Tag zu schaffen und so eine Wanderung voller Höhepunkte (Gehzeit insgesamt 7 h 30).

Besonderes: Die Seen sind in der Felslandschaft eine Welt für sich.

Übernachten, Gasthäuser:

- Grafenbergalm (1783 m), nicht offiziell bewirtschaftet, der Senner Bodo Hell bietet, wenn er da ist, Getränke an.
- Berggasthof Steinerhaus (1829 m), +43 3686 2646, www.steinerhaus.at. Schön gelegen, Hotelcharakter, DZ und Appartements.
- Stoderhütte (1830 m), +43 688 9077570 oder +43 3686 21071, www.stoderhuette.jimdo.com.
- Rosemi-Alm (1800 m), +43 3686 30960, www.rosemialm.at.

Achtung: Die überall als Ziel auf den Hinweistafeln angeführte Brünnerhütte ist nicht bewirtschaftet! Bitte beachten Sie, dass es zwischen Ausgangspunkt und Stoderzinken keine regelmäßig bewirtschaftete Alm gibt.

Karte: Der Bereich der Route ist nicht auf der Alpenvereinskarte dargestellt, zur Orientierung dienen das ÖK-Blatt 3218 (Bad Mitterndorf), oder die entsprechenden Karten von Freytag & Berndt oder Kompass.

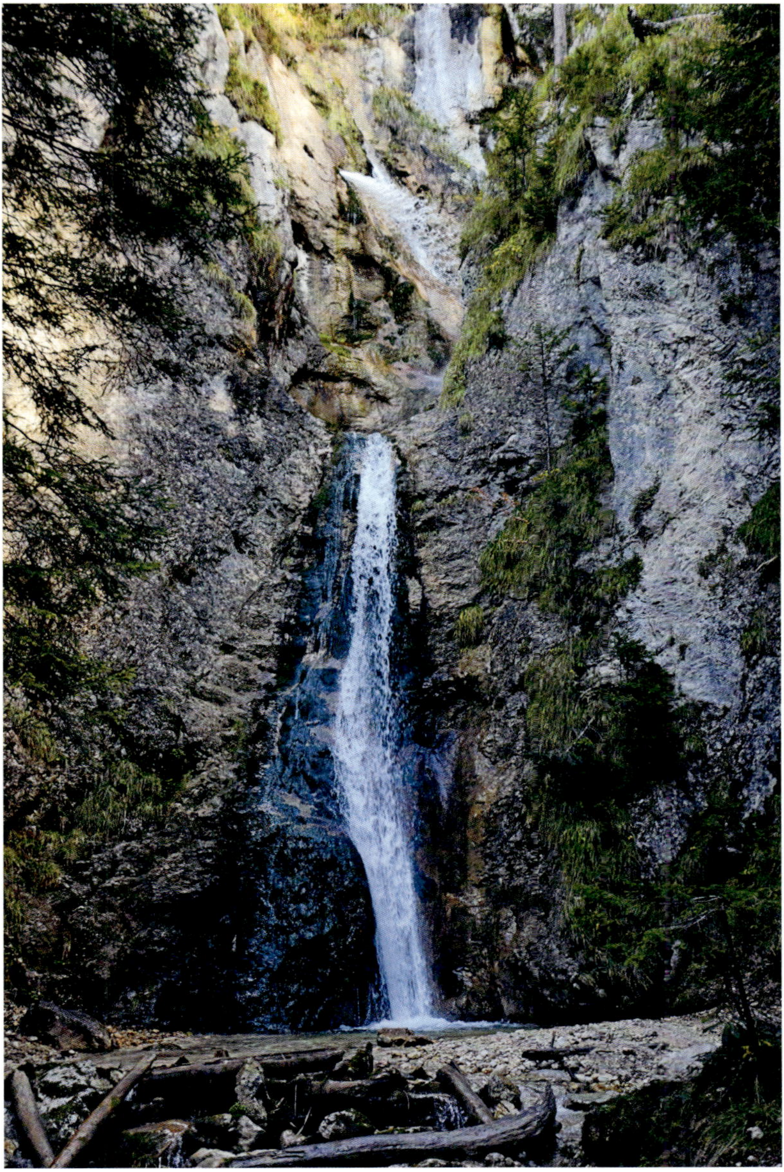

Der Gradenfall bricht keine Rekorde, aber er ist ein wunderschönes Naturjuwel.

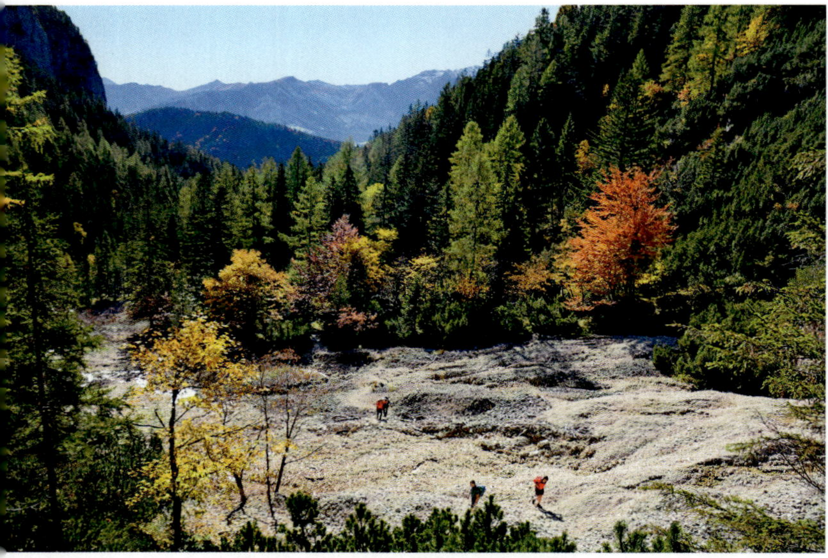

Vielfältige Lebensräume begleiten die gesamte Wanderung.

Die kleine Ortschaft Weißenbach bei Haus im Ennstal gilt als »die schönste Katastralgemeinde« der Steiermark – und tatsächlich sind die charakteristischen Häuser und vor allem deren üppiger Blumenschmuck eine wahre Pracht. Wir starten etwas außerhalb im Ortsteil Sonnberg, wo eine Übersichtstafel, ein Parkplatz und Wegweiser den Ausgangspunkt markieren. Einen Rundweg kann man ja immer so oder so in Angriff nehmen, aus dramaturgischer Sicht empfehle ich definitiv den Aufstieg über die Seen. Der Abstieg über die Stornalm oder vom Stoderzinken hierher zurück ist schön, aber nicht weltbewegend spannend, dafür ist man rasch wieder unten. Wir folgen der Forststraße in den Wald hinein und erreichen nach wenigen Minuten eine kleine Kneippanlage – vor allem am Ende der Wanderung eine willkommene Erfrischung. In der ersten halben Stunde geschieht nicht viel, wir folgen einer Forststraße, meist dem Bach entlang, an einem Abzweig Richtung Stoderzinken vorbei (das ist unser möglicher Rückweg). Es geht angenehm bergauf, immer wieder fallen gewaltige Schuttmassen auf: Wir durchqueren ein eiszeitliches Endmoränengebiet. Bald ist ein durchaus imposantes Wildfütterungsgehege samt Jagdhaus erreicht. Im Herbst ist weithin das Röhren der Hirsche zu hören. Bevor es richtig losgeht, lohnt sich ein kurzer Abstecher zum Naturdenkmal Gradenbachfall, der wenige Meter links von der Abzweigung entfernt liegt – ein wunderschöner, naturbelassener Ort.

Nach dem Wasserfall geht es etwa eine Stunde durch einen schönen, abwechslungsreichen, von Felsen durchzogenen

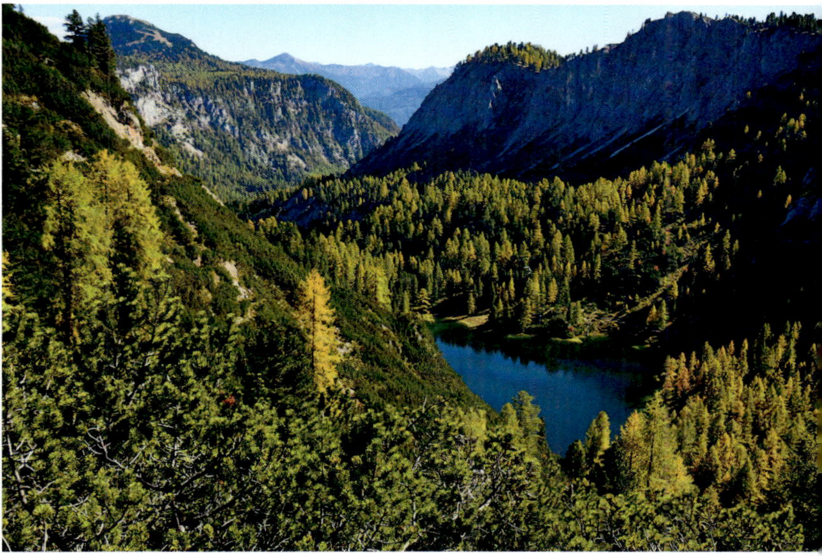

Die Szenerie um den Grafenbergsee ist ungemein reizvoll.

Bergwald, vom Borkenkäfer befallene Fichten inklusive. Im Gegensatz zu anderen Wanderungen in diesem Buch ist es gar nicht trocken, immer wieder passieren wir Quellfluren entlang des Wegs. Die Ausblicke ändern sich ständig und fokussieren immer mehr auf das enger werdende Gradental. Hoch über dem Tal ist die Weganlage einmalig. Der Schluchtwald ist besonders im Herbst eine Pracht, wenn die roten Buchen und gelben Lärchen aus dem Grün der Fichten herausstechen. Nach dem für heute anstrengendsten, aber bei weitem nicht letzten Anstieg passiert etwas Eigenartiges: Der nicht gerade große Gradenbach lässt an einer etwas flacheren Strecke viel Geröll liegen. Es ist unbewachsen und daher offensichtlich regelmäßig in Bewegung, der Wegverlauf wird häufig auf natürliche Weise verlagert. Oberhalb liegen einige Quellen, die besonders zur Zeit der Schneeschmelze üppig schütten – man kann sich vorstellen, welche Wassermassen dann unterwegs sind.

Die nun folgenden Stunden sind in ihrer Schönheit schwer zu beschreiben; genießen wir einfach den Weg. Erst gehen wir immer eng am Bach entlang, dann erreichen wir ein kleines Niedermoor mitten im Wald, bis nach einem kleinen (Endmoränen-)Wall der bilderbuchhübsche Ahornsee (1485 m) auftaucht. Am anderen Ufer liegen eine kleine Almhütte und eine Feuerstelle. Es lohnt sich schon eine Halbtageswanderung hierher und wieder zurück. Wir gehen weiter und erreichen eine wichtige Weggabelung. Rechts geht es zur Brünnerhütte und zum Stoderzinken, etwas steil, aber eine Abkürzung Richtung »Stoder«. Gerade aus Richtung Grafenber-

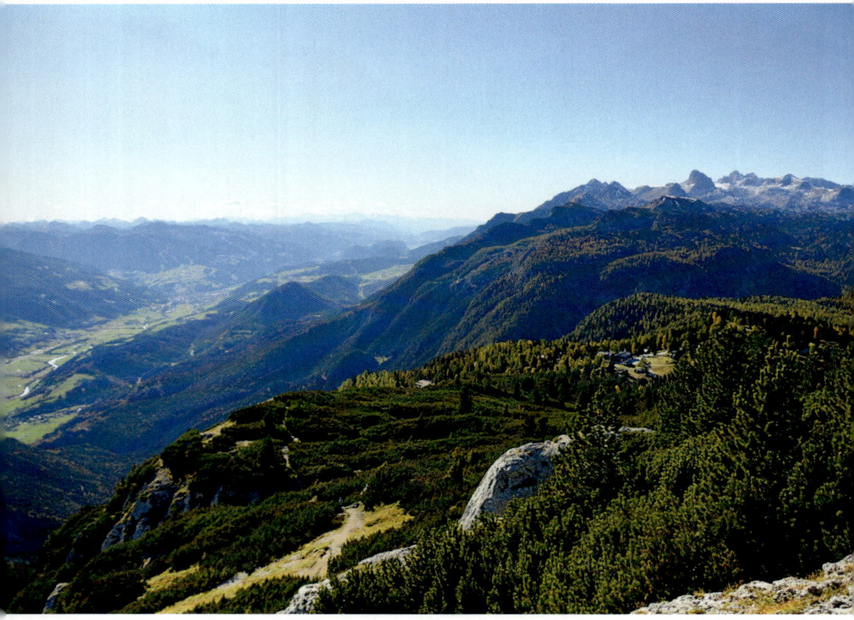

Richtung Süden fällt das Dachsteinmassiv steil zum Ennstal ab. Blick vom Stoderzinken.

galm sind 0 h 40 angeschrieben. Der Wegweiser verheimlicht uns, dass entlang des Wegs noch der Grafenbergsee (1639 m) liegt, ebenfalls naturbelassen, ohne menschliche Bauten oder Attraktionen, traumhaft! Beide sind kleine Zungenbeckenseen, die im Spätglazial vor etwa 12 000 Jahren ausgeschürft wurden. Der Aufstieg zur Grafenbergalm dauert nicht mehr lange, und immer wieder öffnet sich der Blick zurück auf den Grafenbergsee. Nach knapp 4 h Gehzeit sollte die Alm erreicht sein.

Am Wegeknotenpunkt gibt es nun drei Möglichkeiten für den Rückweg zum Ausgangspunkt, und einige andere für den weiteren Weg; selbst eine Überquerung des Dachsteinplateaus zur Gjaidalm (etwa 4 h), oder eine Wanderung zum Guttenberghaus (ebenfalls 4 h) ist bei entsprechenden Bedingungen und Tageszeit noch möglich. Ich beschreibe den Weg zum Stoderzinken (knapp 4 h); die anderen Varianten sind andernorts im Buch (Route 8 und 15) beschrieben. Nach der Alm folgen wir den Hinweisen zur Brünnerhütte. Es geht während der nächsten zwei Stunden stetig mal bergauf, mal bergab. Hinter uns im Westen ragen nun die Felsriesen des Dachsteingebirges empor. Links die wuchtige Felsgestalt des Koppenkarsteins, dann die Dirndln, der majestätische Hohe Dachstein und der plumpe Hohe Gjaidstein. Rechts unten liegt malerisch der Grafenbergsee, eingebettet in eine wunderschöne Landschaft aus Fels und Wald. Ein unvergleichliches Panorama bietet wenig später die Aussicht auf den Ahornsee, der weit unten liegt, im Hintergrund die Niederen Tauern. Dann ist es vorbei mit der Aussicht, wir tauchen nach einer Weggabelung, wo wir den Weg vom Ahornsee aufnehmen, ein in den Brandner Urwald. »Vorsicht Doline«, so ein Warnhinweis, der vor allem im Winter durchaus ernst genommen werden soll. Urwald ist der falsche Ausdruck, auch von hier wurde Holz für die Bergwerke entnommen – aber das ist sicher schon 150 Jahre her, seither entwickelt sich dieses Stück naturnah, und es handelt sich um einen der entlegensten Winkel der Steiermark. Vorbei an beeindruckenden alten Baumriesen, ist durch die Lücken in der Vegetation immer wieder ein weiter Blick über die weitläufige, chaotisch gegliederte Felslandschaft zu erhaschen. Besonders reizvoll ist der Blick zur Kammspitze (2139 m), die markant wie ein Vulkan aufragt. Etwa 2 h 30 dauert die Reise von der Grafenbergalm zu den Almflächen des Stoderzinkens, zuletzt nochmal bergauf durch einen reich gegliederten Fichten-, Lärchen-, Zirbenwald. Unten liegen die alten Almhütten der Stoderalm, vor uns das kleine Skigebiet des Stoderzinkens. Nun gibt es die Möglichkeit, noch auf den Stoder (2048 m) zu wandern oder entlang der Piste die Stoderhütte und das Steinerhaus anzusteuern. Es lohnt sich, komfortabel zu übernachten und frühmorgens zum Gipfel aufzusteigen und dann zum Ausgangspunkt zurückzukehren. Der Weg zum vielseitig genutzten Gipfel ist weder schwer noch zu verfehlen. Die Aussicht ist gleichermaßen umfassend wie beeindruckend. Einmalig ist der Blick auf die Gipfel des Dachsteins und das vom Gletscher geformte Gradental mit unseren bekannten Seen, dort erreichte noch im Spätglazial ein Gletscher das Ennstal. Steil fällt das Dachsteingebirge nach Süden ab und im Hintergrund sind die Hochflächen der Ramsau auszumachen. Auffallend sind jedes Mal die flachen Gipfelfluren, Zeugen längst vergangener, tropischer Klimaperioden, die das Gebirge zwischendurch einebneten. Die Niederen Tauern im Süden sind zum Greifen nahe das Ennstal liegt einem breit zu Füßen. Etwas unterhalb des Gipfels (beschildert) liegt malerisch das Friedenskirchlein, als Symbol für Toleranz unter den Konfessionen, ein bekanntes Fotomotiv.

Der Rückweg zum Ausgangspunkt tief unten im Gradental ist anfangs nicht leicht zu finden, die Markierungen sind etwas dürftig. Oberhalb der Stoderhütte geht es nach Süden, nicht gleich Richtung Straße. Bei einer unscheinbaren Abzweigung im Wald auf breiten Graswegen halten wir uns links, nicht rechts Richtung Lift und Rosemi-Hütte. Von nun an geht es bergab, wir queren die Straße, der wir nachher etwa 500 Meter folgen müssen. Bei der nächsten Weggabelung geht es rechts in den Wald, auch hier ist der Weg nicht ganz eindeutig ausgeschildert, aber mit etwas Aufmerksamkeit problemlos zu finden, wir folgen der Bezeichnung 679a. Es gibt zwei Möglichkeiten, den Aichberg (1353 m) zu umrunden, entweder weiter nach Süden Richtung Assach oder bei einer Abzweigung nach Weißenbach und zum Bahnhof Haus. Dieser Weg zum Ausgangspunkt führt über einen wunderbaren Waldweg stetig und schnell bergab.

Wälder und Almen – ein paar Gedanken über eine heikle Geschichte

Gerade bei Wanderungen dieses Kapitels ist der Wechsel der Landschaftselemente besonders beeindruckend: verschiedenartige Wälder, Almflächen, die zum Teil immer noch bewirtschaftet sind oder nur mehr ruinenhaft vorhanden, felsdurchsetzte Passagen, Offenland mit weiter Aussicht, einige Gewässer. Am Dachstein erscheint diese kleinteilige Struktur besonders ursprünglich. So sollen die Alpen sein, denken sich die meisten. Nur: Der Wald breitet sich aus. Ist doch toll, denken sich die meisten. Österreich hat mit 48 Prozent den zweitgrößten Waldanteil an der Landesfläche in Mitteleuropa (hinter Slowenien). Von den über 31 Millionen Kubikmetern, die jährlich hinzuwachsen, können nur 60 Prozent genutzt werden – in manchen Teilen wächst der Wald buchstäblich »beim Fenster hinein«. Viele ehemals genutzte Weiden, Almen und Mähwiesen, aber auch Moorflächen und andere natürliche Flächen werden (wieder) Wald, auch am Dachstein. Ist das nun so schlimm?, fragen die meisten. Die Münze hat zwei Seiten. Der Wald ist ökologisch und ökonomisch gesehen ein wichtiger Bestandteil der guten Umweltsituation und der Wirtschaft des Landes. Er gleicht das regionale Klima aus, bindet CO_2, bietet Schutz vor Naturgefahren. Holz ist ein moderner Bau- und ein nachhaltiger Brennstoff; und ein Wald ist in naturnahem Zustand ein wichtiger Lebensraum für Mensch und Tier. Viele Förderprogramme unterstützen zudem den naturnahen Waldbau, wo Totholz, Naturverjüngung und Spechtbäume im Vordergrund stehen. Und überhaupt war der Urzustand der Landschaft bis 2000 Meter Seehöhe ohnehin Waldgebiet, also alles gut. Die Kehrseite ist, dass mit der Aufgabe der Offenflächen ebenso wertvolle extensiv genutzten Flächen als Lebensräume zum Teil seltener Arten verlorengehen. Besonders trifft dies für Almflächen und Weiden zu, die es am Dachstein häufig – noch – gibt. Zwei weitere Aspekte stehen auf dieser Seite der Münze: Erstens sind Almen ein wesentlicher Bestandteil alpinen Kulturguts. Vor 3600 Jahren wurden die ersten Almen am Dachstein zunächst in von Natur

Naturnaher Wald hat schon was …

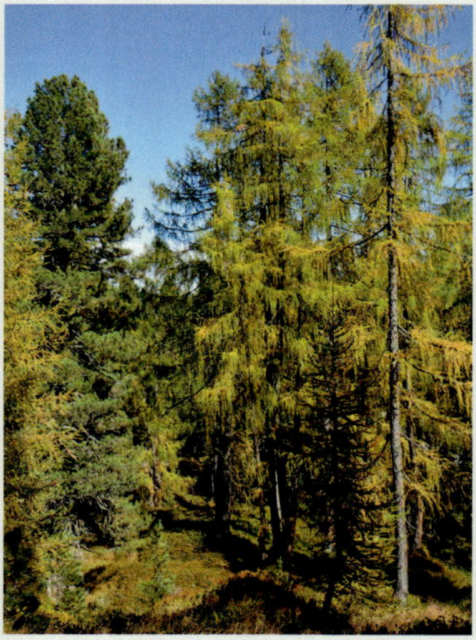

aus baumfreien Karstwannen (Kälteseen) auf über 1800 m Seehöhe angelegt. Nach einer beinahe 1000-jährigen Pause der Almwirtschaft entstanden im 2. Jahrhundert, vor allem aber im Klimaoptimum im Hoch- und Spätmittelalter vor 800 Jahren, am Plateau nicht weniger als 90 Almbereiche mit etwa 1800 Hütten. Das kältere Klima ab dem 18. Jahrhundert ließ die Almwirtschaft drastisch schrumpfen, wovon sie sich bis heute nur stellenweise erholen konnte. Zweifelsfrei hatten die Almen früher größere Bedeutung für die Wirtschaft, die Sozialstruktur und die Weiterentwicklung von kulturellen Fertigkeiten. Und zweitens ist dem Einheimischen wie dem Besucher gerade die vielfältige Landschaft wichtig, mit Aussichten, mit Leben, Tieren, Almprodukten und einer vielfältigen Landschaft. Ja, stimmt, sagen die meisten. Erstaunt ist man darüber, dass auf den entlegenen Almen nach wie vor – ach, und wie mühsam! – zum Teil von Idealisten oder Aussteigern gewirtschaftet wird. Sechs bis acht Stunden dauert es, bis die Tiere manche Almen erreichen, auf einsamen Wegen, ohne Versorgungsmöglichkeit der Almen durch ein Auto. Die Almprodukte schmecken hervorragend, und was wären die Alpen ohne Weidevieh? Ist also alles nur Kulisse für den Tourismus? Oder ist es Teil unserer Identität? Viel traditionelle Musik und Rituale haben dort ihren Ursprung. Brauchen wir das heute noch? Das Wirtschaften mit der Natur, zu der sowohl Alm- und Waldwirtschaft zählen, ist etwas sehr Grundlegendes. Gerade Waldarbeiter und Sennerinnen und Senner wissen über Vorgänge in der Natur besonders gut Bescheid. Für die allermeisten geht es am Ende nicht um Profit und Überfluss. Es geht um das Leben gemeinsam mit der Natur, mit unserer Umwelt und unseren Ressourcen.

… offenes, intaktes Almenland aber auch.

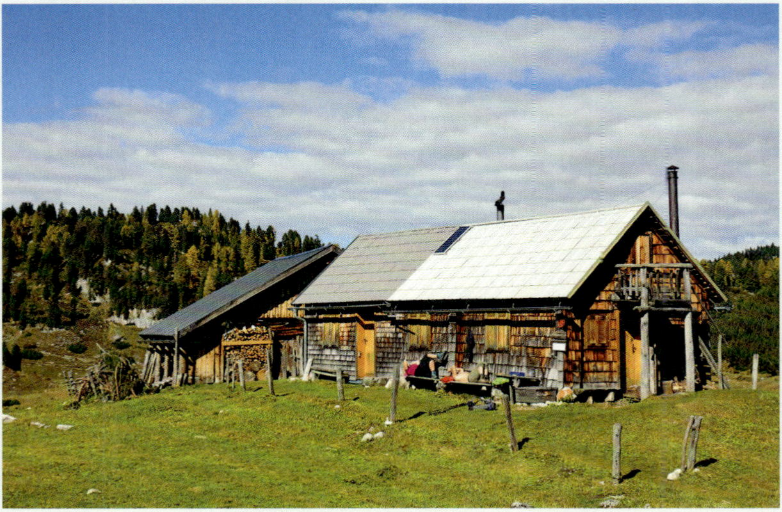

Route 10

Der Sarstein

Mächtiger Felsblock nördlich des Dachsteinsgebirges
Eine Wanderung auf den Sarstein lohnt sich aus mehreren Gründen. Sie ist zwar ausgiebig lang, dafür gibt es mit der Sarsteinalm eine wunderbare Möglichkeit, sich zu stärken. Und man hat sozusagen erste Reihe, fußfrei, was die Aussicht auf die umliegenden Attraktionen anbelangt.

Charakter: Die Wanderung ist, so wie sie beschrieben ist, lang und vor allem anfangs steil, aber nie kompliziert oder gefährlich. Schwierigkeit: T3.

Beste Jahreszeit: Juni bis September, bei entsprechenden Wetterverhältnissen bis Ende Oktober.

Verkehrsmittel: Gute Bahnverbindung bis Obertraun, dem Ausgangspunkt der Wanderung. Zurück mit der Bahn von Gosau-Steg. Brauchbare Busverbindung bis zur Höhe Pötschenpass. Fahrplan unter www.oebb.at.

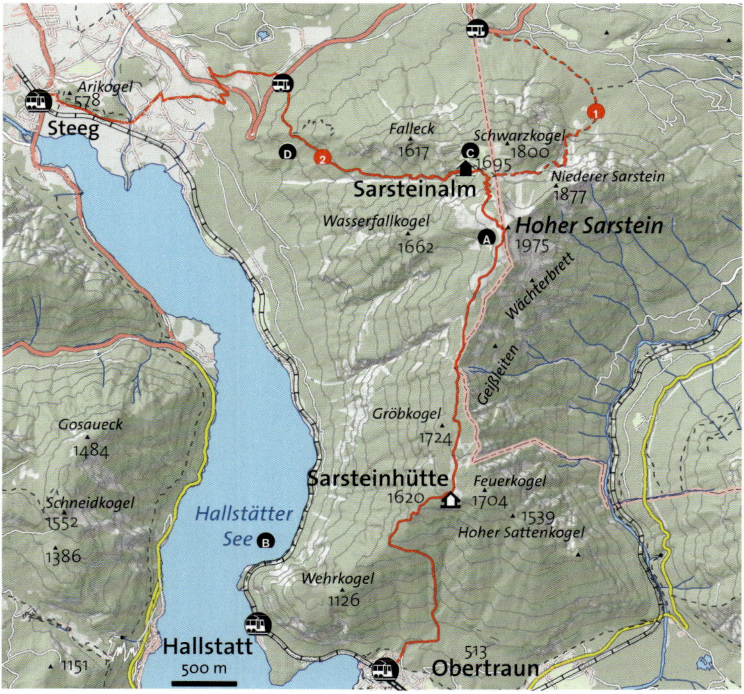

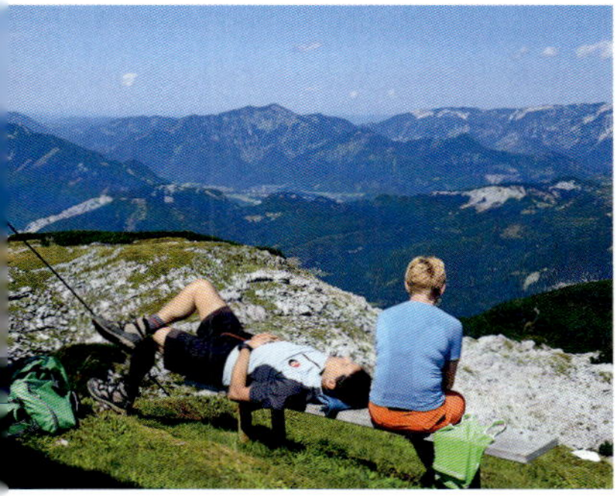

Am Gipfel des Sarsteins lässt es sich aushalten.

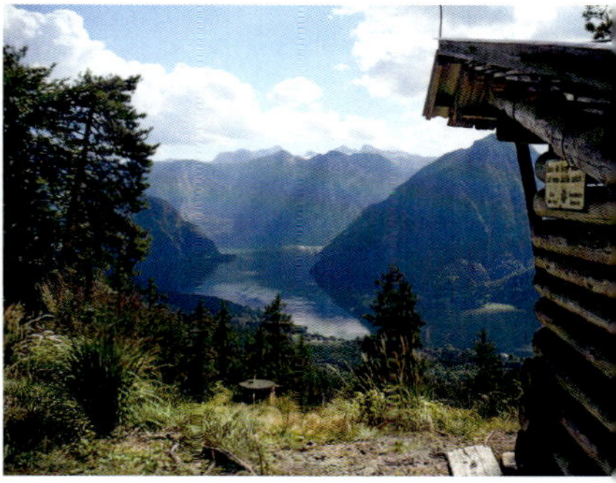

Für mich der schönste Blick auf den Hallstätter See: vom Simonybankerl.

Route und Wanderzeiten

Obertraun–Sarsteinhütte	2 h 30–3 h
Sarsteinhütte–Sarstein	1 h 30
Sarstein–Sarsteinalm–Bhf. Steeg-Gosau	2 h 30–3 h
Total	**6 h 30–7 h 30**
Höhendifferenz	↗ 1600 m ↘ 1600 m
Distanz	16 km

Sehenswertes

- A Verschiedene Aussichten auf die Umgebung
- B Hallstätter See
- C Sarsteinalm
- D Simonybankerl

Varianten:

1. Ausgangspunkt Pötschenpass (993 m) und Überquerung des Sarsteins in Gegenrichtung nach Obertraun (500 Höhenmeter im Aufstieg und etwa 2 h Gehzeit weniger). Beim Aufstieg kurze ausgesetzte, mit Seilen gesicherte Passage, daher T4.
2. Kleine Runde Pötschenpass–Sarstein–Sarsteinalm–Pötschenpassstraße (5 h insgesamt).

Übernachten, Gasthäuser: Zahlreiche Übernachtungsmöglichkeiten in Obertraun, Hallstatt und Bad Goisern.

- Sarsteinalm (1695 m), +43 660 1447223, www.sarstein.at; in den Sommermonaten geöffnet; 11 Matratzenlager.
- Sarsteinhütte (1650 m), +43 664 5132743, www.sarsteinhuette.naturfreunde.at; Selbstversorgerhütte der Naturfreunde; von Anfang Juni bis Ende September mit Reservierung (allerdings nur mit einem Mitglied der Ortsgruppe Obertraun, erkundigen Sie sich); 16 Matratzenlager; Bergmesse Ende August.

Karte: Dem neuen Blattschnitt der ÖK des Bundesamts sei Dank, braucht man für diese Wanderung drei bis vier Blätter: 3218 (Bad Mitterndorf), 3212 (Bad Aussee) und 3211 (Bad Ischl). Früher war es das Blatt 96 (Bad Ischl). Ansonsten Freytag & Berndt WK 281 oder Kompass Karte 20. Die Orientierung ist nicht schwierig.

Literatur: Christian Dirninger u.a., *Salzkammergut Schauen. Ein Blick ins Ungewisse*, Salzburg 2015.

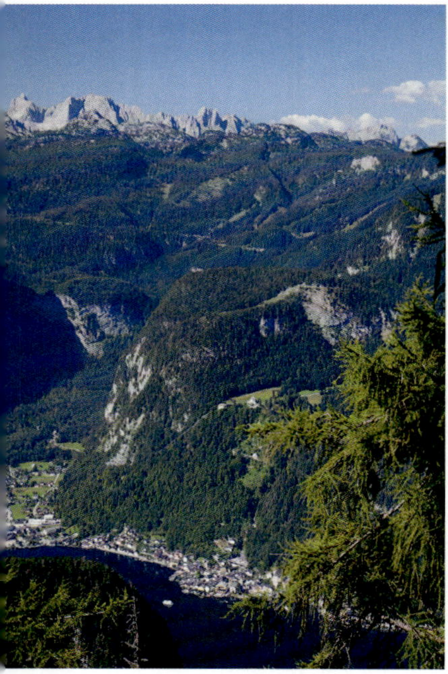

Nach einiger Zeit einsamer Wanderung durch den Wald fällt der Blick auf einmal frei auf den Hallstätter See.

In den wenigsten Ranglisten der beliebtesten Wanderungen erreicht der Kalkriese Sarstein eine Top-10-Platzierung, schon gar nicht in der hier beschriebenen Variante von Obertraun (513 m) aus, mit diesem fürchterlich langen, schweißtreibenden Waldanstieg. In meiner persönlichen Rangliste ist sie aber in den Top 5 (ex aequo mit vielen anderen), und warum ich die Wanderung empfehle, hat drei Gründe. Erstens: Die Organisation der Wanderung ist einfach, da Anfangs- und Endpunkt für österreichische Verhältnisse gut an das öffentliche Verkehrsnetz angeschlossen sind. Zweitens: Meine letzte Begehung war an einem 15. August, Feiertag in Österreich, bei Kaiserwetter – und begegnet bin ich nur einer Handvoll Menschen. Drittens: Die Aussichten und landschaftlichen Eindrücke sind schlichtweg phänomenal. Der Sarstein ist zwar fast zur Gänze aus Dachsteinkalk, gehört geografisch aber nicht zu selbiger Gebirgsgruppe, aber auch noch nicht zum Toten Gebirge. Er steht also allein und daher ist die Sicht nach allen Seiten frei.

Wir starten zeitig beim Bahnhof Obertraun, mit reichlich Flüssigkeit ausgestattet, und steuern das evangelische Schul- und Bethaus an. Obertraun, dessen Einwohner zur Hälfte evangelisch sind, wurde erst 1837 eine eigene Kirchengemeinde; vorher mussten sie entweder Hausgottesdienste halten oder mit dem Schiff nach Hallstatt den See überqueren. Nahe dem Friedhof folgt der erste Höhepunkt. Bei einer Bank überblickt man den Südteil des sagenhaften Hallstätter Sees, im Hintergrund Hallstatt und das wuchtige Echerntal mit den Ausläufern der Hierlatzwand. Der Weg Nr. 692 auf den Sarstein, »Alpiner Weg« steht geschrieben, verschwindet entlang eines schmalen Wegs im Wald, zu Beginn ist auf die Markierung zu achten. Wir passieren eine mächtige Felsplatte, eine sogenannte Harnischfläche, an der sich zwei Gesteinspakete entlangbewegt haben. Nun beginnt der besagte Anstieg entlang des Brettsteingrabens durch den Sarsteinwald. Es ist ein gleichmäßig steiler Weg, man gewinnt schnell an Höhe, nach gut einer Stunde ist das »Hütt'l-Schlag«, Aussichtspunkt auf 1232 m, erreicht. Die Hälfte der Höhenmeter ist geschafft. Unterwegs, etwas abseits des Wegs bei einer kleinen Unterstandshütte, ergeben sich wunderbare Tiefblicke auf den imposanten Steilabfall des Dachsteingebirges und den See. Südlich ist der Krippenstein deutlich an der Seilbahn zu erkennen.

Der Weg lässt an Steilheit etwas nach, wendet sich nach Westen und erreicht bald einen entscheidenden Wendepunkt. Spätestens während der nächsten Augenblicke werden Sie verstehen, warum ich diese Route vorschlage: Ganz tief unten liegt der dunkelblaue Hallstätter See mit dem unheimlich exponierten Ort Hallstatt, im Hintergrund bäumt sich der Gosaukamm auf. Nun wird der Blick nach Norden frei, bei der »Goiserer Aussicht« (originelles Hinweisschild) auf das Becken von Bad Goisern, die Jochwand links, die Ewige Wand rechts von der Ortschaft, hinten das Höllengebirge. Hinter uns, im Süden: Da blitzt er aus dem üppigen Waldgrün auf einmal hervor, der Hohe Dachstein; wie ein Sehnsuchtsbild, um über uns zu wachen, ist er dem Gebirge aufgesetzt. Die Gletscher sind Kontrast zum dichten Wald. Nur mehr 0 h 50 sind es bis zur Sarsteinhütte, die logischer Ort für eine Rast ist. Die Selbstversorgerhütte ist nicht bewirtschaftet, Übernachten ist offiziell nur mit einem Mitglied der Ortsgruppe Obertraun möglich. Immerhin befindet sich auf der Ostseite der Hütte eine Kühlbox mit Erfrischungen zur Selbstentnahme. Bitte zahlen Sie ordentlich in die Kassa ein, damit dieser Service erhalten bleibt. Die Tische sind zwar aus wenig romantischem Plastik, die Hütte ist aber sehr schön gelegen, mit freiem Blick auf das Dachsteingebirge: von Osten zuerst der Koppenkarstein, dann der runde Gjaidstein, die Dirndln, der Hohe Dachstein und die Kette der Ochsenkogel. Weiter westlich beeindrucken die zahlreichen Gipfel des Gosaukamms. Von Obertraun hierher waren es nun rund 3 h.

Der weitere Weg zum Gipfel dauert noch ungefähr 1 h 30. Oberhalb der Baumgrenze geht es durch Latschengebüsch weiter.

Was für ein schöner Platz auf dieser Welt: Die Sarsteinhütte, Balkon, erste Reihe beim Schauspiel Dachstein.

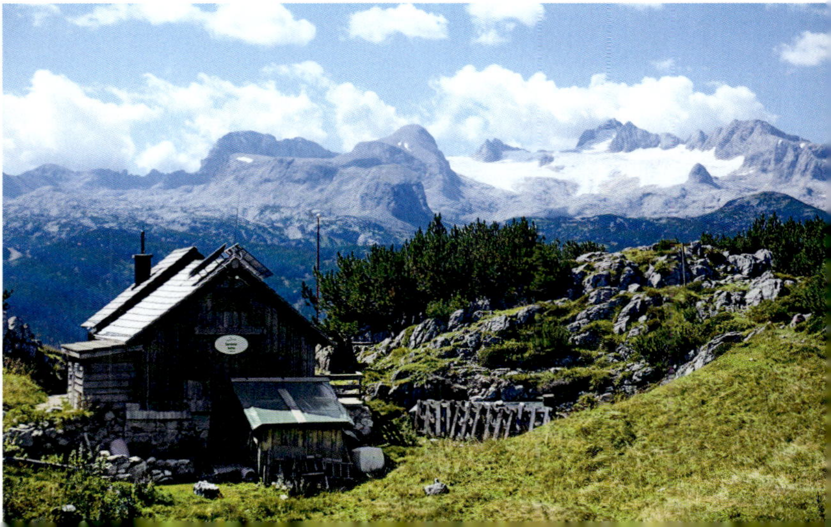

Nach wenigen Minuten öffnet sich erstmals und überraschend der Blick nach Osten. Vor uns liegt die Schönheit des Ausseer Beckens, rechts der Zinken, im Hintergrund das endlose Tote Gebirge, darin eingebettet der Grundlsee. Der Gipfelaufbau aus reinem Dachsteinkalk (die Bankungen sind schön zu erkennen) liegt frei vor uns. Auf einer weiten Wiesenfläche erreichen wir die »Stoahittln« (Steinhütten). Hier standen einst auf dem ebenen Platz weit über zehn Almhütten. Aufgrund permanenten Wassermangels und der exponierten, der Witterung ausgesetzten Lage wurden sie aufgegeben, nur die Grundmauern sind erhalten. Friedrich Simony hat eine sehr detaillierte Zeichnung hinterlassen; es muss eine der schönstgelegenen Almen des Landes gewesen sein. Während wir noch die herrliche Aussicht genießen, ist auf dem breiten Rücken auf einmal der Gipfel erreicht. Nach Norden fallen links der eckige Schafberg (1782 m) auf, im Mittelgrund der markante Sandling (1717 m), dann die Ausläufer des Toten Gebirges, dahinter das Höllengebirge (1862 m), und ganz im Hintergrund der markante Traunstein (1691 m). Im Osten breitet sich das Tote Gebirge, höchster Gipfel ist der Große Priel, 2515 m, aus. Südlich schließen der Grimming (2351 m) und ganz nah der Zinken (1854 m) an. Im Süden thronen die Hauptgipfel des mächtigen Dachsteins und des Gosaukamms, Im Westen liegt der nahe Plassen (1953 m) und markant, im Hintergrund, falls Sie gute Sicht haben, das Tennengebirge und ganz hinten der Untersberg bei Salzburg. Im Mittelgrund fallen die weiten Almgebiete der Postalm auf. Sie ist mit 42 Quadratkilometern das größte Almengebiet Österreichs und eine der größten bewirtschafteten Hochebenen der Alpen. Imposant sind auch die zahlreichen Tiefenblicke in die nahen Täler.

Auf einmal wird der Blick nach Osten und auf das Ausseer Becken frei.

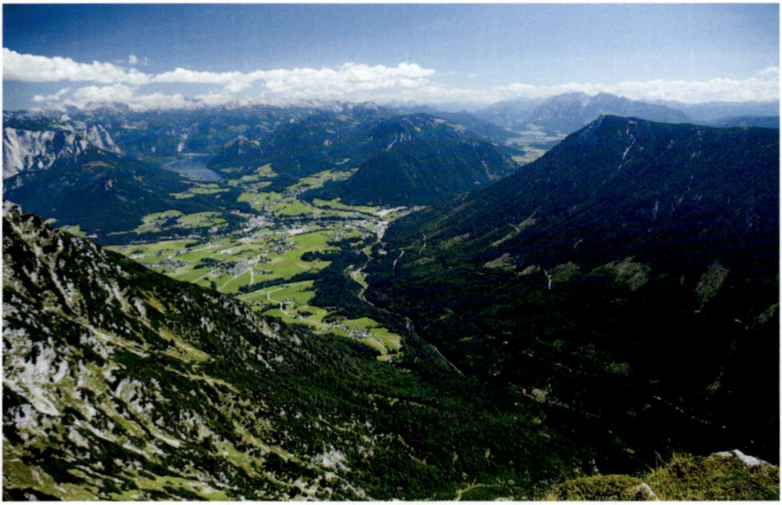

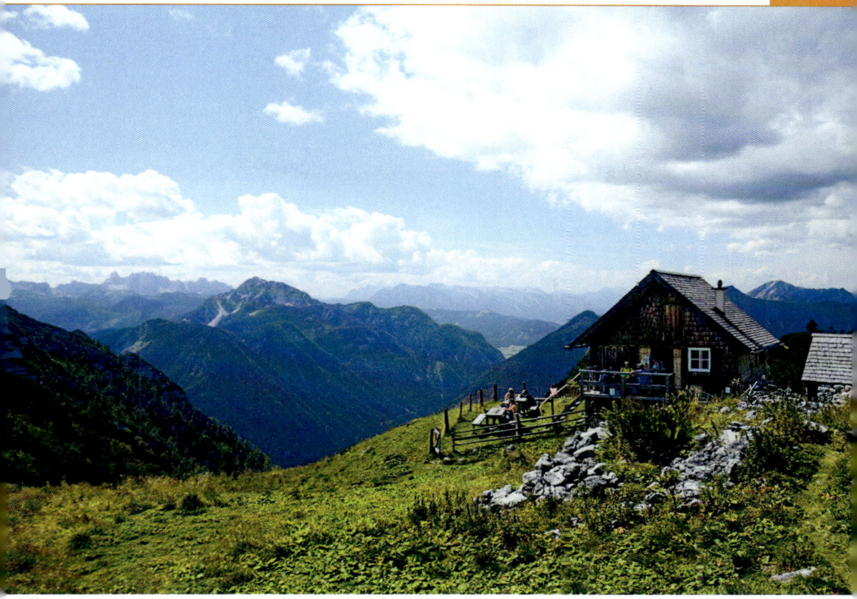

Wenn man beschreiben müsste, was »urig« ist, dann wäre die Sarsteinhütte zu nennen. Sie besticht durch eine ausgesprochen schöne Lage.

Wir müssen uns irgendwann losreißen, doch ich verrate Ihnen: Es bleibt so schön. Es geht einfach, bald aber steil bergab; endlich erblicken wir auch den Altausseer See mit der markanten Trisselwand (1754 m) und dem Skigebiet unter dem Loser (1873 m). Der See gilt als der schönste Österreichs und war schon Kulisse für zahlreiche Filme; zuletzt durfte Daniel Craig als James Bond dort den Helden spielen. Tief unten liegen die zwei kleinen Hütten der Sarsteinalm. Eine kleine geologische Insel (Jurakalke inmitten vom Dachsteinkalk aus dem Trias) ermöglicht dieses schöne Almgelände. Bevor wir die Alm erreichen folgt noch die wichtige Abzweigung nach Bad Aussee und zum Pötschenpass. Die Hütte ist sehr urig, die Sennerin bietet das Wichtigste, was man nun benötigt an; ringsum ein paar Schafe, Mauern alter Hüttenbestände, zwei Holztische. Hoch über der restlichen Welt gelegen, ist es ein schöner Platz zum Verweilen. Danach geht es rasant auf einem schönen, manchmal aussichtsreicher, schmalen Waldpfad durch den Rotengraben 1000 Höhenmeter bergab. Der See kommt näher. Mitreißend schön ist der Blick von der Simonyrast auf den See, die fjordartige Schlucht und *den* Berg im Hintergrund. Die Pötschenpassstraße muss man überqueren, auf der anderen Seite nochmals zur Straße und bergab durch den Ortsteil Untersee. Bald sind wir auf Seehöhe, vorbei an manchen pittoresken Häusern. Etwas Konzentration ist noch gefragt, um den richtigen Weg zum Bahnhof zu finden.

Das Salzkammergut

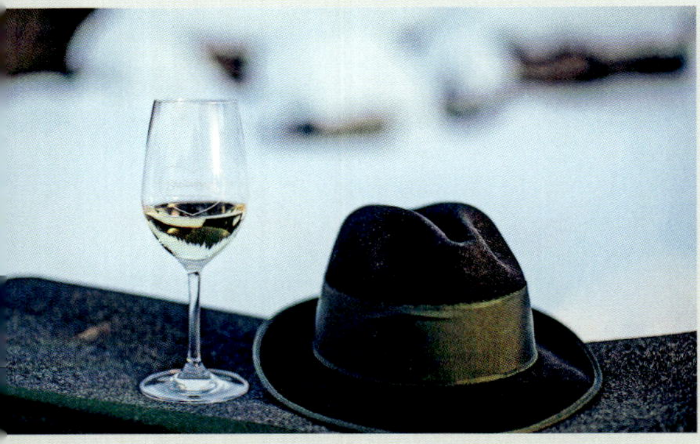

Das Salzkammergut gilt als Wiege vieler alter (und erfundener alter) Traditionen.

Als Kammergüter bezeichnete man Besitzungen, die direkt in der Verwaltung der Landesherren waren, nicht zu verwechseln mit den heutigen Interessensvertretungen verschiedener Berufsgruppen. Die Verwaltung der Salzkammern oblag bis Mitte des 19. Jahrhunderts dem habsburgischen Monopol. Danach wurde der Besitz verstaatlicht und die Kammergüter wurden aufgehoben. Das Salzkammergut, einst die lukrativste der Kammern, rettete sich als Identitätsbezeichnung für die Region ins Heute, als Überbleibsel aus einer längst vergangenen Zeit. Egal, wo die genauen Grenzen dieser Region liegen, die Grenzziehung im Salzkammergut ist eine komplizierte, teils historisch, teils fremdenverkehrsbedingte Angelegenheit, die über drei Bundesländer verteilt ist. Die Region ist zur Marke geworden.

Zwischen Kaiser- und NS-Vergangenheit bildeten Salz, vermischt mit Salzburger Schnürlregen, Dachstein, Natur und Tradition einen Kitt, der alle Gegensätze und Unvereinbarkeiten zusammenhielt. Unzählige Bildbände haben die Klischees verewigt, damals wie heute: Der Sommer sei schöner, der Winter härter, die Leute freundlicher und unfreundlicher, stärker und romantischer, die Mythen düsterer, der Fasching bunter und die Narzissen häufiger als irgendwo sonst auf der Welt. Selbst der Regen sei angenehm, und in Bad Ischl residierte der Kaiser besonders gern. Und sogar die Nazis hätten genau hier ihre Verstecke gehabt. Erzherzog Johann, Ururgroßvater von Nikolaus Harnoncourt und Zeitgenosse von Schubert, der seinen Steirerjanker unter keinen Umständen auszog, ehelichte die Anna Plochl aus dem Salzkammergut, das einfache Mädchen aus dem Volk (beiden ist ein Klettersteig in Ramsau gewidmet), und kam somit als Thronfolger nicht mehr infrage. Unter dem Himmel des Salzkammerguts sind alle gleich, es zählt Naturverbundenheit, es gibt keine sozialen Unterschiede. Dieser Anschein führte dazu, dass viele Überlebende des Holocausts das Salzkammergut zu einem Erinnerungsort an das wahre Österreich machten. Paradox, wegen des KZ-Lagers in Ebensee. Andererseits: Zahlreiche kritische Künstler stammen von hier, allen voran der Schauspieler Klaus Maria Brandauer, der Musiker Hubert von Goisern oder die Schriftstellerin Barbara Frischmuth. Sie erinnert sich in ihrem Roman *Tage und Jahre* so: »Im Sommer, wenn alles voller fremder Leute war, die sozusagen die Welt an ihn [den Ort Aussee] heranbrachten, gab er sich offen, zugänglich und hatte etwas von der verschlissenen Eleganz Adeliger, deren Steireranzüge einen ganz bestimmten Schnitt hatten. Im Winter hingegen verkörperte er ein nach außen hin fast völlig abgeschlossenes Dorf, das im Schnee fast erstickte. [...] Dann waren die Einheimischen wieder aufeinander angewiesen, dazwischen blitzten die Räusche auf, wie Grablichter zu Allerseelen.« Thomas Bernhard drückt es aus der Sicht des greisen Großindustriellen Herrenstein in seinem Stück *Elisabeth II.* so aus: »Glauben Sie wirklich, dass mir Altaussee guttut? Ich habe Altaussee immer gehasst, diese alten Leute, muffig und vermodert / alles feucht, wenn wir ins Bett steigen, steigen wir in ein feuchtes / es hat mir den Hals zugeschnürt in Altaussee / ich verstehe gar nicht, dass es Leute gegeben hat, die sich freiwillig in Altaussee angesiedelt haben / Schriftsteller, Komponisten, Komödianten, dieses ganze Gesindel hat sich dort angekauft / vor Jahrhunderten und danach. Kaum haben die Leute Geld, kaufen sie sich diese alten scheußlichen Häuser / gehen in Dirndlkleidern herum und in Lederhosen und machen sich mit Fleischhauern und Holzhackern gemein / In den Bergen bekomme ich keine Luft.« So offenbart das Salzkammergut in jeder Hinsicht große Differenzen. Himmel und zugleich Hölle. In Ebensee wurde Salz produziert. In Gmunden wurde das Salz verkauft: »Es gibt die Stadt [Gmunden], die Stodara, die dich spüren lassen, dass sie aus der Stadt sind«, so der Bürgermeister von Altmünster. Jener von Bad Mitterndorf: »Wir waren eine Arbeiterregion und in Bad Aussee blühte der Handel mit Salz. Bei uns verunglückten die Leute bei der Waldarbeit und in Bad Aussee nach zu viel Alkohol bei Festen.«

Jedenfalls ist das Salzkammergut der Inbegriff von (österreichischer) Heimat, der Kult um die Schönheit sitzt tief, wegen der Verbindung von alpiner Urlandschaft, ländlicher Idylle und reicher Historie, bis in die Frühzeit des Menschen. Und es bietet sich als ideale Kulisse für eine Ausflucht in eine Art Gegenwirklichkeit an. Probieren Sie es aus.

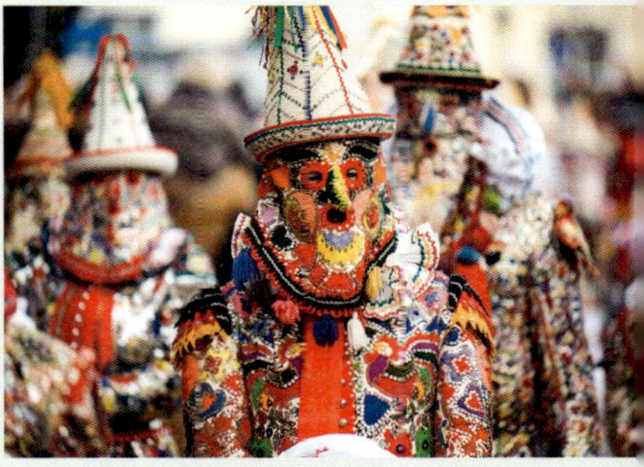

Selbst der Fasching wird um Aussee besonders bunt ...

... oder besonders monochrom gefeiert. Hier im Bild: Die berühmten Trommelweiber, traditionell männlich.

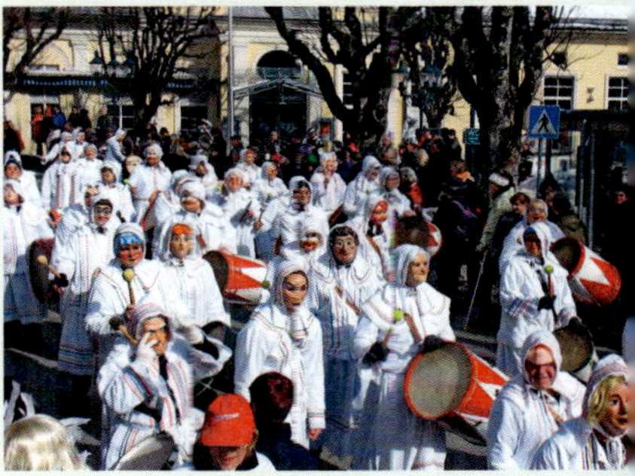

Route 11

Der Zinken

Ein Gipfelversteck am Nordrand des Dachsteingebirges

Viel unscheinbarer kann ein Gipfel fast nicht sein – viel großartiger allerdings auch nicht. Nach einem aussichtsreichen Aufstieg öffnen sich das gewaltige Hochplateau und schöne Almen. Der Abstieg führt zum zum Ödensee, einem malerisch gelegenen, kalten Bergsee.

Sehenswertes

- A Almlandschaft um die Planeralm
- B Eishöhle in den »Wiesen«
- C Der Ödensee

Route und Wanderzeiten

Bhf. Bad Aussee–Zinken	3 h
Zinken – Ödensee	3 h
Ödensee – Bhf. Kainisch	1 h
Total	**7 h 30**
Höhendifferenz	↗ 1350 m ↘ 11 350 m
Distanz	12,5 km

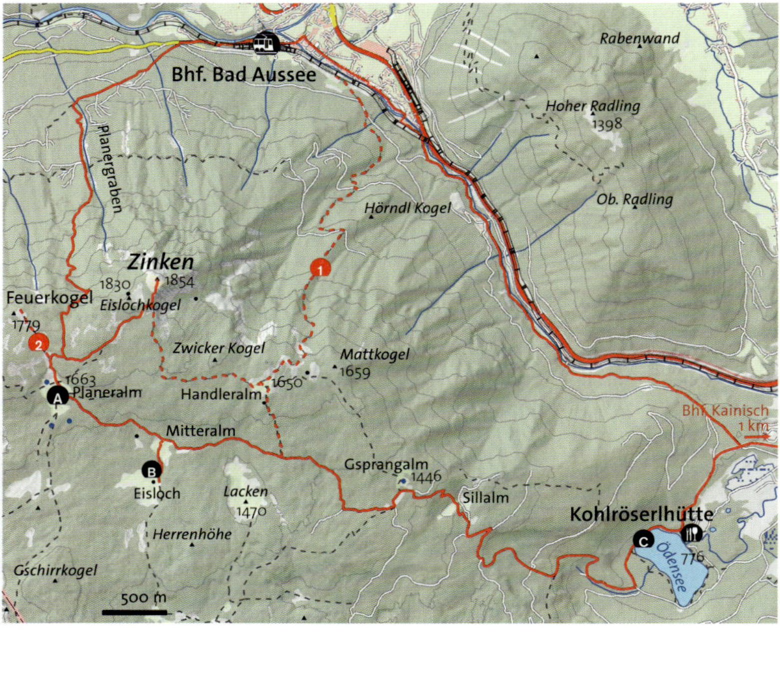

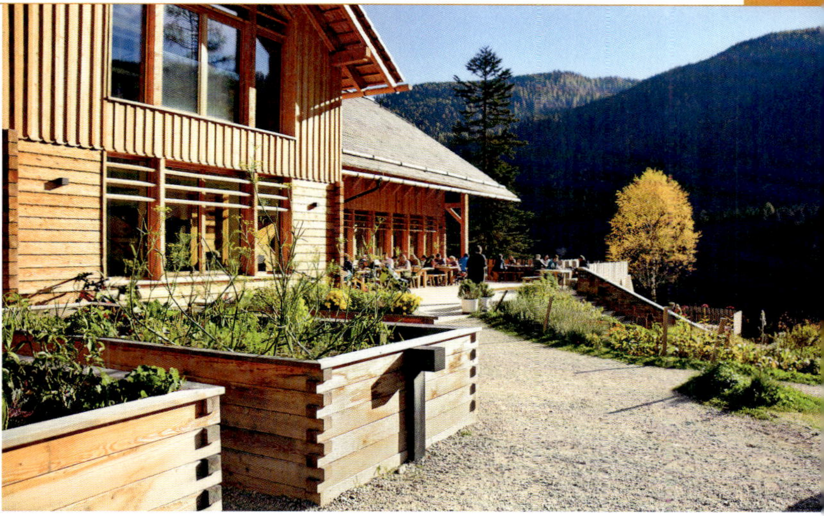

Die Kohlröserlhütte liegt am Ende der Wanderung und bietet regionale Köstlichkeiten.

Charakter: Nicht schwierige, aber recht lange Bergwanderung, voll von Ausblicken und landschaftlichen Reizen. Schwierigkeit: T2–T3.

Beste Jahreszeit: Juni bis September, bei entsprechenden Wetterverhältnissen bis Ende Oktober.

Verkehrsmittel: Bad Aussee ist mit der Bahn gut zu erreichen. Wählt man den Ödensee als Endpunkt, so ist der Bahnhof Kainisch nicht weit weg. Lässt man das Rad am Ödensee stehen, so erleichtert man sich den Rückweg.

Varianten:

1. Rundtour zurück über die Handleralm (insgesamt etwa 5 h 30, eine Stelle T4).
2. Zahlreiche kleine Attraktionen am nördlichen Hochplateau können hinzugenommen werden, wobei gutes Orientierungsvermögen hilfreich ist (mindestens 2 h mehr einplanen).

Übernachten, Gasthäuser: Zahlreiche Übernachtungsmöglichkeiten in Bad Aussee und Bad Mitterndorf.

- Gasthaus Kohlröserlhütte, +43 3624 213, www.genussamsee.com; täglich geöffnet, keine Übernachtungsmöglichkeit. Erstklassiges Essen und Trinken in schönem Ambiente am Ödensee.

Achtung: Es gibt unterwegs nur eine kleine Wasserquelle und keine Verpflegungsmöglichkeit.

Der Weg ist einsam, die Chance, das ein oder andere Wildtier zu entdecken, groß.

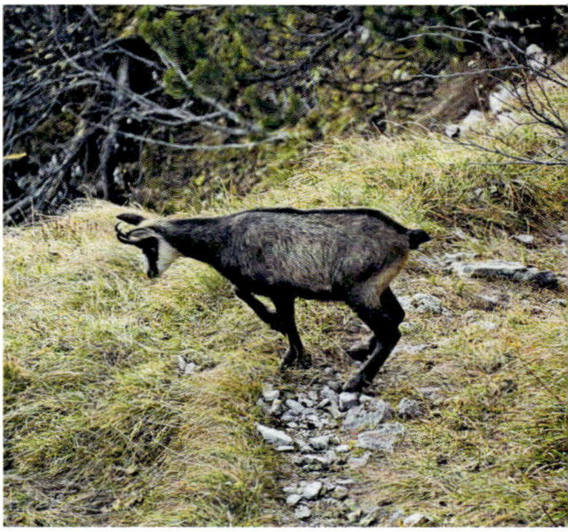

Dieser Berg-und-Tal-Weg ist ein bescheidenes, schlichtes, den Dachstein zierendes Geschmeide. Auch steht er nicht ganz vorne auf der Wunschliste der Gipfeljäger – gut so. Das Bergerlebnis entlang des Wegs ist jedenfalls erstklassig. Vom Tal aus betrachtet – sofern man bei der besonderen morphologischen Situation überhaupt von Tälern sprechen kann – findet der Gipfel kaum Beachtung, von dort fallen Loser und Sarstein mehr ins Auge. Los geht es vom Bahnhof Bad Aussee. Zwei Aufstiege auf den Zinken gibt es, meiner Ansicht nach ist der über den Planergraben etwas geeigneter, vor allem hinsichtlich des weiteren Wegverlaufs. Das mühsamste Stück führt gleich zu Beginn nach Westen über die Bahn, steil der Landesstraße entlang, bis ein Wegweiser die Richtung zu einer Forststraße in den Wald weist. Bei einem weiteren Wegweiser lesen wir eine recht abschreckende Tafel, die vermuten lässt, wir begäben uns nun in echte Gefahr – wir werden sehen. Es geht ab jetzt rasch bergauf, und sofort wird die Aussicht interessant. Der Loser, die Trisselwand und die chaotisch angeordnete Landschaft des Ausseer Beckens breiten sich vor uns aus. Steil und stetig geht es weiter, der Sarstein baut sich im Nordwesten auf. Links der tiefe Planergraben; vor uns macht ein Hinweisschild darauf aufmerksam, dass wir nun in das Europaschutzgebiet Dachstein eintreten, übrigens genau an der 1000 m-Höhenlinie. Es kann Einbildung sein, aber tatsächlich mutet das Gebiet nach der Naturschutzgrenze ursprünglicher an. Zahlreiche umgestürzte Bäume modern vor sich hin, es gibt keinen Fichtenforst mehr, und es ist eine sehr schöne Weganlage ohne Forststraßen zu überqueren. Wir erreichen die einzige Quelle entlang des Wegs, die Lärchen werden mehr und der Pfad steiler. Laut Höhenmesser kann es nicht mehr weit sein, die Häuser im Tal werden immer kleiner. Wir lassen ein Felsband schnell hinter uns und erreichen die Baumgrenze, die von einer einzelnen verkrüppelten Lärche markiert wird. Die Karstfläche ist erreicht, und bald taucht er auf, der Dachstein – jedes Mal ein erhabener Anblick. Wir fragen uns, wo nun die schweren Passagen waren; es gab keine, und es kommen auch keine mehr. Es ist zwar unbestritten so, dass sich genug Unglücke in unseren Bergen ereignen, sodass jede Warnung willkommen ist; diese war in ihrer Form aber übertrieben und irreführend. Oder wollte jemand, dass diese Pracht von den Menschen in Ruhe gelassen wird? Kann sein.

Wir haben die Hochfläche erreicht, die Mühen sind vorbei. Wer eine Halbtagesrunde plant, sollte gleich dem markierten Weg zum Gipfel folgen und über die Handleralm und eine kurze, seilgesicherte Passage absteigen. Wer den ganzen Tag Zeit hat, kann in die Geheimnisse eines entlegenen Fleckens dieser Erde eintauchen – Kartenlesen sollte man aber können und das Wetter muss passen! Wieder knapp an der Baumgrenze zweigt der markierte Weg markant nach links (Osten). Nach rechts führt ein unmarkierter Pfad Richtung Feuerkogel (1779 m), ein Umweg von etwa 1,5 Kilometern, zunächst in den Lärchenwald. Wir erreichen ihn über schönes Almgelände, zwischen Latschen hindurch und an Augensteinschottern vorbei. Der Tiefenblick auf dem Gipfelchen auf das Ausseer Becken, zum Altausseer See und zum Grundlsee kommt völlig unvermittelt, das Bühnenbild ist atemberaubend. Ganz rechts sieht man das Gipfelkreuz des Zinkens. Nachdem wir den Pfad zum markierten Weg wiedergefunden haben, errei-

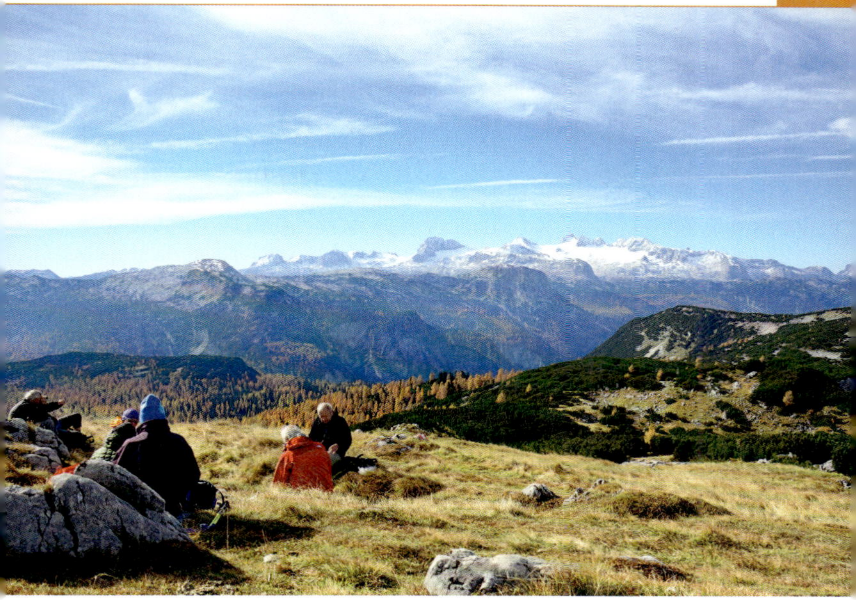

Gipfelrast am Zinken, wie so oft ein kleines Plateau. Berggenuss pur.

chen wir den »Hauptgipfel« nach etwa 0 h 30. Die intakten Almen, die wir durchschreiten, werden von Aussee aus bewirtschaftet. Das hat man jahrzehntelang nicht mehr verfolgt, doch nun werden sie wieder geschwendet; ohne diese Arbeit wäre das Offenland zugewachsen. Zur Aussicht ist nicht viel zu sagen, außer einmalig. Vor allem im Oktober beeindruckt das flächenhafte Gelb-Orange der Lärchen, das sich wie ein Meer vor dem frisch verschneiten Dachstein ausbreitet.

Der Tag ist noch jung, weiter geht es auf gleichem Weg bergab, die Abzweigung zur Handleralm wählen die Halbtageswanderer; wir lassen sie links liegen und erkunden einsame Almen. Eine detaillierte Karte, ein GPS oder eine entsprechende App auf dem Handy sind nun kein Fehler. Kleine Steinmännchen zeigen einen Weg, der links bergab abzweigt. Nach wenigen Minuten erreichen wir das Hüttenensemble der Planeralm (1663 m), etwas unterhalb die Koppenalm, ein sehr idyllischer Ort. Geradewegs nach Osten erreicht man ohne Schwierigkeiten wieder die Handleralm. Durch offenes Waldgelände nach Südwest kann man aber über einen geheimnisvollen Pfad erst über eine Windwurffläche, dann an der Mitteralm vorbei zur ebenen, offenen Fläche »In den Wiesen« pirschen. Mitten auf der Wiese steht ein Zaun um einen Fels – damit wird der Eingang zur Eishöhle geschützt, um die Almtiere vor dem sicheren Absturz zu bewahren. Den Boden des Schachts kann man nur erahnen, so weit geht es in den Fels hinein. Bohrhaken lassen erkennen, dass Höhlenforscher am Werk sind. Nun folgen wir den kleinen Hinweisen fast eben zur Mitteralm zurück und dann nach Osten. Der erste Wegweiser seit Langem (er zeigt zur Handleralm) gibt uns das gute Gefühl, doch richtig zu sein. Es geht bergab, bis ein kleiner Parkplatz (1330 m) erreicht ist. Einheimische fahren gerne hierher und beginnen von hier aus die Wanderung auf den Zinken und zur Handleralm. Naturschutzgebiete machen doch Sinn, schießt es einem in den Kopf, wenn hinter dem Zaun am kleinen Infobereich eine Rodungswüste beginnt. Auf der Forststraße kommen wir zu einer Abzweigung: dort unbedingt nach links und gleich nach dem Almgebäude der Gspran-

Die Wegvarianten sind häufig unscheinbar mit kleinen Steingebilden markiert.

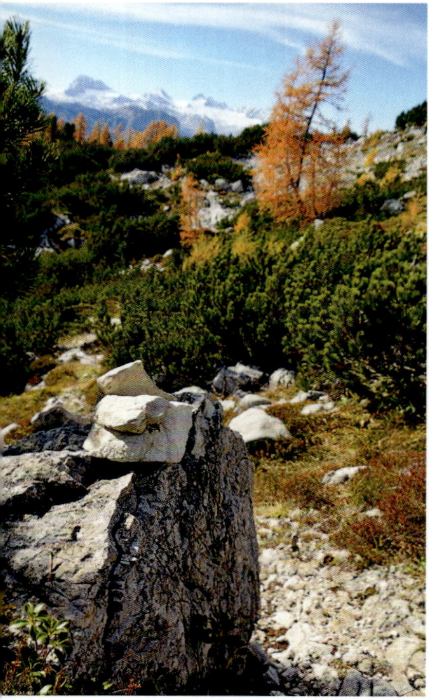

galm steil rechts runter. Der Weg ist nicht markiert, aber ausreichend mit Steinen gekennzeichnet. Wir erreichen die Sillalm, schön an einer kleinen Verebnung gelegen. Nun gehen wir ein kurzes Stück eine Forststraße entlang, Kehre nach links, dann eine nach rechts, aber dann links, etwas schwer an einer Steinmarkierung zu erkennen, in den Wald hinein. Sie zu erwischen, ist aber wichtig, offenbart sie uns doch im Folgenden einen wunderschönen alten Waldweg mit tollen Aussichten auf den Nordrand des Dachsteinplateaus und das Mitterndorfer Becken und den Grimming. Der Ödensee ist bald zu sehen. Vom besagtem Parkplatz bis zum See sind es sechs Kilometer, eine gute Stunde ungefähr. Der See liegt versteckt; wer um ihn herumgeht, wird merken, dass es einen ordentlichen Abfluss, aber kaum einen Zufluss gibt. Wie das? Unterirdische Quellen speisen den See, der dadurch das ganze Jahr empfindlich kalt bleibt. Das Gebiet um den See ist streng geschützt. Durch die besondere morphologische Situation (eine innerhalb der Alpen selten erhalten gebliebene Grundmoränenlandschaft) konnten sich seltene Hochmoorbereiche bilden, die trotz Torfernte in längst vergangenen Jahren erhalten geblieben sind. Eine Durchwanderung lohnt sich, ein beschilderter, informativer Weg führt quer durch das Schutzgebiet. Wer gerne gut isst und trinkt, dem sei die 2016 vollkommen umgestaltete Kohlröserl»hütte« dringend empfohlen – erstklassig, ein würdiger Abschluss der Wanderung. Zurück geht es entweder zum Bahnhof Kainisch oder mit dem Radl zurück zum Ausgangspunkt. Zu Fuß ist der sechs Kilometer lange Weg entlang der Kainischtraun nach Bad Aussee etwas langatmig, aber auch in einer guten Stunde erledigt.

Naturschutz am Dachstein

Der Dachstein ist weder Nationalpark, Biosphärenpark noch Naturpark. Das ist angesichts der vielen Naturschönheiten und diversen Lebensräume erstaunlich, andererseits ob der intensiven Nutzung an Hunerkogel und Krippenstein sowie durch den ehemaligen Truppenübungsplatz Oberfeld bei der Gjaidalm auch nicht verwunderlich. Um grobe Eingriffe zu verhindern, wurde das Gebirge immerhin auf oberösterreichischer und steirischer Seite als »gewöhnliches« Naturschutzgebiet ausgewiesen. Viele Gesetze sind in Österreich Landessache, und somit gelten für den Dachstein drei verschiedene Landesgesetze für Naturschutz, Wasserrecht, Jagd, Raumordnung und so weiter. Der Braunbär ist in der Steiermark geschützt, in Oberösterreich nicht; wir hoffen das Beste. 19 Vogelarten, darunter die Hühnervögel, der Steinadler und viele Beutegreifer, sowie all ihre Lebensräume sind hingegen nur in Oberösterreich gemäß Vogelschutzrichtlinie geschützt.

Knapp 50 Naturdenkmäler, darunter zahlreiche geschützte Geo- und Biotope, sammeln sich um das Bergmassiv. Zu erwähnen sind schöne Wasserfälle auf der Südseite, in der Silberkarklamm, der Luserwasserfall beim Burgstaller und der Gradenbachfall auf dem Weg zum Ahornsee, spektakuläre Höhlen und die riesigen Karstquellen im Norden, wo vor allem der Waldbachursprung im Echerntal besonders beeindruckend ist.

Der größte Teil des Dachsteinmassivs ist als Natura-2000-Gebiet ausgewiesen, die EU-weit höchste Schutzkategorie, und somit Teil des europäischen Naturschutznetzwerks. Auch der Ödensee und seine

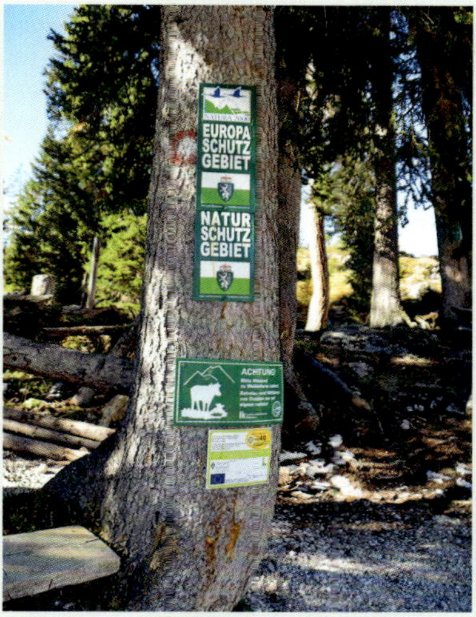

Wo Naturschutzgebiete anfangen, ist in mehrerlei Hinsicht in der Landschaft zu erkennen.

nähere Umgebung mit seinen seltenen Hochmooren, Moorwäldern und Charakterarten sind streng geschützt. Insgesamt stehen auf steirischer und oberösterreichischer Seite über 220 Quadratkilometer unter Schutz. Für 19 Lebensräume müssen die Länder einen günstigen Erhaltungszustand garantieren, darunter auch die Gletscher (ich bin gespannt, wie das bewerkstelligt wird), touristisch nicht erschlossene Höhlen, Schluchtwälder oder die Moore und die ungemein diversen Lebensräume im Mitterndorfer Becken beim Ödensee. Somit sollte eine weitere Erschließung dieser Bereiche nicht möglich sein. Bitte beachten Sie auf Ihren Wanderungen das Wegegebot, das in Naturschutzgebieten in Österreich gilt.

Routen 12–16

Höhenwanderungen am Dachstein

Höhenwanderungen am Dachstein haben etwas Gewagtes, etwas Ursprüngliches. Aus technischer Sicht stellen sie, abgesehen von einigen Stellen entlang der Dachsteinumrundung, keine großen Herausforderungen dar, es sind aber ungemein lange Wanderungen – man könnte auch sagen, es sind die letzten Abenteuer für Normalsterbliche. Die zwei Überschreitungen messen etwa 25 Kilometer und 10 Stunden Gehzeit, ohne Verpflegungsmöglichkeit oder Unterkunft am Weg. Sie lassen sich als Hin- und Rückweg an zwei Tagen konzipieren, warum nicht gar mit einem Tag Pause, um Hallstatt zu besichtigen. Die Gosaukamm-Umrundung ist noch länger, aber es gibt an den beiden möglichen Ausgangspunkten tolle Übernachtungsmöglichkeiten. Die Etappen der Umrundung des Dachsteins hingegen sind problemlos an einem Tag zu schaffen, aber alpinistisch anspruchsvoller als die bisher beschriebenen Touren. Bei allen sind unvergleichliche Bergerlebnisse garantiert.

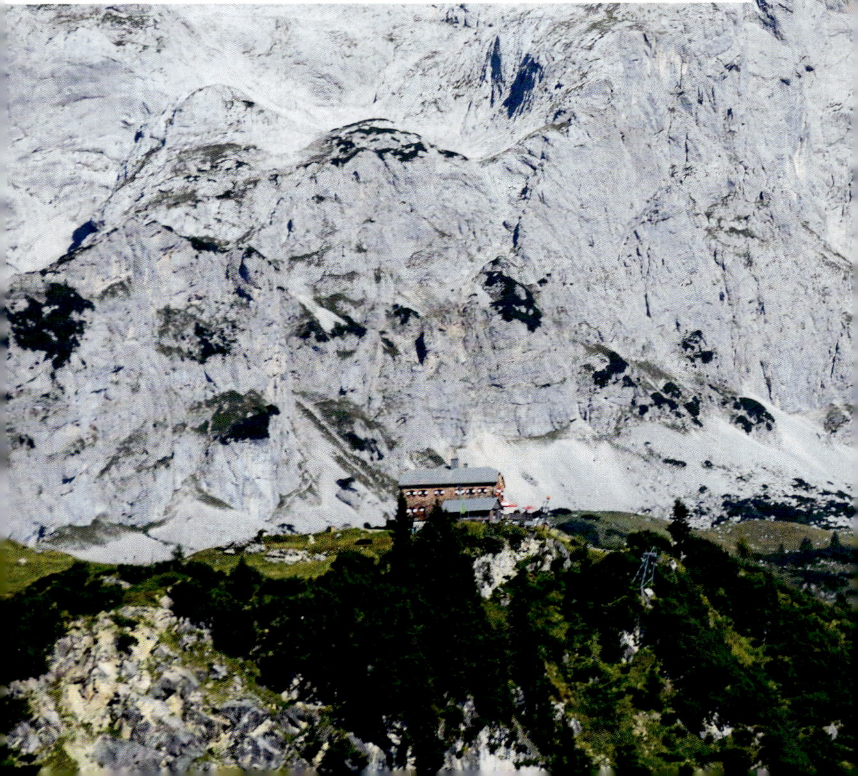

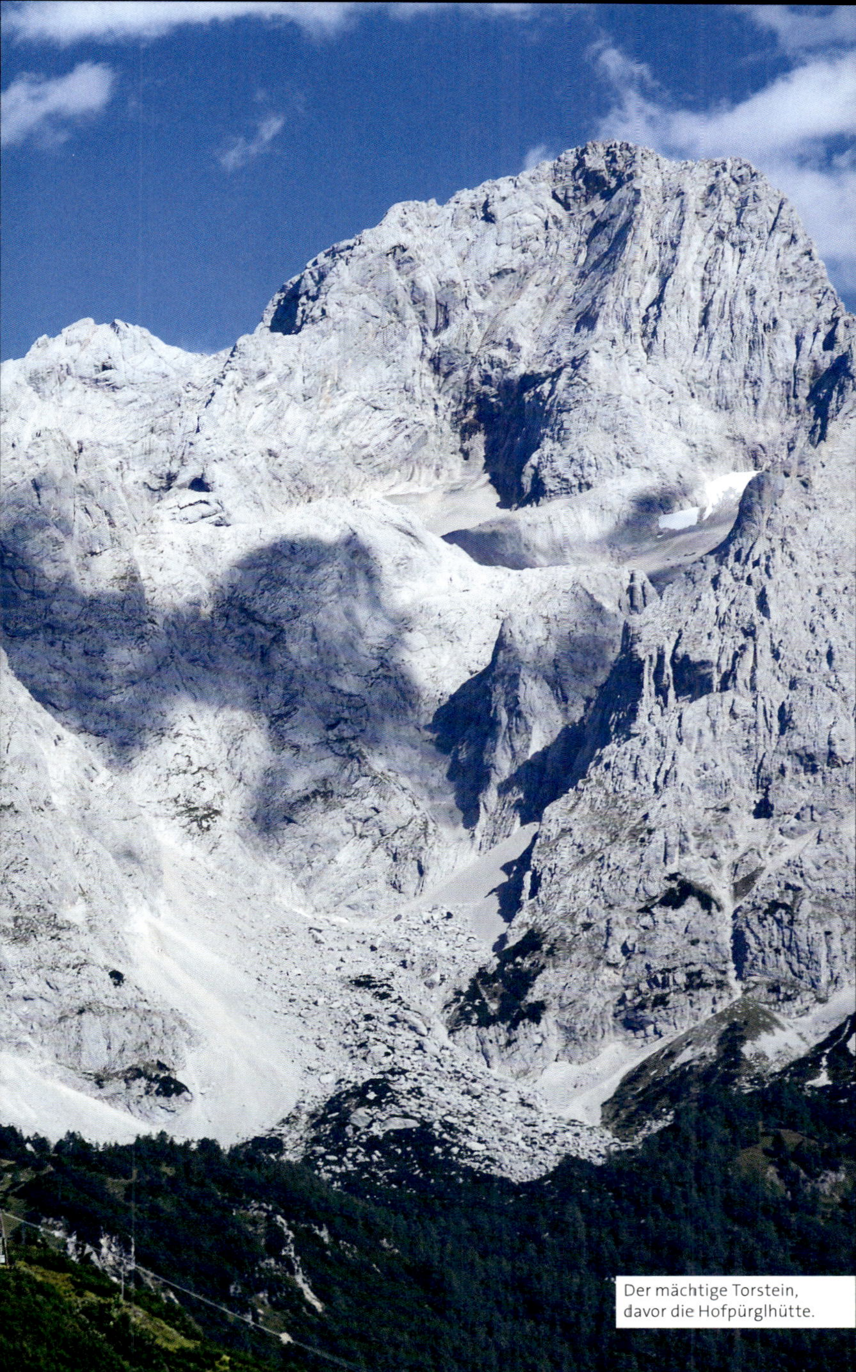

Der mächtige Torstein,
davor die Hofpürglhütte.

Route 12

Große Überschreitung von Gröbming nach Obertraun

Abtauchen in die Einsamkeit

Eine sehr lange Wanderung erschließt einen Teil des östlichen Dachsteinplateaus. Sie führt an zahlreichen Almen vorbei, von denen einige, fernab jeder Siedlung, dennoch bewirtschaftet werden. Dazwischen liegen die unendlichen Weiten des Dachsteingebirges, das auf einem einsamen Pfad durchschritten wird.

Charakter: Extrem lange Wanderung in stiller Einsamkeit. Ausreichend Wasser sollte unbedingt im Gepäck dabei sein, unterwegs gibt es keine brauchbare Quelle. Vor allem müssen zweifelsfrei stabile Wetterbedingungen herrschen, nach der Königreichalm ist der Weg nicht markiert und gute Orientierung im Gelände gefragt. Bitte unternehmen Sie die Tour daher nur bei absolut stabiler Wetterlage; bei schlechter Sicht fehlt Ihnen jeglicher Orientierungspunkt. Schwierig ist der Weg nicht, ich wähle für die Tour Trekkingschuhe, die größte Herausforderung neben der Länge ist der rasante Abstieg von

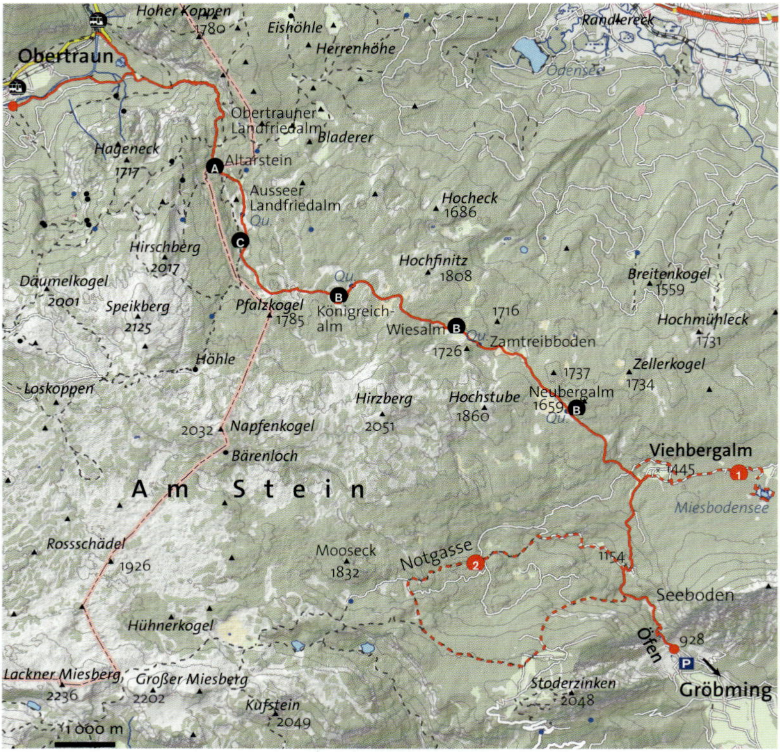

der Landfriedalm nach Obertraun. Schwierigkeit: T5 (wegen der anspruchsvollen Orientierung nach der Königreichalm).

Beste Jahreszeit: Juni bis September, bei entsprechenden Wetterverhältnissen bis Ende Oktober.

Verkehrsmittel: Vom Bhf. Gröbming gibt es zwar Busverbindungen zum Ortsteil Weyern, allerdings keine, die für Wanderungen hilfreich sind. Die Zugverbindung von Obertraun nach Gröbming ist nicht schlecht (www.oebb.at), wird aber am selben Tag etwas knapp. Es sind daher örtliche Taxiunternehmen (z.B. Taxi Stocker, +43 664 9635232) zu empfehlen, oder Sie planen eine Übernachtung ein und kehren über Route 13 in die Ramsau oder nach Gröbming zurück.

Varianten:

1. Gemütliche Tour zur Viehbergalm und wieder zurück. Diese bei Einheimischen sehr beliebte Tour gibt einen Einblick in die Abgeschiedenheit des östlichen Dachsteinplateaus. Von dort lohnt sich ein Abstecher zum Miesbodensee (0 h 30 von der Viehbergalm), einem wunderschönen, kleinen See, umgeben von Niedermooren und Schwingrasen (4 h). Von hier führt ein Weg zur Kammspitze (sehr schwer, T5–T6) weiter.
2. Wanderung durch die Öfen und zum Stoderzinken, die sich mit dem Umweg zur Notgasse zu einer herrlichen Tagestour mit zahlreichen Attraktionen ausbauen lässt.

Route und Wanderzeiten

Gröbming Parkplatz–Viehbergalm	1 h 30
Viehbergalm–Königreichalm	4 h
Königreichalm–Obertraun	4 h
Total	**9 h 30**
Höhendifferenz	↗ 1350 m ↘ 1750 m
Distanz	24,5 km

Sehenswertes

- A Altarstein
- B Almen entlang des Wegs
- C Landfriedtal

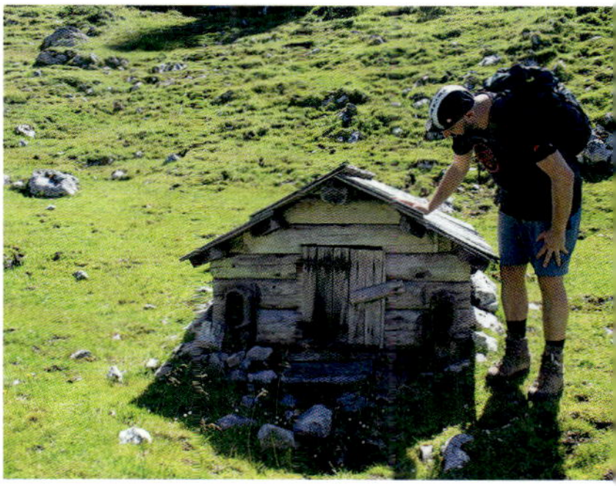

Ist der Mensch so groß, oder die Hütte so klein? Letzteres: es handelt sich hier um das Gebäude einer Zisterne auf der Neubergalm.

Besonderes: Die Einsamkeit am Dachsteinplateau. Tolle Augensteinlandschaft entlang des Wegs. Im Winter ist das Kemetgebirge, wie dieser Teil des Dachsteingebirges genannt wird, für Schneeschuhwanderungen geeignet.

Übernachten, Gasthäuser: Übernachtungsmöglichkeiten in Obertraun oder Gröbming. Entlang der Route keine Übernachtungs- oder Einkehrmöglichkeit. Die Viehbergalm ist bewirtschaftet, einige Almhütten bieten selbstgemachte Köstlichkeiten an, auf der Ritzingerhütte gibt es sogar 8 Betten – auch ein guter Ausgangspunkt für die Überschreitung am nächsten Tag. Falls Sie eine Übernachtung in Obertraun planen, organisieren Sie sich rechtzeitig eine Unterkunft. Bei manchen ist die Zeit stehen geblieben (in den 1970er-Jahren).

- Gasthof Höllwirt (Obertraun), +43 664 4331301 oder 0800 400 171809 (kostenlos), www.hoellwirt.at; Mi, Do geschlossen. Sehr zu empfehlen, gute Küche.

Karte: Der Weg ist nicht auf der Alpenvereinskarte abgebildet, die Freytag & Berndt- und Kompass-Karten sind etwas zu grob; am besten, Sie laden sich eine einschlägige GPS-App (z.B. Outdooractive, Locus) auf Ihr Handy oder orientieren sich mit der ÖK-Karte, Blatt 3218, Bad Mitterndorf, wo die Wege eingezeichnet sind.

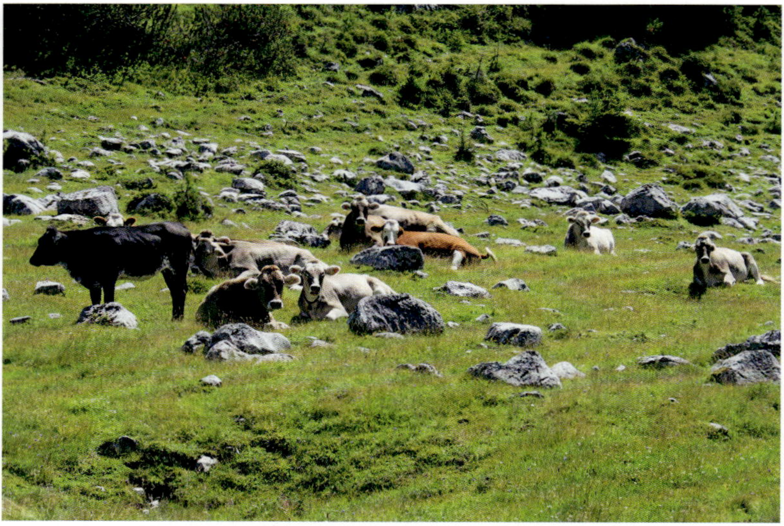

Nach stundenlanger Wanderung begegnet man auf einmal einer Viehherde.

Der Weg ist das Ziel. Wir starten unsere lange Tour an einem Parkplatz bei einer kleinen Kneippstation außerhalb der Ortschaft Gröbming, quasi in einer Sackgasse, am Ende des Wegs. Die Szenerie ist grob, und eine riesige Schottergrube lässt uns zweifeln, ob das tatsächlich eine schöne Wanderung wird. Nach der Schranke geht es sofort steil bergauf. Es ist insofern Vorsicht geboten, da der erste Abschnitt bis zur Viehbergalm eine beliebte Mountainbike-Strecke ist und einige Biker es auf diesem Abschnitt so richtig laufen lassen. 1979 wurde die Straße mit ihren markanten fünf Brücken durch die sogenannten Öfen (so bezeichnet man die steilen Felswände am Eingang) zur Viehbergalm ausgebaut. Das sicherte deren Fortbestand, da es die Bewirtschaftung erheblich erleichterte und die Bewirtung von Gästen ermöglichte. Früher wurden an der engsten Stelle Riesen gebaut, um Holz in das Tal zu triften. Die steile Asphaltstraße und der Gröbming-Bach durchschneiden eine spektakuläre Felslandschaft. Links führen waghalsige Klettersteige steil die Wand hinauf. Die Landschaft entlang des gesamten Wegs folgt keinem eindeutigem Tal-Berg-System. Nach den Öfen öffnet sich das Gelände etwas und wir erreichen den Seeboden, eine wunderschöne Moorlandschaft, durch die der kleine Bach mäandriert, ringsherum steigen die Felsen fast senkrecht empor. Bald nach dem Seeboden folgt ein Wegekreuz, von dort führt ein steiler Weg bergauf direkt zum Stoderzinken. Wir wählen die Richtung zur Viehbergalm. Nach der kleinen Hütte (Rahnstube, 1154 m) nimmt der Karrenweg über den »Wurf« vehement an Steilheit zu, gut 250 Höhenmeter sind zu überwinden. Es heißt immer auf die Markierung achten, bei einer Weggabelung geht es scharf rechts. Die Folgen eines Windwurfs aus dem Jahr 2003 sind immer noch zu erkennen, nur langsam erholt sich der Wald. Nach einem Bildstock folgt der nächste ebene Fleck, genauso ein kleines, vom Gletscher ausgeschürftes Becken, das im Laufe der Zeit wieder aufgefüllt wurde. Wir befinden uns schon knapp vor der Viehbergalm, und nun heißt es aufgepasst. Der Wegweiser am Waldrand führt zur Notgasse und weiter zur Grafenbergalm und zum Guttenberghaus. Dieser Weg ist der als Variante 2 angegebene. Geradeaus geht es zur Viehbergalm weiter, und es folgt ein kleines Dilemma: Wenn wirklich die Überschreitung des Dachsteingebirges geplant ist, sollten Sie nicht bis ganz zur Alm wandern, sondern kurz vorher die mittlere der drei Waldschneisen, entlang eines schlecht markierten Wegs, links in den Wald hinein wählen. Besuchen Sie die Alm, können Sie die Überschreitung vergessen – sie ist märchenhaft schön gelegen und seit einiger Zeit bieten einige Bewirtschafter der Almhütten Köstlichkeiten an; Sie werden sich nicht losreißen können. Ich empfehle, dafür eine eigene Halbtageswanderung zu planen, mit ausgiebigem Seelebaumelnlassen auf der Alm, und einem in Variante 1 beschriebenen Abstecher zum Miesbodensee. Oder Sie übernachten hier und setzen die Route am nächsten Tag fort.

Der Weg nach Obertraun – das Ziel ist noch sehr, sehr weit weg – wird nun zu einem kleinen Abenteuer. Der Einstieg ist wichtig, der Weg wird nicht mehr markiert, die alten Hinweise sind aber noch ab und zu erkennbar. Es geht auf einem schmalen Pfad steil durch einen üppigen Wald bergauf, über die Forststraße hinweg und wieder im Wald bergauf. Immer wieder gliedern Felspartien die Landschaft. Wenn wir

Der Bereich um die Quelle vor der Wiesalm ist mit Wollgras bewachsen.

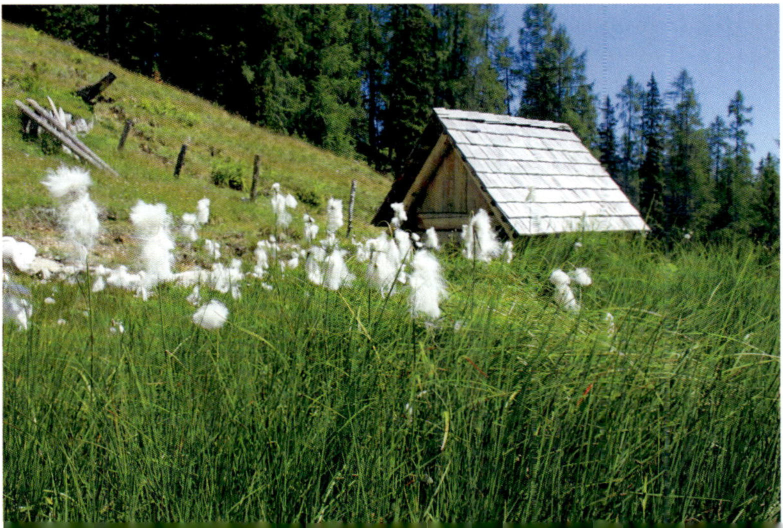

nach der Steigung eine kleine, verwachsene Lichtung erreichen, ist der Weg der richtige. Dort geht es nach Westen weiter. Nach gut 1 h von der Viehbergalm erreichen wir sehr unvermittelt das weite Gelände der Neubergalm, deren Anlage in das Hochmittelalter zurückgeht. Sie ist touristisch nicht erschlossen, die Gebäude ausgesprochen ursprünglich und sagenhaft gelegen. Die kleinen Hütten dienen bis heute als Zisternen, um Wasser zu sammeln. In der Nähe gibt es einige Höhlen: den Neubergeiskeller – nomen est omen, hier wurden Almprodukte gelagert – und das Große und Kleine Grubofenloch am Nordrand der Alm. Wir befinden uns nahe dem Herzen des Dachsteingebirges, eine einsame Gegend, es ergeben sich auch nicht besonders viele Aussichten. Am Almrand tauchen wir in einen offenen Lärchen-Zirbenwald ein und durchschreiten ein typisches Karstrelief: viele kleine Dolinen, größere Kesselsituationen (Uvalas), trockene Tälchen, Karren auf dem Kalkstein, dunkle, aber geringmächtige Böden, und trotz der oberflächigen Trockenheit – während der gesamten Wanderung werden wir keinen Bach kreuzen – wächst eine üppige Vegetation, wie das? Die nächste alte Rodungsfläche und abflusslose Talung nennt sich vielsagend Z'sammtreibboden. Bald danach taucht die erste brauchbare Quelle auf. Wie an vielen Quellen im Karst wird das Wasser der Wiesbergquelle in zwei aufeinanderfolgenden Trögen gesammelt, um so viel wie möglich aufzufangen. Die nähere Umgebung der Quelle ist aus Schutzgründen eingezäunt, so kann sich ungehindert Wollgras entfalten. Ob das Wasser wirklich für Menschen trinkbar ist, entscheidet die zeitliche Distanz zum letzten Regenfall. Erstmals fallen Sande und zum Teil faustgroße Kristallingerölle auf – mitten im Dachsteinkalk auf 1650 m (siehe Thema Augensteine). Die Almfläche der Wiesalm (1656 m) liegt in einem weiten Karstkessel, dessen Abfluss verstopft und mit einem kleinen, vermoorten See gefüllt ist. Sie wird nach wie vor genutzt, die Gebäude wirken sehr gepflegt und eines ist vor kurzer Zeit neu errichtet worden.

Der weitere Weg ist zwar gut zu erkennen, Aufmerksamkeit ist dennoch geboten. Wir steigen nun zum Törl (1769 m) auf, dem höchsten Punkt dieser Wanderung, der die Grenze zwischen Königreich und Wiesalm markiert. Ein Holzgatter ist zu durchschreiten, samt Stacheldraht- und Weidezaun. Mittlerweile wirkt die Tatsache, dass wir uns in einem Weidegebiet bewegen, schon etwas unglaubwürdig. Zwischen Wiesbergalm und Königreichalm liegen etwa 3 Kilometer, es ist ein unglaublich einsamer Weg, selten ergeben sich Aussichten auf einen der Gipfel des Dachsteins, viele Dolinen und knorrige Zirben prägen die Landschaft. Auffallend sind hin und wieder knallrote Erden, die aus Zeiten stammen, als hier tropisch-subtropisches Klima herrschte. Erste Steinmauern läuten die Königreichalm ein, Holzreste der alten Hüttstatt, die in den 1920er-Jahren abgebrannt ist, sind rechts zu sehen. Forscher fanden dort Reste von bronzezeitlichen Behausungen. Man nimmt an, dass bis zur Zeit der Motorisierung dieser elendslange Weg eine wichtige Verbindung von Nord nach Süd über den Dachstein war – oberhalb der versumpften Talbereiche und noch unter den schneebedeckten Höhenlagen. Wir erreichen wieder eine Quelle und dann – welch ein Name – die Königreichalm. Weit mehr als 5 h sind seit den Öfen vergangen – aber die Alm wird von Gröbming aus bewirtschaftet! Die Viecher

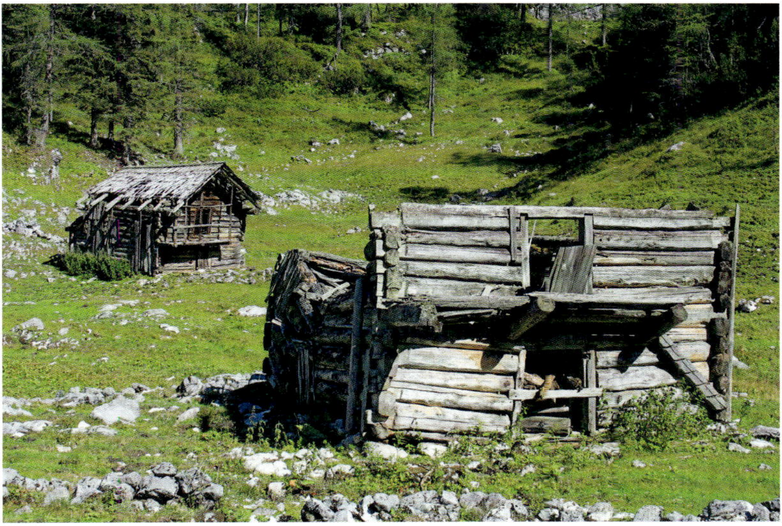

Der Weg verbindet zahlreiche Almen und soll einst eine wichtige Route nach Süden gewesen sein. Nicht alle Almen sind noch intakt.

werden jedes Jahr über den soeben begangenen Weg hierhergetrieben. Die jungen Almleute halten hier eine lange Tradition aufrecht. Markant ist der Anger gleich bei der Hütte, der von einem weiten Steinring umgeben ist. Es geht aus dem Almkessel heraus, herrlich ist der Blick zurück zur Alm. Nun heißt es genau die Karte studieren, es gibt keinerlei Markierung, nicht mal Steinmännchen, nur an wenig ausgetretenen Pfaden hangeln wir uns entlang. Wir orientieren uns nach Westen, lassen uns von Wegen, die rechts in das Langgangtal abzweigen, nicht irritieren und steuern das Felsgebilde des Pfalzkogels (1758 m) an. Über den Almfalterboden, der noch von der Königreichalm als Almfläche genutzt wird, erreichen wir auf schmalem Pfad das weite Landfriedtal, wo ganz im Hintergrund die Häuser der Ausseer Landfriedalm zu sehen sind. Es geht mehr oder weniger weglos bergab, besonders bei voll entfalteter Vegetation ist ein Weg schwer auszumachen. Bei gutem Wetter ist die Orientierung nicht allzu schwer. Tiefrote Pfützen, Rotalgen, leuchten markant aus dem Grün heraus, bis wir, knapp vor dem Talboden, ein interessantes morphologisches Phänomen erreichen: ein Buckelwiese, durch häufigen Wechsel von Auftauen und Wiedergefrieren entstanden.

Der Talboden ist erreicht, und es fallen die nassen Böden und der Riegel vor uns auf, wo es ein letztes Mal für heute, mittlerweile mühsam, bergauf geht. Es ist ein kleines Zungenbecken und ein Endmoränenwall eines Gletschers, der einst von der Hochfläche über das Landfriedtal hinab zur Traun stürzte und hier im Spätglazial einen letzten Vorstoß wagte. Endlich ist die Ausseer Landfriedalm erreicht. Leider ist keine der Hütten an dieser wunderschönen Lage bewirtschaftet. Der Weg wird nun deutlicher. Wir halten uns links nach Nordwest (direkt nach Norden führt ein einsamer Pfad in Richtung Zinken) und durchschreiten eine Karstgasse, wo wieder große, runde Augensteine auffällig direkt am Weg liegen, und kommen zu einem Steinwall mitten in der Landschaft und zum markanten Altarstein. Wo früher für die Almleute eine Kapelle stand, markieren sie die Landesgrenze zwischen Oberösterreich und der Steiermark. Wenig später sind die drei Hütten der Obertrauner Landfriedalm erreicht, die alle mit uralten Steinringen umgeben sind. Zwei Hütten verfallen vor sich hin, sie gehen auf das 18. Jahrhundert zurück, die dritte ist stilgerecht in den 2010er-Jahren neu aufgebaut worden. Nach wie vor ist sie bewirtschaftet. Auffallend bei diesen Hütten ist die hohe Bauweise, die auf Sparmaßnahmen zu Zeiten Maria Theresias zurückgehen, als Holz knapp war. Der Stall befand sich unter dem Wohnraum der Sennerin, womit ein Holzdach eingespart werden konnte. Bald ist eine Jagdhütte erreicht, wonach ein rascher Abstieg nach Obertraun entlang eines vor langer Zeit angelegten Steigs beginnt. Der Rahmen ist einfach toll, rechts die mächtige Dachsteinkalkwand des Koppenwinkels, um uns ein schöner, offener Wald, und der Blick richtet sich nach Westen ins Trauntal und zum Hallstätter See. Die Koppenwinkelalm, tiefst gelegenste Alm am Dachstein, ist nach rund 1 h 30 rasantem Abstieg erreicht, leider auch nicht touristisch bewirtschaftet, Durst! Aber die Zivilisation hat uns wieder. Noch vor der malerischen Koppenwinkellacke zweigt ein Weg zur Bahnstation Obertraun-Koppenbrüllerhöhle ab, das ist die nächstgelegenste Bahnstation – falls Sie an diesem Tag ins Ennstal zurück müssen. Ansonsten führt der weitere, breite Weg nach Westen zum Ort Obertraun und quert erst den Hagenbach, dann den Koppenwinkelbüller – die Füße nach der langen Wanderung in das kalte Nass zu stecken, ist ein besonderes Erlebnis und belebt den geschundenen Körper. In gut 0 h 30 ist der Ort erreicht, immer an der Traun entlang, wo uns ein paar Tafeln über die Geschichte der Gegend informieren. Ein langer Tag in einer anderen Welt geht zu Ende.

Der Altarstein markiert die Grenze zwischen Oberösterreich und der Steiermark.

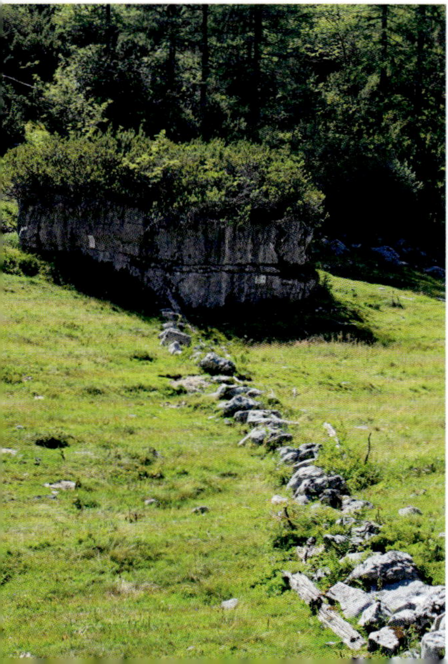

Augensteine

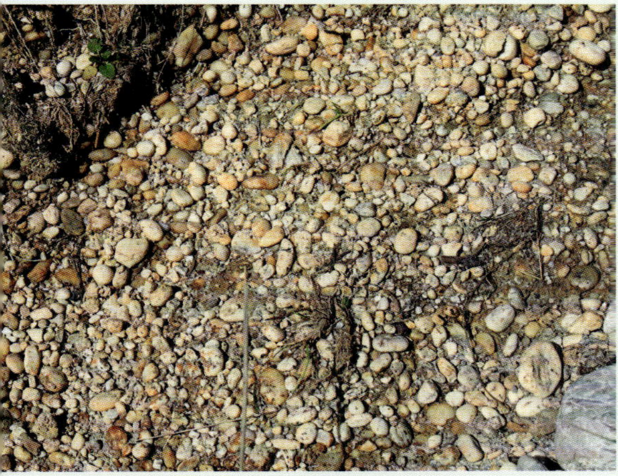

Augensteine: Kristalline Gerölle mitten im Kalk in großer Höhe.

Das Dachstein-Gebiet war im späten Eozän (vor etwa 35 Mio. Jahren) ein verkarstetes Hügelland, das bis heute als Hochplateau erhalten ist. Vor der entscheidenden Hebungsphase begann die Dachstein-Altfläche abzusinken und wurde über viele Jahrmillionen von mächtig Schottern und Sanden der Flüsse aus den damals höher gelegenen Zentralalpen zugeschüttet. Diese Schotter der ursprünglichen Landschaft sind heute nur noch auf wenigen Restflächen in Form von Quarz-Geröllen, Bohnerzen und umgelagerten Rotböden erhalten. Da sie häufig die Größe und Form eines Augapfels aufweisen, werden sie Augensteine genannt. Zunächst gab es recht fantasievolle Entstehungstheorien; Vögel sollen sie anstelle ihrer Eier verfrachtet haben. Man fand heraus, dass diese Sedimente im Dachsteinmassiv über 1300 Meter mächtig gewesen sein müssen, mancherweise sogar über 2000 Meter. Ihre Ablagerung endete vor etwa 22 Mio. Jahren (frühes Miozän), da sich das Herkunftsgebiet der Augenstein-Schotter absenkte und somit den Lauf der Flüsse veränderte.

Das Karstplateau wurde hingegen erst vor etwa 10 Mio. Jahren in mehreren Schüben gehoben. Ein Teil der Augenstein-Sedimente gelangte durch geologische Störungen in verschiedene Höhlensysteme. Zahlreiche, allerdings lokal begrenzte Vorkommen finden sich auch noch am Dachsteinplateau, deren Gestalt von Sand bis hin zu über 10 Zentimeter großen Quarzgeröllen reicht. Ihr Erhalt ist letztlich der Karstentwässerung zu verdanken, da am Dachsteinplateau keine Flüsse fließen, die sie wegtransportieren. Die Augensteine wurden inzwischen – analog zu seltenen Pflanzen – unter Naturschutz gestellt und ihre Mitnahme ist streng untersagt. Neben Fundstellen, wo nur wenige Augensteine beisammen liegen, gibt es auch solche mit größerer Ausdehnung, am Niederen Gjaidstein, bei den Rumplerseelein, am Roßfeld, im Umfeld der Landfriedalm oder bei der Feisterscharte.

Route 13

Über das Heilbronnerkreuz zur Grafenbergalm

Aussichtsreiche Wanderung in den Weiten des Dachsteins
Diese Überschreitung des Dachsteins bietet spektakuläre Aussichten, einsame Wege und unvergessliche Landschaftserlebnisse, mitsamt der sagenhaften Notgasse. Für die zweite Hälfte der Wanderung bieten sich zahlreiche Varianten an.

Charakter: In der beschriebenen Variante stellt die Wanderung keine besonderen Anforderungen dar – ausgenommen ausreichend Kondition! Die Wege sind durchgehend gut markiert. Bei Schlechtwetter kann es jedoch aufgrund mangelnder Orientierungsmöglichkeit lebensgefährlich werden. Schwierigkeit: T2–T3.

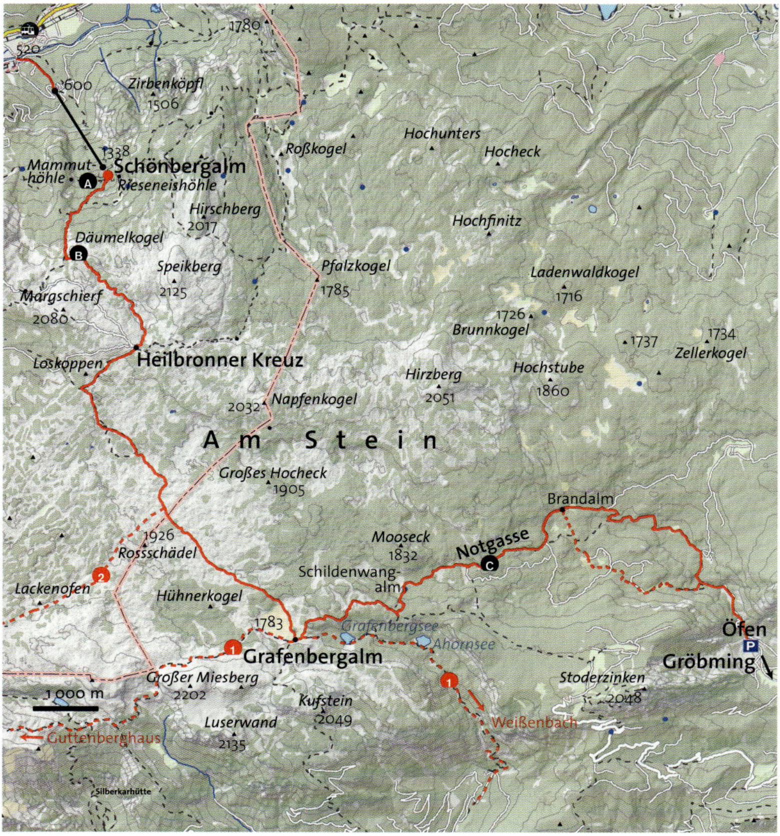

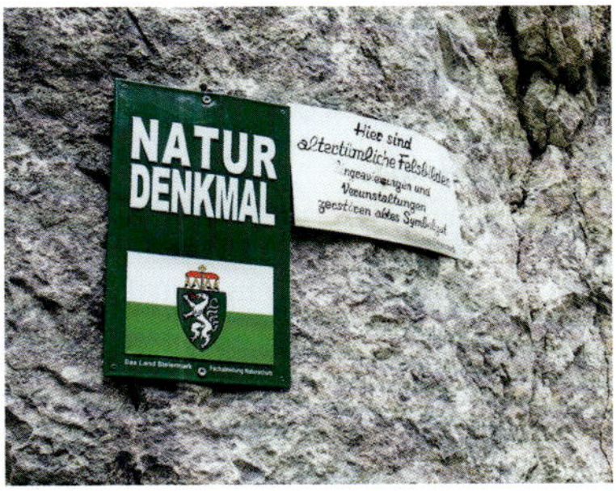

Die Notgasse gilt als einzigartiges Kultur- und Naturgut.

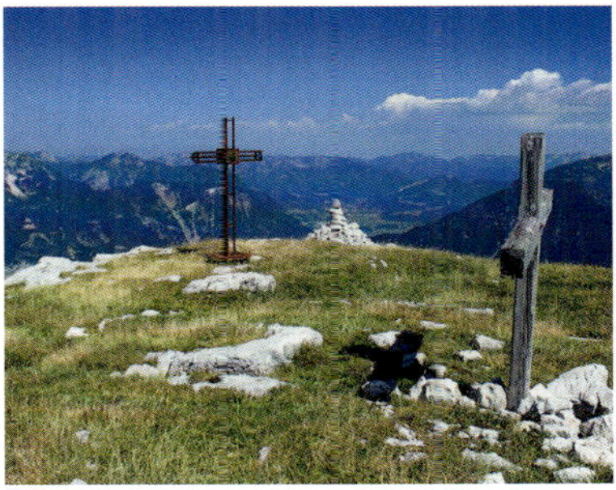

Einmalige Aussicht am Gipfel des Däumelkogels.

Beste Jahreszeit: Juni bis September, bei entsprechenden Wetterverhältnissen bis Ende Oktober.

Verkehrsmittel: Obertraun ist mit den öffentlichen Verkehrsmitteln gut zu erreichen. Von Obertraun zur Schönbergalm führt die Krippenstein-Seilbahn.

Varianten:

1. Von der Grafenbergalm ergeben sich zwei lohnende Varianten: entweder über die Seen nach Weißenbach oder zum Guttenberghaus (jeweils 3 h von der Grafenbergalm).
2. Entlang des Wegs kann man Richtung Lackenmoosalm und zum Guttenberghaus abzweigen und so direkt zur Ramsau wandern (3 h von der Abzweigung).

Übernachten, Gasthäuser: Nach der Schönbergalm keine regelmäßig bewirtschaftete Hütte am Weg.

Literatur: Christhard Schrenk (Hg.), *Das Heilbronner Dachsteinunglück 1954. Zehn Schüler und drei Lehrer verlieren am Karfreitag ihr Leben,* Heilbronn 2004.

Route und Wanderzeiten

Schönbergalm–Däumelkogel–Heilbronner Kreuz	3 h
Heilbronner Kreuz–Grafenbergalm	4 h
Grafenbergalm–Notgasse–Gröbming	1 h 30
Total	**8 h 30**
Höhendifferenz	↗ 1750 m ↘ 2050 m
Distanz	25,5 km

Sehenswertes

- A Eishöhle, Mammuthöhle, Koppenbrüllerhöhle
- B Aussicht vom Däumelkogel
- C Notgasse

Im Vergleich zu Route 12 ist dieser Weg besser markiert. Vorsicht ist bei Schlechtwetter geboten

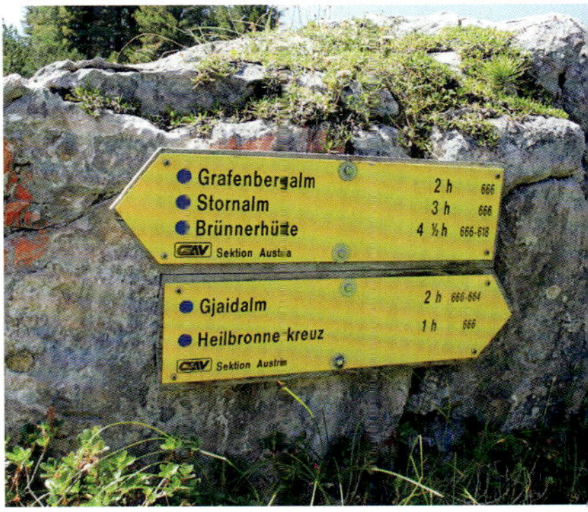

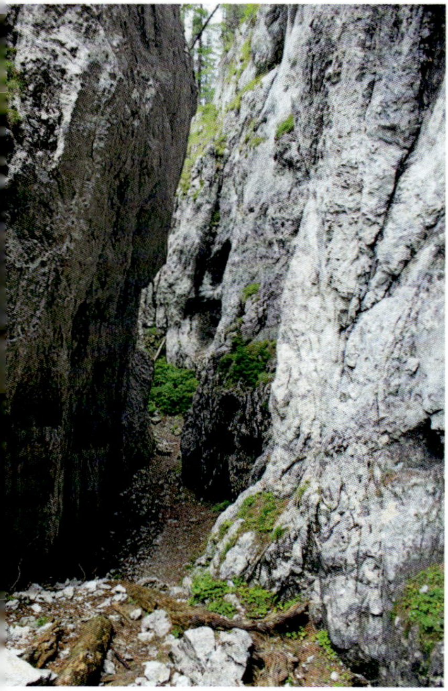

Durch die Notgasse schoss nach der Eiszeit Schmelzwasser.

Die zweite Überschreitung des Gebirges hat es ebenso in sich. Im Vergleich zu Route 12 verläuft sie ein Stockwerk höher und bietet im Unterschied viele tolle Aussichten. Sie kann natürlich auch in Gegenrichtung in Angriff genommen werden, wobei ich da nicht die Öfen als Ausgangspunkt empfehle, sondern vielmehr Weißenbach oder das Guttenberghaus, da der Weg sonst zu lang wird.

Wer nicht schummeln mag, der muss von Obertraun rund 700 Höhenmeter und 2 h beschwerlichen Aufstieg zusätzlich rechnen. Ich empfehle aber, von Obertraun (513 m) zur Talstation (600 m) zu gehen (0 h 30) und die erste Gondel um 8.40 Uhr zur Schönbergalm (1338 m) zu nehmen. So interessant ist es bis dort nicht, und irgendwie ist die Tuchfühlung mit dem Dachstein-Hype rund um die Höhlen und den Krippenstein doch sehenswert; das gehört auch zum vollständigen Bild.

Wir werden aus der Bergstation ausgespuckt, queren das Spielplatzgelände mit zahlreichen Informationstafeln und sind erschlagen vom Intensivtourismus. Alles wirbt mit Weltkulturerbe und Naturschutz – nur, wo ist dieser? Keine zehn Schritte nach dem Hinweisschild zum Wanderweg Richtung Krippenstein sind wir jedoch schlagartig einsam unterwegs. Der Weg nimmt gleich Fahrt auf, steuert auf die Felsen zu, und mit jedem Höhenmeter, den man sich erkämpft, wird der Blick auf den Sarstein und den Hallstätter See besser. Über einer Lawinenverbauung fällt eine versteinerte Grundmoräne auf, dann wird das Gelände offener, die Baumgrenze ist erreicht. Der Weg führt an einer wie im Lehrbuch ausgeprägten Karrenlandschaft vorbei. Sofort ist der Weg aussichtsreich, der Dachstein erscheint am Horizont. Eine kleine Halterhütte, deren Höhe wir ansteuern, ist zu erkennen, rechts die Bergstation der Krippensteinseilbahn und geradeaus die markante Felsgestalt des Däumelkogels. Nach 1 h 30 ist ein Wegweiser erreicht. Es gibt dort die Möglichkeit, über den malerischen Däumelsee, die kleine Krippensteineishöhle und den Karstlehrpfad zum Heilbronner Kreuz zu wandern (etwa die gleiche Wegzeit). Ich empfehle den Weg links, da er die Möglichkeit bietet, gleich nach der Abzweigung einen unmarkierten Pfad zum Däumelkogel (2001 m) einzuschlagen. Den Rucksack können wir bei der Abzweigung zum Gipfel liegen lassen; die insgesamt 750 Hö-

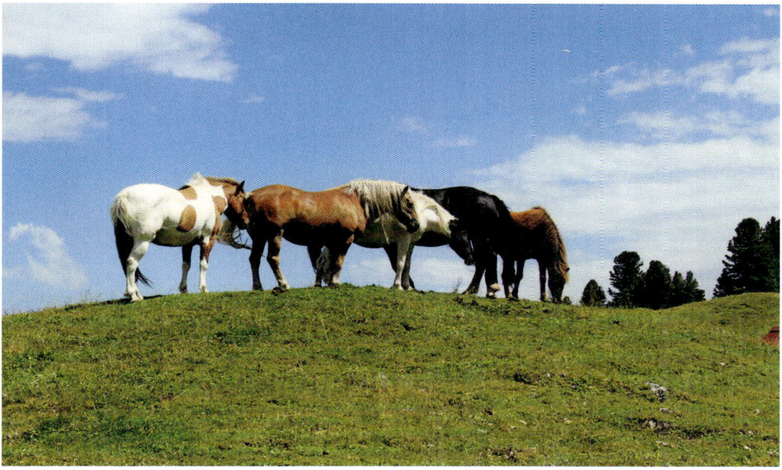

Auf der Grafenbergalm haben Pferde reichlich Auslauf.

henmeter zum Gipfel sind in kaum 2 h bewältigt. Belohnt werden wir mit einer überwältigenden Aussicht von diesem unscheinbaren »Hügel«, zugleich der höchste Punkt der Wanderung und höher als die meisten Gipfel Richtung Norden. Der Hallstätter See liegt tief unten fjordartig eingeschlossen von Plassen (1953 m) und Sarstein (1975 m), weiter östlich liegen der flache Gipfelaufbau des Zinken (1854 m) und unzählige Gipfel der nördlichen Kalkalpen. Südöstlich sind im Hintergrund bereits die Niederen Tauern zu erkennen und das weite, unruhige Relief des Dachsteingebirges mit dem markanten Koppenkarstein (2863 m), dem runden Gjaidstein (2794 m) und dem Hohen Dachstein (2995 m), von ewigem Eis umgeben. Auf dem weiteren Weg tauchen wir in die unendliche Karstlandschaft im Dachsteinkalk ein. Bis zur Grafenbergalm ändert sich an den geologischen und morphologischen Tatsachen rein gar nichts. Ich erwähnte zwar, dass der höchste Punkt am Däumelkogel erreicht war, das bedeutet nicht, dass es von nun an bergab geht – im Gegenteil, ein ewiges Auf und Ab. Zwischen Margschierf (2080 m) und Speikberg (2125 m) steigen wir in eine weite Karstwanne ab, unzählige Dolinen und Karren begleiten uns ab und zu ein Murmeltierbau. Die Murmeltiere finden hier zwar viele Hohlräume als Versteck vor, aber in puncto Wohnraumaustattung müssen sie mit grobem Material vorliebnehmen. Nach einem kurzen, steilen Anstieg und bisher knapp 3 h Gehzeit sollte das Heilbronner Kreuz (1959 m) erreicht sein. Es soll an ein tragisches Unglück erinnern, das bezeichnend für die Gefahren im Dachsteingebirge steht (siehe Thema). Daher sei an dieser Stelle auch nochmals betont, dass für die Überquerung noch mindestens 4 h einzuplanen sind, für die vorgeschlagene Route sogar 6 h. Sind die Verhältnisse nicht stabil, so gibt es an die-

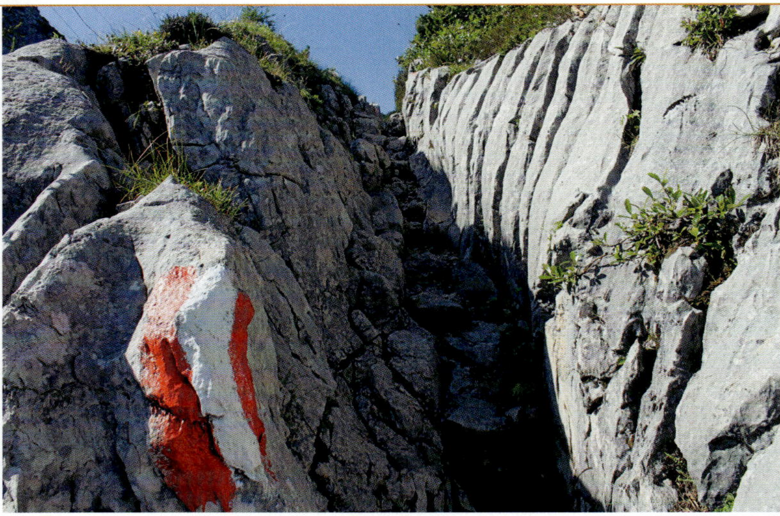

Dolinen, Karstkassen und Karren sind stete Begleiter.

sem Punkt die Möglichkeit, auf breiten Wegen zum Krippenstein oder zur Gjaidalm zu wandern.
Wir folgen dem Weg direkt vom Kreuz bergab zunächst Richtung »Station Gjaidalm über Loskoppen«, mit der Nr. 666, bis der Wegepunkt Loskoppen (1927 m) erreicht ist. Dort zweigt der Weg markant nach Süden ab, »Grafenbergalm, 2½ h« steht geschrieben. Die Landschaft ist fantastisch, wir fühlen uns, als würden wir in eine weite, unerforschte Welt eintauchen. Urwüchsige Zirben zeigen uns die Baumgrenze an, und nach gut 0 h 30 ist ein markanter Stein erreicht, der mit Hinweisschildern geziert ist. Rechts, nach Westen, führt ein unverbrauchter Pfad zu aufgelassenen Almen (Langkaralm, Modereckalm), der in der Folge Anschluss zum Guttenberghaus bietet. Nach sehr einsamen weiteren 3 h 30 wird auf jenem Weg die Hütte erreicht. Wir aber schweben weiter durch Karstgassen, dann wieder über Höhenbereiche, Latschen, Zwergsträuchern aller Art, blühende Wiesen, Zirben, Blumenteppiche – die Landschaft ist ungemein kleinteilig und vielfältig. Immer wieder ergeben sich Ausblicke auf die Granden des Dachsteins. Ein weiterer Wegweiser weist uns auf eine andere Variante hin, dieser endlosen, unübersichtlichen Landschaft zu entkommen – Richtung Lackenmoosalm zum Guttenberghaus (3 h) oder zur Silberkarhütte. In einem ständigen Auf und Ab geht es weiter, bis es noch einmal richtig bergauf geht. Dann ist endlich der Blick zur Grafenbergalm frei, die wir durch eine weite, prächtige Almfläche erreichen, samt Pferden, Kühen, Ziegen und hoffentlich auch Bodo Hell, dem Senner, der eine Erfrischung anbieten kann.
Für den weiteren Weg gibt es viele Varianten, die kürzeste führt über Grafenberg- und Ahornsee ins Tal (siehe Route 9). Wir gehen weiter in Richtung Stoderzinken und Brünnerhütte, wo wir bald tolle Tie-

fenblicke auf die beiden Seen ergattern, bis wir in das Karst-Wald-Gewirr abtauchen. Nach einiger Zeit erreichen wir eine markante Karstgasse und einen Wegweiser – dann sind wir zu weit gegangen. Die Abzweigung zur Schildenwangalm liegt unscheinbar etwa 200 Meter davor, nach der Wintermarkierung. Es geht auf einem schmalen, unmarkierten Pfad steil bergab, die typischen Almhütten (1633 m) sind bald erreicht. Der Weg wird nun endlich bequem und wir kommen heute erstmals zügig voran. Nach einer Rodungsfläche und rechts einem kleinen See weisen Hinweisschilder auf die Notgasse in den Wald hinein, die sollten Sie sich nicht entgehen lassen. Die enge Schlucht ist voller uralter Felszeichnungen, die unter strengem Schutz stehen. Sie zu durchschreiten, zählt für mich zu den Höhepunkten am Dachstein überhaupt. Die Notgasse ist eine ehemalige Klamm, die durch das Wasser von abschmelzenden Gletschern eingekerbt wurde. Die Spuren des Wassers sind an den Wänden deutlich zu erkennen. Bereits in der Bronzezeit führte durch sie eine Verbindung von Hallstatt in das Ennstal. An den Felswänden wurden etwa 500 Darstellungen des Alltags in die weiche Verwitterungsrinde des Kalksteins eingeritzt, leider kamen immer neue, unnötige Verschandlungen dazu. Später, in Zeiten der Bauernkriege und Gegenreformation, diente die trockengefallene Schlucht als Versteck, die Geschichte ist förmlich zu spüren. Wir erreichen danach eine Forststraße, der wir rasch und stetig bergab zur bis Brandalm (1390 m) und zur Rahnstube folgen. Von dort ist der Parkplatz bei Gröbming bald erreicht. Die Wegvariante durch den Wald ist etwas dürftig markiert und mündet in den Steirischen Landesrundwanderweg hinab zu den Öfen und zur Kneippstation.

Damit der Dachstein im Gleichgewicht bleibt, wurde außer am Hunerkogel auch am Krippenstein ein Skywalk errichtet. Der Intensivtourismus steht im krassen Gegensatz zur einsamen Landschaft.

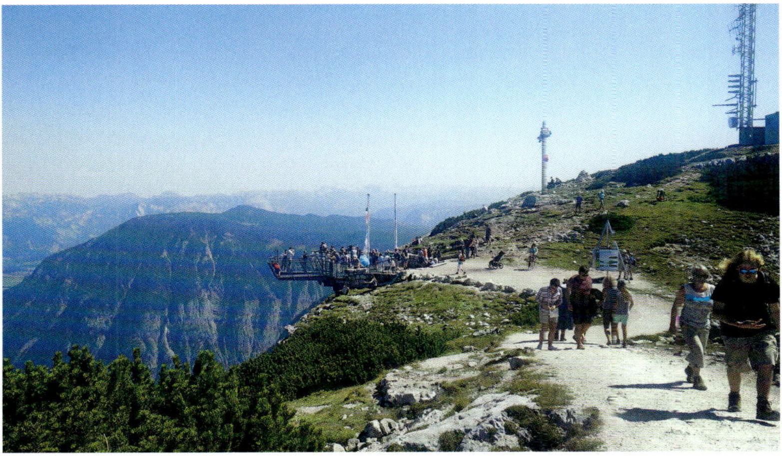

Das Heilbronner Kreuz

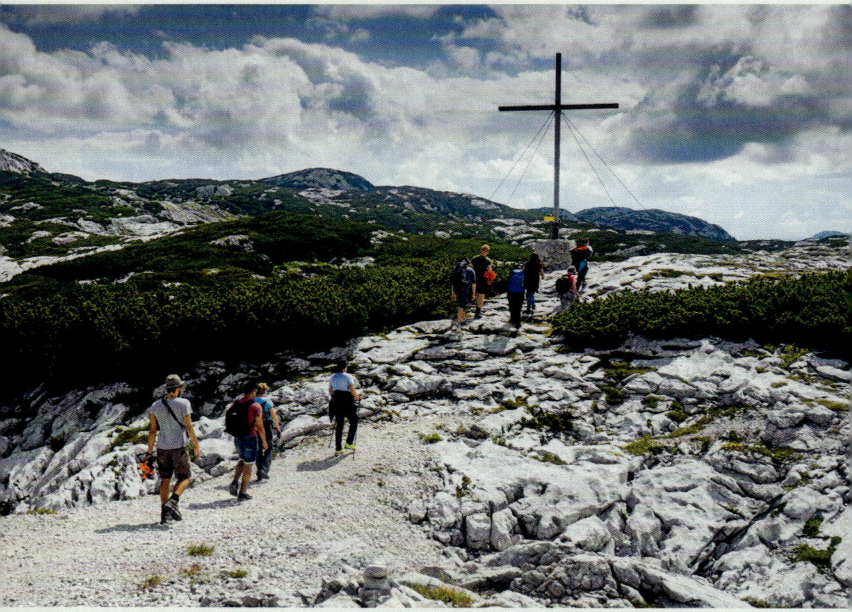

Das Heilbronner Kreuz erinnert an eine dramatische Geschichte.

Am 15. April 1954, Gründonnerstag, bricht Hans Georg Seiler, Lehrer der Knabenmittelschule Heilbronn, um 6 Uhr früh mit drei erwachsenen Begleitern und zehn Schülern von der Bundessportschule Obertraun zu einer Bergwanderung in das Dachsteingebiet auf. Die Schüler sind zuvor ausgewählt worden, es dürfen nur jene mit, die sich an den Vortagen am Sarstein und am Loser bewährt haben. Die geplante Tour auf den Krippenstein wird zum Leidensweg. Um 9.30 Uhr erreicht die Gruppe die Schönbergalm. In der danebengelegenen Seilbahnstation bekommen die Heilbronner heißen Tee und den Ratschlag, ins Tal zurückzukehren, da sich das Wetter bereits verschlechtert hat. Seiler entschließt sich, weiterzugehen. Um 11 Uhr trifft die Gruppe bei einer Stütze der Materialseilbahn für die neu zu errichtende Seilbahn zum Krippenstein einen Bautrupp der Seilbahn, der in Richtung Tal unterwegs ist. Schneefall und starker Wind habe eingesetzt. Auch die Bauarbeiter sollen Seiler dringend geraten haben, endlich umzudrehen. Es sind die letzten Menschen, die die Heilbronner Wanderer lebend gesehen haben.

Der Anführer Seiler hat zwei falsche Entscheidungen getroffen: Zunächst hat der

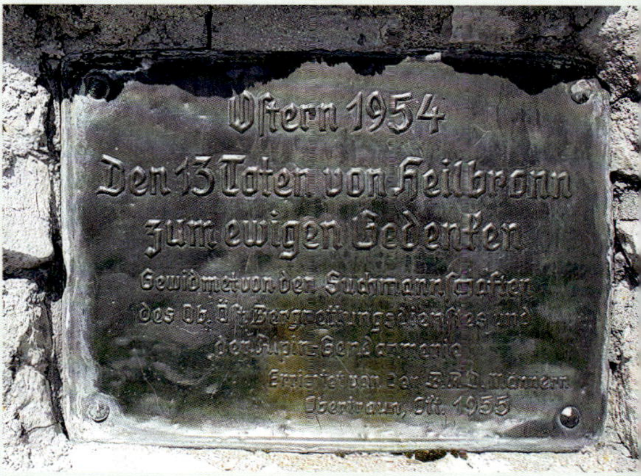

Die Gedenktafel soll eine ständig aktuelle Warnung für riskante Manöver am Dachstein sein.

Lehrer kurzfristig die Route geändert, ohne jemanden davon zu unterrichten. Und etwas später, als eine von vielen Wetterdiensten unterschätzte Kaltfront das Dachsteinmassiv eroberte, hat er die Lage falsch eingeschätzt und ist zu spät umgekehrt. Die Gruppe verirrte sich im Schneegestöber. Höchstwahrscheinlich hat keiner die Nacht auf den Karfreitag überlebt. Die damals größte Suchaktion in der alpinen Geschichte konnte die Schüler und ihren Lehrer nicht retten. Täglich suchten über 100 Einsatzkräfte, zeitweise über 200, aufs Neue nach Vermissten. Bald stellte sich heraus, dass es keine Hoffnung gab; die ersten Leichen wurden nach neun Tagen in einer Mulde unter dem Niederen Speikberg entdeckt, unweit vom heutigen Heilbronner Kreuz. Sie hatten noch versucht, mit Latschenzweigen einen Unterschlupf zu bauen. Erst nach 43 Tagen, am 28. Mai 1954, waren alle Toten geborgen und in das Tal gebracht. Hans Georg Seiler fand man, weil seine Hand aus einem abgetauten Schneefeld herausragte. Im anderen Arm hielt der Lehrer den mit 16 Jahren Jüngsten seiner Gruppe. Heute noch schießen Zeitzeugen, die sich an der Suche nach der vermissten Gruppe beteiligt haben, Tränen in die Augen, wenn sie an das Unglück erinnert werden. Außer einer erwachsenen Begleiterin, die wie geplant vorzeitig umgekehrt ist, kam niemand mehr lebendig zurück. Hand in Hand mit dem Entsetzen ging damals die Sensationslust der Medien und Bevölkerung. Obertraun erlebte einen Ansturm, die zwei Telefonleitungen waren heillos überlastet. Sechs österreichischen Bergrettern wurde 1954 vom damaligen deutschen Bundespräsidenten Theodor Heuss das Bundesverdienstkreuz verliehen. Dass angesichts der widrigen Bedingungen bei der aufwendigen Suchaktion kein Helfer verunglückte, gilt heute noch als Wunder.

Über die Tragödie wurden Bücher und Theaterstücke und Filmdokumentationen produziert. Das Kreuz soll an die Verunglückten erinnern, wahrlich nicht die Einzigen, die dem Dachstein zum Opfer gefallen sind – und es soll uns Warnung sein, den Berg und die Naturgewalten zu respektieren.

Route 14

In zwei Tagen um den Gosaukamm

Einmal Paradies und zurück

Eine Umrundung des Gosaukamms zählt zu den schönsten Bergerlebnissen. Die Wanderung ist sehr abwechslungsreich, bietet zahlreiche Einkehrmöglichkeiten und die Option, zwei schöne Gipfel zu erklimmen. Die wunderbaren Hütten am Ausgangspunkt sowie entlang des Wegs sind die perfekte Einladung, aus der langen Runde eine herrliche Zweitagestour zu machen, mit Übernachtung auf der Gablonzer Hütte.

Charakter: Der Rundweg allein ist eine lange Bergwanderung und dauert mehr als 8 h (ohne Gipfel). Schwierigkeit: T3–4. Der Anstieg zum Steiglpass ist dabei die schwierigste Passage. Vor allem den Donnerkogel sollte man sich nicht entgehen lassen, an einigen Stellen braucht man für eine leichte Kletterei (I) die Hände zur Hilfe; eine leicht ausgesetzte Stelle. Schwierigkeit: T5

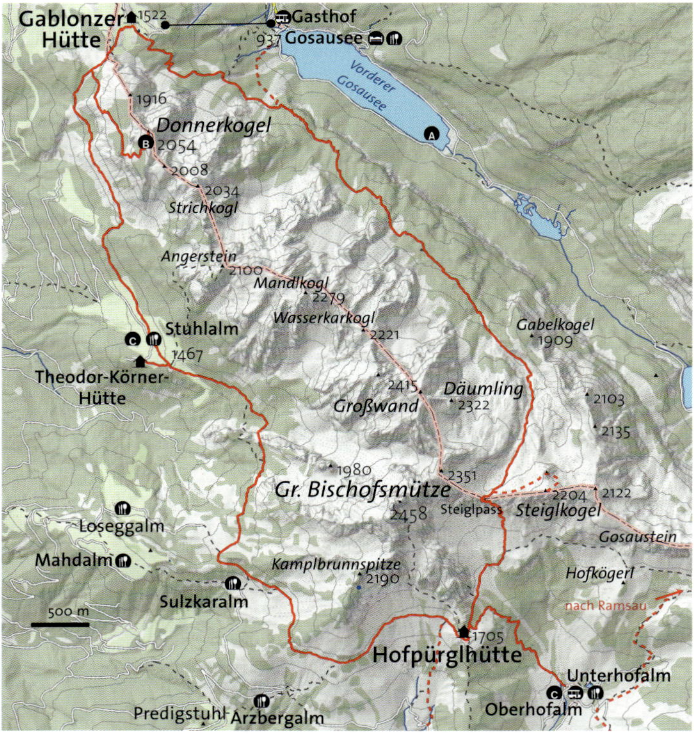

Beste Jahreszeit: Juni bis September, bei entsprechenden Wetterverhältnissen bis Ende Oktober.

Verkehrsmittel: Ein Wanderbus verkehrt regelmäßig von Filzmoos zu den Hofalmen. Busfahrplan unter www.filzmoos.at/de/sommer/wanderurlaub.html. Der Vordere Gosausee wird regelmäßig von einem Postbus von Bad Ischl, Bad Goisern, Hallstatt aus angefahren. Busfahrplan unter www.oebb.at.

Varianten: Der Weg selber bietet nicht sonderlich viele Varianten, sehr wohl aber der Zustieg zur Hofpürglhütte. So kann man den Gosaukamm problemlos mit einer weiteren spektakulären Wanderung von Ramsau/Türlwand aus erschließen, über das Tor und den Sulzenhals zur Hütte (5–6h). Die Gipfel des Gosaukamms sind fast durchwegs Klettergipfel und erfordern die entsprechende Ausrüstung und Ausbildung.

Übernachten, Gasthäuser:

- Hofpürglhütte (1705 m), +43 6453 8304 oder +43 676 3718566, heinz.sudra@gmail.com; Anfang Juni bis Anfang Oktober geöffnet; 29 Betten, 7[illegible] Matratzenlager.
- Gablonzer Hütte (1550 m), +43 6136 8465 oder +43 664 4333993, www.gablonzer-huette.at; in der Sommersaison von Pfingsten bis 26. Oktober geöffnet (je nach Schneelage), in der Wintersaison vom 8. Dezember bis Ostern (je nach Schneelage); 30 Betten, 42 Matratzenlager; Duschen, seminargeeignet, Gepäcktransport möglich.
- Theodor-Körner-Hütte (1466 m), +43 680 2216024, www.koerner-huette.at; Anfang Juni bis Mitte Oktober geöffnet; 6 Betten, 33 Matratzenlager
- Almen: Mahdalm, Loseggalm, Sulzkaralm, Stuhlalm, Oberhofalm, Unterhofalm sind allesamt im Sommer bewirtschaftet und bieten eigene Produkte an.

Literatur für Kletterbegeisterte: Heinz Sudra, *Kletterführer Filzmoos*, 2016 (Eigenverlag; Download unter www.alpenverein.at/hofpuerglhuette_wAssets/img/Topo2016.pdf).

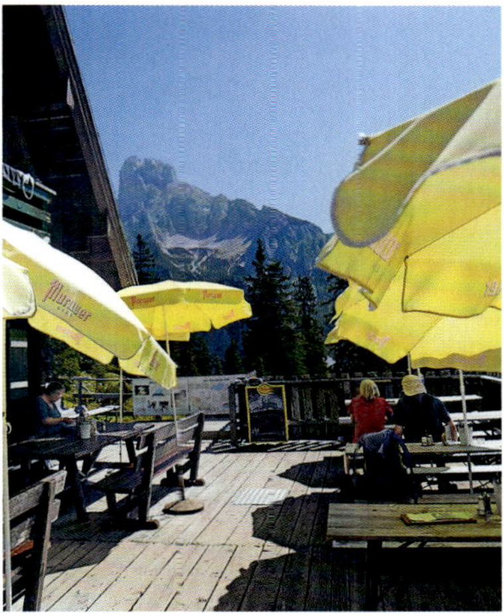

Auf der Theodor-Körner-Hütte, mit Blick auf die Bischofsmütze.

Route und Wanderzeiten

Tag 1: Hofpürglhütte–Steiglpass–Gablonzer Hütte (ohne Gipfel)	4 h 30
Tag 2: Gablonzer Hütte–Donnerkogel	1 h 30
Donnerkogel–Stuhlalm, Theodor-Körner-Hütte	2 h 30
Stuhlalm–Hofpürglhütte	2 h 30
Total (mit Donnerkogel)	**11 h**

Höhendifferenz (mit Donnerkogel) ↗ 2350 m ↘ 2350 m

Distanz 26,5 km

Zustieg: Hofpürglhütte von den Hofalmen 1 h (400 Höhenmeter)

Zustieg: Gablonzer Hütte vom Vorderen Gosausee 1 h 30 oder 7 min mit der Seilbahn (550 Höhenmeter)

Sehenswertes

- A Gosauseen
- B Donnerkogel
- C Salzburger Almen

Die hier beschriebene Runde nimmt die Hofpürglhütte als Ausgangspunkt und verläuft gegen den Uhrzeigersinn. Man kann genauso am Vorderen Gosausee starten und mit dem Uhrzeigersinn gehen, da gibt es keine Empfehlung, die Wanderung ist so oder so Extraklasse! Vor allem auf der Salzburger Seite des Gosaukamms liegt eine Vielzahl an bewirtschafteten Almhütten, weshalb der Weg dort nicht zu den einsamsten zählt; den Genuss beeinträchtigt das jedoch nicht. Meine persönliche Empfehlung ist es, am Vortag aus der Ramsau zur Hofpürglhütte zu wandern (siehe Route 5), über das Tor, den Sulzenhals oder den Sulzenschneid, wodurch sich eine Mehrtagestour ergibt, die an landschaftlichen Reizen ihresgleichen sucht.

Tag 1: Hofpürglhütte–Gablonzer Hütte

Wenn man nicht am Vortag von der Ramsau zur Hofpürglhütte wandert, erreicht man mit dem Shuttlebus von Filzmoos bequem die Hofalmen. Dort führt ein schöner Aufstieg rasch auf die Hofpürglhütte. Dann folgen wir dem großen

Der Aufstieg zur Durchgangscharte sieht schlimmer aus, als er ist.

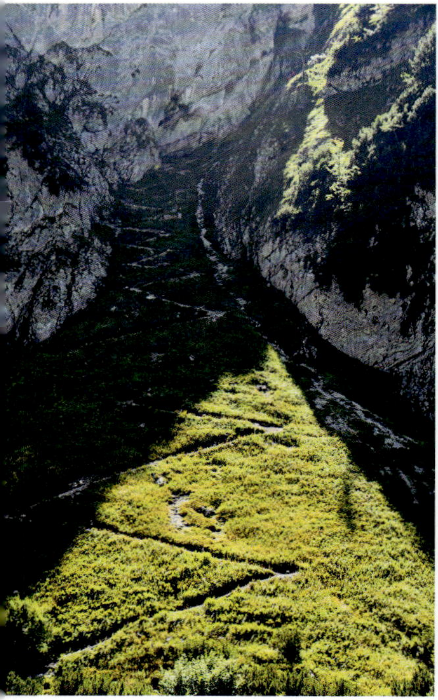

Der Intersport-Klettersteig mit seiner luftigen Leiter ist nicht zwingend, um den Donnerkogel zu erreichen.

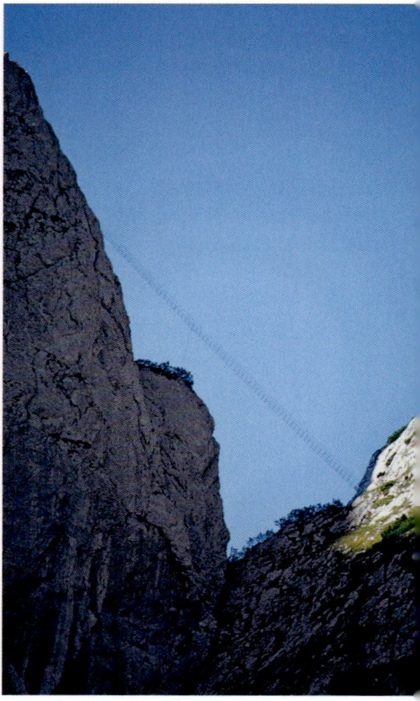

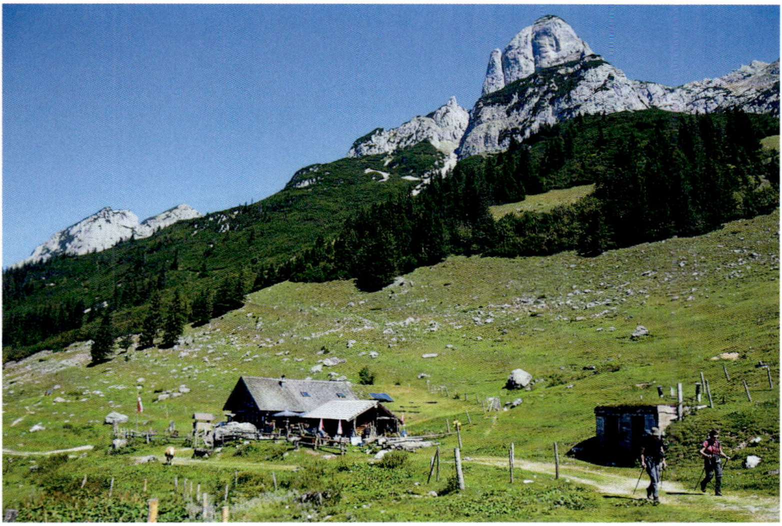

Die Umgebung der Stuhlalm ist das, was man unter Bergerlebnis und Almsommer versteht.

Nordalpenweg Nr. 01 und der Markierung Nr. 612. Vor einem kleinen Kessel zweigen wir links zum Steiglpass (2012 m) bergauf, der in gut 1 h von der Hütte erreicht ist. Der »Kessel«, wie das Areal unter der Großen Bischofsmütze (2455 m) genannt wird, ist großartig. Der Gipfel wurde ausgerechnet durch die Ramsauer Johann Auhäusler und Johann Steiner am 28. Juni 1879 erstmals bezwungen (dafür war ja ein Filzmooser der erste am Dachstein). Am 22. September 1993 brach bei einem gewaltigen Bergsturz ein 200 Meter hoher Pfeiler ab und raubte dem Berg etwas von seiner markanten Gestalt. Böse Zungen behaupteten, die Kletterer hätten zu viele Bohrhaken eingeschlagen, noch bösere meinten, da steckten wohl die Protestanten dahinter.

Der Blick zurück ist phänomenal, der riesige Torstein (2947 m), der Rötelstein (2246 m) und das Gipfelmeer der Niederen Tauern breiten sich aus. Die Hofpürglhütte wird immer kleiner. Am Steiglpass gibt es für ganz Ambitionierte und entsprechend Ausgerüstete die Möglichkeit, den Steiglkogel (2204 m, herrliche Aussicht, aber an einer Stelle exponiert) zu erklimmen (1 h 30 mehr, T6). Der weitere Weg durchschreitet nun den Gosaukamm, der einst ein Riff vor einer weiten Lagune war. Beeindruckend die unzähligen fast 1000 Meter hohen Felszacken, deren Besteigung in der Regel den (Extrem-)Kletterern vorbehalten bleibt. Vor allem der Däumling (2322 m), vom Steiglkogel gut zu sehen, zählt zu den schwierigsten Gipfeln um den Dachstein und hat etliche Opfer gefordert. Sein Erstbesteiger 1912, Paul Preuß, stürzte wenig später am Mandlkogel ab. Die erste Frau auf dem Gipfel war 1942 Lotte Wasmayer, damals knapp 18 Jahre alt. Beim Abseilen brach ein Haken aus. Ihr zu Ehren ist ent-

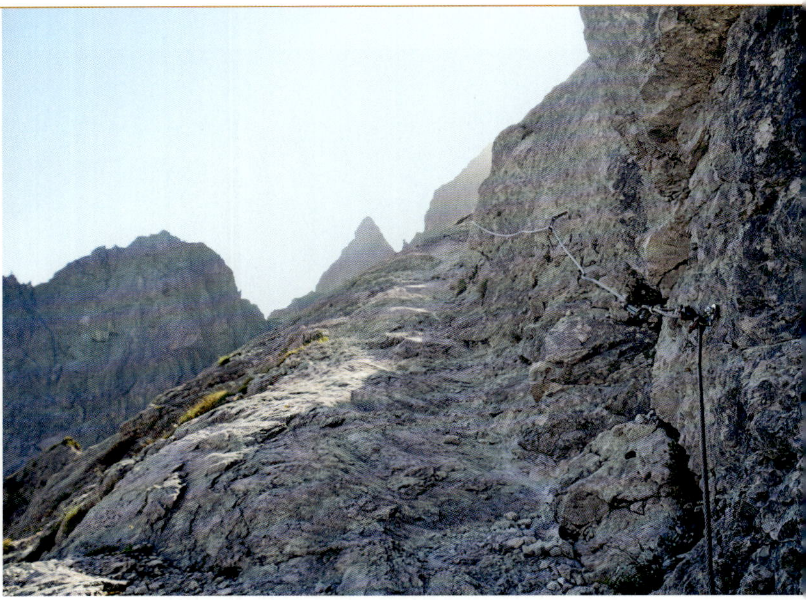

Der Weg zum Steiglpass ist steil, aber nie ausgesetzt, und gut zu gehen.

lang des Wegs eine Kapelle errichtet worden, die wir erreichen, nachdem wir eine Möglichkeit, weglos auf den Gabelkogel (1909 m) abzuzweigen, passiert haben. Nach der Gedenkstätte treffen wir auf eine schön gelegene Jagdhütte, bereits im Wald, und die ehemals bewirtschaftete Vordere Scharwandalm (1348 m). Über uns ragen die gewaltigen Felstürme des Gosaukamms auf, viel Lockermaterial und Endmoränen weisen auf lokale Gletschervorstöße hin. Wir erreichen einen Wegweiser, von dem wir entweder steil zum Vorderen Gosausee absteigen oder in Richtung Gablonzer Hütte, Weg Nr. 623, weitergehen können. Um zu ihr zu gelangen, geht es geradeaus zur Krautgartenalm (1266 m), wo der Weg vom Gosausee heraufkommt und sich immer wieder tolle Tiefenblicke ergeben. Von dort sind es noch etwa 0 h 30 zur Gablonzer Hütte (1522 m), unserem Tagesziel.

Tag 2: Gablonzer Hütte–Donnerkogel–Hofpürglhütte

Von der Gablonzer Hütte hat man einen geradezu klassischen Blick auf den Dachstein und den Gosaukamm. Wir nehmen auf unserem Weiterweg Nr. 611 das Törleck (1618 m) und den Donnerkogel (2054 m) ins Visier, der uns aus der weiten Almfläche herausführt. Der Abzweiger zum Donnerkogel ist wegen des Wetterkreuzes nicht zu übersehen. Es sind zwar nur etwa 1 h 15 zum Gipfel, die haben es aber durch aus in sich. Es geht bald rasch bergauf, an einer Stelle leicht ausgesetzt, und es sind einige mit Seilen gut gesicherte Stellen zu überwinden sowie die Hände zu Hilfe zu nehmen. Das Panorama jedoch, das vom 2015

Hofpürglhütte

Die Hofpürglhütte, 1902 feierlich eröffnet, auf 1705 m gelegen, ist einer jener wenigen zentralen Stützpunkte im Dachsteingebirge, die eine Wegdrehscheibe darstellen, gut vom Tal aus zu erreichen sind und noch dazu einige Zusatzleistungen anbieten. Der Platz wurde damals sorgfältig ausgesucht, es sollte der schönste weit und breit sein. Die Aussicht von der Hütte ist allerfeinst, die reizenden Hüttenwirte Regina und Heinz Sudra empfangen einen herzlich. Sie sind schon ein besonderes Gespann. Regina kann man nichts erzählen, was die Qualität von Schnaps anbelangt, und Heinz, eigentlich Physiker, ist nicht nur ein umsichtiger Wirt, sondern auch leidenschaftlicher Kletterer. Vor 14 Jahren gab es um die Hütte neun beschriebene Klettertouren, 2017 waren es mehr als 400, die meisten hat Heinz selber eingerichtet. Wichtig war ihm auch, leichte Touren für Kinder und Familien anzubieten, um seine Begeisterung weitergeben zu können. Nach oben sind die Schwierigkeiten offen. Schlechtwetter ist kein Grund, Trübsal zu blasen, die Hütte ist mit eigener Kletterwand und Boulderraum, sowie Warmwasserduschen ausgestattet. Sie verfügt über eine biologische Kläranlage.

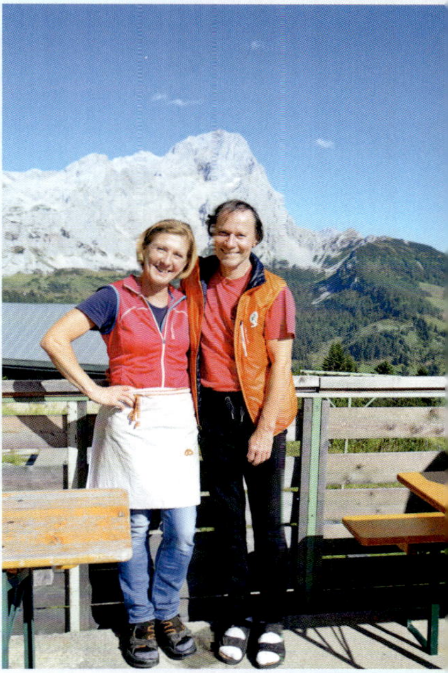

Die Hofpürglhütte sprüht vor Gastlichkeit.

neu errichteten Gipfelkreuz in jede Richtung imposant ist, sollte Grund genug sein, den Berg unbedingt in Angriff zu nehmen. Im Osten ragen die unzähligen Gipfelzacken des Gosaukamms auf, dahinter thront der Dachstein mit Gosaugletscher. Im Süden liegen nach wie vor die Niederen Tauern, bei guter Sicht sind die schneebedeckten Gipfel der Hohen Tauern zum Greifen nah. Daran schließen die Waldberge der Grauwackenzone an, im Hintergrund das Steinerne Meer, und ganz nahe liegt das Tennengebirge. Nach Norden breitet sich das Becken von Abtenau aus, die Postalm, größte Almfläche Österreichs, und im Hintergrund der Untersberg bei Salzburg. Es geht die Geschichte um, dass zwei Männer aus Gosau am Gipfel von einem Gewitter überrascht wurden. Dem einen wurde angst und bang, der andere meinte nur »Ich heiße Peter und scheiß' aufs Wetter!«, wurde vom Blitz getroffen und war sofort tot. Daraufhin wurde der Gipfel Donnerkogel getauft.

Schweren Herzens trennen wir uns von der Aussicht, es geht auf gleichem Weg zurück, wir erreichen eine Hinweistafel zum Strichkogel und zur Stuhlalm, die uns schon auf dem Hinweg aufgefallen ist. In der Karte des Alpenvereins ist dieser Weg

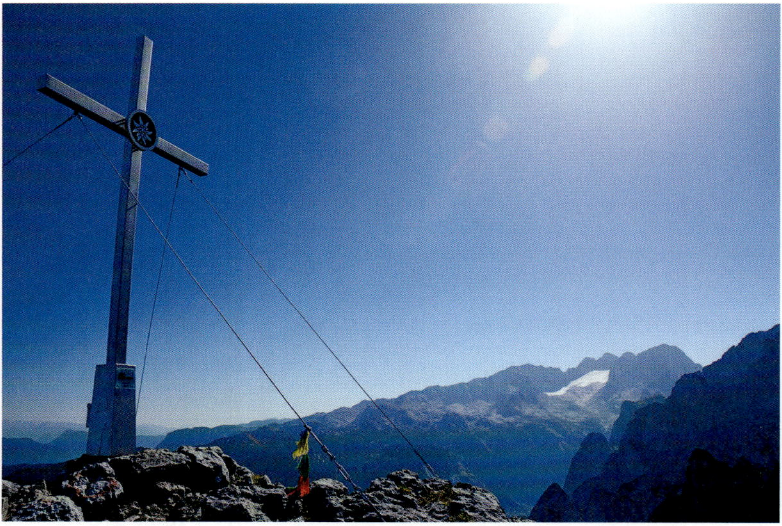

Der Donnerkogel ist ein herrlicher Gipfel, den man sich aber erarbeiten muss.

korrekterweise als Klettersteig eingezeichnet; er wartet vor allem vor und nach dem Strichkogel mit einigen ausgesetzten, schwierigen Passagen (II, T6) auf. Wem der Weg zum Donnerkogel schwer genug war, der sollte diesen Weg guten Gewissens bleiben lassen (erst recht bei schlechter Sicht)! Wir gehen vom Donnerkogel auf gleichem Weg zurück zu jenem auffälligen Wegweiser und wenden uns nach Südwest (links) auf den Austriaweg. Für die auffallend vernässten Bereiche sind die tonig-mergeligen Zlambachschichten verantwortlich. Sobald wir aus dem Waldbereich herauskommen, geht der Weg flach über Geröll weiter; immer wieder beeindrucken tolle Aussichten nach Westen und auf die Steilheit des Gosaukamms. Ein abwechslungsreicher Weg führt uns kurz zu einer Forststraße und bald darauf zum weiten Almgelände der Stuhlalm (1463 m). Sie ist eine von fünf auch gastronomisch bewirtschafteten Almen entlang des Wegs bis zur Hofpürglhütte, eine schöner als die andere, also Achtung, behalten Sie die Zeit im Auge. Gleich in der Nähe, etwas versteckt, liegt die sehr urtümliche Theodor-Körner-Hütte, die neben allerhand Köstlichkeiten und gutem Bier mit einer interessanten Geschichte um ihren Namen aufwartet (siehe Thema).

Nach der Hütte folgen wir an einem Wegweiser dem Hinweis zur Hofpürglhütte, bis wir die Moränenlandschaft unter dem weiten U-Tal des Stuhllochs erreichen; oberhalb ragt die Bischofsmütze empor. Das grobe Blockwerk durchschreiten wir und erblicken am Gegenhang markante Serpentinen – ganz genau, da müssen wir rauf. Es sieht schlimmer aus, als es ist; die 200 Höhenmeter – steil, seilversichert – sind gut zu gehen, und es ist der letzte längere Anstieg vor der Hütte. Etwas ausgesetzt geht es eben weiter, und was danach folgt, ist ein Abschnitt, den man guten Gewissens als Genusswandern bezeichnen kann. Unter uns liegen malerisch die Loseggalm, Mahdalm und Sulzkaralm (leckere Kasjaus'n), hinter uns die Theodor-Körner-Hütte, freie Aussicht. Bald erreichen wir wieder Hinweisschilder, am »Stempelbichl, Austriaweg« (1675 m), 0 h 45 zur Hütte. Das Relief ist mitverantwortlich für die Anlage der zahlreichen Almen. Grundmoränenmaterial und wasserstauende Schichten bieten ebene Fleckchen und gute Wasserversorgung. Bald ist die uns schon bekannte Hofpürglhütte zu sehen, im Hintergrund baut sich drohend der Torstein auf. Falls der Kampenbrunnbach, deren Quelle unter der Bischofsmütze auf etwa 2000 m liegt, Wasser führt, sollten Sie keinesfalls zögern, es zu trinken. Es soll ein Jungbrunnen sein – hilft es nichts, schadet es auch nicht. Nach einem kurzen Schlussanstieg ist die Hütte endlich erreicht. Von hier kann man bequem zu den ebenfalls bewirtschafteten Hofalmen absteigen, um dort einen Wanderbus nach Filzmoos und weiter in die Ramsau zu nehmen. Oder man gönnt sich noch eine Nacht auf der Hütte und geht am nächsten Tag in die Ramsau zurück, zum Beispiel über den Rötelstein (siehe Route 5). Die Hofpürglhütte ist zudem eine schöne Basis für Klettertouren in der Umgebung (siehe Kasten).

Einsame Jagdhütte entlang des Wegs vom Steiglpass zur Gablonzer Hütte.

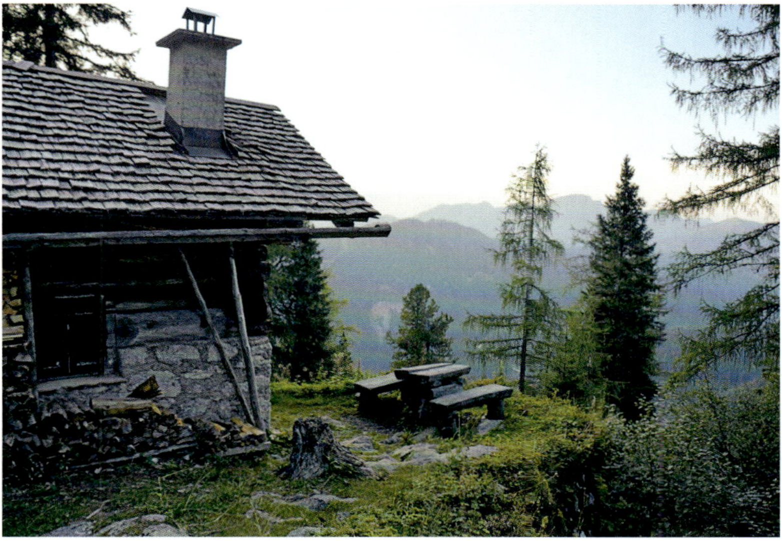

Alpine Vereine und Schutzhütten im Wandel der Zeit

Der Österreichische Alpenverein, gegründet 1862, war eigentlich ein für damalige Zeiten typischer bürgerlicher Bildungsverein, ähnlich der liberaleren Geographischen Gesellschaft. Man organisierte Vorträge oder verfasste und veröffentlichte wissenschaftliche Abhandlungen über das Gebirge – ganz im Sinne Friedrich Simonys (siehe Thema Route 15). Doch die Vereinsmitglieder wollten nicht nur Bücher über die Berge lesen – sie wollten dort hinauf! Also begann man, Infrastruktur zu errichten. Nach dem Hotel Simony (siehe Route 16), das der Wissenschaftler 1843 als kleinen Unterstand errichtete, gilt die Simonyhütte als älteste Hütte am Dachstein, die 1877 eröffnet wurde. Am Dachstein folgten die Austriahütte (1880), dann die Brünnerhütte (1887, heute privat), die Hofpürglhütte (1902), die Adamekhütte (1908) und 1914, am Vorabend des Ersten Weltkriegs, das Guttenberghaus. Bereits vor dem Ersten Weltkrieg hatten die alpinen Vereine ein geschlossenes Wegnetz mit alpenweit über 500 Hütten errichtet. In den Zwischenkriegsjahren folgten die Theodor-Körner-Hütte (1923), die Scharwand-Hütte (1925) am Steiglweg (nicht mehr bewirtschaftet), die Südwandhütte (1926), die Seethaler-Hütte (1931) und zuletzt die Gablonzer Hütte (1933) auf der Zwieselalm. Seitens der Alpenvereine wurden danach keine wesentlichen Bauten mehr errichtet, die Erschließung war weitgehend abgeschlossen.

Aus der damaligen Zeit stammt auch das Bergsteigeressen, das es nach wie vor gibt: eine nahrhafte, günstige Speise, die jedem Alpenvereinsmitglied zusteht. Es wurde in den 1920er-Jahren mit festem Gewicht und Nährwert eingeführt. Damals wurde auch festgelegt, dass der Bergsteiger sein Essen selber kochen darf, um die Hütten wieder nach dem ursprünglichen Gedanken zu bespielen. Man wollte vom Hotelbetrieb wegkommen, die Hütten waren heillos überfüllt. Die Berge sollten den Bergsteigern vorbehalten sein, nicht den Sommerfrischlern, die den ganzen Tag auf der Terrasse saßen.

Die Seethaler-Hütte (Dachsteinwartehütte) wurde mit einfachen Mitteln als Unterstand unterhalb des Hauptgipfels gebaut.

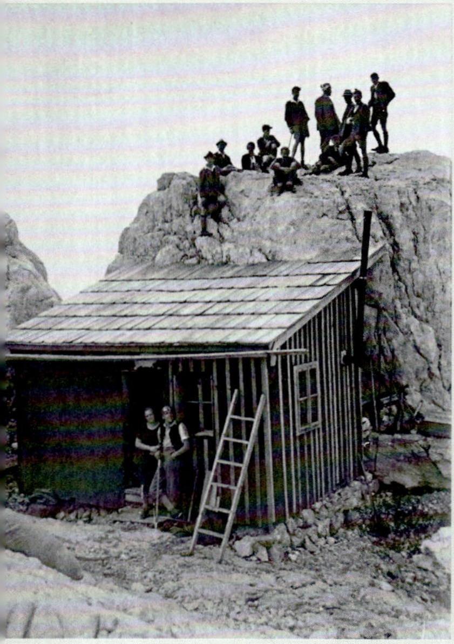

Danach folgte für die Alpenvereine eine sehr heikle und schwierige Zeit. Zwischen Alpenverein und Naturfreunde – die beiden größten, aber ideell unterschiedlich ausgerichteten Alpinvereine – wurde nach 1923 gezielt ein Keil getrieben, und zwar von jenen völkischen Kreisen, die auch den Antisemitismus förderten. In jenem Jahr wurde allen Vereinen außer dem Alpenverein die Ermäßigung für Übernachtungen aufgekündigt. Das traf in erster Linie die Naturfreunde, deren Mitglieder aus der Arbeiterklasse stammten und über wenig Einkommen verfügten. Zwar bekannten sich bei weitem nicht alle Alpenvereinsmitglieder zum Nationalsozialismus, Vorsitzender des Alpenvereins war damals jedoch Bundeskanzler Arthur Seyß-Inquart, der später in Nürnberg als Hauptkriegsverbrecher verurteilt wurde. Man wollte den Verein »arisieren«. Die jüdischen Mitglieder wurden aus dem Verein entlassen; sie gründeten die liberale Sektion »Donauland«. Plakate wurden gedruckt, auf denen stand: »Auf dieser Hütte sind Juden und Mitglieder der Sektion Donauland unerwünscht!« Der Antisemitismus kam im Alpenverein für österreichische Verhältnisse eher spät. Die Studentenverbindungen hatten sich bereits in den 1880er-Jahren deklariert, die Turner in den 1890er-Jahren. Die Theodor-Körner-Hütte setzt sich auf ihre Weise mit der Geschichte auseinander: Sie wurde am 26. August 1923, dem 110. Todestag des Dichters Theodor Körner, Großonkel des ehemaligen österreichischen Bundespräsidenten, eröffnet und nach ihm benannt. Er fiel 22-jährig in den Napoleonkriegen bei Hamburg. Der gebürtige Dresdner war k. u. k. Hoftheaterdichter, sehr nationalistisch eingestellt, und erlangte weit nach seinem Tod, am Vorabend des Zweiten Weltkriegs, Heldenstatus als Dichter. Er diente als militaristischer Stichwortgeber für Goebbels und seinesgleichen. Sein Name kann nicht von der dunklen Seite der deutschen und österreichischen Vergangenheit getrennt werden, die auch Teil der Akademischen Sektion des Alpenvereins ist. Die Betreiber der Hütte betrachten die Aufarbeitung der Vergangenheit als notwendig, die Auseinandersetzung mit dieser erscheint wirkungsvoller als eine Umbenennung der Hütte.

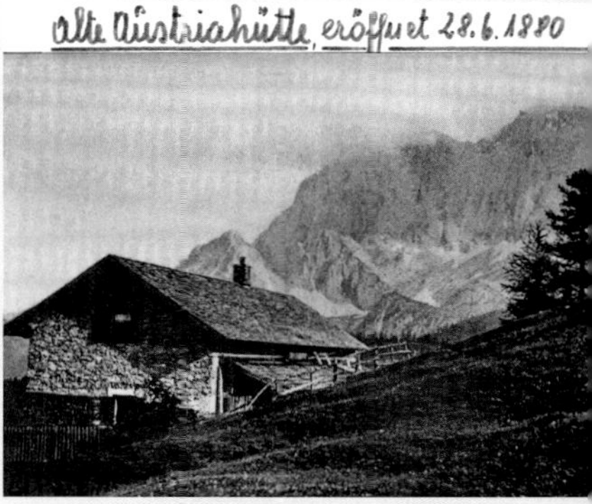

Die alte Austriahütte, eröffnet 1880, war zentraler Ausgangspunkt für Expeditionen auf den Dachstein.

Route 15

Von den Gosauseen über das Radltal nach Hallstatt

Eine einsame, leichte Überschreitung im Westen des Dachsteins voller erstklassiger Attraktionen
Diese Weitwanderung verbindet mit dem wohl schönsten Dachsteinmotiv über den Gosauseen, einer ungemein langen Karstgasse, einer beeindruckenden Quelle, einem Wasserfall, dem märchenhaften Echerntal und dem Ziel in Hallstatt eine Reihe von Höhepunkten, die den Dachstein ausmachen. Auf dem Weg werden Sie dennoch weitgehend alleine unterwegs sein.

Route und Wanderzeiten

Vorderer Gosausee–Holzmeisteralm	1 h 45
Holzmeisteralm–Waldbachursprung	5 h
Waldbachursprung–Hallstatt	1 h 45
Total	**8 h 30**
Höhendifferenz	↗ 1300 m ↘ 1700 m
Distanz	20 km

Charakter: Die lange Wanderung ist eine weitere Traumroute, vorbei an zahlreichen Wahrzeichen des Dachsteins, niemals schwer und trotz der Länge sehr kurzweilig. Bevor der wenig ausgetretene Pfad 2017 neu markiert wurde, war er schwer zu finden, das ist nun, etwas übertrieben, behoben. Ein steiler Anstieg und ein rasanter Abstieg schließen die unvergessliche Querung ein. Anfangs und zu Ende gibt es gute Übernachtungsmöglichkeiten, unterwegs sind Sie auf sich alleine gestellt. Wenn eine dieser langen Touren dieses Kapitels bei mäßigem Wetter möglich ist, dann diese. Schwierigkeit: T3–T4.

Sehenswertes

- A Hinterer Gosausee
- B Waldbachursprung
- C Gletscherlehrweg

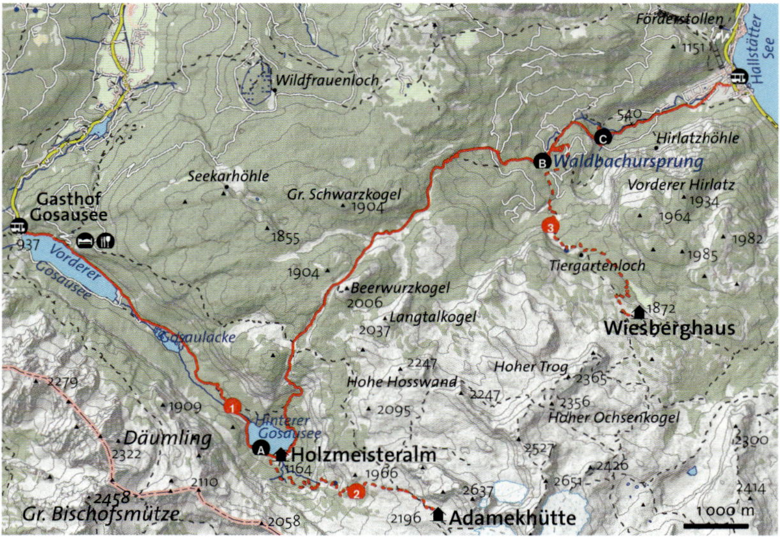

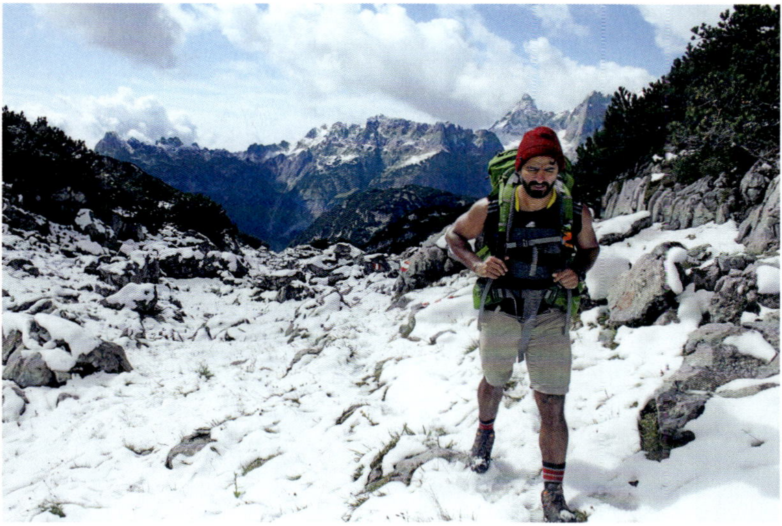

Im Spätsommer ist am Dachstein Neuschnee und dann warmes Wetter keine Seltenheit.

Beste Jahreszeit: Anfang Juni bis Ende September, bei entsprechendem Wetter bis Ende Oktober.

Verkehrsmittel: Der Ausgangspunkt, Wirtshaus am Gosausee, und das Ziel, Hallstatt-Lahn, sind gut öffentlich zu erreichen. Fahrplan unter www.oebb.at.

Varianten:

1. Eine Runde vom Vorderen zum Hinteren Gosausee ist eine beliebte Halbtageswanderung (Gehzeit etwa 4 h).
2. Eine Tageswanderung ergibt sich vom Vorderen Gosausee zur Adamekhütte und zurück (Gehzeit 7 h 30).
3. Gleich nach dem Waldbachursprung zweigt der Weg zum Wiesberghaus (1872 m) ab. Der ungemein reizvolle, breite Weg war ein alter Versorgungsweg, den Simony für seine Forschungstätigkeit angelegt hat (ab Waldbachursprung gut 2 h und 1000 Höhenmeter). Von dort hat man Anschluss an weitere Routen auf dem Dachstein.
4. Der Weg kann sehr gut mit anderen Wanderungen zu mehrtägigen Unternehmungen ausgeweitet werden, z. B. in Kombination mit Route 14 oder 16.

Übernachten, Gasthäuser: Zahlreiche Übernachtungsmöglichkeiten in Gosau, Hallstatt und Obertraun

- Gasthaus Gosausee am Dachstein, +43 6136 8514, office@gasthof-gosausee.at, www.gasthof-gosausee.at; im Sommer durchgehend geöffnet, im Winter Betriebsurlaub von November bis Jänner, siehe Website.
- Wiesberghaus (1884 m), +43 664 3517567 (Hütte) oder +43 664 1211370, www.wiesberghaus.at; in der Sommersaison von Christi Himmelfahrt bis 26. Oktober geöffnet, in der Wintersaison von 1. Jänner bis Ostermontag; Mehrbettzimmer: 39 Schlafplätze, Matratzenlager: 34 Schlafplätze, 10 Plätze im Winterraum.
- Hohe Holzmeisteralm (1164 m), +43 664 1145113 oder +43 664 4253513, Übernachtung auf Anfrage.

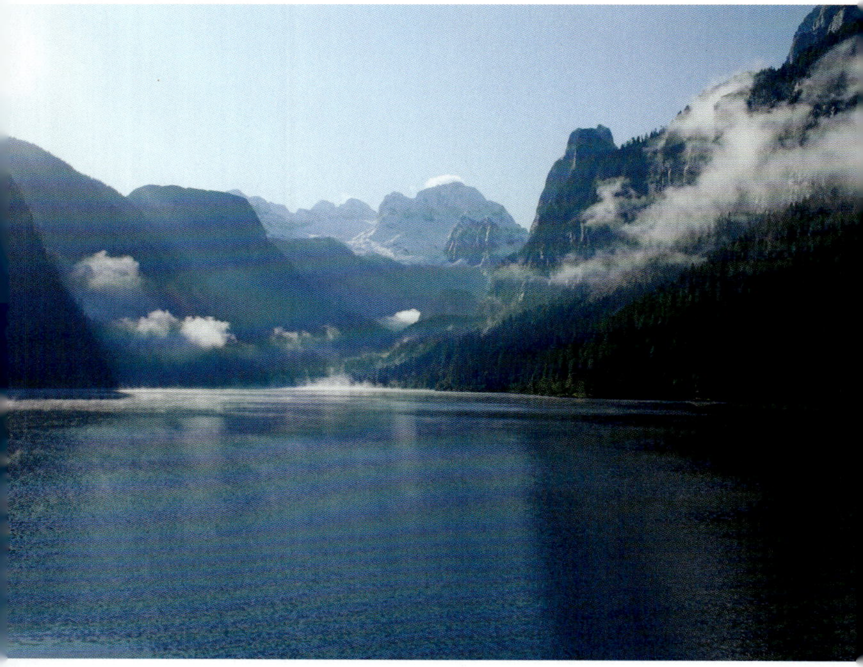

Morgenstimmung am Vorderen Gosausee.

Wir starten die Runde beim Gasthaus am Gosausee. Bereits am Anfang ist der Blick zum Dachstein, der mehr als 2000 Höhenmeter über dem See thront, gewaltig. Das Gewässer selbst ist nicht natürlichem Ursprungs, sondern einer der ersten Stauseen des Landes, der bereits 1905 errichtet wurde. An steilen Felsen entlang folgen wir den Hinweisen zum Hinteren Gosausee. Der Weg dorthin ist vielfältig, rechts ragen die Zacken des Gosaukamms empor und man passiert ein Wirrwarr aus unterschiedlichen Lebensräumen: Felshaufen, Steilstufen, kleine Seen oder vermoorte Bereiche ergeben ein vielfältiges Bild, dem Gletscher sei Dank. Vorbei an der pittoresken Niederen Holzmeisteralm, erreicht man die malerische Gosaulacke und nach einer kleinen Steilstufe den Hinteren Gosausee. Berühmte Künstler wie Schnitzler oder Waldmüller suchten diese Motive auf und schufen so bekannte Sehnsuchtsbilder. Wir umrunden den See auf der südlichen Seite und erreichen nach der Abzweigung zur Adamekhütte die schön gelegene Hohe Holzmeisteralm.

Hinter der Hütte geht es durch den Wald rasant bergauf. Der Aufstieg lohnt sich, da bald der Blick zurück von Schritt zu Schritt großartiger wird. Gegen Ende dieses Abschnitts erreicht man ein markantes Felsband, wo der Weg beeindruckend direkt unterhalb des Gesteins verläuft. Wir erreichen den Abzweiger »Beim Kreuz« und nehmen und Kurs auf eine über 3 Kilometer lange Karstgasse, der es bergauf bergab hindurchgeht. Der höchste Punkt unterwegs, bei etwa 1850 Höhenmetern liegt unterhalb des Beerwurzkogels (2006 m). Danach geht es über mehrere steile Felsbänder in einsamer Landschaft in das Radltal und zur verlassenen Radltalalm. Ich finde diesen Ort, mit der Vorstellung, in dieser Einsamkeit zu leben, etwas unheimlich und beeindruckend. Die Landschaft ist ruhig, ursprünglich und sicher einer der schönsten Abschnitte am Dachstein. Nach etwa 5 h wird bei der Radltalhöhe erstmals der Blick auf den Hallstätter See und die imposante Hierlatzwand frei. Nach der Landneralm (1153 m) geht es auf einem Karrenweg weiter. Man hört schon ein dumpfes Rauschen und kommt wenig später am Waldbachursprung vorbei, den man mit einem kurzen Abstecher erreicht – für mich ein Weltwunder, ein ganzer, klirrend kalter Bach schießt aus dem Berg, ein imposanter Anblick. Das Wunderbare ist, dass hier Aussichtsplattform, Gedenk-, Hinweistafeln, oder irgendeine Form an Infrastruktur fehlen, wodurch das Erlebnis noch ursprünglicher wird. Danach deutet ein Wegweiser zur Wiesbergalm, die man nach 1000 Höhenmetern auf dem von Simony angelegten Versorgungsweg erreicht. Wir gehen aber ins tiefe Echerntal hinab, wo man nach dem Waldbachstrub, einem tollen Wasserfall, einen schön angelegten Gletscherlehrpfad links bergab wählen kann. Nach etwa eineinhalb Stunden vom Waldbachursprung erreicht man das Simonydenkmal und Hallstatt (532 m), unser berühmtes Tagesziel.

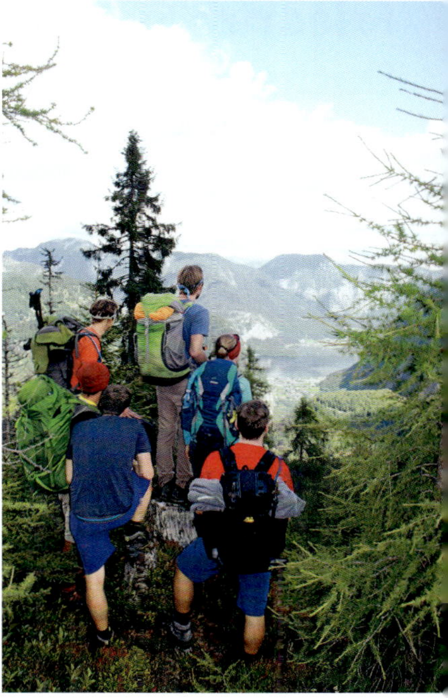

Nach stundenlanger Wanderung durch eine einsame Karstgasse wird der Blick auf den Hallstätter See frei.

Friedrich Simony, der Dachstein-Professor

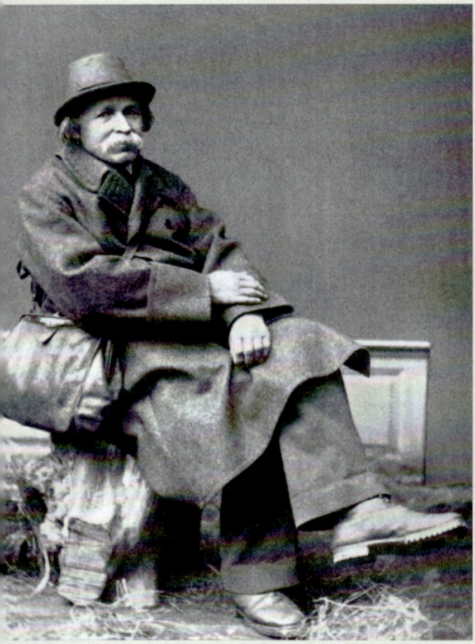

Friedrich Simony, Geograf und Alpenforscher, 1813–1896.

Die Karriere von Friedrich Simony war schwer vorherzusehen. 1813 in Nordböhmen geboren, war er bald Vollwaise, begann mit 13 Jahren eine Apothekerlehre in Trencin und schloss 1835 ein Pharmaziestudium in Wien ab. Danach wandte er sich den Naturwissenschaften zu und war für die Finanzierung seiner Vorhaben für lange Zeit auf Sponsoren wie den Wiener Leinwandhändler Anton Wagner angewiesen. Jener ermöglichte ihm 1840 seine erste Alpenreise. Zu Fuß wanderte er von Wien in das Salzkammergut, stand am 17. Oktober am Hohen Gjaidstein und bestaunte den mächtigen Hallstätter Gletscher, die Dirndln und den Hohen Dachstein. Von da an ließ ihn das Gebirge nicht mehr los – Simony wurde zum »Dachstein-Professor«. 1848 durfte er das Naturwissenschaftliche Museum in Klagenfurt einrichten, er wurde Chefgeologe für das Salzkammergut und sammelte innerhalb eines Sommers vierzig Kisten mit Fossilien. K. u. K. Unterrichtsminister Graf Thun war so begeistert, dass er Simony 1851 zum ersten Professor für Geografie in Wien ernannte. Er war Mitbegründer des Österreichischen Alpenvereins und, gemeinsam mit Franz v. Hauer, der Geographischen Gesellschaft. Bekannt sind seine ungemein exakten Zeichnungen, die heute wichtige Zeitdokumente darstellen, und auch seine Fotografien. Ab 1875 schleppte er die damals noch aufwendige Ausrüstung auf zahlreiche Gipfel. Er fertigte bestechend genaue Panoramakarten an, vermaß die Tiefe der Seen und erkannte deren Zusammenhang mit der ausschürfenden Kraft der Gletscher. Obwohl Simony zunächst noch annahm, die Gletscher würden sich ausbreiten und man müsse sich vor ihrer Bedrohung schützen, erkannte er bald Anzeichen für deren Rückzug. Er bestieg als Erster den Dachstein im Winter und legte, da er den Aufstieg für ein »recht abscheuliches Klettern« hielt, über die Randkluft den ersten Klettersteig der Ostalpen an; zudem wagte er sich weit in die Höhlensysteme vor. Auch wenn manche seiner wissenschaftlichen Deutungen falsch waren, bildeten

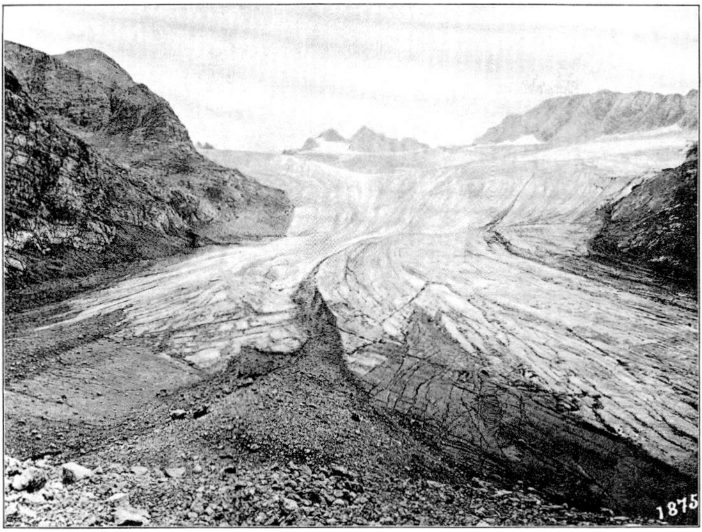

PHOTOGR. AUFNAHME VON F. SIMONY. AUTOTYPIE VON ANGERER & GÖSCHL IN WIEN.

DAS KARLS-EISFELD IM AUGUST 1875.

Sobald die Fotografieausrüstung halbwegs zu transportieren war, schleppte sie der Geograf auf jeden, wirklich auf jeden Gipfel und auf alle Touren mit. So entstanden einzigartige Zeitdokumente.

sie die wichtigste Grundlage der modernen Forschung im Ostalpenraum. Zahlreiche Ehrungen wurden ihm zuteil, 1877 erhielt die erste Schutzhütte am Dachstein, deren Standort er bestimmt hatte, seinen Namen. Sein Hauptwerk sind die zwei mächtigen Bände *Das Dachsteingebiet. Ein geographisches Charakterbild aus den österreichischen Nordalpen* (1895), ausgestellt im Heimatmuseum Ramsau am Dachstein, die er, bereits erblindet, mit Hilfe seines Sohns Oskar ein Jahr vor seinem Tod fertigstellte.

Über seine Übernachtung und den Sonnenaufgang auf dem Gipfel des Hohen Dachsteins schrieb er im September 1843: »Die Gottheit selbst bei der Staffelei ihres täglich neu werdenden Werkes zu belauschen, wie er das Schleiertuch der Nacht vom Bilde abrollt [...] und mit der Prometheusfackel das Feuer des Lebens entflammt. Ich habe ihn gehabt, diesen Genuss, er schuf mir die schönste und erhabenste Stunde meines Lebens.«

Route 16

Die Dachsteinrunde

Fünf Tage Bergerlebnis pur entlang des Höhenwegs

Die Runde um den Dachstein ist bei weitem noch nicht so überlaufen wie ähnliche Wanderungen von Hütte zu Hütte. Auf einsamen Pfaden bietet sie einige Herausforderungen, unzählbar viele tolle Aussichten und auch das ein oder andere Gipfelerlebnis. Wichtig ist ein wachsamer Blick auf das Wetter. Noch ist sie ein Geheimtipp und wenig begangen, doch wird sie in Internetforen forciert – es bleibt zu hoffen, dass ihr kein ähnliches Schicksal blüht wie zum Beispiel dem Karnischen Höhenweg, der als überlaufen gilt. Obwohl Sie einsam unterwegs sein werden, ist eine Reservierung des Schlafplatzes bei den Hütten ratsam, da es nicht viele gibt und jede Hütte Ziel für kleinere Zweitagestouren ist oder Gipfelstürmer anzieht, die auf den Hohen Dachstein unterwegs sind.

Charakter: Ein grandioses Vorhaben ist die hochalpine Umrundung des Dachsteins von Hütte zu Hütte. Der Weg ist sehr gut markiert und weitestgehend ohne große Probleme zu gehen, es gibt aber einige seilversicherte, ausgesetzte Stellen. Und wir befinden uns am Dachstein. Schlechtes Wetter macht die Orientierung unmöglich, die hohen Übergänge können bisweilen Ende August noch verschneit, vereist und damit unpassierbar sein. Dann sollte das Vorhaben abgeändert werden. Schwierigkeit: T3–T6.

Beste Jahreszeit: Juli bis September.

Verkehrsmittel: Den Ausgangs- und Endpunkt Ramsau/Türlwand erreicht man mit dem Bus der Ramsauer Verkehrsbetriebe. Von jeder Hütte ist zudem der Abstieg ins Tal und zu einer guten Bus- oder Bahnverbindung auf leichten Wegen möglich.

Varianten: Eine lange Rundwanderung wie diese bietet zahlreiche Varianten und Abstecher auf Gipfel, die in der Beschreibung erwähnt sind.

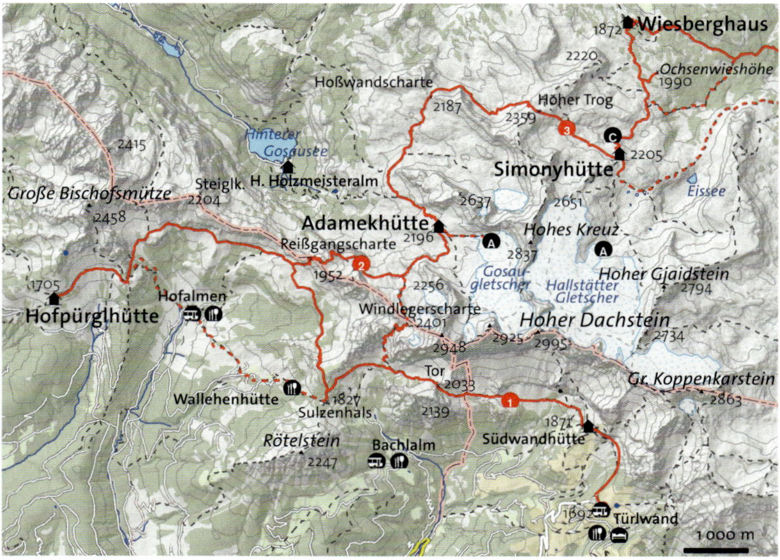

Route und Wanderzeiten

Tag 1: Ramsau/Türlwand–Sulzenhals–Hofpürglhütte (T3–T4) 6 h

Tag 2: Hofpürglhütte–Reißgangscharte–Adamekhütte (T5, eine Stelle T6) 5 h

Tag 3: Adamekhütte–Hoßwandscharte–Simonyhütte–Wiesberghaus (T4–T5) 6 h 30

Tag 4: Wiesberghaus–Oberfeld–Guttenberghaus (T3–T4) 5 h 30

Tag 5: Guttenberghaus–Scheichenspitze–Ramsau/Türlwand (T4) 5 h

Höhendifferenz Total
↗ 4900 m ↘ 4900 m

Distanz ca. 52 km

Sehenswertes

- A Dachsteingletscher
- B Gipfel der Scheichenspitze
- C Hotel Simony

Übernachten, Gasthäuser:

- Hofpürglhütte (1705 m), +43 6453 8304 oder +43 676 3718 566, heinz.sudra@gmail.com; Anfang Juni bis Anfang Oktober geöffnet; 29 Betten, 71 Matratzenlager.
- Adamekhütte (2196 m), +43 664 5473 481, www.adamek.at; Anfang Juni bis Ende September geöffnet; 27 Betten, 68 Matratzenlager; im Winter Notraum vorhanden, aber keine Ausstattung.
- Simonyhütte (2203 m), +43 680 2196 374, www.simonyhuette.at; in der Sommersaison von Ende Mai bis Anfang Oktober geöffnet, in der Wintersaison von Ende Dezember bis Ende März (je nach Wetterlage, telefonische Rücksprache von Vorteil); 42 Betten, 94 Matratzenlager.
- Wiesberghaus (1884 m), +43 664 3517 567 oder +43 664 1211 370, www.wiesberghaus.at; in der Sommersaison von Christi Himmelfahrt bis 26. Oktober geöffnet, in der Wintersaison von 1. Jänner bis Ostermontag; 39 Betten, 34 Matratzenlager, 10 Plätze im Winterraum.
- Gjaidalm (1738 m), +43 680 3253 138 oder +43 680 1245 919, in der Sommersaison von Anfang Juni bis Ende September geöffnet, in der Wintersaison von Mitte Dezember bis Ende März; zahlreiche Zimmer und Lager; privat bewartet, keine AV-Hütte, daher etwas teuer.
- Guttenberghaus (2146 m), 43 664 3022956, www.guttenberghaus.at; Anfang Juni bis Anfang Oktober geöffnet; 23 Betten, 53 Matratzenlager, Winterraum (Schlüssel ist bei Familie Perhab in Ramsau abzuholen).

Übernachtungsmöglichkeiten unterhalb der Dachstein-Südwand: Dachstein-Südwandhütte, Gasthaus Türlwandhütte, Hotel Hunerkogel, Austriahütte.

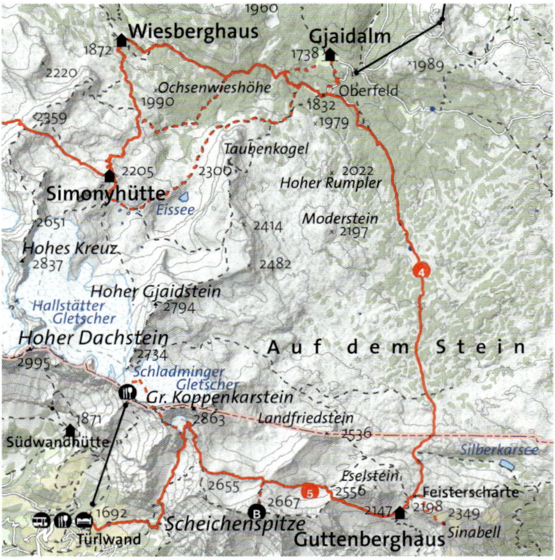

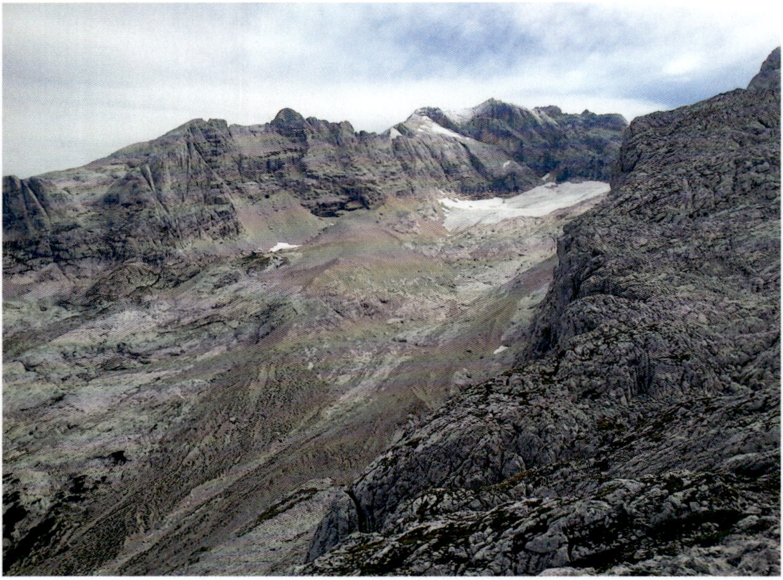

Bald nach der Reißgangscharte ist die Simonyhütte zu erkennen – der Weg ist aber noch weit.

Tag 1: Türlwand–Hofpürglhütte

Wir beginnen unsere große Runde auf der bekannten Türlwand (1692 m) in Ramsau am Dachstein, die mit dem Bus gut zu erreichen ist. Wie in Route 5 beschrieben, geht es über die Südwandhütte und das Tor (2033 m) zum Sulzenhals. Von dort gibt es die Möglichkeit, entweder noch ein paar Höhenmeter auf den Sulzenschneid und zum Kreuz des Predigstuhls (1990 m) aufzusteigen und ausgesprochen herrlich in weitem Bogen am Gosaustein entlang zur Hofpürglhütte zu wandern. Alternativ kann man über die Wallehenhütte rasch zu den Hofalmen absteigen, um von dort in etwa 1 h die Hütte zu erreichen.

Variante: Nach dem Tor öffnet sich rechterhand das beeindruckende Windlegerkar. Ein bisserl mühsam ist der Weg über die Windlegerscharte (2401 m) schon: Erst heißt es über den mächtigen Schuttkegel zwei Schritte vor, einen zurück, und dann auch noch leichtes Klettern (I) bergauf und bergab. Beim Torsteineck (2256 m) schließt man zum Linzer Weg und zur Adamekhütte auf. So spart man sich eine Übernachtung, die Gehzeit beträgt etwa 6 h 30 von der Talstation Türlwand.

Tag 2: Hofpürglhütte–Adamekhütte

Die zweite Etappe der Umrundung ist die technisch schwierigste und landschaftlich sehr reizvoll. Nach der Hütte geht es zum schönen Boden bei der Kesselwand. Man muss es betonen, auf dem Weg bis hier und weiter zur Reißgangscharte (1952 m) spielt es sich geologisch kunterbunt ab: Auf engstem Raum verzahnen sich Gesteine aus sieben völlig unterschiedlichen Epochen und dementsprechend vielfältig ist auch das Landschaftsbild. Dieses Szenario sollte in Erinnerung bleiben, da ab der Reißgangscharte bis vor der Feisterscharte (Tag 4) ausschließlich Dachsteinkalk angesagt ist. Nach einigen Quellen, den Weidewiesen des »Rinderfelds«, fallen immer wieder markante Schuttmassen, Endmoränen und große Murengänge auf. Immer im Blick ist das Hinterwinkltal der Warmen Mandling, die ebenfalls deutliche Spuren eiszeitlicher Formung trägt. Mit der Reißgangscharte, die nach einem kurzen knackigen Aufstieg erreicht ist, ändert sich gänzlich der Charakter. Aus der Scharte steigt man nach rechts etwas ausgesetzt, aber gut gesichert über Felsbänder in nahezu ebenes, unschwieriges felsiges Gelände auf und erreicht über einen letzten Aufschwung den Scheitelpunkt des Linzer Steigs beim Oberen (Hohen) Hochkesseleck (2260 m). Man hat von hier einen tollen Überblick über den weiteren Wegverlauf und die Seitenmoränen des Gosaugletschers und sieht schon die Adamekhütte. Das Gelände ist sehr schroff und grob, weiter geht es auf Weg Nr. 601, vorbei an der Abzweigung zur Windlegerscharte, zu zwei seilversicherten Stellen. Erst geht es steil bergauf, dann, aufgepasst, sehr exponiert über eine mit Bügeln und Seilen gesicherte Felswand hinab, das Kriterium der Wanderung, schwieriger wird es nicht mehr. Es fällt unterwegs besonders ein Band von Megalotonden auf, eine Gruppe von Riesenmuscheln, die im Volksmund als Kuhtritte bezeichnet werden, die besonders typisch für ehemalige Flachwasserbereiche sind. Nach dem letzten großen Schritt erreicht man ungehindert nach weiteren 0 h 45 die Hütte. Sie ist ein beliebter Stützpunkt bei Sportkletterern, die gerne herkommen um die zahlreichen Klettergärten rund um die Hütte oder anspruchsvolle Touren (Klassiker: Hochkesselkopf) in Angriff nehmen. Viele nutzen den Standort, um die Besteigung des Dachsteins in Angriff zu nehmen, da der Westgrat als der leichteste Zustieg gilt und dementsprechend gerne gewählt wird (siehe Route 17). Auf unserer Dachsteinrunde erreichen wir in der Regel am frühen Nachmittag die Hütte, somit bleibt genug Zeit, die Umgebung zu erkunden, einen Abstecher zum Gletscherrand (Lehrpfad) zu unternehmen und von einer Tour auf den Hauptgipfel zu träumen.

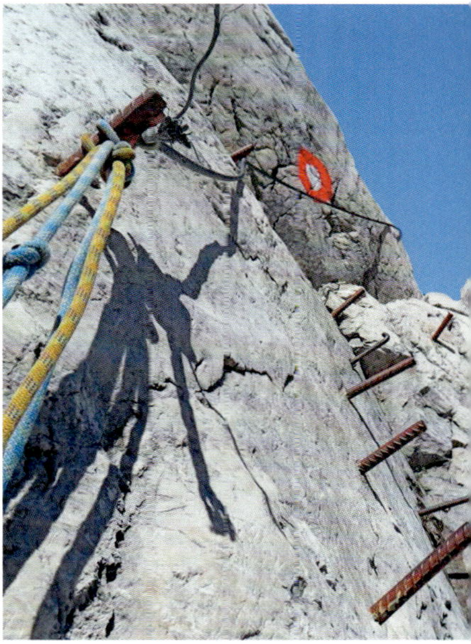

Zwischen Reißgangscharte und Adamekhütte ist eine schwierige Stelle zu überwinden.

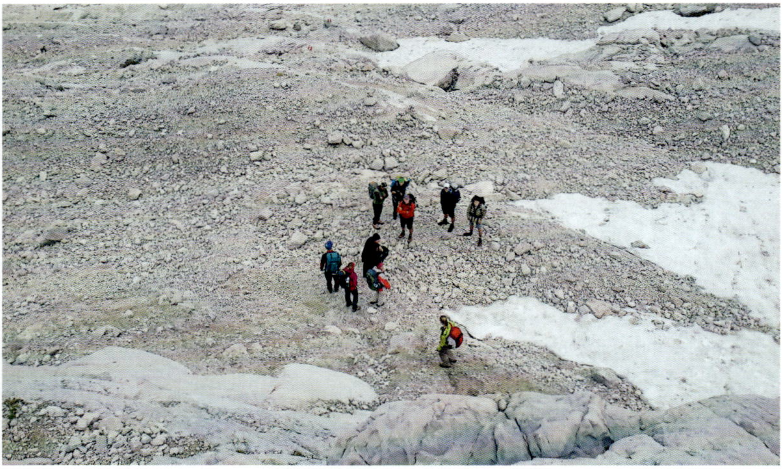

Um den Dachstein ist man in hochalpiner Landschaft unterwegs.

Tag 3: Adamekhütte–Simonyhütte–Wiesberghaus oder Gjaidalm

Wie schon während Tag 2 durchschreiten wir auf dem Weg zur Simonyhütte »öden« Dachsteinkalk par excellence, wobei sich der Blickwinkel auf die Umgebung ändert, nicht aber die Wegbeschaffenheit, die anspruchsvoll bleibt, aber um eine Spur angenehmer als noch am Vortag ist. Zunächst geht es bis zur Abzweigung »Am Hohen Riedl« auf etwa 2030 m hinunter, wo der breite, wunderschöne Weg zu den Gosauseen absteigt (»Gosauer Reitweg«, Busverbindung). Wir gehen rechts Richtung Simonyhütte und Hoßwandscharte und erreichen grandiose Karstformen im riesigen Kar des Schneelochgletschers. Rechterhand erkennen wir die imposante Felslandschaft unterhalb des Hohen (2837 m) und des Niederen (2651 m) Kreuzes. Von der Scharte (2187 m), direkter Ausläufer des Grats vom Hohen Dachstein, öffnet sich der Blick nach Osten, der weitere Weg führt eng am Hoßkogel (2366 m) vorbei, wird noch einmal schwierig, aber nie gefährlich. Wer schon im Juni unterwegs ist, sollte sich bitte bei den Hüttenwirten nach dem Zustand des Wegs erkundigen, da unterhalb des Hoßkogels steile Schneefelder übrig sein können, die Steigeisen erforderlich machen. Die Frequenz der Markierungen erscheint etwas übertrieben – aber bei schlechter Sicht werden Sie dankbar sein, da der Weg felsig und oft als solcher nicht zu erkennen ist. Nach dem steilen Aufstieg zum Hohen Trog (2356 m) erwartet uns oben eine breite Kuppe mit toller Sicht in alle Richtungen. Je nachdem, was noch geplant ist, lohnt sich ein Abstecher zum Hohen Ochsenkogel (2527 m) und zum Niederen Kreuz (2651 m). Vom Hohen Trog kann man auch über den Mittleren (2365 m) und Niederen (2220 m) Ochsenkogel absteigen. Dieser Weg ist mehrfach seilversichert, vom Niederen Ochsenkogel ist das Panorama besonders schön.

Auf dem Weg Nr. 650 geht es nun ohne große Fallen bis zur Simonyhütte (2205 m) weiter, die nach gut vier Stunden erreicht sein sollte. Sie liegt großartig, in Reichweite zum Hallstätter Gletscher und mit freier Sicht auf den Dachstein. Kein Wunder, dass Friedrich Simony diesen Standort vorgeschlagen hat. Wer auf der Simonyhütte eine Übernachtung einlegen möchte, kann von hier aus die Gegend um das Gletschervorfeld erkunden. Wer heute noch weiter möchte, dem bieten sich nach einer Stärkung zwei Wege an: zur Gjaidalm oder zum Wiesberghaus.

Option Gjaidalm: Der Weg direkt zur Gjaidalm führt an einer deutlich von den Eiszeiten geprägten Gegend vorbei. Auffällig viele Schuttmassen, kleine Terrassen, ganz frische Moränenwälle, Schmelzwasserseen machen dies deutlich. Der Eiszerfall des Hallstätter Gletschers ist besonders gut dokumentiert. Für Interessierte empfehle ich unbedingt die Literaturangabe im Anhang, Lehrpfad *Hallstätter Gletscher* von H. Weingartner. Wir sehen den Eissee (1909 m), der 1850 noch vergletschert war und in einem imposanten, tiefen Becken liegt. Vorbei an Schneetälchen und Steinpflasterböden kehrt mit zunehmender Tiefe auch die Vegetation zurück. Nach etwa 2 h ist die Gjaidalm (1805 m) erreicht. Sie ist eine der wenigen intakten Almen in diesem Bereich des Dachsteins und liegt an einem streng geschützten Niedermoorbereich. Die Hütte selber ist, nun ja, eine etwas andere Hütte. Es herrscht nicht das strenge Hüttenregiment, das man vielleicht gewohnt ist, regelmäßig gibt es veganes Essen, ab und an wird Live-Musik im Club-Sound gespielt, die Stadt kommt aufs Land – Geschmackssache. Die Hütte ist keinem Alpenverein zugeordnet und galt schon immer als »alternative« Unterkunft (FKK-Langlaufer bis 2007).

Das Niedermoor vor der Gjaidalm steht unter strengem Schutz.

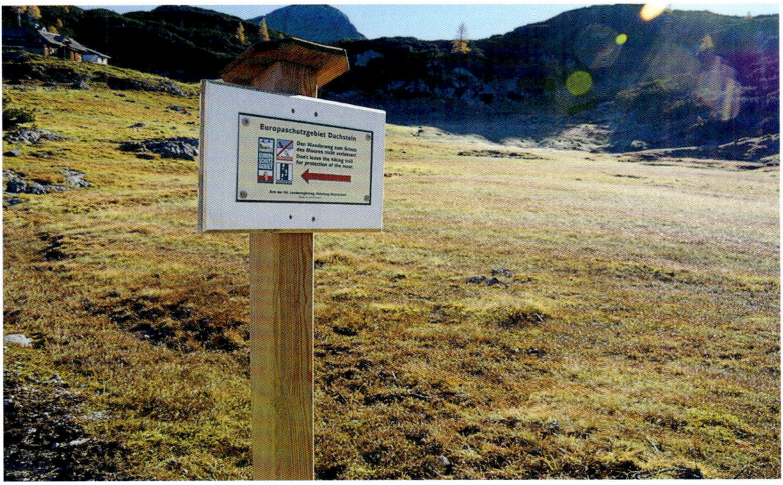

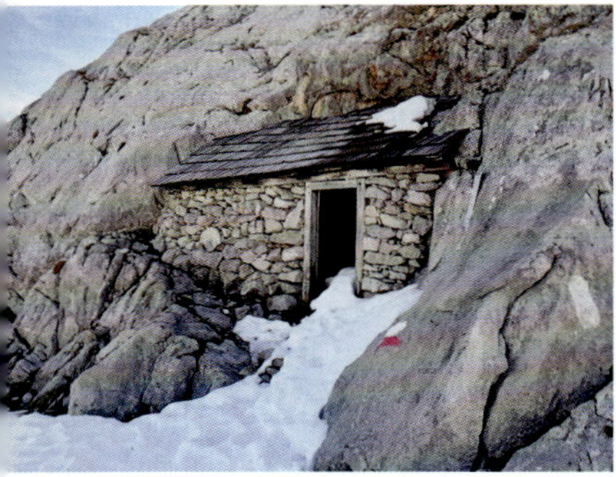

Das sogenannte Hotel Simony wurde als erste Hütte am Dachstein errichtet.

Option Wiesberghaus: Der zweite Weg von der Simonyhütte führt an einem alten Versorgungspfad entlang. Nach wenigen Kehren kommen wir am ersten Stützpunkt am Dachstein, dem berühmten Hotel Simony vorbei. Das aktuelle Hüttenverzeichnis des Alpenvereins schreibt: »Der Wildkar-Hütte (Hotel Simony) kommt eine Sonderstellung zu, da sie bereits 1843 erbaut worden ist. Die Sektion hat sie aber so sehr in ihr Herz geschlossen, dass dieses urtümliche Refugium das Titelblatt der Jubiläumsschrift von 1887 in Form einer Vignette geradezu wie einer Reliquie ziert.« Bis heute wird die ehemalige Behausung gepflegt.

Der Weg ist nordexponiert, in einigen Kehren kann Schnee im Frühjahr oder Herbst unangenehm den Weg versperren. Wir passieren rechts die Abzweigung zur Gjaidalm und links den Kefersfeldsteig zum Niederen Ochsenkogel, bis ein kleiner Hinweis auf die Ochsenwieshöhe (1990 m) deutet; diese Aussicht lassen wir uns nicht entgehen. Nach wenigen Minuten ist das schöne Wiesberghaus (1872 m), eine meiner Lieblingshütten, erreicht. Die Wirtin wartet mit gepflegter Hausmannskost und selbstgemachten Mehlspeisen auf.

Tag 4: Vom Wiesberghaus zum Guttenberghaus

In der Umgebung der Hütte gibt es sehr schöne Tagesziele, so etwa der Zwölferkogel, 1982 m, den Niederen Rumpler (1979 m) oder den Taubenkogel (2300 m). Alle bieten tolle Aussichten, letzterer ist besonders reizvoll und ist der Beginn einer Wanderung zum Hohen Gjaidstein und zur Bergstation Hunerkogel. Wir starten unseren weiteren Weg vom Wiesberghaus durch die Bärengasse, begleitet von einigen Informationstafeln und ungefähr ebenso viele Weggabelungen. Wir folgen den Hinweisen zum Guttenberghaus, der kürzesten Möglichkeit, das Dachsteingebirge zu überqueren. Wenige Meter von der Gjaidalm steht ein einigermaßen liebloser Kasten, das ist die ehemalige Militärstation Oberfeld. Sie bestand ab den 1950er-Jahren bis 2012, bis sie an einen privaten Investor zu sehr günstigen Konditionen veräußert wurde. In den Medien wird nun oft von einem Luxusressort berichtet, das hier millionenschwer entstehen soll, Zufahrtsstraße inklusive; was geschehen soll, weiß niemand genau. Der Naturschutz ist jedenfalls gewarnt – kann sein, dass sich die Militärstation im Nachhinein als Segen herausstellt, da so jegliche Intensivnutzung auf dem ökologisch so labilen Karst verhindert wurde.

Der Weg verläuft ständig über der Waldgrenze, meist innerhalb der Latschenzone, und bietet einen guten Eindruck über die flächenhafte Landschaft des Kalkriesen. Enge Karstgassen wechseln mit aussichtsreichen Anhöhen ab. Das Ziel nahe des markanten Eselsteins (2556 m) haben wir oft vor Augen. Auf der Karte erscheint die

Strecke endlos lang, man kommt aber rasch voran. Nach etwa 3 h 30 nehmen wir den Weg von der Maisenbergalm auf. Endlich ändert sich nun markant die Umgebung. Mit dem Ende des Dachsteinkalks, auf dem wir ununterbrochen drei Tage unterwegs waren, und dem Eintritt in den älteren Wettersteindolomit und -kalk wird das Gelände belebter. Richtung Osten geht es hinunter zum Silberkar, wir aber nehmen einen letzten Anstieg zur Feisterscharte (2198 m) unter die Füße. Wer nach der langen Runde noch nicht müde ist, der kann voller Übermut noch den Eselstein in Angriff nehmen; wer schon müde Füße hat, sollte sich dennoch die Aussicht vom Sinabell (2349 m) nicht entgehen lassen – und wenn es gar nicht mehr geht: Bei Günter Perhab auf dem Guttenberghaus (2147 m) ein Bier bestellen.

Tag 5: Guttenberghaus–Hunerkogel/Austriahütte

Um die große Runde abzuschließen, gibt es mehrere Möglichkeiten. Die einfachste ist der Abstieg vom Guttenberghaus direkt in die Ramsau. Vollkommen wird das Erlebnis aber erst mit der Besteigung der Scheichenspitze (2667 m), womit wir den umgekehrten Weg wie in Route 6 beschrieben wählen. Bei der Edelgrießhöhe können wir gleich in das Edelgrieß absteigen oder aber Weg Nr. 618 zur Austriascharte wählen. Der Aufstieg zur Scharte ist schlecht markiert, zwar seilversichert, aber aufgrund des Schutts, der auf dem Felsen liegt, eine abenteuerliche Angelegenheit. Kaum auf der schwindelerregenden Höhe des »Brett« (2673 m) angekommen, wartet der Rosmariestollen. Danach folgt »nur« eine Leiter 50 Meter am Felsen senkrecht bergab – Höhenangst ist an dieser Stelle nicht von Vorteil. Auf dem Weg zur Bergstation

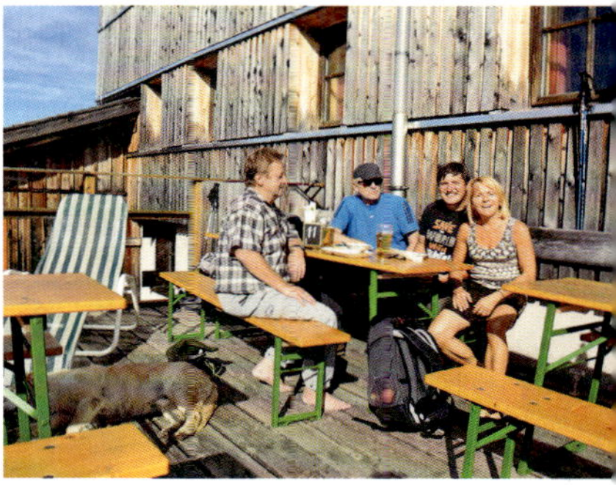

Das Wiesberghaus garantiert Gastlichkeit und gutes Essen und Trinken.

kann sich im Anschluss jeder selber ein Urteil über den Intensivtourismus auf den Gletscherflächen bilden – Fakt ist, dass es eine Attraktion auf Zeit ist, der Gletscher geht zurück; trotzdem wird mit allen Mitteln versucht, die Show weitergehen zu lassen. Auf dem Karstgebiet, wo jede Verunreinigung ungefiltert in die Höhlensysteme gelangt, ist eine derartige Nutzung problematisch – und ja, wir befinden uns in einem Naturschutzgebiet. Bei der Talfahrt mit der Gondel sollten Sie sich zudem auf einen längeren Aufenthalt auf der Bergstation einstellen, in der Hochsaison ist die Gondel überfüllt. Folgt man von der Edelgrießhöhe dem Weg Nr. 673 und Nr. 672 durch das Edelgrießkar zur Austriahütte, findet die einzigartige Umrundung des Dachsteins ein würdiges Ende und man hat Zeit, sich an die Tatsache zu gewöhnen, nun wieder auf Menschen und motorisierte Fortbewegungsmittel zu treffen.

Karst und Höhlen

Jeder Wanderer, der in den Nördlichen Kalkalpen, vor allem östlich von Salzburg, unterwegs ist, kennt sie: die Karsterscheinungen. Wissenschaftlich korrekt müsste man den Vorgang »selektive Kalkstein-Verwitterung« nennen, womit die chemische Lösung des Kalks durch Wasser gemeinsam mit Huminsäuren und Kohlensäure gemeint ist. Besonders für das Dachsteingebiet wurde der Begriff »alpiner Karst« formuliert, da er sich in einigen wesentlichen Erscheinungsmerkmalen vom namensgebenden slowenischen Karst unterscheidet – allen voran die Wirkung von Eis und Frost. Der flächenhafte Lösungsabtrag beträgt rund ein Zentimeter in 1000 Jahren; das hört sich nicht nach viel an, aber multiplizieren Sie das mal 10 000. Die Verkarstung setzte unmittelbar nach dem Auftauchen der Kalke aus dem Meer ein. Das beweisen uralte, zum Teil aus der Trias-Zeit stammende, bunte Füllungen von Karstformen – das damalige Karstrelief wurde bereits wieder aufgefüllt und zwar entweder mit Hierlatzkalk (mit Seelilien-Stielgliedern, sogenannten Crinoiden) oder dem Ammoniten führenden Adneterkalk. So kommt etwas gelbe und rote Farbe in den grauen Dachsteinkalk.

Dominant sind diverse Ausbildungen von Karren (Rillen-, Rinnen-, Topf- oder Trittkarren) und Dolinen (Trichter-, Sturz oder Schachtdolinen). Im hochalpinen, sogenannten nackten Karst dominieren scharfe Formen, während für den bedeckten Karst der tieferen Höhenlagen zugerundete Karren typisch sind. Herrlich sind die endlos langen Karstgassen (Route 15).

Im Dachsteingebiet werden drei Höhlen-

Weitläufiges Karrenfeld bei der Radltalalm.

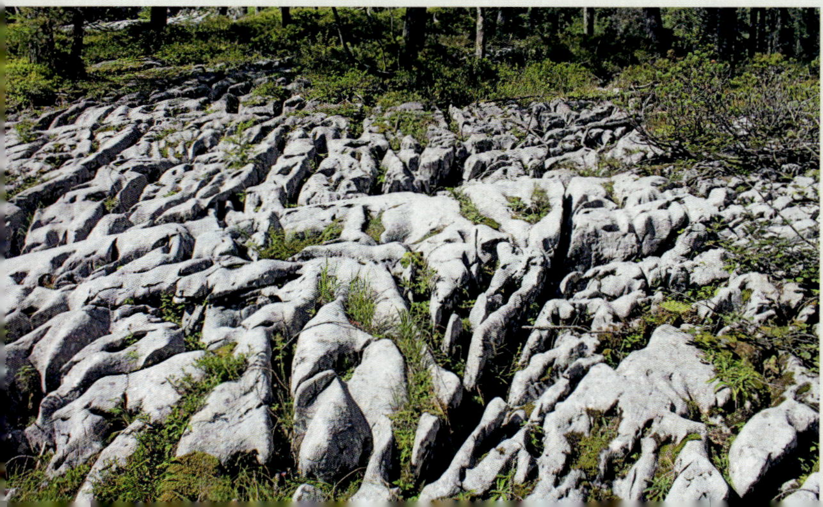

niveaus unterschieden, die auch zu verschiedenen Zeiten entstanden sind. Das höchstgelegene Höhlensystem ist das oberflächennahe Ruinenhöhlenniveau (in unserem Gebiet z. B. die Krippenstein-Eishöhle und die Höhlenruinen am Margschierf; spektakulär ist das Tiergartenloch am Weg ins Echerntal). Man geht davon aus, dass dieses Niveau während der Bildung der Dachstein-Altfläche ab dem späten Eozän, also vor etwa 35 Millionen Jahren, angelegt wurde. Danach erfolgte die Versiegelung der Dachstein-Altfläche durch Augenstein-Sedimente.

Das größte System, das »Riesenhöhlenniveau«, wird mit der Heraushebung der mittleren Kalkalpen im jüngeren Miozän (vor etwa 6–10 Millionen Jahren) in Verbindung gebracht. In unserem Gebiet sind die Mammuthöhle und die Dachstein-Eishöhle die besten Beispiele. Sie wurden Anfang des 20. Jahrhunderts für die Öffentlichkeit zugänglich gemacht und sind ausschließlich geführt begehbar. Ein Besuch lohnt sich, das ganze Drumherum ist zwar touristisch hochgezogen, aber der Eispalast, der Parsifaldom, der Große Eisberg (ein über neun Meter hoher Eiskegel) und die Große Eiskapelle sind sehenswert. Wenn die Außentemperaturen über dem Gefrierpunkt liegen, in den Höhlenräumen aber noch Kaltluft lagert, friert das eindringende Wasser und lässt so das Eis in den Höhlen entstehen. Trotz Klimawandel ist die Eisbilanz positiv. Die Mammuthöhle beeindruckt durch ihre Dimension; die Lichtinstallationen sind Geschmackssache. Trotz der guten touristischen Erschließung festes Schuhwerk und vor allem warme Kleidung mitnehmen – selbst im heißesten Sommer herrschen im Fels Temperaturen um den Gefrierpunkt.

Das jüngste Höhlensystem, das Quellhöhlenniveau, ist zugleich das topografisch am tiefsten gelegene; es wurde im Pliozän (vor ca. 5–1,8 Millionen Jahren) und im Quartär (vor 1,8 Millionen Jahren bis heute) gebildet. Im Dachsteingebiet sind dafür vor allem Riesenkarstquellen wie etwa die Koppenbrüllerhöhle, der Hirschbrunn, der Kessel oder der Waldbachursprung diesem System zuzurechnen. Die Koppenbrüllerhöhle ist wohl die älteste Schauhöhle im Gebiet; bereits 1820 wurden gegen Bezahlung Touren durch die Höhlen geführt. Durch die Höhle fließen Bäche, die bei starken Regenfällen stark anschwellen und ein eigenes Brummen im Berginneren erzeugen. Erwähnenswert ist mit über 103 Kilometern Länge (Stand 2016) die Hierlatzhöhle, eine der längsten des Landes, in der ständig geforscht wird. Bisher ungeklärt ist, ob es einen unterirdischen Weg von Nord nach Süd »durch« den Dachstein gibt.

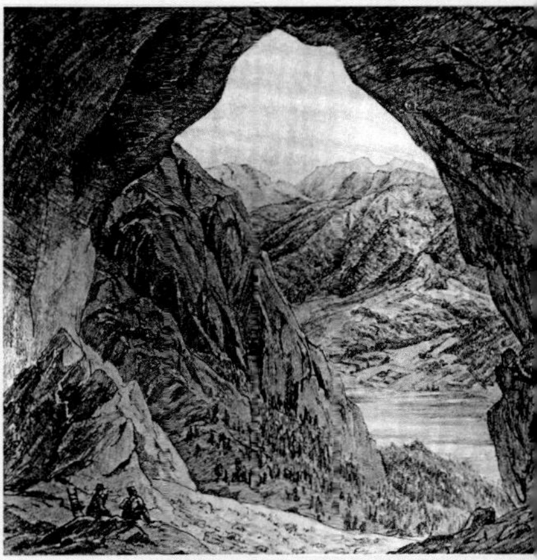

Schon Friedrich Simony faszinierte das Innenleben des Dachsteins, um 1870.

Route 17

Alpine Besteigung des Dachsteins

Der Dachstein ist zweifellos der sprichwörtliche Höhepunkt der Touren in diesem Gebirge, vor allem, wenn man die Möglichkeit hat, ihn außerhalb der Stoßzeiten zu erklimmen. Um in den Gipfelgenuss zu kommen, ist ein riskantes Manöver nicht notwendig, drei Zustiege, der genannte Anstieg über die Schulter, Simonys »Randkluft«-Steig und der Westgrat sind für den geübten, schwindelfreien Wanderer mit Bergführer machbar. In Verbindung mit dem Windlegergrat ergibt sich eine einzigartige Runde.

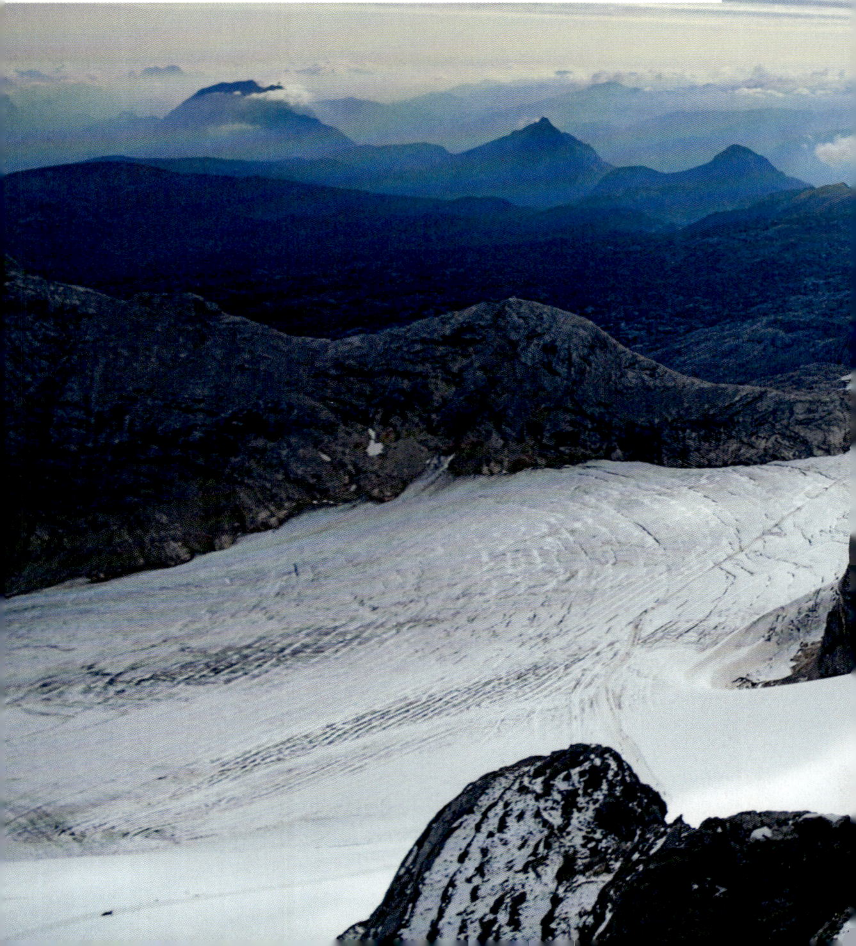

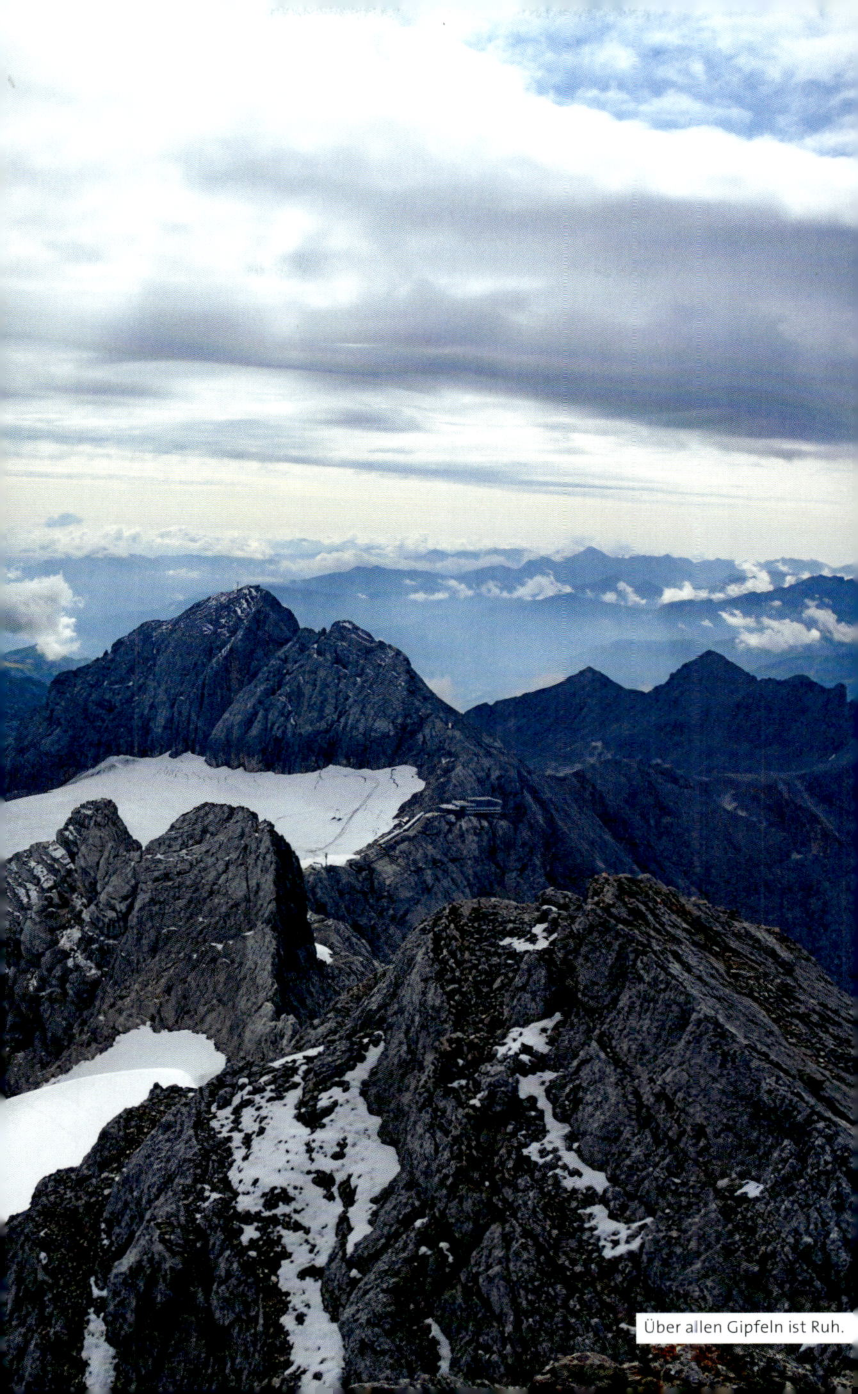
Über allen Gipfeln ist Ruh.

Route 17

Der Hohe Dachstein

»Die wenigsten Leute wissen wie schön der Himmel ist, schon auf Erden.«
Peter Rosegger

Der Kult um den Hohen Dachstein ist groß. Er gilt als heiliger Berg, viele Kapellen und Gebetsstellen in der Umgebung sind so ausgerichtet, dass der Dachstein im Blick ist. Eine Besteigung sollte gut geplant sein und kann zu einer sagenhaften und hochinteressanten Rundwanderung ausgedehnt werden. Es ist übrigens die einzige Tageswanderung in diesem Buch, die durch alle drei Bundesländer führt, die sich das Dachsteingebirge teilen.

Sehenswertes

- A Unglaubliches Gipfelpanorama und der »Stein des Anstoßes«
- B Torstein und die Landschaft um die Windlegerscharte

Charakter: Hochalpine Tour mit Kletterstellen (A/B, I+) und Gletscherquerung. Im Anschluss führt der Weg auf einem gut markierten Wanderweg noch einmal seilversichert über die Windlegerscharte, von der es rasant bergab geht. Wer im Umgang mit Seil, Steigeisen und Pickel nicht geübt ist, soll sich ohne zu zögern an einen Bergführer wenden – das steigert den Gipfelgenuss ungemein. Schwierigkeit: T6.

Route und Wanderzeiten

Hunerkogel–Dachstein	2 h
Dachstein–Windlegerscharte–Bachlalm	5 h
Total	**7 h**
Höhendifferenz	↗ 900 m ↘ 2100 m
Distanz	11,5 km

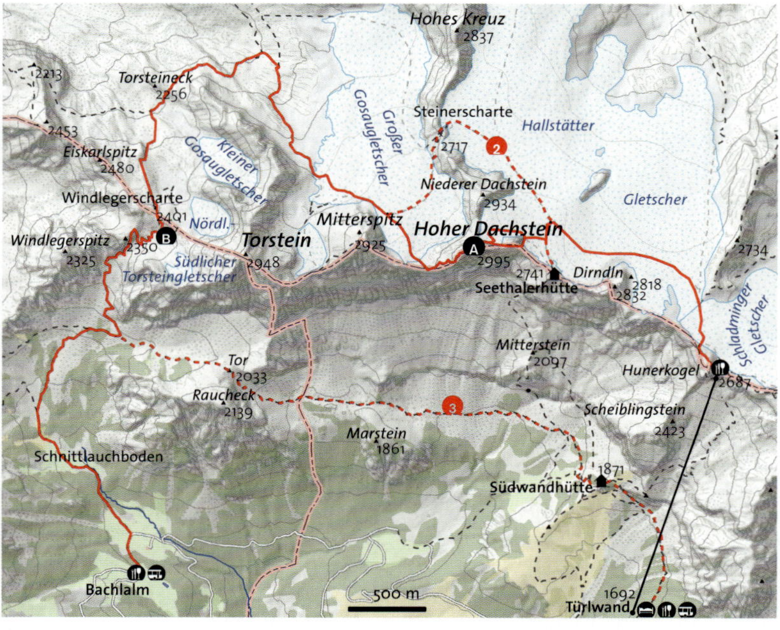

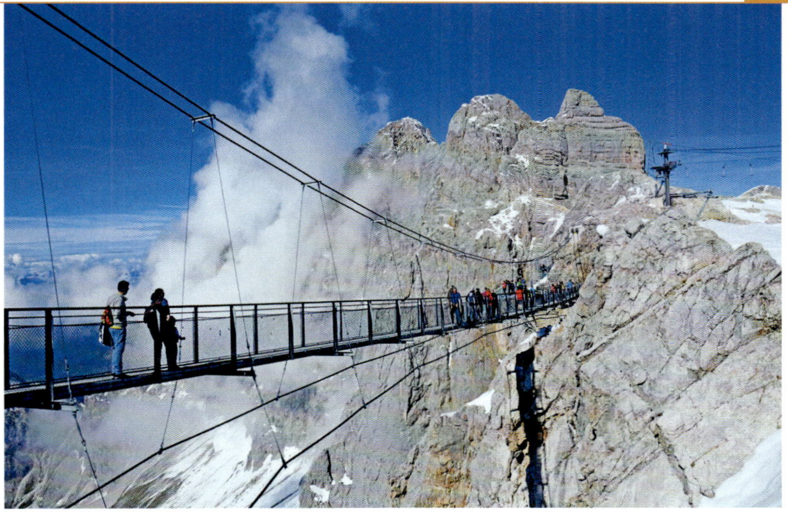

Der Weg zur Treppe ins Nichts, vielsagende Bezeichnung. Dahinter lauert tatsächlich der Dachstein.

Beste Jahreszeit: Ende Juni bis September.

Verkehrsmittel: Der Bus der Ramsauer Verkehrsbetriebe führt vom Bhf. Schladming direkt zur Gondel; mit dieser in wenigen Minuten auf 2687 m Höhe. Infos über Sonnenaufgangs- oder -untergangsfahrten der Dachstein-Seilbahn: www.derdachstein.at.

Varianten:

1. Minimalvariante: Über die Schulter und den Randkluftsteig wieder zurück (insgesamt 4 h).
2. Über den Westgrat absteigen, dann aber den Gosaugletscher queren (Spalten!) und über die seilversicherte Steinerscharte (2717 m) auf den Hallstätter Gletscher und zurück zum Ausgangspunkt (6 h).
3. Rückweg über das Tor zur Südwandhütte und Türlwand (etwa 1 h 15 mehr).

Übernachten, Gasthäuser:

Seethaler Hütte (2741 m), +43 664 3240640, www.alpenverein-austria.at; Juni bis Mitte Oktober geöffnet; 18 Matratzenlager; nach dem Umbau ist eine Winterbewirtschaftung geplant.

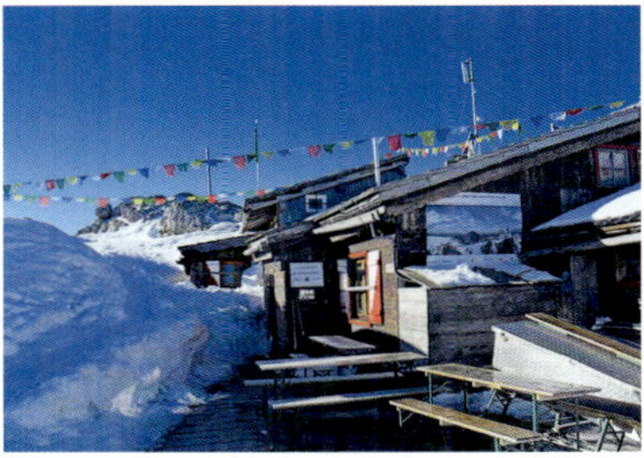

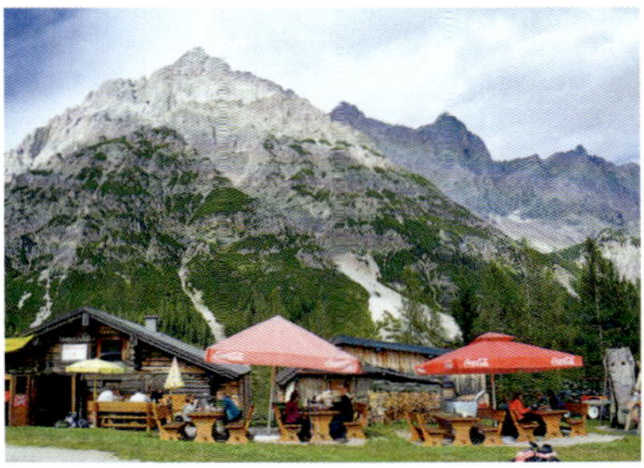

Die Seethaler Hütte (oben) und die Bachlalm (unten) sind Start- beziehungsweise Endpunkt der tollen Tour.

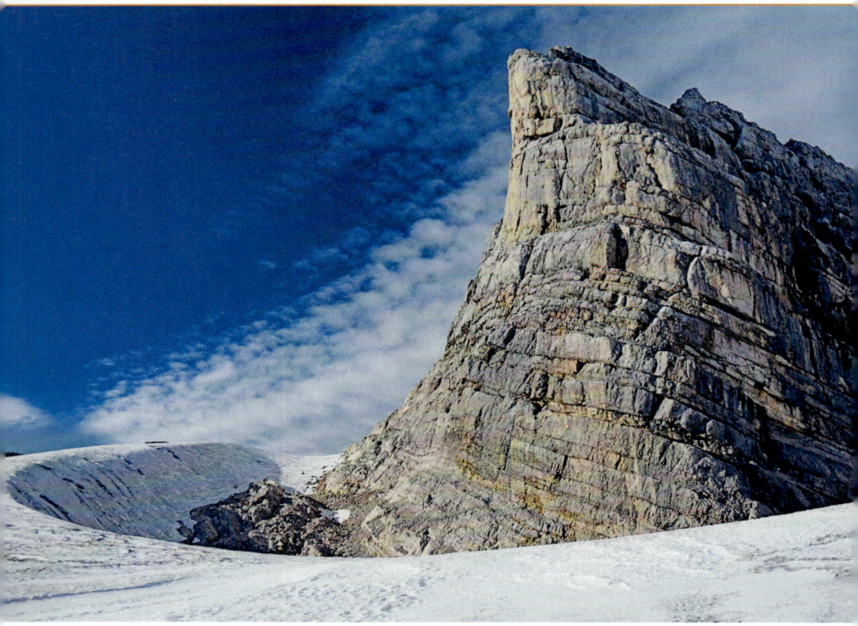

Die Dirndln auf dem Weg zum Dachstein sind von einer mächtigen Randkluft umgeben.

Aufstieg: Eine Wandertour ist die Besteigung des Hohen Dachsteins nicht mehr. Ich empfehle daher, einen Bergführer zu buchen, die Kontakte finden sich im Kapitel Nützliche Hinweise. Ich war mit Walter Walcher, Bergführerlegende, unterwegs. Ständig wurde er angerufen, in allen möglichen Sprachen wurde er gefragt: »Schaffe ich den Dachstein?« Walter ist ungemein erfahren – aber nur über das Mobilfunknetz in die Leute hineinschauen kann er noch nicht. Wer sich unsicher ist, sollte zu einem der Informationstage in das Tourismusbüro Ramsau gehen und sich mit einem Bergführer treffen – oder einfach nur zur Seethaler Hütte wandern und sich den Bergriesen von der Nähe ansehen. Selbstüberschätzung kann tödlich enden. Ist der Ehrgeiz vorhanden, den Berg vom Tal aus zu bezwingen, gibt es zwei Hürden. Will man zum Hunerkogel, muss man über das Edelgrießkar und die Austriascharte aufsteigen, oder man wählt den Weg Nr. 615 von der Südwandhütte, der kurz vor der Bergstation in einen Klettersteig mündet. Dann ist mindestens Mittagszeit und der Gipfelbereich wird überfüllt sein, es sei denn man startet in der Dunkelheit. Oder man startet mit eine der Sonnenaufgangsfahrten, die allerdings schnell ausgebucht sind! Der zweite Nachteil ist, dass es auf diese Weise zeitlich nicht für die ausgesprochen eindrucksvolle Gipfelrunde reicht. Daher ist mein Tipp, die erste Bergfahrt der Gondel zu nutzen. Die Stimmung am frühen Morgen in der Höhe ist eine ganz besondere.

Wir gehen an den Auswirkungen des Massentourismus – Liftanlagen, Sommerloipen, Eispalast, Hängebrücke und der unvermeidliche Skywalk – vorbei und folgen dem gespurten Weg, der in einem weiten Bogen bei der Seethaler Hütte endet. Eindrucksvoll ist die Randkluft bei den Dirndln (2818 m). Der Name der wuchtigen Felsgestalt, ein beliebtes Kletterziel, hat nichts mit Frauen oder Trachten zu tun, sondern leitet sich wenig überraschend von »Turn« dem althochdeutschen Wort für Turm, also Türmchen, ab. Die Hütte wurde 1930 durch den Bergführer Johann Seethaler aus Hallstatt mit einfachen Mitteln errichtet; ein Neubau, der allen Ansprüchen an einen wichtigen Bergrettungsstützpunkt gerecht werden und auch im Winter als Schutzhütte dienen soll, ist in Planung. Vor der Hütte verlassen wir die Spur und bereiten uns auf eine der beiden Aufstiegsvarianten vor – welche gewählt wird, entscheiden Bergführer und die Verhältnisse an diesem Tag. Den Anstieg über die Schulter steigen wir entlang eines Klettersteigs über den mächtigen Ostgrat auf, dann direkt auf der Schulter zum Mecklenburger Band, wo man nach rechts über einen schmalen Felsweg den Normalweg von der Randkluft trifft. Der Weg über jene Randkluft – die zweite Aufstiegsmöglichkeit – führt zunächst über den oberen Teil des Hallstätter Gletschers. Das Eisfeld ist unheimlich steil, Seil, Steigeisen und Pickel kommen zur Anwendung. Je nach Schneelage ist der folgende Bergschrund unterschiedlich mühsam zu überwinden, bevor wir am Felsrand einen guten Stand erreichen. Es geht entlang des schon oft erwähnten Klettersteigs senkrecht die Wand hinauf, bis wir links den Steig von der Schulter aufnehmen. Es bleibt steil, wir durchklettern, immer gut versichert, einen Kamin, dann wird es einen Hauch flacher, allerdings stört Schutt

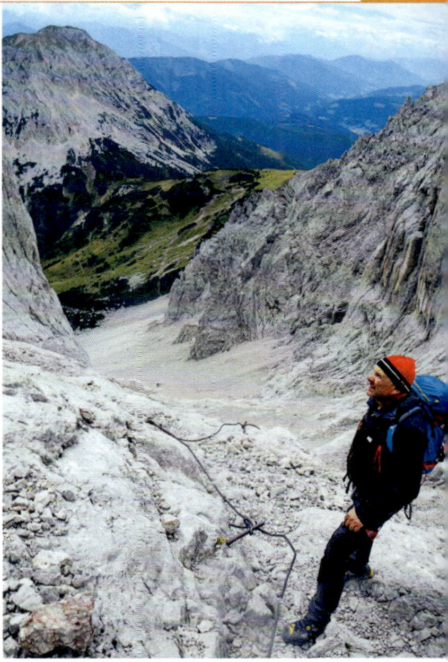

Das Windlegerkar verspricht einen interessanten Abstieg.

ein wenig den Genuss des Aufstiegs – bei hoher Besucherfrequenz ist die Gefahr von Steinschlag sehr hoch. Das Gipfelkreuz ist nach etwa 0 h 45 im Fels erreicht. Das 360-Grad-Panorama ist einfach nur phänomenal. Sprachlos, endlos, Dankbarkeit, Ehrfurcht. Ein heiliger Berg.

Abstieg: Irgendwann muss es bergab gehen. Wir wählen den Weg über den Westgrat. Wer sich traut, wirft einen Blick die Südwand hinunter, ein Naturschauspiel. Der Abstieg ist sehr gut zu gehen, tief unten liegen der Vordere Gosausee und der mittlere, »d'Lack'n«; der Hintere ist versteckt, und der Gosaugletscher liegt, von Felswänden umgeben, zu unseren Füßen, auf Augenhöhe mit Mitterspitz und Torstein. Vorsichtig erreichen wir den Glet-

Wege auf den Hohen Dachstein

Den Hohen Dachstein teilen sich Oberösterreich und Steiermark, er ist deren höchster Gipfel. Nach Süden beeindruckt die Südwand, nach Norden das ewige Eis und in jede Richtung das grenzenlose Panorama. Der Hype um den Gipfel und seinen Namen ist riesengroß, die Sehnsucht einmal oben gewesen zu sein, teilen sich zahlreiche Bergsteiger. Für einen Fast-Dreitausender in den Nördlichen Kalkalpen, nur die Parseierspitze, 3036 m, in den Lechtaler Alpen ist unwesentlich höher, gilt der Aufstieg in mancher Literatur als nicht besonders schwer; eines sollte daher erwähnt sein: die Besteigung des Hohen Dachsteins ist wesentlich anspruchsvoller als jede andere Tour in diesem Buch und nur mit entsprechender Ausrüstung, Erfahrung und Bergführer zu empfehlen, geeignete Wetterlage vorausgesetzt. Es gibt mehrere Zugänge auf den Gipfel. Über die Klettertouren der Südwände wurde bereits berichtet, als Superlative unter den »Schlosserwegen« gilt der Klettersteig »Super Ferrata Dachstein«, die Kombination aus zwei Klettersteigen, benannt nach dem berühmten steirischen Adelspaar Johann und Anna. Eine Stunde Zustieg, sieben Stunden Klettern und eine weitere Stunde Zwischenanstieg, mit 1200 Höhenmetern, 1400 m Drahtseil und 500 Stiften, sollen den Steig zu einem der längsten und anspruchsvollsten der Alpen machen.

Der Zugang über den Westgrat ist spektakulär und gut gesichert.

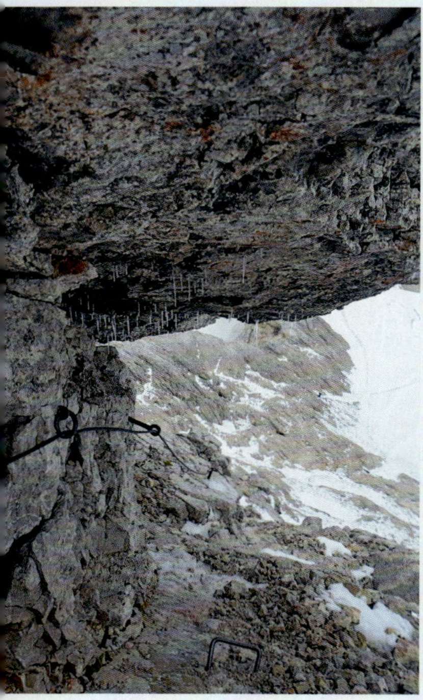

Im Jahr 2010 öffnete sich auf dem Weg zur Randkluft eine beeindruckende Gletscherspalte, im Morphologendeutsch »Bergschrund« genannt, die von Bergführern zunächst mit einer Aluleiter überbrückt wurde. Sie hielt aber den starken Belastungen nicht stand, fiel in die Bergschrund und war nicht auffindbar – sie wird wohl in einigen Jahren, umgeformt, irgendwo ausapern. Die Spalte wird momentan in einem Bogen umschritten, bevor man auf die senkrechte Felswand am Einstieg zum ältesten Klettersteig der Ostalpen trifft – die heutigen Versicherungen stammen, zur Beruhigung, nicht aus Simonys Zeitalter. Die Schulter ist ähnlich schwierig, hat aber nicht das unangenehme Schneefeld des Randkluftsteiges. Der Westgrat beginnt bei der Oberen Windlucke (2746 m) und ist von den dreien der verhältnismäßig leichteste Weg, trotzdem ist Klettergeschirr Voraussetzung. Der Zustieg erfolgt über den Gosaugletscher, der mitunter schwierig zu gehen ist, Steigeisen und Pickel verlangt.

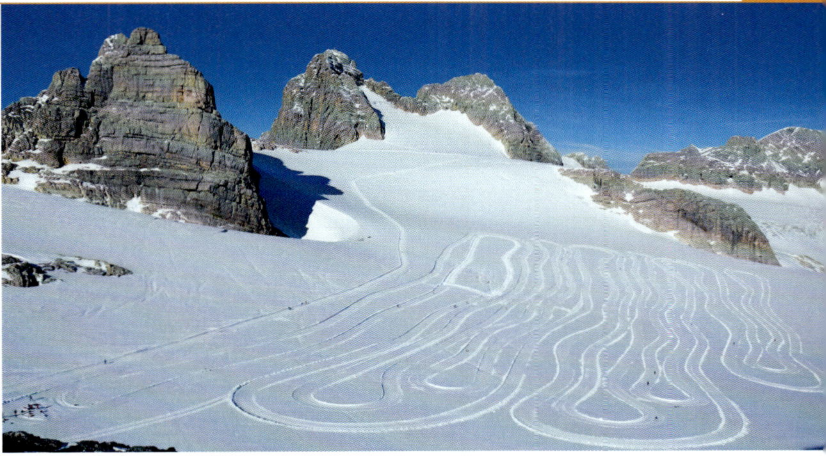

Der Hohe Dachstein, links die Dirndln, davor frisch gespurte Loipen.

scher. Ein Blick zurück zeigt uns den Gipfel, den wir sonst immer nur von der Ferne bewundern, heute jedoch schon erobert haben. Je nach Schneelage kann der Weg über blankes Eis führen und so kann der Abstieg zu einer ernst zu nehmenden Sache werden, wegen der vielen Spalten ist das Gehen am Seil und mit Steigeisen und Pickel Voraussetzung. Am flachen, weil sich zurückziehenden Gletscherrand müssen wir den weiteren Weg erst mal finden. Beeindruckend sind die frischen Schrammen des Gletschers am Fels, die vielen Megalotonden (Riesenmuscheln) und die

Profimannschaften trainieren hier ab dem Frühherbst – das tut dem Gipfelgenuss aber keinen Abbruch.

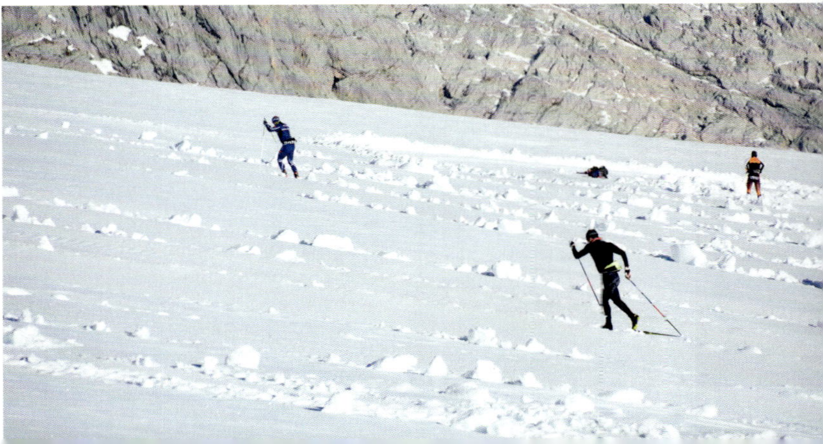

weiterhin beeindruckende Landschaft. Die Gletscher stehen unter genauer Beobachtung, immer wieder sind Markierungen über ehemalige Gletscherstände zu sehen. Den Gletscherstand um 1850 zeigen die scharfen Seitenmoränen auf dem Weg zur Adamekhütte an. Walter erzählt mir von den 1980er-Jahren, als die Eismassen von der Unteren Windluck'n noch mit dem Gosaugetscher verbunden waren; heute haben sie sich schon weit in Richtung Torstein zurückgezogen. Bald ist der Weg, der von der Adamek heraufführt, erreicht. Um

Der Hohe Dachstein, Sehnsucht vieler Bergsteiger. Die wunderbare Schichtung des Dachsteinkalks interessiert hier wohl keinen.

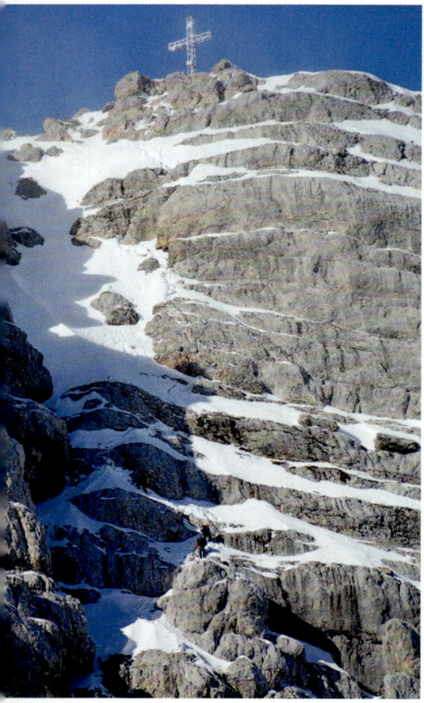

die Umrundung fortzusetzen, geht es den Markierungen folgend auf dem Linzersteig nach links, Südwest. Konzentration: Es folgt eine steile Felspartie, die mit Eisenbügeln und Seilen mäßig gesichert ist, dann erreichen wir die Anhöhe des Torsteinecks (2256 m), ein wunderbarer Platz für eine kurze Rast. Der hier beschriebene Weg führt übrigens an sechs der acht noch vorhandenen Dachsteingletscher vorbei, ein Gletscherweg sozusagen, der Schladminger ist jener zu Beginn der Wanderung beim Hunerkogel, der Hallstätter führte uns auf den Gipfel, der Gosau herunter, vom Torsteineck sieht man den Kleinen Gosaugletscher und bis zur Windlegerscharte liegen links hoch oben der Nördliche und Südliche Torsteingletscher.

Um die Scharte zu erreichen, steigen wir erst versichert steil bergab und folgen den Hinweisen. Markant ragt der Eiskarlspitz (2472 m) in den Himmel, den selbst Walter noch nicht bestiegen hat. Einmal geht es noch mithilfe von Trittbügeln bergauf, bevor wir nach etwa 5 h 30 Gehzeit bequem die breite Scharte (2401 m) erreichen. Es wartet ein rasanter Abstieg, der deshalb schwierig ist, da er steil ist, loses Geröll auf dem Fels liegt und nach der letzten Seilversicherung der lange Schuttkegel des Windlegerkars wartet. Walter erzählt mir, wie er ein verletztes Schaf auf seinem Rücken vom Torsteingletscher ins Tal getragen hat. Ich glaube ihm, es klingt aber wie eine Geschichte vom Steiner Irg (siehe Thema Route 5). Nach 1 h von der Scharte ist die Weggabelung Richtung Tor, Sulzenhals oder Bachlalm erreicht. Von dort sind es über das Tor zur Türlwand, schöne 2 h 15, die Bachlalm ist nach knapp 1 h über den Schnittlauchboden erreicht (Shuttleverbindung nach Ramsau). Die Dachstein-Südwand steht immer noch.

Der Stein des Anstoßes

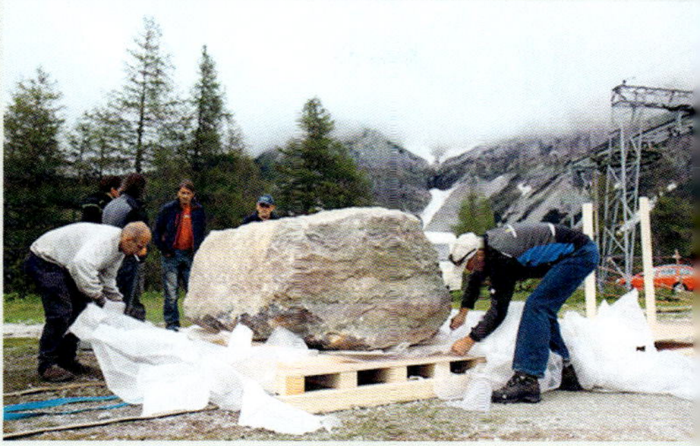

Das umstrittene Kunstprojekt ist in der Ramsau gelandet.

Die Besonderheiten, die ganz nahe liegen, fallen bei diesem Panorama gar nicht auf, vor allem, wenn die Besonderheit als solche gar nicht zu erkennen ist. Der ziemlich quadratische Stein auf dem kleinen Gipfelplateau – ja, der, der gerne als Jausentisch genutzt wird – stammt aus China. Der Felsbrocken soll sich dort im Mai 2008 bei einem verheerenden Erdbeben gelöst haben. Das Erdbeben forderte damals Tausende Todesopfer, darunter viele Schulkinder, weil die Gebäude wie Pappkartons in sich zusammenfielen. 2010 wurde der vier Tonnen schwere Fels im Zuge eines 50 000 Euro schweren Projekts über Peking mit dem Schiff nach Rotterdam gebracht, von dort mit einem Spezial-LKW in die Ramsau und dann mit einem Schweizer Kamow-Spezialhubschrauber auf den Gipfel gehievt. Wozu das Ganze? Der chinesische Künstler Ai Weiwei, Regimekritiker wollte auf Missstände in China aufmerksam machen, aber auch zum Nachdenken über das Verhältnis von Mensch und Natur anregen; etwa auf die Tatsache, dass 80 Prozent der Bergsteiger, die auf den Gipfel gehen, in China oder Indonesien hergestellte Bergschuhe tragen. Das Projekt sorgte für zahlreiche Kontroversen: Was man mit dem Geld nicht alles hätte machen können; es sei wie Wasser zur Enns tragen; in Hallstatt brauche man eine Bewilligung, um einen Nagel in die Wand zu schlagen, und dort fliegen sie einen Stein, made in China, rauf, etc. Der Alpenverein mahnte (vielleicht aufgrund seiner Historie?), dass die Berge nicht für politische Botschaften hergenommen werden sollten, und sorgte sich darum, dass nun der Verschandelung der Gipfel, Stichwort »Vergolden des Großglockners«, Tür und Tor geöffnet werde. Oder war das Ziel der Aktion, dass der Dachstein endlich die 3000-Meter-Marke erreichte? Über die Geldverschwendung kann man streiten; Neuwahlen oder ein Formel-1-Auto kosten sicher mehr. Viel kritisiert wurde auch der Hubschraubereinsatz, nur schwirren am Dachstein genug davon herum, sei es für die Funkstation des Bundesheers oder für die TV-Serie »Bergretter«. Die Umwelt hat der Stein auch nicht zerstört, das wurde bereits beim Hunerkogel erledigt. Die Bergwelt war schon immer zerrissen zwischen rechtsgerichtetem Heimatbegriff und linkem Naturschutz oder Kunst. Wichtig ist, sich angesichts dieses Kraftorts am Gipfel des Dachteins bewusst zu werden, worum es wirklich geht. Wenn Sie es herausgefunden haben, bitte melden.

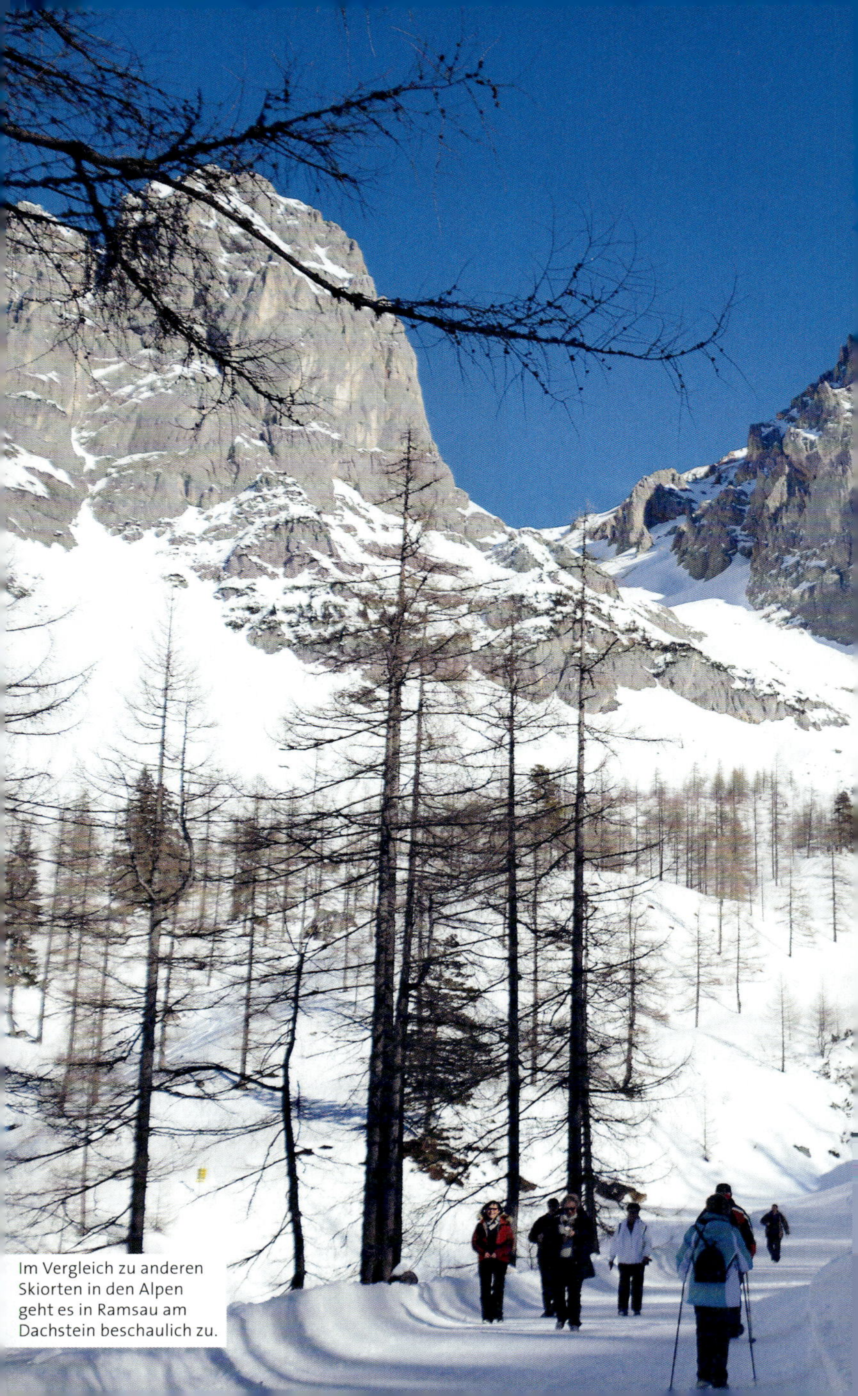

Im Vergleich zu anderen Skiorten in den Alpen geht es in Ramsau am Dachstein beschaulich zu.

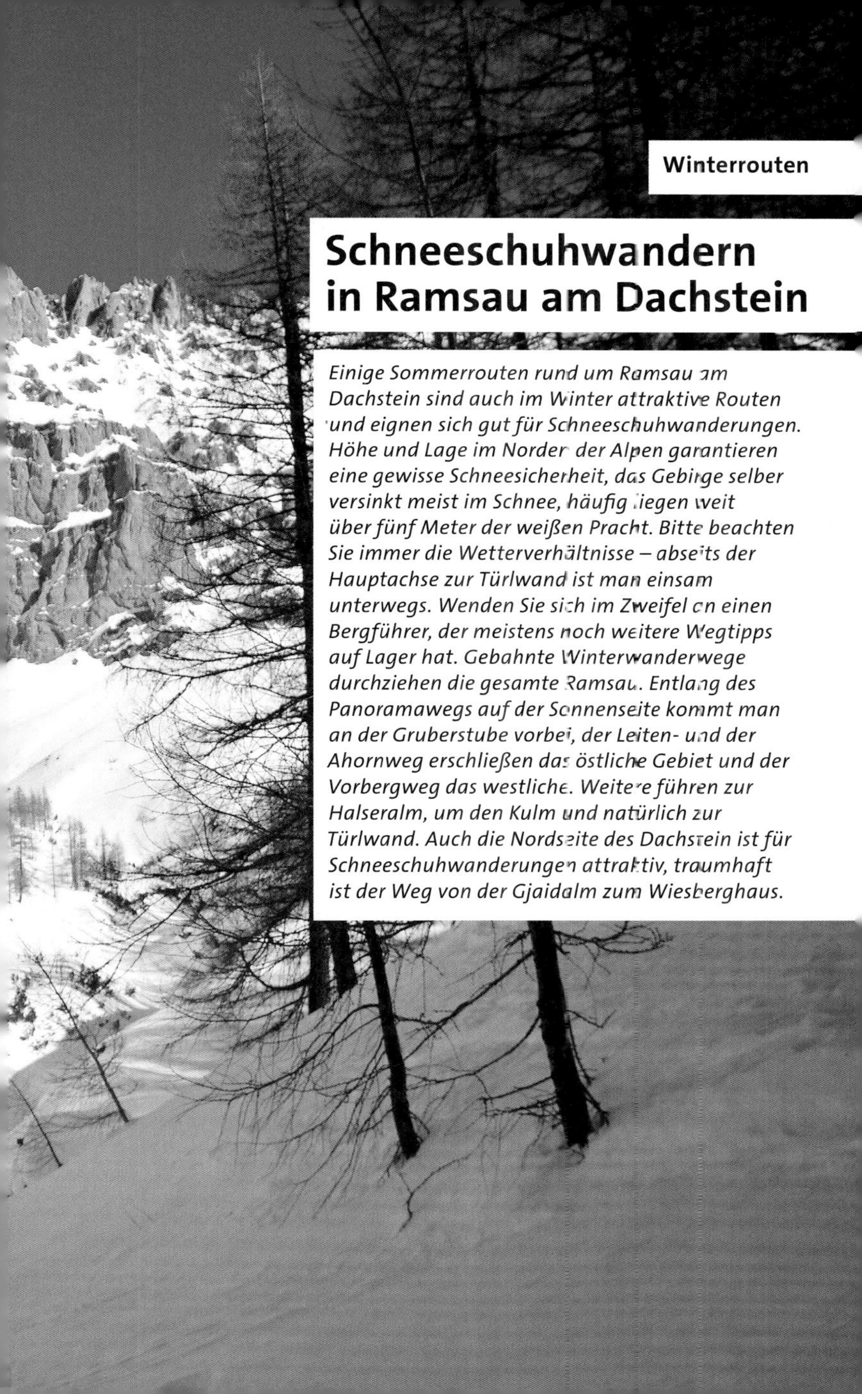

Schneeschuhwandern in Ramsau am Dachstein

Einige Sommerrouten rund um Ramsau am Dachstein sind auch im Winter attraktive Routen und eignen sich gut für Schneeschuhwanderungen. Höhe und Lage im Norden der Alpen garantieren eine gewisse Schneesicherheit, das Gebirge selber versinkt meist im Schnee, häufig liegen weit über fünf Meter der weißen Pracht. Bitte beachten Sie immer die Wetterverhältnisse – abseits der Hauptachse zur Türlwand ist man einsam unterwegs. Wenden Sie sich im Zweifel an einen Bergführer, der meistens noch weitere Wegtipps auf Lager hat. Gebahnte Winterwanderwege durchziehen die gesamte Ramsau. Entlang des Panoramawegs auf der Sonnenseite kommt man an der Gruberstube vorbei, der Leiten- und der Ahornweg erschließen das östliche Gebiet und der Vorbergweg das westliche. Weitere führen zur Halseralm, um den Kulm und natürlich zur Türlwand. Auch die Nordseite des Dachstein ist für Schneeschuhwanderungen attraktiv, traumhaft ist der Weg von der Gjaidalm zum Wiesberghaus.

Auf den Brandriedl

Gehzeit: 4–5 h, 13 km

Höhenmeter: ↗ 750 m ↘ 750 m (entsprechend weniger, wenn der Bus zur Türlwand als Auf- oder Abstiegshilfe genutzt wird).

Einkehrmöglichkeiten: Austriahütte, Brandalm.

Eine schöne Halbtagestour führt auf eine Aussichtskanzel vor dem Dachstein. Wir starten in Ramsau-Ort und nehmen zunächst den präparierten Winterwanderweg Richtung Edelbrunn zur Brandalm (1 h 30). Dort werden die Schneeschuhe angeschnallt und es geht steil bergauf in Richtung Austriahütte. Wahrscheinlich gibt es ohnehin schon eine Spur, wenn nicht, nehmen Sie einfach den direkten Weg durch den offenen Lärchenwald bergauf, wo nach 0 h 20 ein Sattel erreicht ist. Der Brandriedel liegt nun rechter Hand, die Aussicht ist sagenhaft. Es lohnt sich, nun dem breiten Grat hinauf, Richtung Dachstein, zu wandern, um in der Latschenzone links in eine breite Rinne abzusteigen und wieder auf den präparierten Wanderweg zu gelangen. Wer abkürzen will, nimmt den Weg zur Türlwand und zur Busstation. Wir folgen dem Weg über die Brandalm zurück in die Ramsau.

Der Weg zur Austriahütte liegt im starren Winterkleid.

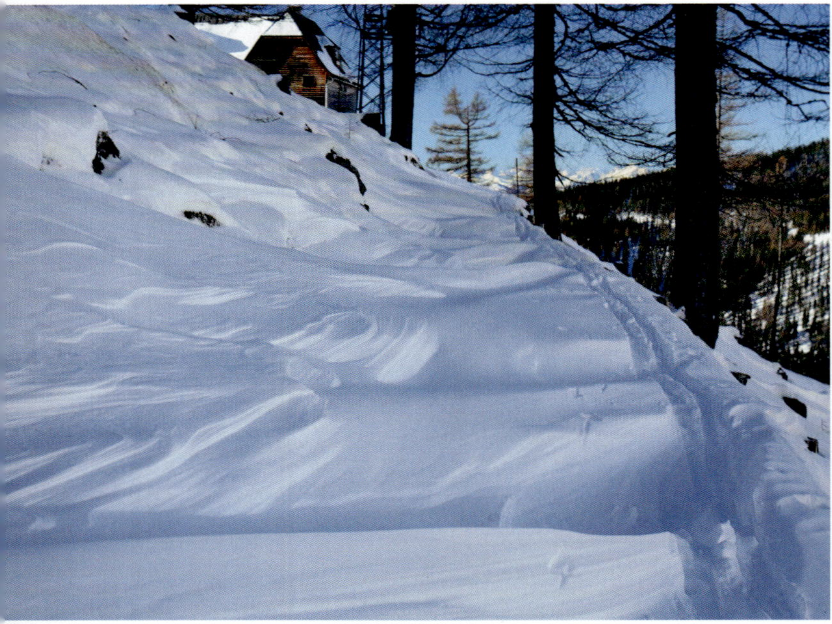

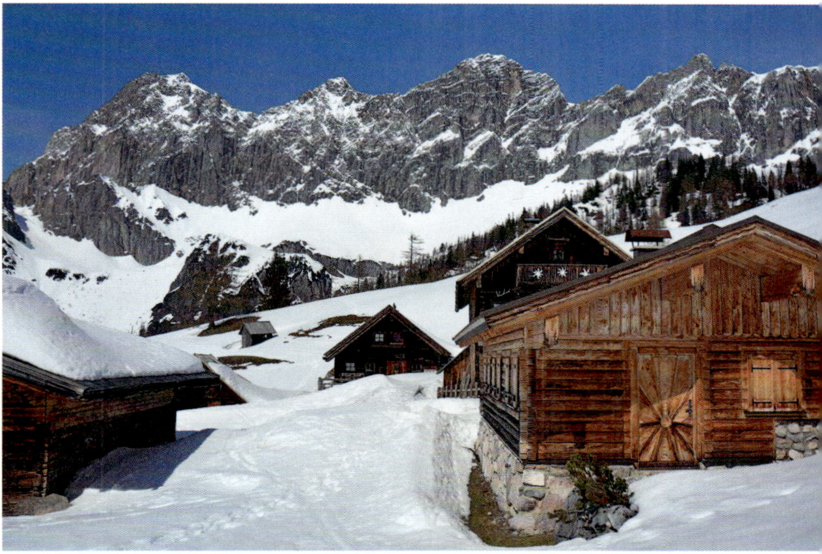

Sommers wie winters eine Augenweide: Die Neustattalm.

Almenrunde

Gehzeit: 4 h, 10 km

Höhenmeter: ↗ 400 m ↘ 400 m

Einkehrmöglichkeiten: Gastaus Edelbrunn, Dachsteinhaus, Brandalm, Austriahütte, Walcheralm, Glösalm.

Nicht weniger als sechs im Winter bewirtschaftete, allesamt urige Hütten oder Almen sorgen dafür, dass die Zeitangabe bei dieser Tour eine sehr relative ist. Der Weg ist durchgehend markiert, wir starten beim Gasthaus Edelbrunn, folgen von dort dem breiten Skiweg und kommen zum Dachsteinhaus, wo erstmals der Blick frei wird auf die Winterlandschaft der Ramsau. Etwa 0 h 20 später sollte die Brandalm erreicht sein, darüber thront die Austriahütte. Nach der Brandalm geht es eben weiter, es folgt der Wendepunkt, wir zweigen nach links zu den Adlerliften, ehemals Türlwandlifte, ab und es wartet mit der Walcheralm die nächste Verführung. Von dort ist es nicht mehr allzu weit zur Glösalm. Zurück geht es entweder auf gleichem Weg oder durch den lichten Lärchenwald neben der Skipiste hinunter zur (ausnahmsweise nicht bewirtschafteten) Schlitzenalm. Unterhalb treffen wir auf eine Forststraße, der wir nach links folgen, bis wir etwas oberhalb des Dachsteinhauses auf den Aufstiegsweg stoßen.

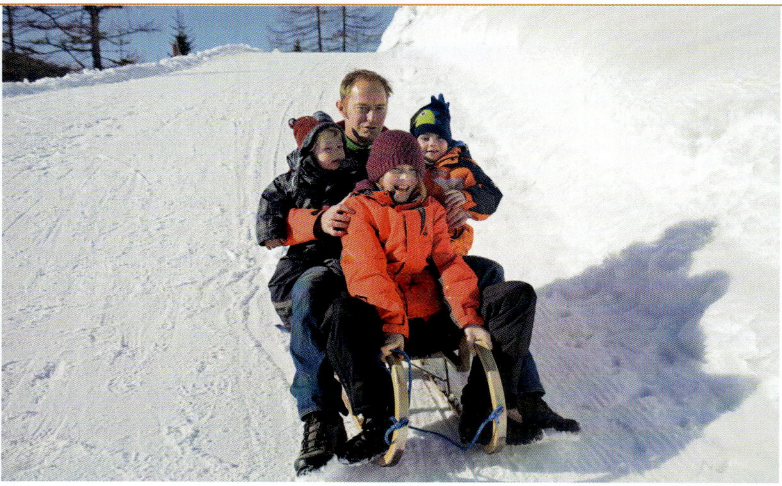

Von der Türlwand führt ein Winterweg in die Ramsau, der sich perfekt zum Rodeln eignet.

Duregg-Runde

Gehzeit: 2,5 h, 5 km (mit Abstieg in die Ramsau verlängert sich die Runde um gut 2 h 30).
Höhenmeter: ↗ 270 m ↘ 270 m
Einkehrmöglichkeiten:
Glösalm, Walcheralm.

Mit dem Bus erreicht man problemlos die Glösalm (1507 m), den Start- und Endpunkt der Runde. Wie bei jeder Rundwanderung spielt die Richtung eigentlich keine Rolle; ich empfehle jedoch, den langweiligen Teil zuerst zu erledigen. Daher folgen wir rasch einen knappen Kilometer der Dachsteinstraße bergab, bis die erste Forststraße rechts in den Wald hinaufführt. An dieser geht es immer leicht ansteigend bergauf, wir lassen alle Abzweigungen links und rechts liegen, bis der Weg enger wird. Bislang ist die Aussicht bescheiden, bald machen wir allerdings einen entscheidenden Bogen nach Norden, wo sich der Blick Richtung Rötelstein öffnet, der nun unmittelbar vor uns aufragt. Vorbei an einem Hangrutsch und einem Zaun, wird es auf einmal grandios, die anfangs unscheinbare Tour bietet nun völlig freie Sicht auf Torstein, Mitterspitze und den Hohen Dachstein, aber auch Bischofsmütze und das Tennengebirge sind famos zu sehen. Wir tauchen wieder in den Wald ein, durch »d'Eng«, nehmen einen Weg vom Gasthaus Dachsteinruhe kommend auf (auch, eine Wegvariante) und erreichen die Glösalm, Einkehrschwung und mögliches Ende der Tour. Unvergleichlich schön ist es auch, von der Neustattalm über die Maralm zur Bachlalm und zurück zu stapfen. Es sind dabei zwar 500 Höhenmeter und 4 h einzuplanen; im Winter auf Tuchfühlung mit der Südwand zu sein, hat allerdings einen besonderen Reiz – ein alpines, lawinensicheres Wintermärchen.

Um den Rittisberg

Gehzeit: 4–5 h, 12 km
Höhenmeter: ↗ 480 m ↘ 480 m
Einkehrmöglichkeiten: Wiesmahdalm, Sonnenalm, Halseralm.

Eine Umrundung des Rittisbergs ist im Winter ein durchaus ambitioniertes Unterfangen. Die Loipe rund um den Waldberg zählt zu den anspruchsvollsten der Region, eine Umrundung auf Schneeschuhen lohnt sich ebenso. Ausgangspunkt ist dabei das Liftstüberl beim Skilift Rittisberg, dem Erlebnisberg in der Ramsau. Auf dem schattigen Winterwanderweg kommen wir flott voran, unterwegs haben wir einen herrlichen Blick auf das Dachstein-Dreigestirn und erreichen nach 0 h 20 den Waldrand und eine Weggabelung. Es geht nun bergab hinein in den Wald, an einem schönen Teich und einsamen Heuhütten vorbei. Wir folgen den Hinweisschildern »Rittisrundweg« und umrunden in einem langen Bogen, nun immer bergauf, die Westflanke. Der Blick auf den Dachstein und das Obere Ennstal sind ein wahr gewordener Wintertraum. Die erste Rastmöglichkeit ergibt sich nach mehrmals runter und wieder rauf bei der nur im Winter bewirtschafteten Wiesmahdalm mit schöner Sonnenterrasse – nachdem der erste Teil der Wanderung im Schatten und kalt war, ist es nun eine südexponierte, sonnige Angelegenheit. Nach der dies bestätigenden Sonnenalm wandern wir ein kleines Tal aus und sehen uns bald oberhalb der Weideflächen der Halseralm – nichts wie runter, den flambierten Kaiserschmarren und dazu regionales Bier genießen. Es geht nun auf dem Winterwanderweg an der Rösteralm

Den Winter kann man in der Ramsau auf verschiedene Arten angehen.

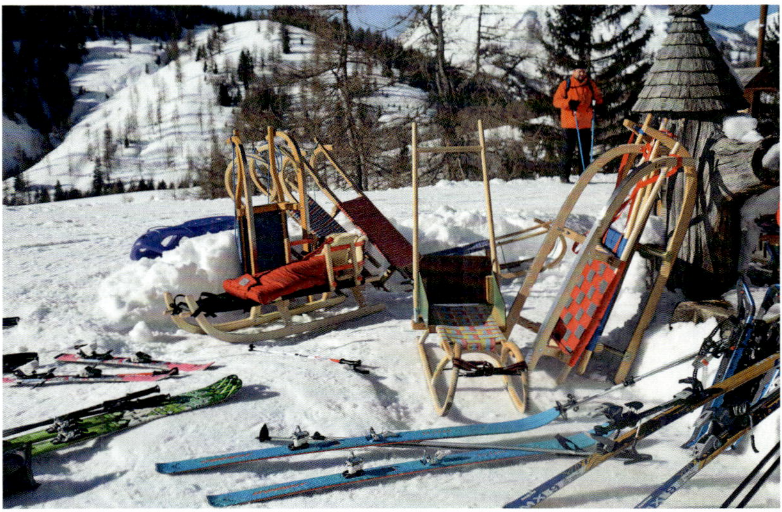

vorbei und hernach durch das schöne Tal zwischen Halserberg (1338 m) und Rittisberg (1565 m) durch, bis wir nach Norden, leicht ansteigend, den Ausgangspunkt wieder erreichen. Mit etwas Glück nimmt einen der Pferdeschlitten von der Halseralm mit. Kleiner Tipp: Dienstag, Mittwoch und Freitag wird Nachtrodeln am Rittisberg angeboten. Bei der Talstation des Sessellifts leiht man sich Schlitten aus, fährt hinauf und rodelt 3,5 Kilometer hinab.

Kulmberg

Gehzeit: 3 h, 10 km
Höhenmeter: ↗ 280 m ↘ 210 m

Eine wunderbare, einfache Schneeschuhwanderung führt über den Hausberg der Ramsau, den Kulm (1270 m). Es lohnt sich dabei, mit dem Bus nach Ramsau-Kulm zu fahren und entlang einem der beiden markierten Wege, Start entweder beim Modehaus Schrempf oder beim Sport Steiner (schwache gelbe Markierung), auf den Kulm aufzusteigen. 200 Höhenmeter sind dabei zu überwinden, oben angekommen, wartet eine tolle Aussicht nach Osten auf das Ennstal. danach geht es weitgehend eben auf dem flachen Scheitel durch einen Fichtenwald. Abzweigungen weisen zum Gasthaus Stocker oder nach Ramsau-Ort. Es lohnt sich, jene Abzweigung nach Ramsau-Ort (Sprunganlage) als Abstecher mitzunehmen. Oberhalb der Schanze hat man eine sagenhafte Sicht auf die Ramsau und den Dachstein. Zurück zur Abzweigung folgen wir dem Höhenweg, der bald in den weiten Flächen

Der Blick oberhalb der Sprungschanze bringt einen tollen Überblick über Ramsau am Dachstein und die Bergwelt.

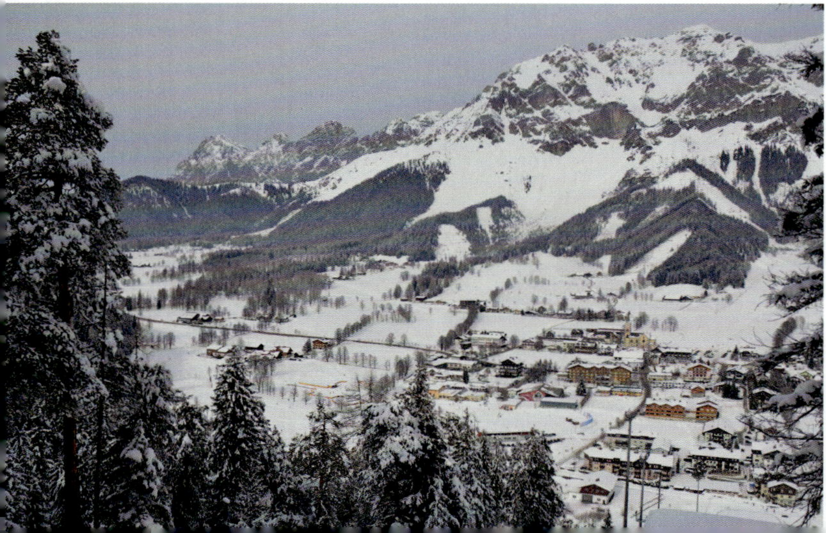

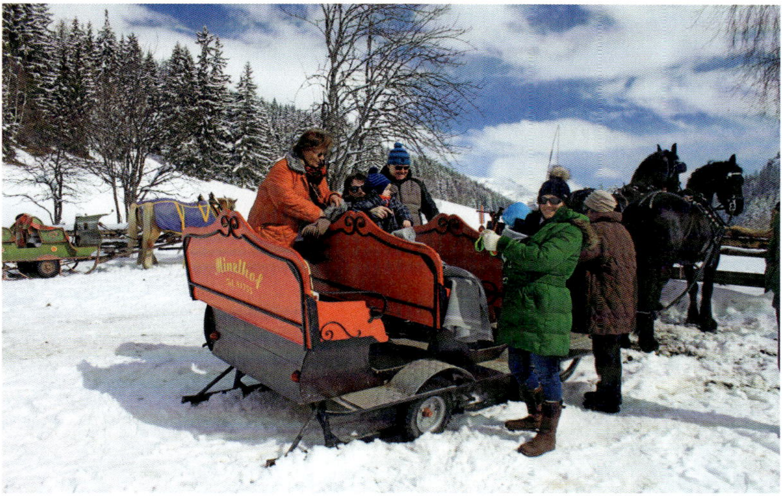

Pferdeschlitten sind im Winter eine beliebte Fortbewegungsart – ganz im Sinne einer sanften Mobilität.

der westlichen Ramsau beim Biohotel Herold mündet. Von dort erreicht man beim Ederhof wieder das Zentrum der Ramsau. Oder man verlängert die Runde über den Panoramaweg auf der nördlichen Sonnenseite der Ramsau.

Sattelberg

Gehzeit: 3 h von Ramsau Kulm, 10 km
Höhenmeter: ↗ 300 m ↘ 300 m

Ein ungemein lohnendes Ziel ist der Weg über den Sattelberg, der noch dazu an einer schönen Hütte vorbeikommt und der 2010 das Prädikat »Erster Österreichischer Natur- und Umwelterlebnispfad für Kinder« bekam – was es alles gibt! Der Ausgangspunkt zur Wanderung liegt am Fuß des Sattelbergs, dem dritten Berg, der aus den Flächen der Ramsau herausragt, etwa 150 Meter östlich von der Pension Concordia, und ist von Ramsau-Kulm in 0 h 20 zu Fuß erreichbar. Der Rundweg über den Sattelberggipfel führt vorbei an 15 unterschiedlichen Spielstationen. Im Winter ist dieser Berg fast ein Geheimtipp, er führt durch einen schönen Wald hoch über dem Ramsaubach, mit weiten Ausblicken auf die Ramsau-Leiten und die Planai. Nach dem Abstieg vom Gipfel erreicht man eine neue Aussichtsplattform und hat danach die Möglichkeit, entweder links zum Lodenwalker zu wandern, oder rechts die Sattelberghütte anzusteuern, von der es nur mehr wenige Höhenmeter zurück zum Ausgangspunkt sind.

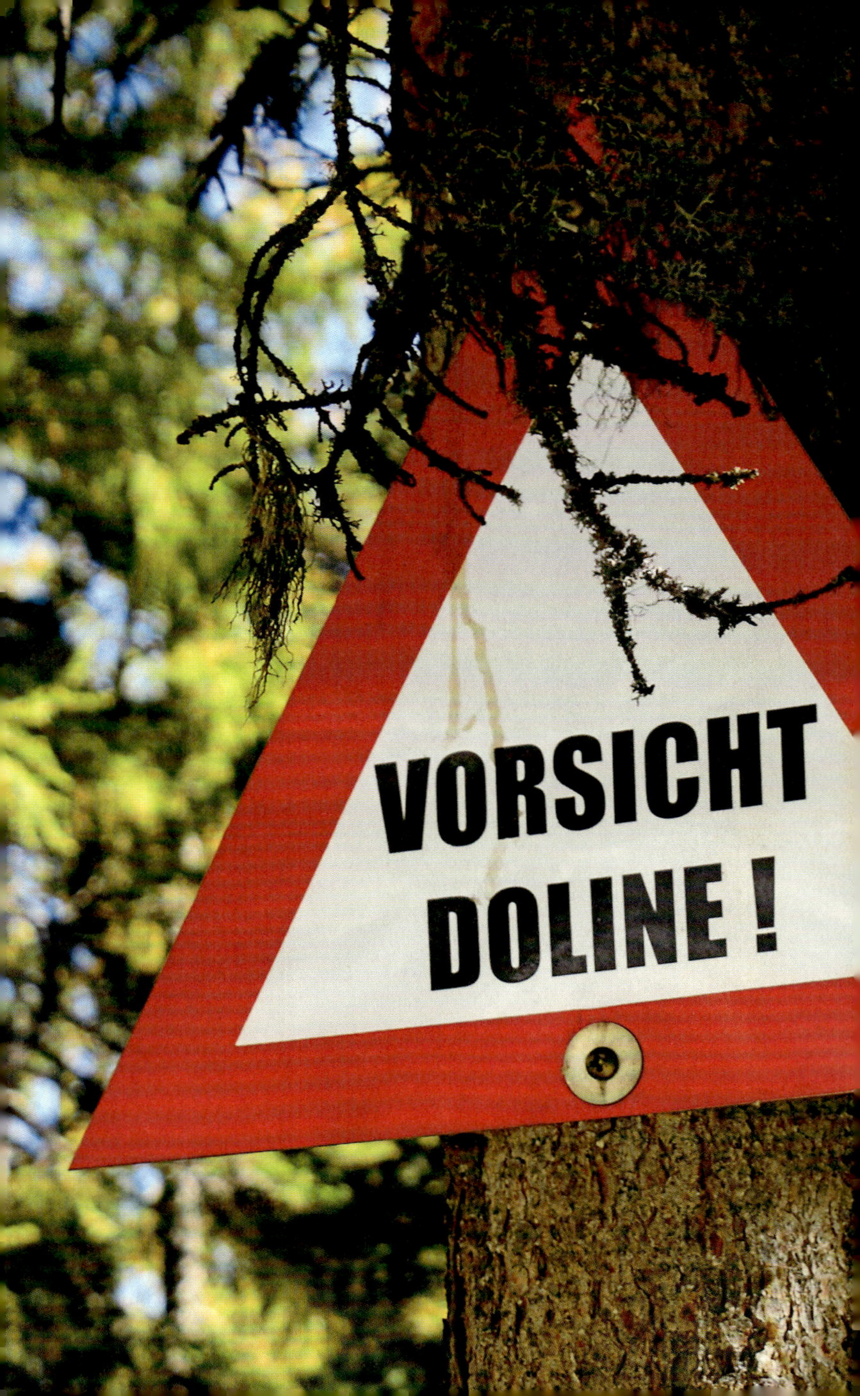
VORSICHT
DOLINE !

Nützliche Hinweise

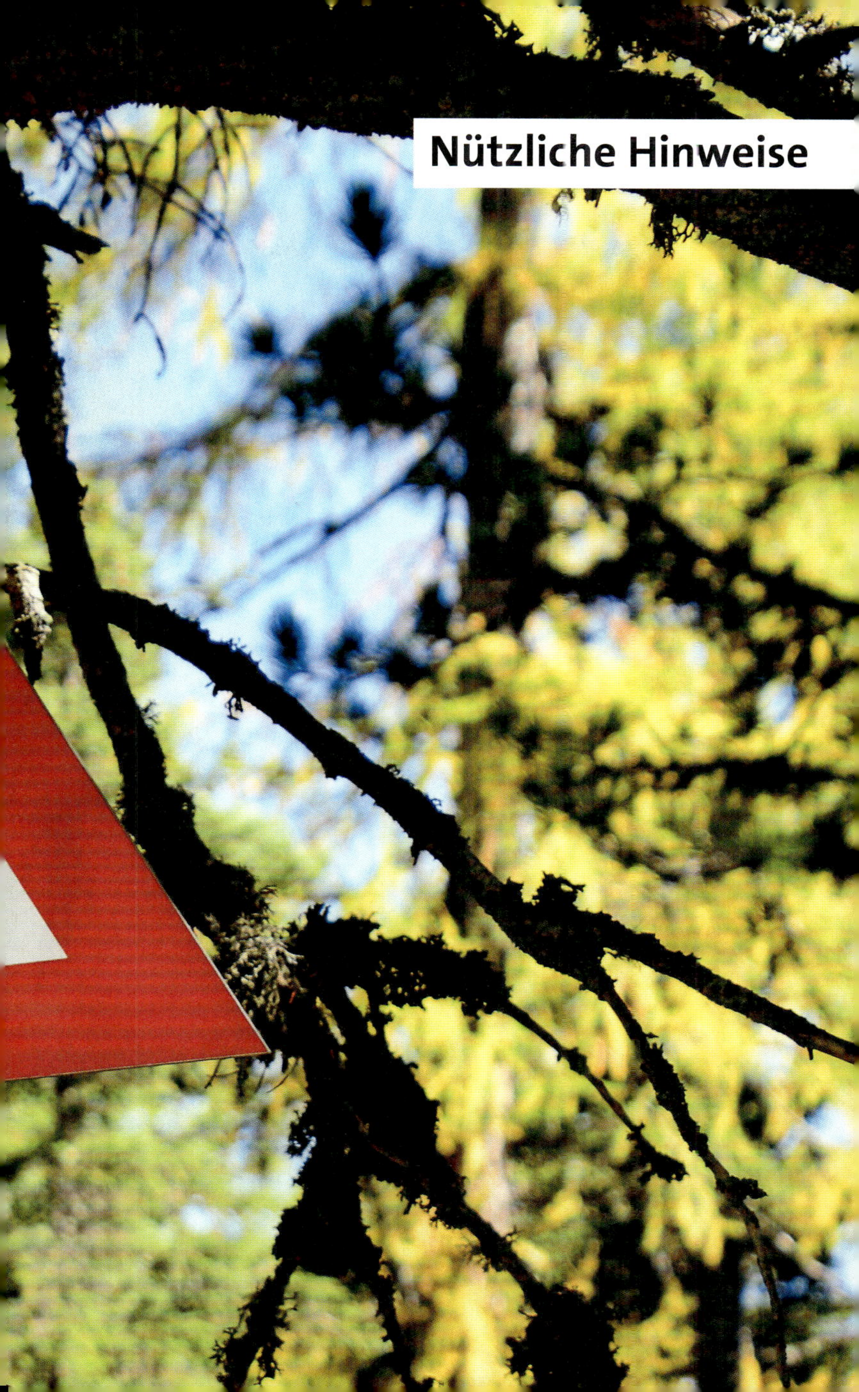

Charakteristik der Wanderungen und Schwierigkeitsgrade

Wie eingangs erwähnt, sind die Touren am Dachstein und in diesem Buch von unterschiedlichster Länge und Schwierigkeit. Die Schwierigkeitsangaben in diesem Buch richten sich nach der Wanderskala des Schweizer Alpenclubs (SAC), wobei T1 Wandern (mit Turnschuhen zu begehen) und T6 schwieriges Alpinwandern (Kletterstellen bis II und Vertrautheit im Umgang mit Hilfsmitteln) bedeutet. Mehr dazu im Anhang, wobei die individuelle Auffassung von Schwierigkeiten betont werden muss. T steht übrigens für »Trekking«.

Im Text kommen zudem immer wieder Schwierigkeitsbezeichnungen von Klettersteigen und alpinen Kletterrouten, zwei gänzlich unterschiedliche Sportarten, vor. Bitte informieren Sie sich darüber im Internet auf entsprechenden Seiten. Außer bei der Tour auf den Hohen Dachstein überschreiten die Wanderungen nie Schwierigkeiten von A (Klettersteig) oder I (alpines Klettern). Die entsprechenden Hinweise finden Sie im Text.

Abgesehen davon können in großer Höhe Alt- und Neuschneereste auch im Sommer schnell zum Hindernis werden. Über die aktuelle Situation geben Ihnen die Hüttenwirte oder Alpinschulen Auskunft. Und noch einmal muss auf die Gefahren bei unsicherer Wetterlage hingewiesen werden. Anders als etwa in Kristallingebirgen wie den Niederen Tauern, ist die Wegführung am Dachstein nicht linear, sondern unübersichtlich und häufig auf Fels oder Grobschutt, wodurch kein ausgetretener

Achten Sie auf den Wetterbericht; schlechtes Wetter kann am Dachstein eine Wanderung zu einem riskanten Manöver werden lassen.

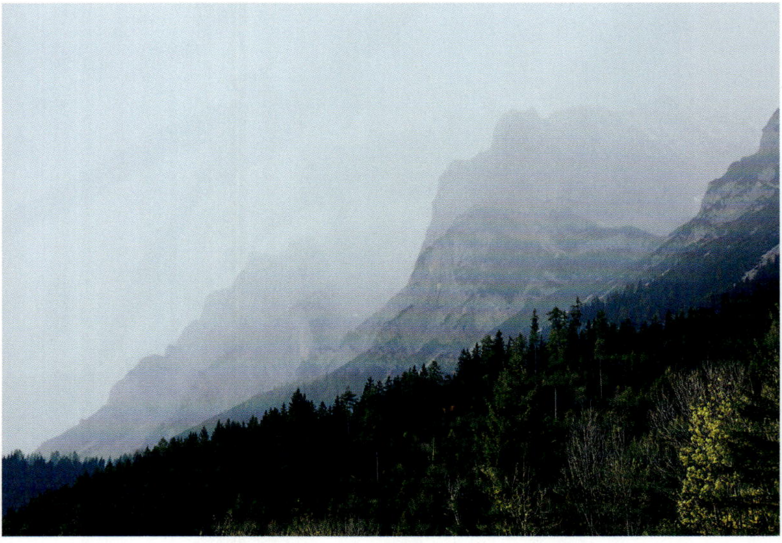

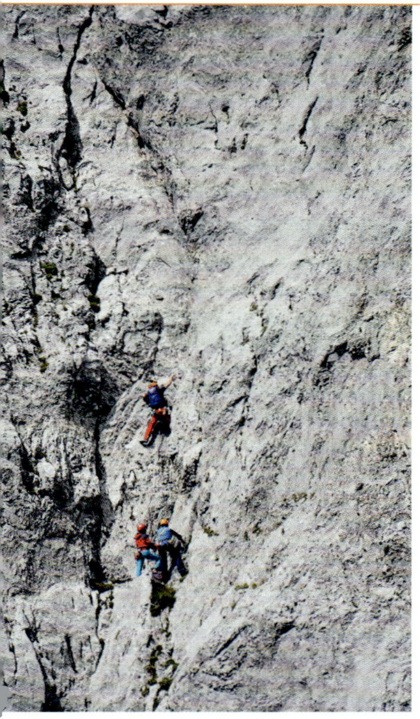

Ob alpines Klettern oder Klettersteige – für beides ist der Dachstein ein international bekanntes Paradies.

Pfad zu erkennen ist. Bei schlechter Sicht verlieren Sie die Orientierung.

Ausrüstung

Analog zu der unterschiedlichen Beschaffenheit der Wege ist die Wahl der Ausrüstung ein Thema. Für die in Kapitel 1 beschriebenen Wanderungen in der Ramsau sind bequeme Trekkingschuhe ausreichend und Proviant mäßig notwendig, da überall lohnende Einkehrmöglichkeiten warten. Ebenso wenig ist dort alpine Ausrüstung notwendig. Die Wanderungen in Kapitel 2 sind sehr lang und es sind viele Höhenmeter zu überwinden. Zudem erreicht man das Hochgebirge, was zwingend entsprechende Kleidung notwendig macht. Bergschuhe sind Pflicht. Die langen Touren in Kapitel 3 sprechen für sich; zu erwähnen ist: Die beiden Überschreitungen sind auch mit wasserfesten Trekkingschuhen begehbar, da diese leichter sind, was bei der Länge der Routen von Vorteil ist. Problematisch ist die Wasserversorgung, vor allem an heißen Tagen, an denen in meinem Rucksack vier Liter Flüssigkeit eingepackt sind. Die Wanderung um den Gosaukamm (Route 14) ist insgesamt etwas schwieriger und hat mit dem Donnerkogel einen nicht zu unterschätzenden Gipfel auf dem Programm, ich empfehle unbedingt Bergschuhe; dafür liegen zahlreiche Einkehrmöglichkeiten am Weg. Die Besteigung des Dachsteins (Route 17) erfordert das volle Programm: Steigeisen, Pickel, Seil, Gurt, Helm und warme Kleidung. Nochmals: Nehmen Sie sich einen Bergführer, der Ihnen auch die Ausrüstung zur Verfügung stellt.

Beste Jahreszeiten

Es klingt abgedroschen, für Ramsau und den Dachstein trifft es aber tatsächlich zu: Es ist zu jeder Jahreszeit empfehlenswert. Im **Frühling** kann man häufig bis in den Mai noch auf Skiern oder Schneeschuhen das Plateau überqueren, während im Tal die Narzissen blühen. Die Wandersaison beginnt in tieferen Lagen Mitte Mai, im Gebirge Mitte oder Ende Juni. Es ist von den Besucherzahlen her noch ruhig, das Grün ist frisch, und die Blütenpracht ist auf den Bergauf-Bergab-Wanderungen aus Kapitel 2 ausgesprochen prächtig. In den hohen Lagen kann es allerdings noch empfindlich frisch werden, und Schneefelder können einem den Weg versperren. Im **Sommer,** ab Ende Juni, sind auch die Hochtouren begehbar, alle Infrastruktureinrichtungen sind geöffnet und die Temperaturen angenehm. Achten Sie auf Gewitter und rasche Wetterstürze! In dieser Jahreszeit sollten die Wanderungen aus Kapitel 3 in Angriff genommen werden, da der Tag ausreichend lang Licht bringt. Der lange **Herbst** beginnt gefühlt schon Ende August, nach dem ersten Wettersturz. Das Licht wird weicher, auf den Bergen wird es wieder einsam und vor allem: Es gibt sie, die herrlichen Tage, an denen sich kein Lüftchen rührt, die Aussicht ganz klar ist und sich die Lärchen und Laubbäume verfärben. Im Oktober hat die eine oder andere Hütte schon geschlossen, aber nicht alle. Der **Winter** beginnt für viele Sportler mit dem Langlauf-Opening im September am Dachsteingletscher, wo man dann schon Langlaufen kann. Spätestens ab Anfang Dezember herrscht auf den Loipen reges Treiben. Der Hochwinter kann zwar empfindlich kalt sein, der Dachstein ist dafür für seine Schneesicherheit bekannt. Viele Schutzhütten (Wiesberghaus, Simonyhütte, zeitweise auch die Austiahütte) und Almen haben im Winter geöffnet. Der Nebel bleibt meist unten im Ennstal. Die ruhigsten Zeiten sind zweifellos im November und April, wenn wenige Betriebe geöffnet haben und es still und einsam auf den Bergen ist – auch nicht schlecht. Falls im November noch kein nennenswerter Schnee gefallen ist, haben die Routen 7–9 einen ganz besonderen Zauber, und im April kann man im T-Shirt eine famose Schneeschuhwanderung unternehmen.

Die Wege am Dachstein sind unterschiedlich, aber durchwegs gut markiert (bis auf beschriebene Ausnahmen).

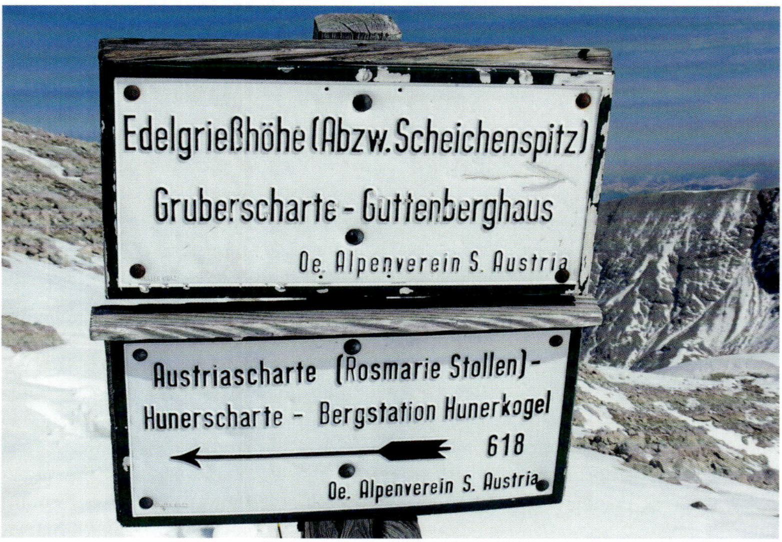

Kartenmaterial

Kompass Wanderkarte Dachstein, Ausseerland, Bad Goisern, Hallstatt (Blatt 20), 1:50 000. Die Karte deckt alle Wanderungen in diesem Buch ab, auch das wetterfeste Papier ist von Vorteil (aber etwas sperrig). Für die freie Orientierung sind allerdings der Maßstab und die große Äquidistanz der Höhenlinien nicht günstig. Viele brauchbare touristische Informationen.

Freytag & Berndt Wanderkarte 281, Dachstein, Ausseerland, Filzmoos, Ramsau, 1:50 000. Die Karte deckt ebenfalls alle Wanderungen ab; das Kartenbild, die groben Höhenschichtlinien und die Fülle an Informationen lassen jedoch eine genaue Orientierung nur bedingt zu. Vorteil: Der große Ausschnitt verschafft einen guten Überblick (wie die Kompass-Karte).

Die zweifellos beste Karte ist die **Alpenvereinskarte** 14, Dachsteingebirge, 1:25 000. 20 m Äquidistanz bei Höhenschichtlinien, eine genaue Unterscheidung zwischen Wald und Latschen, viel Namensgut und detaillierte Felszeichnung ermöglichen eine Orientierung im Gelände. Leider gibt es zwei Nachteile: Das Material ist bei häufiger Nutzung bald am Ende und das Gebiet ist durch den großen Maßstab nicht ganz abgedeckt. Schade, dass es nicht wie im Toten Gebirge und den Niederen Tauern mehrere Karten gibt.

Bleiben noch die **Karten des Bundesamtes für Eich- und Vermessungswesen,** ÖK genannt, 1:50 000 und 1:25 000. Auf deren Daten gehen letztlich alle anderen Topografien zurück. Die Genauigkeit ist bestechend, sie werden regelmäßig aktualisiert. Blatt 3211 und 3212 decken einen kleinen Teil im Norden ab (betrifft die Sarstein-Wanderung, die genaugenommen auf vier Blätter aufgeteilt ist). 3217 (Hallstatt) und 3218 (Bad Mitterndorf) beinhalten dafür den Rest. Auch diese Karte hat Mankos: die Wege sind alle gleich markiert, egal ob Klettersteig vom Donnerkogel zum Strichkogel oder Panoramaweg. Dann irritieren die unzähligen Striche der Militärkartografie. Die Haltbarkeit ist ebenso mäßig, dafür ist sie günstig. Der größte Nachteil aber liegt darin, dass die Karte schwer erhältlich ist. Nur wenige gutsortierte Buchhandlungen und Zeitschriftenhändler führen sie. Im Internet ist die Homepage des Bundesamts (www.bev.gv.at), wo die Karten erhältlich sind, eines österreichischen Amts würdig; ich wünsche viel Erfolg. Im Online-Shop des Reisebuchhändlers Freytag & Berndt geht es besser (www.freytagberndt.com).

Im Notfall

Der alpine Notruf in Österreich ist unter der Nummer 140 zu erreichen. Die Netzabdeckung am Dachstein ist sehr unterschiedlich. Sollte das Handy am Unfallort kein Empfangssignal des Heimnetzes orten, so gilt Telefon ausschalten, wieder einschalten und anstelle des PIN-Codes 112 (Euro-Notruf) eingeben. Das Handy sucht daraufhin das stärkste Netz, der Notruf ist kostenlos und deshalb auch mit einem Prepaid-Handy immer möglich. Ist auch der Euro-Notruf nicht möglich, befindet man sich im Funkschatten und es hilft nur noch ein Standortwechsel mit wiederholten Versuchen in regelmäßigen Abständen. Falls kein Telefon vorhanden ist, sollte man versuchen, mit dem alpinen Notsignal auf sich aufmerksam zu machen: Hör- oder sichtbares Zeichen/Rufen, 6x pro Minute. Signal jeweils nach einer Minute Pause wiederholen. Antwortzeichen der Retter erfolgt 3x pro Minute.

Die Rettungsorganisationen benötigen einen möglichst knappen, aber dennoch

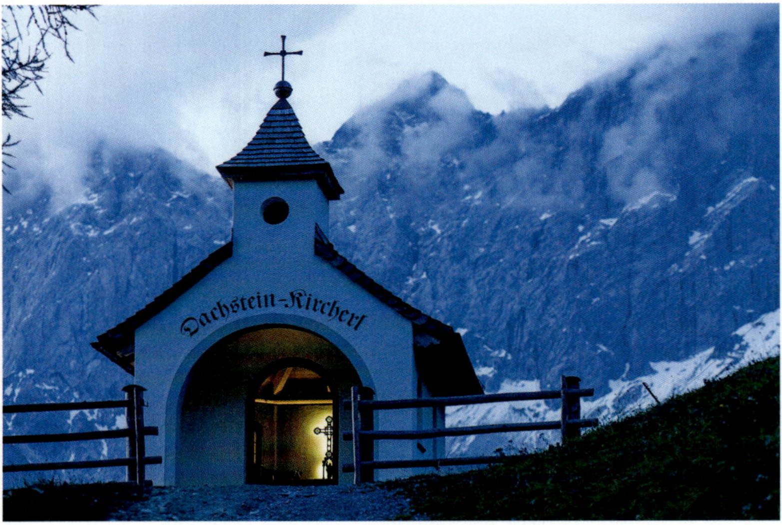

Das Dachstein-Kircherl zwischen Brandalm und Austriahütte.

exakten und detaillieren Unfallbericht. Orientieren kann man sich an den sechs W-Fragen: Wo ist der Unfall passiert? Was ist geschehen? Wie viele Verletzte? Welche Art von Verletzungen? Wer meldet den Unfall? Wetter am Unfallort?

In der Umgebung

In der sogenannten Dachstein-Tauern-Region und im Salzkammergut gibt es zahlreiche Attraktionen, die einen Besuch lohnen. Das Angebot an Schaumühlen, Kräuterwanderungen, Brauereiführungen und vielem mehr ist groß. Einige Tipps:

Museen

Heimatmuseum Zeitroas: Das kleine, aber feine Heimatmuseum in Ramsau am Dachstein zeigt interessante Stücke und jedes Jahr eine Sonderausstellung. Museumsleiter Josef Tritscher informiert gerne über Besonderheiten der Umgebung. Di–Fr geöffnet, genaue Öffnungszeiten unter www.zeitroas.at, +43 664 3264 137.

Alpinmuseum auf der Austriahütte: Wird von der Sektion Austria des österreichischen Alpenvereins betreut, ist das höchstgelegenste Museum und das erste Alpinmuseum der Steiermark. Immer wieder gibt es schöne Sonderausstellungen, die Dauerausstellung soll in den nächsten Jahren neu gestaltet werden und geht, nicht überraschend, auf die Erschließungsgeschichte des Dachsteins ein. Ende Mai bis 26. Oktober täglich von 10–17 Uhr geöffnet.

Naturpark Sölktäler und Großsölk: Empfehlenswert ist ein Besuch der Ausstellung »Natura Mirabilis« in Schloss Großsölk, dem ersten Naturparkhaus Österreichs, und ein Spaziergang durch den Jesuitengarten im Innenhof des Schlosses. Der Naturpark lockt mit schönen Wanderungen; www.soelktaeler.at.

Museum Schloss Trautenfels: Die barocke Burg aus dem 13. Jahrhundert bietet eine tolle Aussicht auf das Ennstal und ist als Kulturzentrum genutzt. Informative Dauerausstellung und regelmäßige Sonderausstellungen; www.schloss-trautenfels.at.

Dekanatsmuseum in Haus i. E.: Interessante Ausstellung im ehemaligen Zehentspeicher. Ende Mai bis Mitte Oktober, Di und Do von 17–19 Uhr geöffnet; www.haus.at/de/kultur.

Wintersportmuseum Haus i. E.: Zusammen mit der öffentlichen Bibliothek untergebracht im alten »Troadkasten« am schönen Schlossplatz. Di 10–12 Uhr, Mi 16:30–18:30 Uhr und nach Vereinbarung geöffnet; www.haus.at/de/kultur.

Stadtmuseum Schladming: Das Bruderladenhaus wurde 1661 als bergmännische Sozialeinrichtung erbaut und dient heute als Museum der Stadt Schladming. Die Öffnungszeiten variieren je nach Saison; www.museum.schladming.at.

Ausflugsziele

Salzwelten Hallstatt: Es geht zwar nicht touristischer, aber das hat seinen Grund. Die Salzwelten im ältesten Salzbergwerk der Welt sind themenreich und führen in ein wichtiges Kapitel österreichischer Geschichte. Der Blick vom Bergwerkseingang auf Hallstatt und den See ist zudem einmalig. Nicht umsonst gibt es den Spruch: Wer Hallstatt nicht gesehen hat, hat gar nichts gesehen. Nur mit Führungen begehbar, stolze Preise, inkl. Berg- und Talfahrt €30 für Erwachsene, es wird aber einiges geboten, und für Familien und

Das Alpinmuseum auf der Austriahütte erzählt einiges über die Erschließungsgeschichte am Dachstein.

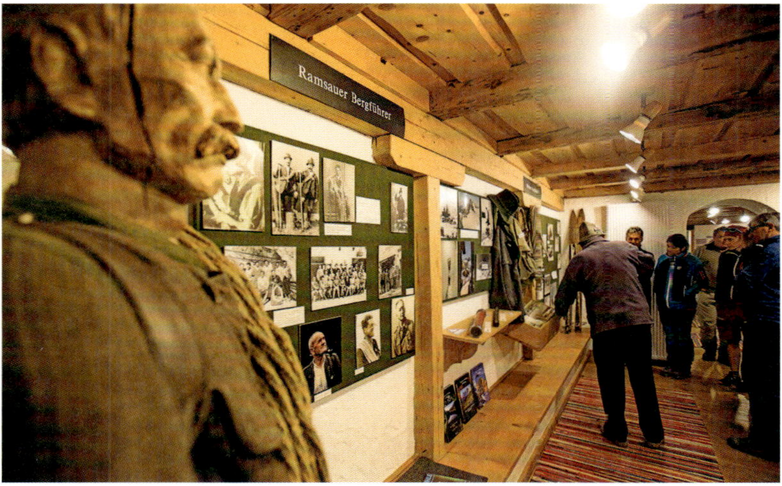

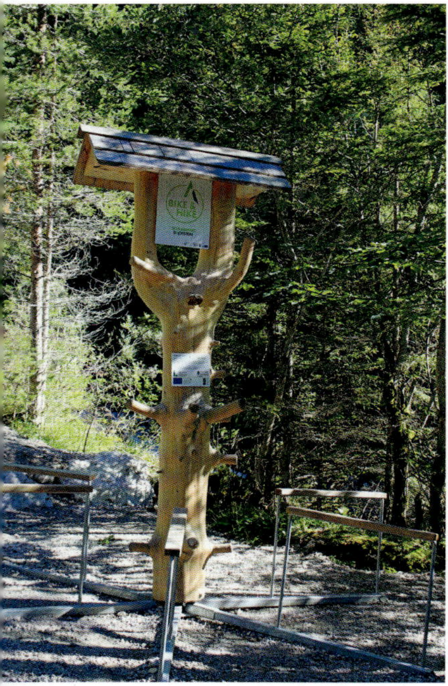

An manchen zentralen Ausgangspunkten gibt es Bike-&-Hike-Fahrradständer.

Gruppen gibt es zahlreiche Vergünstigungen. März bis November geöffnet; www.salzwelten.at/de/hallstatt.

Hallstatt: Auch der Ort selber ist trotz dem Boom aus Asien immer noch sehenswert, hat aber an Intimität verständlicherweise eingebüßt. Führungen unter www.hallstatt.net.

Salzwelten Altaussee: Das größte bis heute aktive Salzbergwerk Österreichs beherbergt zusätzlich eine (Barbara)-Kapelle, eine Mineralienkammer und einen schönen Salzsee, an dem schon Klaus Maria Brandauer Veranstaltungen durchführte. Er gilt als einer der großen Söhne des Orts und lebt zeitweise hier. Nur mit Führungen begehbar (im Sommer stündlich), Eintritt für Erwachsene € 18; www.salzwelten.at/de/altaussee.

Dachstein Eishöhle, Mammuthöhle: Lernen Sie die in vielerlei Hinsicht andere Seite des Dachsteins kennen: einerseits die touristische Seite mit dem Krippenstein, Five Fingers und enttäuschendem Hai inbegriffen, andererseits die innere Seite, die Höhlenwelt. Zwar sind sie durchinszeniert, aber sehenswert für alle, die mit Höhlen nicht vertraut sind. Warm anziehen, im Inneren herrschen ganzjährig Temperaturen um den Gefrierpunkt. Nur mit Führungen begehbar, Eintritt inkl. Seilbahn für Erwachsene ab € 31,60. Ende April bis Ende Oktober; www.dachstein-salzkammergut.com.

Koppenbrüller Höhle: Die relativ junge Höhle ist etwas ruhiger und ursprünglicher. Klaustrophobiefreie Menschen können auch ein Höhlentrekking buchen. Ausgangspunkt ist die das Koppenbrüllerwinkerl. Eintritt für Erwachsene € 12,60 für Erwachsene; www.dachstein-salzkammergut.com.

Gosau: Der Ort unter dem Gosaukamm liegt etwas im Schatten der großen Tourismuszentren und ist vor allem für sein Skigebiet Dachstein West bekannt. Es gibt aber auch Interessantes zu erkunden. Man kann einen Schleifsteinbruch, das Löckermoos, ein hier seltenes Hochmoor, besuchen oder den Abenteuerpark Urzeitwald entdecken; www.gosautal.net.

Wörschachklamm und Burg Wolkenstein: Fabelhafter Spaziergang durch eine enge Klamm mit anschließender Besichtigung einer Wehranlage aus dem 11. Jahrhundert, Schwefelquelle, Streichelzoo. Rundweg etwa 2 h 40; www.woerschach.at.

Pürgg: Peter Rosegger bezeichnete den

Ort als Kripperl der Steiermark, und wirklich: In engen, autofreien Gassen drängen sich Häuser um zwei Kirchen, die mit wertvollen Fresken aus dem 12. Jahrhundert ausgestaltet sind und zu den schönsten in Europa zählen sollen.

Bauernmärkte: Neben dem Bauernmarkt in Schladming gibt es, zwar etwas versteckt, in der Region einige kleine Läden, in denen sehr hochwertige Produkte aus dem Ennstal und seinen Seitentälern verkauft werden. Eine Auswahl:

Jeden Freitag von 8–12 Uhr gibt es einen ausgesprochen empfehlenswerten **Bauernmarkt in Schladming** (am Wetzlarplatz). Obst, Gemüse, Brot, Butter, Käse, südsteirischer Wein, Kernöl, Fleisch, Fisch, Honig und liebevolle Holzspielzeuge.

Ende 2017 hat in Ramsau am Dachstein ein Dorfladen, **»pur Styria«,** eröffnet. Das Neuenglisch muss wohl sein. Brot, Obst und Gemüse in Bioqualität, regionales Fleisch, Eier und Milchprodukte sowie Marmeladen, Honig, Kürbiskernöl, Essige, Wein und andere Spirituosen aus der nahen Umgebung.

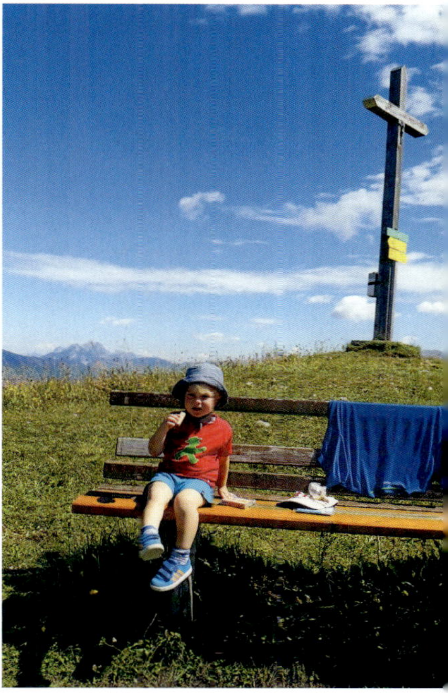

Die Begeisterung für den Dachstein und die Berge kann man nicht früh genug entfachen.

Hoamatlad'n Kleinsölk, 8961 Kleinsölk 34, +43 3685 8196.

GrimmGlöckerl, Klostergasse 4, 8952 Irdning-Donnersbachtal, +43 664 2058128, www.grimmgloeckerl.at.

Bio Trio, Kirchplatz 15, 8962 Gröbming, +43 3685 23994.

Bauernladen, Hauptstraße 47, 8962 Gröbming, +43 3685 22751, www.bauernladen-groebming.at.

Bioladen Liebstöckel, Salzburgerstraße 335, 8970 Schladming, +43 3687 23262, www.naturhaus-lehnwieser.at.

Biochi-Bioladen, Martin-Luther-Straße 32, 8970 Schladming, +43 3687 23927, www.biochi.at.

Heimatgold, Coburgstraße 49, 8970 Schladming, +43 3687 22505 350, www.heimatgold.at

7 Geißlein, 8961 Kleinsölk 21, +43 3685 22072, www.7geisslein.at.

Baden

Ramsau am Dachstein besitzt ein großes **Hallenbad,** das aktuell (2018) aufwendig erneuert werden soll und mit einem sehr großzügigen Kinderbereich und freundlichem Personal überzeugt. Das nächste Hallenbad befindet sich in Schladming. Bei Bad Mitterndorf liegt die vor einigen Jahren neu errichtete **Grimmingtherme.** Im Sommer gibt es am Rittisberg ein **Freibad,**

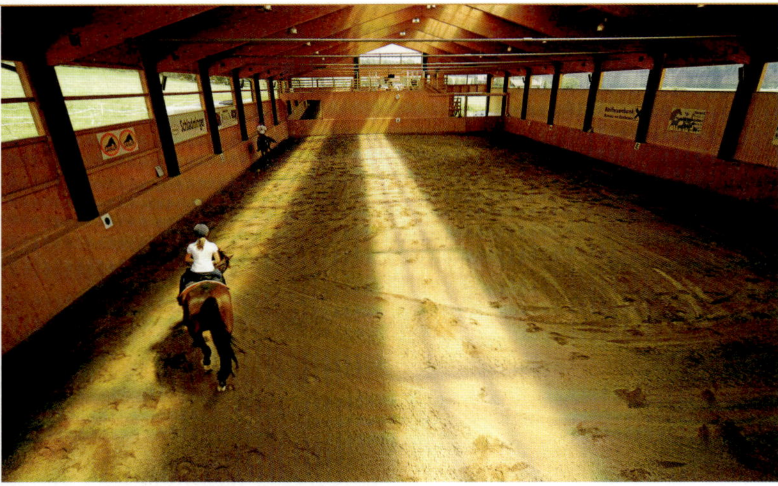

Ramsau am Dachstein und seine Pferde – untrennbar miteinander verbunden.

samt Kinderbecken und vielen Extras. Im Hochsommer ist ein Besuch der wunderschönen **Seen des Salzkammerguts** beliebt: Hallstätter See, Altausseer See und Grundlsee bieten allesamt gepflegte Strandbäder an. Bei Aigen im Ennstal liegt zudem der wunderbare **Putterersee,** der von unterirdischen Quellen gespeist wird. Allen Seen ist die erfrischende Wassertemperatur gemeinsam.

Reiten

In Ramsau hat die Pferdezucht besondere Tradition. Nachdem die Pferde als Arbeitstiere ausgedient hatten, wurde das Pferd kurzzeitig als Gefährte vergessen. In der Ramsau aber wurde bereits 1925 ein Pferdezuchtverein gegründet, und heute sind die Tiere aus dem Landschaftsbild nicht mehr wegzudenken. 2010 wurde die Ortschaft zur pferdefreundlichsten Gemeinde Österreichs gekürt. Sommer wie Winter werden Reitwege gepflegt, und eine Fahrt mit der Pferdekutsche mit Einkehr in einer der gemütlichen Hütten gehören zu jedem Ramsau-Urlaub. Die tiefe Zuneigung der Ramsauer Bauern zu Pferden zeigt sich auch in der Zucht alter Rassen, insgesamt 30 verschiedene Arten wohnen in den Stallungen der Höfe. Pferdeschlittenfahrten und Reitstunden können unter anderem bei folgenden Betrieben gebucht werden:

Zechmannhof, Vorberg 25, 8972 Ramsau am Dachstein, +43 3687 814760, www.zechmannhof.at.

Reiterhof Brandstätter, Leiten 43, 8972 Ramsau am Dachstein, +43 3687 81796, www.reiterlebnis.at.

Schlapferhof, Vorberg 34, 8972 Ramsau am Dachstein, +43 3687 81838, www.schlapferhof.at.

Unerzhuberhof, Ramsau 54, 8972 Ramsau am Dachstein, +43 680 3123723, www.unerzhuberhof.at.

Pferdeschlittenfahrten Kielerhof (sehr zu empfehlen, Schrepf sen. war der Erste, der mit den Pferdeschlittenfahrten angefan-

gen hat), Leiten 283, 8972 Ramsau am Dachstein, +43 3687 81148, schrempf@kieler.at, www.kieler.at.
Alle Anbieter sind unter www.ramsau.com/de/sanfter-winter/pferdeschlitten aufgelistet.

Regelmäßige Veranstaltungen und Tipps

Neben den Skihaserlfesten und anderen verzichtbaren Events gibt es eine Reihe von interessanten Veranstaltungen, die einen Besuch wert sind.
Anfang Juni findet in Ramsau am Dachstein das **Frühlingsfest der Pferde** statt. Liebevoll gesteckte Blumenfiguren, von prächtig geschmückten Pferden gezogene Wägen und ein österreichweit einzigartiger unmotorisierter Umzug bereichern das Festprogramm.
Der **Almabtrieb** in Ramsau Ende September ist eine stimmungsvolle Angelegenheit. Am Vorabend wird unter Musikbegleitung »Schotten gerührt«: Mit der letzten Milch, aus der kein Käse gemacht werden kann, wird eine traditionelle süße Speise zubereitet. Am nächsten Tag werden die Tiere geschmückt und nach einem Almfrühstück ins Tal getrieben. Die Inszenierung ist zwar sehr touristisch, aber irgendwo stimmig. Aufgeben sollte man die alte Tradition jedenfalls nicht.
Ramsauer Hofwanderung im September, mein persönlicher Tipp. Man wandert von Hof zu Hof, und bekommt Köstlichkeiten, die es sonst auf den Speisekarten nicht gibt: Krapfen, Steirerkas, Schott'n, Bratl, Miasl und mehr. Organisiert wird das Ganze von den Ramsauer Bäuerinnen.
Die **Mid Europe** ist ein bedeutendes internationales Blasmusik-Festival, das regelmäßig im Juli in Schladming stattfindet.

Reitstunden kann man an verschiedenen Standorten buchen.

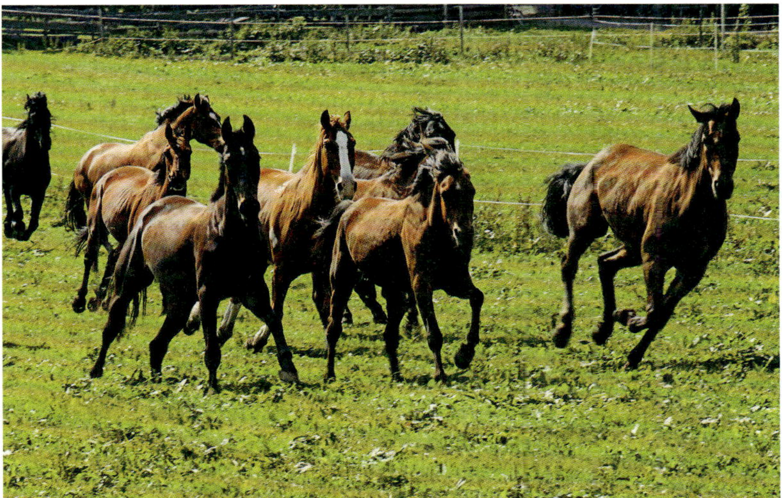

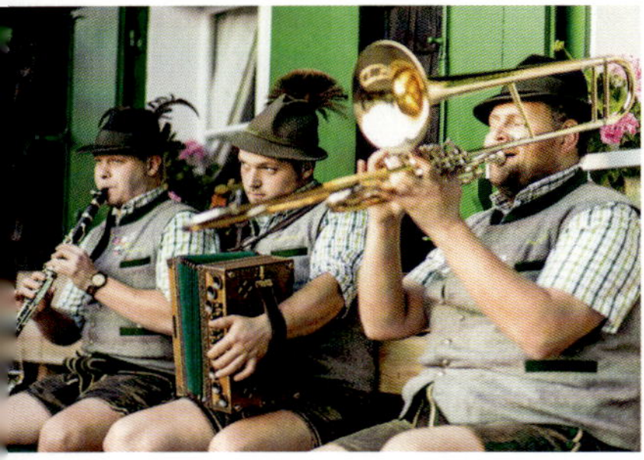

Musik hat um den Dachstein einen hohen Stellenwert.

Die Musiker werden nicht eingekauft, sondern melden sich aus eigenem Interesse zur Veranstaltung an. Viele verschiedene Musikrichtungen; www.mideurope.at. Das einwöchige **Narzissenfest** Ende Mai/ Anfang Juni gibt es im Ausseerland bereits seit 60 Jahren. Die Idee wurde übrigens in Mariazell geboren, scheiterte aber dort an den Finanzen. Man kann sagen was man will, schön ist es schon; www.narzissenfest.at.

Anfang September findet ebenfalls bereits seit 60 Jahren der **Ausseer Kirtag,** einer der größten seiner Art in Österreich, statt. Was sich nach einem alkoholträchtigen Event anhört, was es zweifellos ist, gilt als Tipp für Kenner der klassischen Volksmusik. Gute Qualität des Angebots, aber vor allem zahlreiche junge Musikgruppen spielen bei freiem Eintritt, ohne Tanzboden und vor allem ohne Lautsprecher!

Filzmoos ist unter anderem für eines der besten Restaurants Österreichs, das Hubertus unter der Leitung von Johanna Maier, bekannt und für seine enge Beziehung zu **Heißluftballons.** Jedes Jahr gibt es im Hochwinter Veranstaltungen, Wett-

Das Frühlingsfest der Pferde ist ein steter Betandteil des Veranstaltungskalenders in Ramsau am Dachstein.

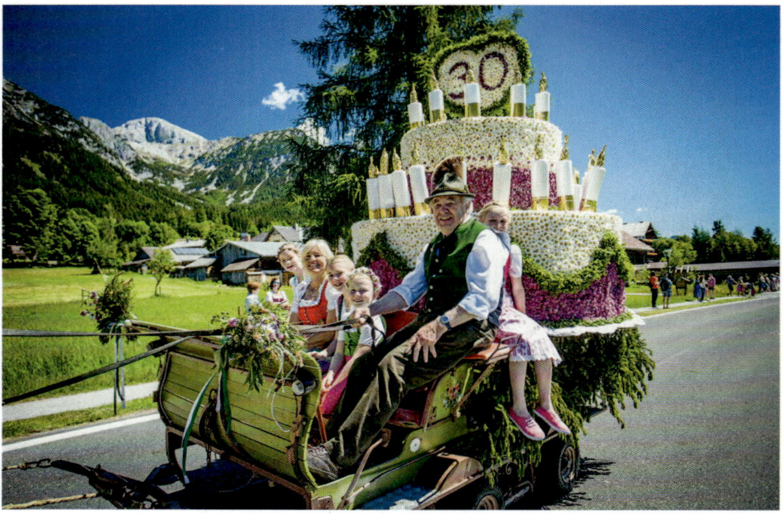

bewerbe und Feste. Die bunten Ballone vor der weißen Kulisse ergeben ein bemerkenswertes Bild; www.filzmoos.at.

Küche

Das muss betont werden: die Qualität von Speis und Trank ist um den Dachstein besonders hoch, egal ob Milchprodukte, Fleisch oder Getränke. Als wirkliche Spezialität und als kulinarisches Wahrzeichen gilt der fein geriebene **Steirerkas.** Er wird in regionalen Käsereien aus Kuh-, Schaf-, oder Ziegenmilch hergestellt und reift nach drei Wochen zu einer blaugrauen, bröseligen Konsistenz. Sein Aroma ist vielleicht etwas streng, sein Geschmack auf einem Hausbrot mit Schnittlauch, Salz und Pfeffer ein Traum. Er ist in **Steirerkasnockn,** dieses Teigwarengericht gibt es überall, ebenso enthalten wie im gleichnamigen **Knödel** oder dient als Ersatz für Parmesan bei Nudelgerichten. Beliebt ist das **Steirische Wurzelfleisch,** das in der Zubereitung dem Wiener Tafelspitz ähnelt, aber aus Schweinefleisch mit allerlei Wurzelwerk gekocht wird. Tradition haben **Wild-, Lamm- und Fischgerichte,** die häufig mit regionalen Beilagen gereicht werden. Den **Kaiserschmarrn** serviert man mit Schwarzbeeren gemischt, ebenso die Buttermilch. Der **Ramsauer Milchkoch** zählt zu den ältesten bäuerlichen Speisen. Früher wurde er in der Rauchküche über dem Dreifuß zubereitet. Meist wurde der Milchkoch abends an Werktagen, aber auch kalt als Frühstück verzehrt. In Ramsau werden das ganze Jahr über **Bauernkrapfen** angeboten, in Schmalz frittierte Teigringe. Am bekanntesten sind die Hochzeitskrapfen. Speziell in der Faschingszeit und insbesondere am Foastmittwoch (Mittwoch vor dem Aschermitt-

Offensichtlich schmecken die Köstlichkeiten, die um den Dachstein angeboten werden.

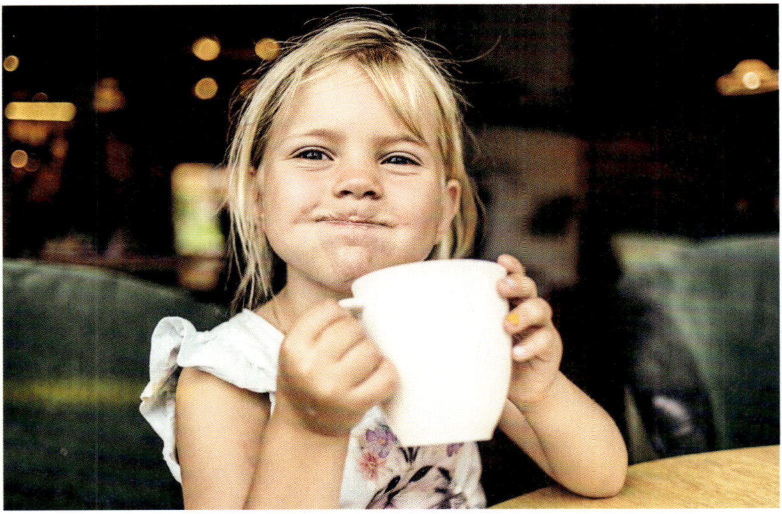

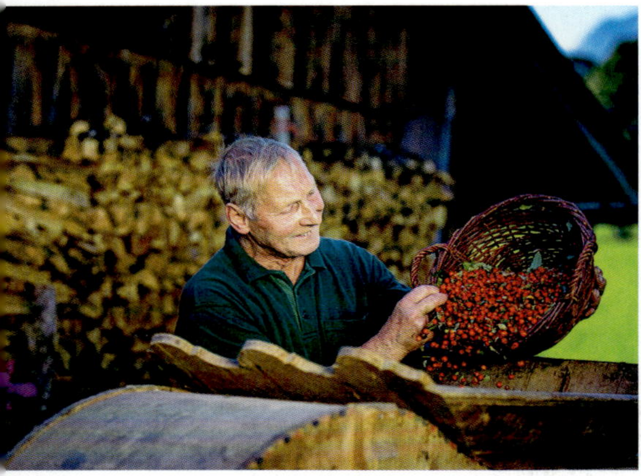

Die Eberesche (Vogelbeere) wächst überall in der Ramsau. Die Beeren werden für Edelbrände geerntet.

Warum der Name: Ein Fuhrmann, der Ferdl, kehrte immer wieder bei einer Wirtin ein, die ihm diese Suppe servierte. Nachdem sie ihm gut geschmeckt hatte und er nicht gehen wollte, verabschiedete ihn die Wirtin mit den Worten: »Jetzt fahr, Ferdl.« Von den **Edelbränden** hat besonders der Vogelbeerenschnaps Tradition, da in Ramsau zahlreiche Ebereschen die Ahornbaumalleen begleiten. In den meisten Lokalen gibt es eine bemerkenswerte **Weinkarte.** In Obersteiermark gibt

woch) wird der **Steirerkrapfen** mit geselchtem Fleisch gefüllt. Heute bieten manche Almen und Gasthöfe die Spezialität frisch zubereitet und meistens mit Sauerkraut an. Eine wenig bekannte Bauernspezialität ist die **Farferlsuppe** aus Fett, Mehl, Ei und Kartoffeln. Besonders beliebt war die Suppe bei Bauern, da sie viel Kraft für die harte Arbeit auf den Feldern gab.

es natürlich keine Weingärten, aber in der Süd- und Weststeiermark, deren edle Tropfen, so auch die Sonderform Schilcher, hier kredenzt werden. Einen Gasthaustipp abzugeben, ist schwer. In Schladming sind das **Johann,** das **Julius** und vor allem **die. tischlerei** bekannt und prämiert. In Ramsau lohnt sich jedenfalls ein Besuch im **Ennstalerhof,** in der **Gruberstube,** im

Ob süß oder pikant …

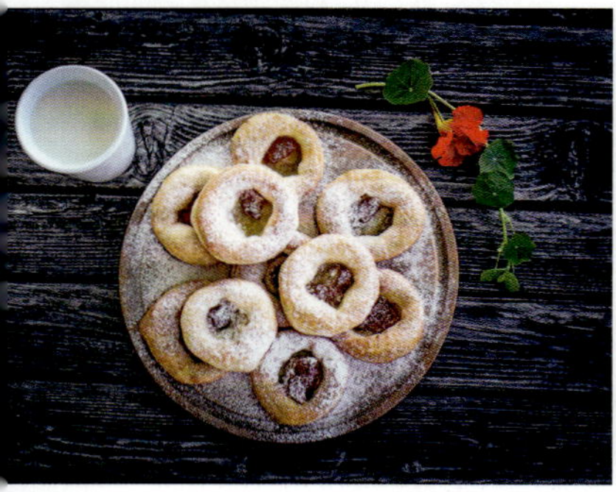

… Bauernkrapfen haben Tradition.

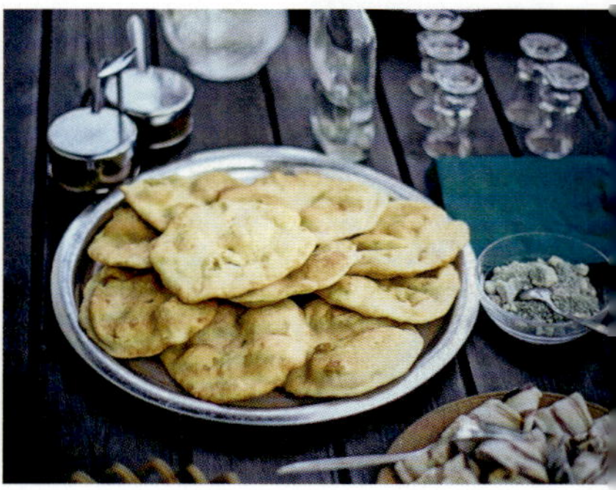

Hotel **Matschner** (tolle Weinkarte), beim **Bio-Restaurant Feisterer,** im **Bio Café Waldhof** oder bei den **Frienerstub'n.** Aber wie gesagt, alle Gastronomiebetrieben haben hohe Qualität.

Unterkünfte

Fragen Sie am besten das Tourismusbüro Ramsau um Rat, die Wahl hängt auch von Ihren Wünschen ab. Das erste Haus am Platz ist sicher das **Sporthotel Matschner,** seit Generationen ein Familienbetrieb, Kinder- und Wanderhotel, der durch seine freundliche Atmosphäre und gutes Essen besticht. Der **Kirchenwirt Pehab** liegt ebenfalls direkt im Zentrum. Empfehlenswert sind sicher die Betriebe der **Bioniere,** die allesamt liebevoll auf jedes Detail achten. Herausragend sind möglicherweise der **Leitenmüllerhof** (wunderschönes Haus, tolle Appartements und ungemein gastfreundlich) und die **Frienerstub'n. Ramsauhof** und der **Feisterer** bestechen durch exzellente Qualität. Aber auch alle anderen Beherbergungsbetriebe, wie etwa das Hotel Almfrieden, sind von großer Qualität und bieten umfangreichen Service an.

Vogelbeerschnaps zählt zu den teuersten Edelbränden – und zu den besten.

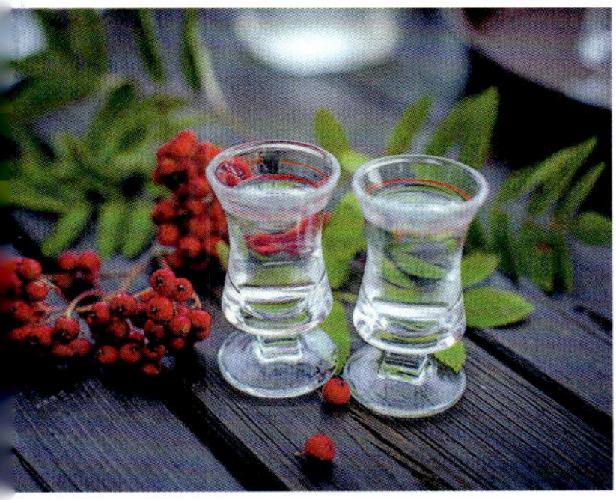

In Ramsau gibt es zudem zwei Campingplätze, bei Ramsau Beach und in Hirzegg. Zu empfehlen ist der Campingplatz in Aigen am Putterersee, direkt am Wasser.

Wichtige Adressen

Tourismusverband Ramsau am Dachstein, Ramsau 372 (in Kulm), 8972 Ramsau am Dachstein, +43 3687 818338, Mo–Fr 8–18 Uhr, Sa und So 9–12 Uhr und 16–18 Uhr.

Bergführerbüro Ramsau am Dachstein, Ramsau 372, 8972 Ramsau am Dachstein, +43 664 5220080 www.bergfuehrer-dachstein.at; Mo und Mi 16–18 Uhr im Tourismusbüro vor Ort.

Alpinschule Dachstein, Ramsau 233, 8972 Ramsau am Dachstein, +43 3687 81223, www.alpengasthof-peter-rosegger.at.

Die Bergstation, Schildlehen 88, 8972 Ramsau am Dachstein, +43 664 5953320, www.diebergstation.at.

Alpincenter Dachstein, Ski- und Langlaufschule, Schildlehen 83, 8972 Ramsau am Dachstein, +43 3687 81430, www.alpincenter-dachstein.at.

Lawinenwarndienst, www.lawine-steiermark.at.

Sommerlanglaufbahn, Die Bahn ist für Profis gedacht, aber für jeden zugänglich, man muss sich allerdings beim Sportbüro (direkt beim Langlaufzentrum) anmelden; +43 3687 81101, office@ramsausport.com.

Verkehrsmittel vor Ort

Die Busse der Ramsauer Verkehrsbetriebe verkehren getaktet zwischen Schladming und Dachstein-Seilbahn/Talstation (Fahrplan unter www.rvb.at). Ein Lücke hinsichtlich Erreichbarkeit befindet sich leider zwischen Haus/Weißenbach und der Ramsau, darauf ist im Text hingewiesen. Im Winter sind zusätzlich Skibusse nützlich, die zwar im Sinn haben, die Touristen

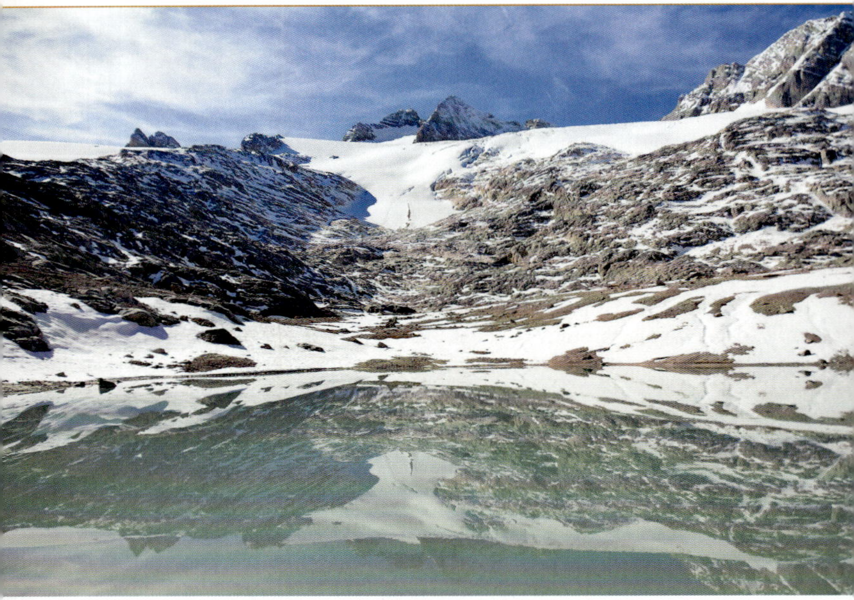

Der Obere Eissee in der Nähe der Simonyhütte – ein stilles Paradies.

auf die Planai zu schleppen, aber doch auch lohnende Ausflugsziele anfahren. Zusätzlich wird im Winter ein regelmäßiger, günstiger »Rückholservice« von Obertraun nach Ramsau oder Schladming angeboten, für jene, die mit Skiern den Dachstein überqueren. Die Verbindung (Hallstatt) Obertraun–Stainach–Schladming ist mit dem Zug allerdings nicht so schlecht. Richtung Filzmoos bedient ein Wanderbus die Umgebung (www.filzmoos.at/de/sommer/wanderurlaub/wanderbus.html).

Für manche Touren könnte ein Rücktransport mittels Taxi notwendig sein, da nicht alle Ziele und Endpunkte der Wanderungen optimal mit öffentlichen Verkehrsmitteln erschlossen sind. Viele Beherbergungsbetriebe sind darauf vorbereitet und bieten Transfers an. Ansonsten:

Bus & Taxi Hubner, +43 3687 812270, www.hubner-taxi.at; zahlreiche Shuttle- und Taxiservices, nach Fahrplan und individuell.

Taxi Erlbacher, +43 3687 81915, www.taxi-erbacher.at.

Taxi Jäger, +43 6453 8273 oder +43 664 1806453, www.taxi-jaeger.at.

Taxi Rastl, +43 699 1175 4852, office@rast.co.at.

Literatur

Wie erwähnt, ist Literatur über den Dachstein geschrieben wie Kalk im Tethys-Meer abgelagert. Anbei ein paar Empfehlungen, die zur Vertiefung der Inhalte des Buches dienen.

Geschichte

Cerwinka, Günter, *Ramsau am Dachstein. Bauern, Bibel, Berge,* Ramsau am Dachstein 1999. Eine klassische Gemeindechronik, sehr detailreich, inklusive Höfeverzeichnis.

Dinges, Karl, *Geschichte der evangelischen Ramsau am Dachstein,* Ramsau am Dachstein 1967. Der damalige evangelische Pfarrer fasst umfangreich die Kirchengeschichte des Orts zusammen. Sehr interessant.

Dirninger, Christian (Hg.), *Salzkammergut schauen. Ein Blick ins Ungewisse.* Regionale Identitäten, Bd. 51, Salzburg 2015. Sehr empfehlenswert. Sozialkritische Auseinandersetzung mit der Region.

Hutter, Franz, *Geschichte Schladmings und des steirisch-salzburgischen Ennstales,* Graz 1906.

Maier, Franz, *Die Waldvegetation an der Dachstein-Nordabdachung (Oberösterreich). Pflanzensoziologie, Floristik, Naturschutz,* Salzburg 1994.

Maix, Kurt, *Im Banne der Dachstein-Südwand,* Ramsau 1952. Das Bergsteigerbuch schlechthin.

Mandl, Franz, *Das östliche Dachsteinplateau. 4000 Jahre Geschichte der hochalpinen Weide- und Almwirtschaft,* Gröbming 1996.

Mandl, Franz, »Die datierten bronzezeitlichen Hüttenreste auf dem östlichen Dachsteinplateau. Hallstatts bronzezeitliche Dachsteinalmen«, in: Hebert B., Kienast G., Mandl F. (Hg.), *Königreichalm, Dachsteingebirge. 3500 Jahre Almwirtschaft zwischen Gröbming und Hallstatt.* Forschungsberichte der ANISA 2007, 1, S. 74–81.

Mandl, Franz / Mandl-Neumann, Herta, *Wege in die Vergangenheit rund um den Dachstein. Wanderungen und Bergtouren,* Innsbruck 2009. Guter Überblick über das Thema Archäologie.

Mokrejs, Adi / Hasitschka, Josef, *Erlesener Dachstein. Geschichten aus neuen und alten Zeiten,* Alland 2015. Vor allem Bergsteigergeschichten sind hier zusammengetragen. Es geht aber kreuz und quer, viel Text, etwas unsortiert.

Muchar, Albert von, *Die Geschichte des Erzherzogtums Steiermark,* Admont 1844.

Schwartz, Klaus, *Ramsau am Dachstein. Fremdenverkehrsentwicklung und Strukturveränderung in einem Bergbauerndorf,* Mainz 1977.

Witzmann, Hans, *Geschichte & Geschichte vom Dachstein,* Bad Vöslau 2017. Zahlreiche Abbildungen, die leider oft den Kapiteln nicht direkt zuordenbar sind. Viele Geschichten, etwas unübersichtlich.

Natur

Abrahamczik, Walter, *Die Almen und Wälder im steirischen Teil des Dachsteinstockes in ihrer historischen Entwicklung,* Wien 1963. Es mag vielleicht etwas in die Jahre gekommen sein, doch die meisten jüngeren Werke haben viel daraus übernommen. Tolle Literatur.

Flügel, Hans / Neubauer, F. *Steiermark.* Reihe Geologie der Österreichischen Bundesländer, Wien 1984. Für Spezialisten sehr informativ.

Geologische Bundesanstalt / Loibitzer, Harald (Hg.), *Geologische Spaziergänge. Rund um den Hallstätter See,* Wien 2013. Für Interessierte ein toller Wanderbegleiter.

Geologische Bundesanstalt (Hg.), *Pilotprojekt »Karstwasser Dachstein«. Karsthydrologie und Kontaminationsrisiko von Quellen,* Wien 2001. Nicht nur für Geologen von Interesse. Zahlreiche fachliche Informationen und Abbildungen, um das Gebirge besser zu verstehen.

Maier, Franz, *Die Waldvegetation an der Dachstein-Nordabdachung. Pflanzensoziologie, Floristik, Naturschutz.* Stapfia Nr. 35, Salzburg 1994. Für Spezialisten, mit einigen interessanten Details über Naturschutz für Laien.

Weingartner, Herbert, *Lehrpfad Hallstätter Gletscher. Ein Begleiter durch die Gebirgslandschaft am Dachstein,* Salzburg 2006. Sehr zu empfehlen. Gut erklärt und mit informativen Abbildungen.

Allgemein

Bätzing, Werner, *Die Alpen. Geschichte und Zukunft einer europäischen Kulturlandschaft.* München 2015. Umfangreiches Standardwerk, sehr zu empfehlen.

Deutscher Alpenverein e.V. (Hrsg.): *Berg heil! Alpenverein und Bergsteigen 1918–1945,* Köln, 2012. Kritischer Blick auf eine bewegte Zeit.

Krawarik, Hans, *Siedlungsgeschichte Österreich,* Wien 2006. Schon jetzt ein Standardwerk. Wer sich für dieses Thema interessiert, dem sei das Buch wärmstens empfohlen.

Bildnachweis

Alle Fotos und Abbildungen von Hannes Hoffert-Hösl, außer:

Naturhistorisches Museum Wien S. 12
Heimatmuseum Ramsau S. 16, 21, 22, 23, 24, 25, 36, 55, 59, 62, 66, 67, 80, 81, 91, 92, 93, 100, 101, 166, 167, 172, 173, 183
Hanna Penatzer S. 18
Franz Hafner S. 40 (2), 42
Josef Hasitschka S. 64
Tourismusverband Ramsau am Dachstein S. 97, 132, 208, 209, 212, 213, 214, 215, 216
Georg Neuwirth S. 155
Julia Schenk S. 156
Karte S. 19: Daten: Statistik Austria, Grafik: georaum GmbH

Dank

Für viele Gespräche und Unterstützung möchte ich mich besonders bedanken bei: Claudia und Georg Berger, Tita Lang, Brigitte, Gerald und Hans Knaus, Regina Stocker, Josef Tritscher vom Heimatmuseum Zeitroas, Philipp Walcher und dem TV Ramsau am Dachstein, Hans Fischer †, meinem Vater Klaus Hoffert und meiner geliebten Frau Rosemarie.

Berg- und Alpinwanderskala (SAC)

Grad	Weg/Gelände	Anforderungen	Beispieltouren
T1 Wandern	Weg gut gebahnt. Falls vorhanden, sind exponierte Stellen sehr gut gesichert. Absturzgefahr kann bei normalem Verhalten weitgehend ausgeschlossen werden.	Keine, auch mit Turnschuhen geeignet. Orientierung problemlos, in der Regel auch ohne Karte möglich.	**Routen 2, 3**
T2 Berg-wandern	Weg mit durchgehendem Trassee. Gelände teilweise steil, Absturzgefahr nicht ausgeschlossen.	Etwas Trittsicherheit. Trekkingschuhe sind empfehlenswert. Elementares Orientierungsvermögen.	**Routen 1, 4**
T3 anspruchsvolles Berg-wandern	Weg am Boden nicht unbedingt durchgehend sichtbar. Ausgesetzte Stellen können mit Seilen oder Ketten gesichert sein. Eventuell braucht man die Hände fürs Gleichgewicht. Zum Teil exponierte Stellen mit Absturzgefahr, Geröllflächen, weglose Schrofen.	Gute Trittsicherheit. Gute Trekkingschuhe. Durchschnittliches Orientierungsvermögen. Elementare alpine Erfahrung.	**Routen 7, 8, 9, 10**
T4 Alpin-wandern	Wegspur nicht zwingend vorhanden. An gewissen Stellen braucht es die Hände zum Vorwärtskommen. Gelände bereits recht exponiert, heikle Grashalden, Schrofen, einfache Firnfelder und apere Gletscherpassagen.	Vertrautheit mit exponiertem Gelände. Stabile Trekkingschuhe. Gewisse Geländebeurteilung und gutes Orientierungsvermögen. Alpine Erfahrung. Bei Wettersturz kann ein Rückzug schwierig werden.	**Routen 5, 6**
T5 anspruchsvolles Alpin-wandern	Oft weglos. Einzelne einfache Kletterstellen. Exponiert, anspruchsvolles Gelände, steile Schrofen. Apere Gletscher und Firnfelder mit Ausrutschgefahr.	Bergschuhe. Sichere Geländebeurteilung und sehr gutes Orientierungsvermögen. Gute Alpinerfahrung, auch im hochalpinen Gelände. Elementare Kenntnisse im Umgang mit Pickel und Seil.	**Routen 12, 15**
T6 schwieriges Alpin wandern	Meist weglos. Kletterstellen bis II. Häufig sehr exponiert. Heikles Schrofengelände. Apere Gletscher mit erhöhter Ausrutschgefahr. Meist nicht markiert.	Ausgezeichnetes Orientierungsvermögen. Ausgereifte Alpinerfahrung und Vertrautheit im Umgang mit alpintechischen Hilfsmitteln.	**Route 17**

Bei den Schwierigkeitsgraden unbedingt beachten, dass die Touren jeweils unter der Annahme günstiger Verhältnisse bewertet sind, also bei guter Witterung und Sicht sowie trockenem Gelände.

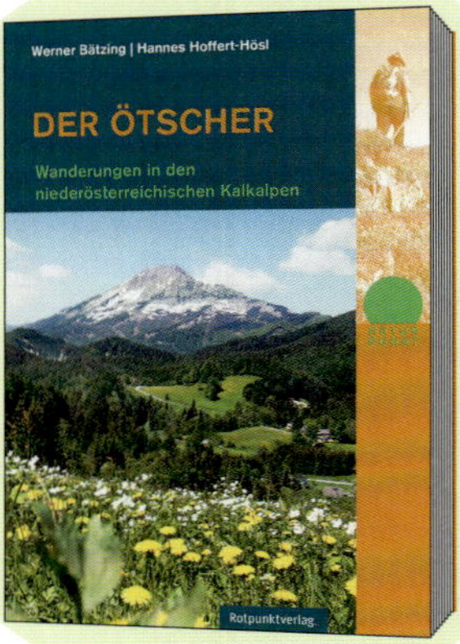

Werner Bätzing | Hannes Hoffert-Hösl

Der Ötscher
Wanderungen in den
niederösterreichischen Kalkalpen

Mit Farbfotos und Routenskizzen
Übersichtskarte und Serviceteil.

248 Seiten, Klappenbroschur, 2015
ISBN 978-3-85869-651-9, Fr. 26.50 / € 24,–

Wandern in den östlichsten Ostalpen

Der Gipfel des Ötscher ist zwar nur 1893 Meter hoch, dennoch dominiert er von allen Seiten sein Umland. Den Wandernden bieten tiefe Schluchten, hohe Felswände, der größte Urwald Mitteleuropas am Dürrenstein, kleinräumige Kulturlandschaften, klare Gewässer und überraschende Fernsichten äußerst abwechslungsreiche Erlebnisse. Die meisten Etappenpunkte sind durch die Mariazellerbahn, einer der ersten elektrifizierten Alpenbahnen, verbunden und bequem zu erreichen.
Dieser Wanderführer beschreibt in insgesamt 13 Tagesetappen einen Rundwanderweg um den Ötscher, den Pielachtal Rundweg und die Besteigung des Dürrensteins. Er erscheint anlässlich der Eröffnung der Niederösterreichischen Landesausstellung in der Ötscherregion, die das Ziel verfolgt, diese periphere Problemregion durch Stärkung ihrer regionsspezifischen Potenziale in umwelt- und sozialverträglichen Formen wieder gezielt aufzuwerten.

> *»Mit diesem rucksacktauglichen Buch erfährt man sehr viel von diesem für uns Schweizer so fernen und faszinierenden Abschnitt der Alpen.«*
>
> Daniel Anker, Bergliteratur

Rotpunktverlag.

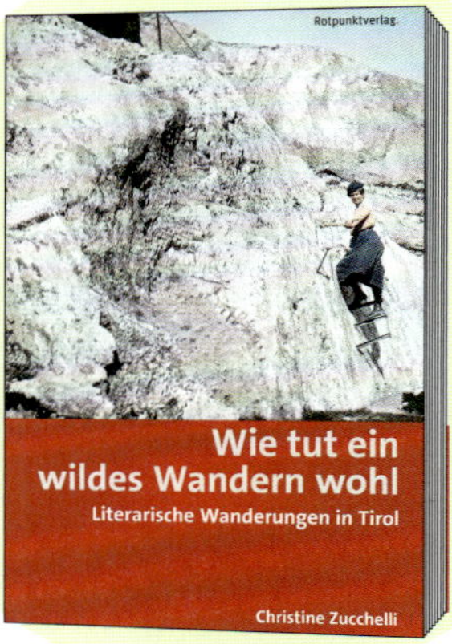

Christine Zucchelli

Wie tut ein wildes Wandern wohl

Literarische Wanderungen in Tirol

Mit Routenskizzen und Serviceteil.
Zahlreiche Farb- und historische Fotos

336 Seiten, Klappenbroschur, 2017
978-3-85869-758-5, Fr. 34.– / € 29,–

Mit den Augen von Literaten Tirol neu entdecken

Ernest Hemingways Gebirgsidyll um Galtür erkunden oder mit Felix Mitterer die Hohe Munde bei Telfs erklimmen, Joachim Ringelnatz beim »wilden Wandern« im Kaisergebirge begleiten und Lilly von Sauter beim Streifzug rund um Seefeld. Mit Thomas Bernhard, Georg Trakl und Ingrid Strobl am Fuße des Patscherkofels spazieren. Ernst Jandls Textspuren in der Bergwelt Osttirols aufspüren, Adolf Pichler an den Achensee folgen oder Lou Andreas-Salomé und Peter Altenberg zur Sommerfrische ins Stubaital.
Die Literaturlandkarte Tirols ist äußert vielfältig und dicht beschrieben. Christine Zucchellis literarischer Wanderführer bietet Auszüge aus den Werken von Autorinnen und Autoren unterschiedlicher Epochen und eröffnet so zahlreiche neue Zugänge zu Landschaften und Erzählwelten.
Das Buch enthält 22 leichte bis mittelschwere Berg- und Mittelgebirgswanderungen, dazu detaillierte Tourenangaben, Kartenskizzen, Hinweise auf Sehenswertes sowie Informationen zur Anreise.

»Ein reichhaltiger und sorgfältig gestalteter Wanderführer.«

Benno Brunner, Basler Zeitung

Rotpunktverlag.